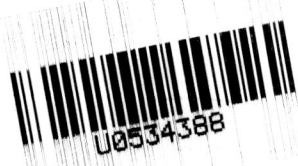

浙江省哲學社會科學規劃立項課題（14NDJC053YB）

禪語考釋

《葛藤語箋》校釋

王閏吉◎著

中国社会科学出版社

圖書在版編目(CIP)數據

《葛藤語箋》校釋/王閏吉著.—北京：中國社會科學出版社，2017.12

ISBN 978-7-5203-1854-9

Ⅰ.①葛…　Ⅱ.①王…　Ⅲ.①禪宗-研究②《葛藤語箋》-注釋
Ⅳ.①B946.5

中國版本圖書館CIP數據核字(2017)第323436號

出 版 人　趙劍英
責任編輯　任　明
責任校對　周　昊
責任印製　李寡寡

出　　版　中国社会科学出版社
社　　址　北京鼓樓西大街甲158號
郵　　編　100720
網　　址　http://www.csspw.cn
發 行 部　010-84083685
門 市 部　010-84029450
經　　銷　新華書店及其他書店

印刷裝訂　北京君昇印刷有限公司
版　　次　2017年12月第1版
印　　次　2017年12月第1次印刷

開　　本　710×1000　1/16
印　　張　26.5
插　　頁　2
字　　數　430千字
定　　價　125.00圓

凡購買中國社會科學出版社圖書，如有質量問題請與本社營銷中心聯繫調换
電話：010-84083683

校釋説明

一、《葛藤語箋》，日本江户時代臨濟宗禪僧無著道忠所撰。本書以日本京都妙心寺春光院所藏無著道忠的手稿本為底本，橫排過録，以新式標點點校。對底本部分漫漶不清之處，參照儒、佛、道與諸子百家各種典籍加以考校，並出校説明校補意見。底本確實有錯訛或脱衍的，予以校改删補，並出校説明。

二、通假字、古今字、俗體字按原字形過録並在首見處出校説明，一般典籍常用者及頻繁使用者，不煩一一出校。通假字、古今字、俗體字的判定，多依《漢語大字典》及臺灣的《異體字字典》以及其他多種古今字典，為節省篇幅，都未一一註明。

三、文句隔礙難通而相關文獻中有异文可資參考者，出校並過録相關數據；個別事實或文字有所考訂者，出校説明。

四、《葛藤語箋》以引書證義為主，引用日本和中國内外典籍特別多，也注明了出處。對不常見的書籍和無著使用簡稱不易分辨的書籍加以簡單的注釋。每處引用都對照中國國内通行的版本，不同之處出注説明。

五、疑難人名、地名、佛教術語及其他疑難字詞也盡可能作出言之有據的解釋。重複出現的，一般只在最先出現處出注。

六、《葛藤語箋》共 11 卷，其中正文 10 卷、目録 1 卷。目録對正文有分卷，而正文並没有標明卷名，本書依據無著道忠原目次在正文一一補上。

七、《葛藤語箋》原詞條一般都用粗體，一字占兩豎格，或單獨成行在一二行首字位置，或不單獨成行，在釋義行一二行首字位置。今詞條一律宋體加粗，單獨成行，並加【】號。原文段落標記或引文標記“○”，一般用於每段開頭，或每條引文前（首段除外），本書仍保留此符號，但不分段，以保持每個詞條考釋都為一個段落。

八、《葛藤語箋》原文一行分成兩行，用小字書寫的部分，本書一般加小括號。如無著道忠所引書證頁碼都用“丈”：“歐陽修《歸田録》二(十八丈)。”“止此”本是表示引用結束或斷句標誌，本書仍保留：“所謂‘富貴貧賤不能汨其心’（止此）是也”。引用文字省略中間部分的“乃至”“至”：“禾山打鼓（乃至）是小兒戲劇。”而引用文字省略中間或後面部分的“云云”雖然也是原文一行分成兩行，用小字書寫的，但考慮這也是我們現在的習慣用法，故不加括號。“乃至”“至”“云云”等都不妄改為省略號。

九、《葛藤語箋》用漢字標記日語原本使用的固有詞彙讀音的“和語”“和辯”，本書不加引號，但出注解釋。“又”“見”“又見”“同”等參見的詞目，其字體本書用宋體加粗。“忠曰”無著道忠自己發表看法，本書同“山云”“逸堂曰”等一樣都加引號。

十、原著用“—”代替書證中詞條，一個“—”代替詞條中一個漢字，一字詞條則直接寫出詞條本字，兩個以上的漢字詞條一般用此代替符號。本書“—”全部還原為原詞條的漢字。

十一、詞目下的子詞目或對比詞目文字框仍然保留，原書少數地方地名、人名、朝代名，畫了單豎紅線標記，本書一律去掉，原書少數地方畫雙豎紅線的書名、題名、章節名標記，一律改用書名號。

十二、原著改錯更正，一般在錯字右旁畫一小紅圈，在錯字行首寫出正確的字，也在其右旁畫一小紅圈，本書直接在原文改用正確的文字，并出注説明。

十三、原著少數地方書名後留幾個字的空白，可能是一時未查到卷目頁碼，留待以後補上。本書一律不留空白，但出注説明。

十四、無著道忠禪語考釋詞條有的詳盡，有的簡略。簡略之處有的僅有徵引，有的僅有引證書名，有的僅有釋義，有的僅有參見，有的僅存詞條，本書一律保持原樣。

十五、本書附《葛藤語箋》引書目録、詞目音序索引，以備檢索。

目　录

《葛藤語箋》第一卷

《葛藤語箋》第二卷

《葛藤語箋》第三卷

《葛藤語箋》第四卷

《葛藤語箋》第五卷

《葛藤語箋》第六卷

《葛藤語箋》第七卷

《葛藤語箋》第八卷

《葛藤語箋》第九卷

《葛藤語箋》第十卷

敘《葛藤語箋》

余每有葛藤之語可證解者，題取不措，遂成一編，名《葛藤語箋》。按《普賢行願品》①："辯具足優婆夷②：浄語業，於法自在，隨俗訓釋，宣布法化。"③（止之）依此訓釋、宣布，亦是普賢之行，不可棄也。

甲子④仲夏 日

九十二翁葆雨忠題

---

① 普賢行願品：即《大方廣佛華嚴經·入不思議解脱境界普賢行願品》，唐罽宾国三藏般若奉詔譯。

② 辯具足優婆夷：又稱自在優婆夷。優婆夷，親近奉事三寶和受持五戒的女居士。

③《大正藏》第10册《大方廣佛華嚴經》卷一〇，《入不思議解脱境界普賢行願品》原文為："優婆夷言：'……同浄語業，於法自在，隨俗訓釋，宣布法化。'"

④ 甲子：即1744年，日本寬保四年，干支為甲子年。

《葛藤語箋》第一卷[①]

① 原書正文没有標明卷目，此為筆者補。下面九卷同。

葛藤語箋

一言

宗乗[1]

【咄】

〇《楞嚴經》[2]一下（十五丈）："佛言：'咄！阿難。'"《疏》[3]："咄，呵聲也。"〇《大般若經》[4]三百九十八《常啼品》曰："空中有聲：'咄！'云：'汝當東行'。"[5]云云。〇《史記》[6]百六（六丈）《滑稽傳》云："郭舍人疾言罵之曰：'咄！老女子！何不疾行。'"〇《前漢書》[7]六十五（三丈）《東方朔傳》曰："咄！口無毛。"《注》[8]："咄，叱咄之聲也。音一骨反。"〇《後漢書[9]·傳》七十一（四丈）《嚴光

---

① 原文"宗乘"只在此頁中間冠注小字標出。

② 楞嚴經：10卷，全名《大佛頂如來密因修證了義諸菩薩萬行首楞嚴經》，又名《中印度那爛陀大道場經，於灌頂部録出別行》，簡稱《大佛頂首楞嚴經》《大佛頂經》《首楞嚴經》。據傳由般剌密諦在唐朝時傳至中國，經懷迪證義，房融筆受，譯成漢文。

③ 疏：明錢謙益鈔《楞嚴經疏解蒙鈔》。

④ 大般若經：全稱《大般若波羅蜜多經》，簡稱《般若經》，600卷，包括般若系16種經典，唐玄奘譯。

⑤ 《大般若波羅蜜多經》卷三九八："聞有空中聲曰：'咄！善男子！汝可東行。'"

⑥ 史記：130卷，西漢司馬遷著。

⑦ 前漢書：即《漢書》，東漢班固撰。

⑧ 注：顏師古《漢書》注。唐朝以前《漢書》諸家注本都已失傳，清朝王先謙《漢書補注》，旁采諸家之説。

⑨ 後漢書：120卷，南朝宋史學家范曄著。

傳》："帝撫光腹曰：'咄咄子陵，不可相助為理邪？'" ○《玄應經音》[1]七（十四丈）：《法華[2]經》二"咄男子"音曰："丁兀切。《说文》[3]：'咄，相謂也。'《字書》[4]：'咄，叱也。'"[5] ○《日工集》[6]四（四丈）："府君曰：'"咄"字日本讀作"拙"義如何？'余曰：'非也。"拙"與"巧"對。咄，呵罵之甚也，故字从口出。殷浩[7]向空書"咄咄怪事"四字。[8]'" ○《十誦律》[9]廿一（三十五丈）曰："咄！丈夫，用惡活為？死勝生。" ○《善見律》[10]一（廿丈）："咄！沙門，此是何義？"又六（四丈）："咄！善人。" ○忠曰："雖無'拙'義，《後漢書》《十誦律》等所谓'咄'，非呵罵語。" ○《〈碧岩〉古鈔》[11]四（四十三丈）曰："下一喝言'咄'也。'咄''喝'同境界也。一致用之。" ○《〈碧岩〉古鈔》九（廿二丈）八十四則："下語'咄'，大煊[12]曰：'三句備矣，又

---

① 玄應經音：即唐朝釋玄應所著的《一切經音義》，又稱《大唐衆經音義》，25卷。

② 華：原文寫作"䔢"，"華"之異體，字見《偏類碑別字·艸部·華字》引《魏朱永隆造象記》。下文正文皆徑改為"華"，不另出注。

③ 説文：即《説文解字》，漢許慎所撰是中國第一部系統地分析漢字字形和考究字源的字書。

④ 字書：《隋書·經籍志》録有兩種，一為3卷，二為10卷。《舊唐書·經籍志》《新唐書·藝文志》皆録為10卷。作者及成書年代無考。佚失。清人任大椿、龍璋、陳鱣據前人所引，輯有《字書》2卷或1卷。

⑤ 《中華藏》第56冊《一切經音》卷六："咄男：丁兀反。《说文》：'咄，相謂也。'《字書》：'咄，叱也。'"

⑥ 日工集：又作《空華老師日用工夫略集》《空華日工集》，4卷，日本室町時代臨濟宗僧人義堂周信著。

⑦ 殷浩：303—356，字淵源，陳郡長平（今河南西華）人，豫章太守、光禄勛殷羡之子，東晉時期大臣、將領，因會稽王司馬昱提拔而一度與桓溫于朝中抗衡，但後因北伐失敗而被廢爲庶人。曾著有文集5卷。

⑧ 劉義慶《世説新語·黜免》："殷中軍被廢在信安，終日恒書空作字，揚州吏民尋義逐之，竊視，唯作'咄咄怪事'四字而已。"

⑨ 十誦律：又稱《薩婆多部十誦律》，61卷，後秦弗若多羅和鳩摩羅什等譯。

⑩ 善見律：即《善見律毗婆沙》，又稱《善見毗婆沙律》《善見論》《毗婆沙律》，18卷，蕭齊僧伽跋陀羅譯。

⑪ 碧岩古鈔：日本早期的《碧嚴録》注釋書。

⑫ 煊：同"暄"。

有掃絶。’”〇《事物初畧》① 卅四（十丈）：“《韻府》② 曰：‘汾晉之間，尊者呼左右云“咄”，左右必“諾”。’則俗呼‘咄’者，蓋汾晉之遺風也。”

【喝】

【咦】

《字彙》③：“咦，以之切，音移。大呼。又笑貌。”〇《廣雅》④ 一（八丈）：“咦，笑也。”〇《僧宝傳》⑤ 二《雲門傳》曰：“師每顧見僧，即曰‘鑒’‘咦’。北塔祚禪師⑥作偈曰：‘雲門顧鑒笑嘻嘻，擬議遭渠顧鑒咦。任是張良多智巧，到頭於是也難施。’”

【囮】

《字彙》：“囮，胡臥切。進船聲。”《事苑》⑦ 二（廿二丈）：“囮，音韋。”〇《普燈》⑧ 五（廿六丈）《音釋》：“户臥切。叢林相傳作‘唯’字上聲呼。”〇忠曰：“囮，音訛有來由。雲門語云：‘咄咄咄，力口希。’此‘口’音‘韋’，而謬寫作‘囮’，亦為音‘韋’，遂以‘囮’字為音‘韋’也。囮，本户臥切。”〇《廬山優曇宝鑒》⑨ 十（卅七丈）曰：“此個‘囮’字，一切世人，口中未嘗不説，喻如失物人，忽然尋覓，不覺發此一聲，是囮字也。宗門多言此字者，蓋尋師訪道之人，參究三十年，忽

---

① 事物初畧：34 卷，明呂毖辑。

② 韻府：即《韻府群玉》，20 卷，元代陰時夫撰。

③ 字彙：14 卷，明代梅膺祚編。

④ 廣雅：3 卷，三國魏時張揖撰。

⑤ 僧宝傳：32 卷，宋釋惠洪撰。宝，“寶”之俗體。《宋元以來俗字譜・宀部》引《列女傳》《取經詩話》《通俗小説》等，“寶”皆作“宝”，《彙音寶鑑・高上上聲》“宝”下云：“俗寶字也。”

⑥ 北塔祚禪師：即智門光祚禪師，宋代雲門宗僧，浙江人，生卒年不詳。門徒有雪竇重顯等三十餘人。著有《智門祚禪師語録》1 卷行世。

⑦ 事苑：即《祖庭事苑》，8 卷，北宋睦菴善卿編。

⑧ 普燈：即《嘉泰普燈録》，30 卷，別有目録 3 卷，南宋雷菴正受編。

⑨ 廬山優曇宝鑒：又稱《廬山蓮宗寶鑒》《廬山蓮宗寶鑒念佛正因》《念佛寶鑒》《蓮宗寶鑒》，10 卷，元代普度編。

然得見，廣快平生，是其字義也。”〇《僧宝傳》十五（一丈）《谷泉傳》曰：“泉引頭出波間曰：‘囝!’”〇《〈碧岩〉不二鈔》[1] 一下（五十丈）。〇《正宗贊》[2] 一（卅二丈）。〇《大惠書》[3] （卅六丈）。〇《虛堂録》[4] 一（九十三丈）。

【嗄】

《臨濟録》[5]（五十一丈）。〇《雲門録》[6] 上（四丈）。〇《禪林類聚》[7] 十一（四丈）《佛鑒》。〇《事苑》一（四丈）。

【猫】

《聯燈》[8] 二十（十五丈）《德山宣鑒章》曰：“有僧來相看，作相撲勢。云云。師云：‘天然有眼。’僧擘開眼云：‘猫。’”云云。〇《會元》[9] 七《德山章·鈔》云：“調弄師也。”〇《八方珠玉》[10] 上（四十五丈）。〇《虛堂録·代別》（卅五丈）。〇《東坡全集》[11] 廿一（十三丈）《郭忠恕贊敘》曰：“忠恕字恕先。云云。秩滿，遂不仕。放曠岐、雍、陝、洛間，逢人無貴賤，口稱猫。”

【啞】

《臨濟録·勘辨》（四十一丈）：“啞那!”此瘖瘂之義。〇《老學菴

---

① 碧岩不二鈔：《碧嚴録》注釋書，日本室町時期岐陽方秀（1361—1434）撰。

② 正宗贊：即《五家正宗贊》，4卷，宋希叟紹曇撰。

③ 大惠書：《大慧普覺禪師書》，30卷，宋希叟紹曇撰。

④ 虛堂録：又稱《虛堂智愚禅師語録》《虛堂禅師語録》，10卷，宋虛堂智愚撰。

⑤ 臨濟録：又稱《鎮州臨濟慧照禪師語録》《臨濟慧照禪師語録》《臨濟義玄禪師語録》《慧照禪師語録》《林濟録》，1卷，唐義玄著，慧然集。

⑥ 雲門録：即《雲門匡真禪師廣録》，3卷，唐雲門文偃撰，守堅編。

⑦ 禪林類聚：20卷，揚州路天寧萬壽禪寺善俊及門人智境、道泰編纂。

⑧ 聯燈：即《聯燈會要》，又名《宗門聯燈會要》《禪宗聯燈録》，30卷，宋晦翁悟明集。

⑨ 會元：即《五燈會元》，20卷，宋普濟編集。

⑩ 八方珠玉：即《拈八方珠玉集》，全稱《佛鑒佛果正覺佛海拈八方珠玉集》，3卷，宋代僧祖慶重編，理宗寶祐五年（1257）刊行。

⑪ 東坡全集：115卷，宋代刊行。

記》[1] 八（十四丈）曰："支道林入東見王見王子猷兄弟。還，人問：'諸王何如？'答曰：'見一羣白項烏，但聞啞啞聲。'"即今'啱'也。

【噁】

《事苑》二（五丈）《雪竇瀑泉》"噁"正作"啞"音，亞聲也。○《會元》六（四十九丈）曰："僧問法燈：'百尺竿頭，如何進步？'燈云：'噁！'"《大惠普説》[2] 四（廿九丈）："噁！我會也。"《大惠武庫》[3]（四十二丈）："噁！野了也。"《石溪[4]·報恩録》（十二丈）曰："上大人，丘乙已，化三千，七十士，爾小生，八九子，佳作人。噁！忘卻末後句了也。"

【劄】

《大惠書》[5]（十丈）："隨後與一劄。"○《篇海》[6] 九（卅六丈）曰："劄，竹洽切。舊音閘。以針刺也。"○《品字箋》[7] 乙（百卅五丈）曰："劄，刺箸也。"

【參】

凡垂語之尾多用參語。○《品字箋》曰："參，趨承也，晉謁也。"○《事苑》八（十三丈）："《阿含經》[8] 云：'汝等不須參問。'云云。應知當時有參問之儀也。"又曰："幽顯皆集，是以謂之參也。"云云。詳如彼。○《敕修清規鈔》[9] 四（十一丈）解"大參""小參"之"參"云：

---

① 老學菴記：即《老學菴筆記》，10 卷，南宋陸游撰。

② 大惠普説：即《大慧普覺禪師普説》，5 卷，南宋慧然、蘊聞、道先等編。

③ 大惠武庫：即《大慧普覺禪師宗門武庫》，簡稱《大慧宗門武庫》《大慧武庫》《武庫》等，1 卷，宋僧大慧宗杲參學弟子道謙編。

④ 石溪：即《石溪心月禪師語録》，又名《石溪和尚語録》《佛海禪師語録》《石溪録》，3 卷，宋石溪心月撰，住顯等編。

⑤ 大慧書：即《大慧普覺禪師書》，2 卷，集宋代大慧禪師宗杲之書牘，宋黄文昌重編。

⑥ 篇海：即《四聲篇海》，15 卷，金韓孝彦撰。

⑦ 品字箋：即《諧聲品字箋》，不分卷，虞德升撰。

⑧ 阿含經：原始佛教基本經典，分爲《長阿含經》《中阿含經》《雜阿含經》《增一阿含經》，估計成書在前 3 世紀阿育王時代。

⑨ 勅修清規鈔：即《勅修百丈清規抄》，15 卷，日本雲章一慶述，桃源瑞仙編。

“交參也。”忠曰：“‘參禪’‘參學’之‘參’可用《品字箋》義。”

【聻】

忠曰：“聻，詰問語餘聲，猶如和諺‘詰是者’之‘者’字也。然韻書但云‘指物貌’，[①] 於義未圓。”〇《宗門統要》[②] 七（一丈）曰：“百丈夾起火云：‘你道無這個聻？’”〇《大慧武庫》[③]（卅二丈）曰：“無盡問：‘玉溪去此多少？’曰：‘三十里。’曰：‘兜率聻？’曰：‘五里。’”〇《虛堂》[④] 一（廿七丈）《報恩録》曰：“第一，説到行不到；第二，行到説不到；第三聻？”又《育王》（十九丈）。〇《增續傳燈》[⑤] 二（三丈）《松源岳章》曰：“木菴舉有句無句話，云：‘瑯瑯道：好一堆柴聻？’”〇《字彙》曰：“聻，又女氏切。音你。指物貌。”〇《正字通[⑥]·未·中》（百一丈）曰：“聻，又梵書聻為語助，音你。如禪録云：‘何故聻？’云：‘未見桃花時聻？’皆語餘聲。”舊註：“又女紙切。音你。指物貌。”亦非。〇《大慧武庫》（九丈）曰：“佛眼忽謂圓悟曰：‘我舉三句向你。’以手指屈曰：‘此是第二句。第三句已説了。’便走。圓悟舉似五祖，祖曰：‘也好聻。’”〇忠曰：“此‘聻’非詰問也。和語‘者’也。”〇《正宗贊》[⑦] 一（廿二丈）《黃檗傳》曰：“南泉門送曰：‘長老身材没量大，笠子太小生。’師曰：‘雖然，大千世界摠在裏許。’泉曰：‘王老師聻？’”〇《破菴録[⑧]·行狀》曰：“緣老宿問菴頭：‘有人麼？’師云：‘無人。’語未竟，緣劈胷與一拳，云：‘你聻？’”〇《正法眼藏》[⑨] 三上（四十三丈）：“黃龍南説五種不易，王更有一種不易，是什麼人？良久云：‘聻。’”

---

① 廣韻：“聻，指物貌也。”

② 宗門統要：10 卷，宗永編，著作年代不詳，紹興三年（1133）重刻。

③ 大慧武庫：即《大慧普覺禪師宗門武庫》，簡稱《大慧宗門武庫》《大慧武庫》《武庫》等，1 卷，宋僧大慧宗杲參學弟子道謙編。

④ 虛堂：又稱《虛堂智愚禅師語録》《虛堂禅師語録》，10 卷，宋虛堂智愚撰。

⑤ 增續傳燈：即《增集續傳燈録》，6 卷，另有目録 1 卷，明代南石文著。

⑥ 正字通：12 卷，明代崇禎末年國子監生張自烈撰。

⑦ 正宗賛：即《五家正宗贊》，宋希叟紹曇撰。

⑧ 破菴録：即《破菴祖先禪師語録》，又作《破菴和尚語録》，1 卷，南宋僧破菴祖先撰，圓照等編。

⑨ 正法眼藏：6 卷，宋代大慧宗杲撰。

【哘】

《僧宝傳》四（廿九丈）《法眼益傳》："益曰：'撥萬象不撥萬象?'子方曰：'不撥萬象。'益曰：'獨露身哘。'"云云。○《八方珠玉》下（十三丈）曰："同安察云：'停舶守株，非汝而誰?'僧云：'和尚哘。'"○《禪林類聚》九（十一丈）："南泉將生盤去首座前，云：'出生哘。'"○《續古宿録》[①] 二《法昌遇録》（四丈）："泉菴主云：'恰遇菴主不在。'師云：'你哘?'"○《廣燈》[②] 十（廿六丈）《崔禪章》曰："師纔升座，拈起拄杖，云：'出来打！出来打！'僧云：'崔禪哘?'"○《正宗贊》四《法眼益傳》上所引同。《聯燈》廿六（廿二丈）《子方因縁》作"讏"，可知"讏"字異文耳。○《正字通・丑・上》（廿九丈）曰："舊註人也切，音惹。應聲。《五大部直[③]音》《佛母大孔雀明王經》，哘亦訓應聲，分示惠二音，今不從。"○《字典[④]・丑・上》（卅一丈）曰："哘，《廣韻》：人者切。《集韻》：爾者切。音惹。《廣韻》：應聲。《集韻》本作喏。"○忠曰："禪録所用非應聲。"

人倫[⑤]

【漢】

○《事物紀原》[⑥] 十（廿八丈）曰："《演義》[⑦] 曰：'今俗罵人曰漢，蓋晉末胡亂中原，故胡人罵中國曰漢兒。南人罵北人為胡、為虜。華夷自太始太素已還，有國號者至多，獨以漢名，曰取兩漢盛者也。'"○《詢蒭録》[⑧] 曰："漢自武帝征匈奴二十餘年，馬畜孕重墮殰，罷極，聞漢兵

① 續古宿録：即《續古尊宿語要》，又稱《續開古尊宿語要》《續刊古尊宿語要》，6卷，宋代晦室師明編。

② 廣燈：即《天聖廣燈録》，30卷，宋代鎮國軍節度使李遵勗編。

③ 直：原文作"直"，"直"之異體。下文正文徑改為"直"，不另出注。

④ 字典：即《康熙字典》，12集，張玉書、陳廷敬等主持編撰。

⑤ 原文"人倫"只在此頁中間冠注小字標出。

⑥ 事物紀原：10卷，共記1765事，分55部排列，專記事物原始之屬，宋朝高承編撰。

⑦ 演義：即《蘇氏演義》，唐蘇鶚撰。

⑧ 詢蒭録：1卷，明陳沂撰。

莫不畏者，稱之為‘漢兒’。人又曰‘好漢’，自後為男子稱矣。”《續郛》[1] 十六。○《老學菴筆記》[2] 三（二丈）曰：“今人謂賤丈夫曰‘漢子’，蓋始于五湖亂華時。北齊魏愷自散騎常侍遷青州長史，固辭之。宣帝大怒，曰：‘何物漢子？與官不受！’此其證也。承平日，有宗室名宗漢者，自惡人犯其名，謂‘漢子’曰‘兵士’，舉宮皆然。其妻供羅漢，其子授《漢書》[3]。宮中人曰：‘今日夫人召僧供十八阿羅兵士，大保請官教點《兵士書》。’都下鬨然，傳以為笑。”○《輟耕録》[4] 八（十五丈）曰：“今人謂賤丈夫曰‘漢子’，按北齊魏愷自散騎常侍遷青州長史，固辭。文宣帝大怒，曰：‘何物漢子？與官不就！’”又段成式《廬陵官下記》：“韋令去西蜀時，彭州刺史被縣令密論訴，韋前期勘知，屈刺史詣府陳謝，及回日，諸縣令悉遠迎，所訴者爲首，大言曰：‘使君今日可謂朱研益丹矣。’刺史笑曰：‘則公便是研朱漢子也。’”○《群談採餘》[5] 十《考証》（十七丈）曰：“漢子之稱，武帝征匈奴二十餘年，匈奴人馬六畜皆死殆盡，聞漢兵至，莫不畏之，呼為漢兒。人又曰‘好漢’。自後為男子稱。”

【你】

《虛堂録》[6] 三（十二丈）：“誰肯受你者般祭鬼饭食？”此俗语用“你”字例。

動作[7]

【靠】

○《正法眼藏》[8] 三上（二丈）曰：“清原和尚問石頭。云云。曰：

① 續郛：即《續説郛》，46 卷，明陶珽編。
② 老學菴筆記：10 卷，南宋陸游撰。
③ 漢書：東漢班固撰。
④ 輟耕録：即《南村輟耕録》，30 卷，元末明初陶宗儀著。
⑤ 群談採餘：10 卷，明倪綰輯。
⑥ 虛堂録：又稱《虛堂智愚禅師語録》《虛堂禅師語録》，10 卷，宋虛堂智愚撰。
⑦ 原文“動作”只在此頁中間冠注小字標出。
⑧ 正法眼藏：6 卷，宋代大慧宗杲撰。

‘和尚也須道取一半，莫全靠某甲。’”〇《東坡問答録》[1]（十七丈）。

【機】

《〈尚書〉註疏》[2] 四（廿丈）《皋陶謨》曰：“一日二日萬幾。”孔安國《傳》云：“幾，微也。言當戒懼萬事之微。幾徐音機。”〇《資暇録》[3]（十二丈）引之。

【拈】

有“拈起”“拈出”“拈去”等義，“拈却”“拈了也”處注。《虚堂·浄慈後録》（八卷廿五丈）：“拈取簸箕别處舂。”是“拈起”義。《續寱言》[4]（廿一丈）：“横草不拈。”是除去草曰拈。

【摵】

《事苑》一（十三丈）曰：“摵，砂獲切。拂也。”〇《字彙》：“摵，楚革切。音策。擊也。與‘摵’同。”《字典》：“又《廣韻》：山責切。《集韻》：色責切。《正韻》：色窄切。𠀤音棟。隕落貌。”〇《應菴[5]·明果録》（七丈）：“坐具便摵。”又《法語》（廿六丈）：“雙泉雅山主以火筯攔手一摵。”〇《無準録》[6] 四（一丈）：“拈坐具劈口便摵。”〇《虚堂·浄慈後録》（卅九丈）：“拈坐具劈口便摵。”〇《正宗賛》二下文（廿丈）：“摵碎。”又三（卅六丈）：“摵鎮海珠。”

【點】

《聯燈》二十（廿二丈）《洞山价章》：“師問忠國師無情説法。後到潙山。潙云：‘我這裡也有些子。’便以拂子點一點。”

---

① 東坡問答録：1卷，舊本題宋蘇軾撰。

② 《尚書》註疏：20卷，漢孔安國傳、唐孔穎達疏、唐陸德明音義。

③ 資暇録：又作《資暇集》，3卷，唐代考據辨證類筆記，李匡乂撰。

④ 續寱言：明永覺元賢著，《永覺和尚廣録》卷三〇有《續寱言》。

⑤ 應菴：即《應菴曇華禪師語録》，又作《應菴和尚語録》，10卷，宋代應菴曇華撰，守詮等編。

⑥ 無準録：即《無準師範禪師語録》，又作《佛鑑禪師語録》《佛鑑録》《無準和尚語録》《無準禪師語録》，6卷，宋代僧無準師範撰，宗會、智折等編，理宗淳祐十一年（1251）刊行。

【揳】

《字彙》："揳，音屑。塞也。" ○《廣燈》廿三（十一丈）："拄杖驀頭揳。" ○《大休①·禪興録》（廿六丈）："大棒驀頭揳。"

【搆】

見次"構"注。

【構】

忠曰："禪録'構得''構取'或單用'構'字。或從手，或從木。從手者，訓牽也。從木者，訓造也，成也。又有作'覯'者，有作'遘'者。'覯''遘'字通訓見也。" ○又見二言"搆得"處。○《統要》② 十（十九丈）："百丈云：'要且難構。'" 從木。《聯燈》十（廿八丈）作："難搆"。從手。《廣燈》十三（十七丈）作"構"。從木。○《碧嚴》③ 五（十六丈）："雲門道：'六不收直是難搆。'" 從手。又《碧》④ 中有作"覯"者，他日可檢。○《事苑》七（六丈）《蓮華峯録》解曰："構取，古候切。成也。" ○《廣燈》廿八（五丈）："須是恁麼人，方構恁麼事。" 從木。○《僧宝傳》十一（三冊四丈）《雪竇顯傳》云："祚遠知見高，學者莫能搆其機。" 從手。唐本《僧宝傳》作"覯"。○《正字通》曰："覯者，姤遇見也。又與'遘'通。" ○《八方珠玉》中（五十二丈）："佛鑑云：'作家相见，彼此難搆。'" 又下（十二丈）："佛海云：'非此英俊衲子，不能搆此作家宗师。'" 並從手。○《正字通·辰·中》（九十四丈）曰："搆，架也，结也，造也，集也。《駵布傳》：'隋何说布曰：事已構。'註：事成也。又《隗囂傳》：'光帝武曰：今後手書相問，勿用人解構之言。'註：猶間構也。" ○《後漢書·列傳》三（五丈）《隗囂傳》作："勿用傍人

---

① 大休：即《念大休禅師語録》，2 卷，宋人日禪僧大休正念撰。

② 統要：即《宗門統要》，10 卷，宗永編，著作年代不詳，紹興三年（1133）重刻。

③ 碧嚴：即《碧嚴録》，全稱《佛果圓悟禪師碧嚴録》，亦稱《碧嚴集》，10 卷，宋代禪師圓悟克勤著。

④ 碧：即《碧嚴録》，全稱《佛果圓悟禪師碧嚴録》，亦稱《碧嚴集》，10 卷，宋代禪師圓悟克勤著。

解構之言。”注如《正字通》。○忠曰：“難構能構，其機皆有見得，會得意。”○《虚堂録》[1]六（廿六丈）：“要且難搆。”從手。又（七十四丈）：“生死如何搆得伊？”《犂耕》[2]詳解。○《聯燈》廿三（三十丈）：“翠嚴芝云：‘前不搆村，后不至店。’”○《續古宿[3]·天集翠嚴眞録》（三丈）曰：“前不至村，後不遘店。”○忠曰：“字晝不見‘遘’通‘搆’，又不見‘至也’訓。按：‘不構村’，餘处往往作‘不至村’，又作‘不到村’。故禪録往往‘構’字訓‘到’，《碧嚴》道是‘難構’亦訓‘難到’。”○《莊子》[4]一（十九丈）：“與接為搆。”注：“搆，合也。”○《韻會·宥韻》（十九丈）曰：“構，居候切。《廣韻》：‘架也，合也。’《詩》：‘我日構禍。’註：合、集也。又成也，亂也。或從手非是。”○《碧嚴》二（十九丈）：“决定構這般説話不得。”○《代醉》[5]一（二丈）曰：“易曰：‘日入地中。’明夷邵子云：‘搆精之象。’邵子‘搆精’之説，元儒已譏，其褻天矣。”

【覯】

《洪武正韻[6]·去·宥韻》（五十一丈）曰：“覯，《説文》：‘遇見也。’《詩》：‘亦既見止，亦既覯止。’詁云：‘汎見曰見，接見曰覯。’”○《傳燈》十八（三丈左）《玄沙章》曰：“若是限劑所悟，亦莫之能覯。”和點訓“契”，實有“契”義，而字書無訓。○《傳燈》廿五（卅四丈）《法安慧濟章》曰：“只道直下是，便教地覯取。”○《事苑》七（六丈）《蓮華峯録》解曰：“構取，古候切。成也。”忠謂“構”恐可作“覯”。○又二言“覯得”處。

【輥】

《字彙》曰：“古本切。音滾。車輪動也。”《正字通·酉·下》（十

---

① 虚堂録：又稱《虚堂智愚禅師語録》《虚堂禅師語録》，10 卷，宋虚堂智愚撰。

② 犂耕：無著道忠所撰《虚堂録犂耕》。

③ 續古宿：即《續古尊宿語要》，又稱《續開古尊宿語要》《續刊古尊宿語要》，6 卷，宋代晦室師明編。

④ 莊子：亦稱《南華經》，莊周及其後學著作。

⑤ 代醉：即《琅邪代醉编》，40 卷，明张鼎思撰。

⑥ 洪武正韻：16 卷，樂韶鳳、宋濂等 11 人奉詔編成的一部官方韻書。

五丈）曰："《六書故》：轉之速也。"〇《正宗贊》一《雪峯傳》、同二《五祖贊》："輥入瞎驢行伍。"又《應菴贊》："草窠裡輥。"〇《虛堂録》一（五十四丈）《報恩録》："輥到結交頭。"又四（七丈）《法語》："被二十四氣輥得。"又（五十三丈）《普説》："輥入無明窠子裏。"又五（五丈）《頌古》："黑山輥出月團團。"又五（卅四丈）："輥入花枝不見蹤。"〇《大川[①]·報恩録》（五丈）："平地上輥方木。"忠曰："不能圓轉也。"

【消】

忠曰："《碧巖》[②]八第七十五則：'消得恁麽。'（止此）古來爲'用得'義。然檢《韻會》《字彙》同《續篇海》《正字通》《品字箋》等無'用也'訓。余謂'消'是'費'義。韻書有'滅也、釋也'（《正字通》）之訓，殆乎'費'義諸録'消'字可通釋乎？"〇《正宗贊》一（廿三）曰："黃檗不消一捏。"又同二（五丈）《興化傳》。〇《虛堂録》四（五十六）《普説》曰："者僧不消一寸鈎，三尺絲一鈎便上。"〇《碧巖》七（十一丈右）："下語曰：'我有拄杖子不消你與我。'"〇《臨濟録》（十丈左）曰："日消萬两黃金。"又（廿丈右）："枉消十方信施。"此等又有"消化"義，"費"義亦通。〇《會元》十七（四十七丈）："慧圓上座偈曰：'這一交，這一交，萬两黃金合消。'"

【瞥】

《小補韻會[③]·屑韻》（廿一丈）曰："瞥，匹蔑切。《説文》：過目也。一曰財見也。徐曰：瞥然，暫见也。"〇《抱朴子[④]·外篇》四（廿九丈）："耳所瞥聞，不忘於心。"〇《正宗贊》二《南院傳》："瞥喜瞥嗔。"

---

① 大川：即《大川普濟禪師語録》，又作《靈隱大川濟禪師語録》，1卷，宋大川普濟撰。

② 碧巖：即《碧巖録》，全稱《佛果圓悟禪師碧巖録》，亦稱《碧巖集》，10卷，宋代禪師圓悟克勤著。

③ 小補韻會：即《古今韻會舉要小補》，30卷，明代方日升撰。

④ 抱朴子：分爲内、外篇，今存"内篇"20篇，"外篇"50篇，東晉葛洪所撰。

【䂬】

《續字彙》曰："䂬，側六切。音足。塞也。"〇《林間録》[1] 下（十八丈）曰："泉大道盛暑負土䂬城。"〇《應菴録[2]·法語》（十八丈）："䂬一肚皮葛藤。"

【捱】

《字彙》曰："捱音涯。延捱。"《正字通·卯·中》（四十三丈）曰："宜才切。音厓。俗曰：'延緩曰捱。'"〇《唐話纂要》[3] 一（六丈）："延捱，延引也。"〇《古宿》卌九《智門録》十（二丈）："《綱宗歌》云：'俊鷹俊鷂摶天飛，鈍鳥籬根捱不去。'"忠曰："延緩不去也。"〇《虛堂録》四（五十四丈）《普説》曰："急須颺却從前學解，明昧兩岐，捱教通身如熱鐵團子。"云云〇《唐話纂要》六（七丈）："比及捱至四更。"又（十四丈）譯云："四更前後推至。"〇又六（十八丈左）："捱近其前。"訓遠志互。〇《虛堂録》八（五丈）："長期短期只管捱。"〇《太平廣記》[4] 三百廿一（二丈）曰："西廂有磨，鬼就捱此磨，如人推法。"忠曰："'捱'是'推'義可證。"〇《虛堂録》十（廿八丈）："捱到淩霄八十四。"〇《耳談》[5] 十（十二丈）："羅念菴令曰：'觀音買鞋，價只要捱。以是買不成，赤腳上蓮臺。'"〇《朱子語録》[6] 十四（廿一丈）曰："初學則要牢劄定脚與他捱，捱一豪去，則逐旋捱將去。"

【崖】

《正字通·寅·中》（十六丈）曰："崖，宜才切，音涯。山水邊地有

---

① 林間録：全稱《石門洪覺範林間録》，2 卷，宋代覺範慧洪撰。

② 應菴録：即《應菴曇華禪師語録》，又作《應菴和尚語録》，10 卷。宋代應菴曇華撰，守詮等編。

③ 唐話纂要：6 卷，日本江户時代著岡島冠山編寫。

④ 太平廣記：500 卷，目録 10 卷，宋代李昉、扈蒙、李穆、徐鉉、趙鄰幾、王克貞、宋白、吕文仲等 14 人奉宋太宗之命編纂。

⑤ 耳談：15 卷，明王同軌撰。

⑥ 朱子語録：即今通行本《朱子語類》，140 卷，朱熹與其弟子問答的語録彙編。

坦有堺也。”又見“捱得”處。○《大慧書》[1]上（二丈左）曰：“但如此崖將去。”解云：“俗語‘究將去也’。編辟究理趣，如到崖邊也。”○又同（十丈左）、又（廿三丈左）、又下（四十五丈左）：“與之廝崖。”又（五十九丈、八十二丈）。○《竺原録》[2]（三丈）：“與之廝崖。”○《破菴録》[3]（卅四丈）曰：“衹向他古一言一句一機一境崖靠將去，自然恰恰相當。”○《朱子語録》二（卅四丈）曰：“進步崖將去，是第一義。漸漸崖將去自有功。”

【打】

○《大慧武庫》（十丈）：“被熱病打。”又（二十丈左）：“打銀。”（《補釋》二，三十二丈）。○歐陽修《歸田録》二（十八丈）曰：“今世俗言語之訛，而舉世君子小人皆同其繆者，惟打字爾。（打，丁雅反。）其義本謂考擊，故人相毆，以物相擊，皆謂之打。而工造金銀器，亦謂之打可矣，蓋有捶撾作擊之義也。至于造舟車者曰打船、打車，網魚曰打魚，汲水曰打水，役夫餉飯曰打飯，兵士給衣糧曰打衣糧，從者執傘曰打傘，以糊黏紙曰打黏，以丈尺量地曰打量，舉手試眼之昏明曰打試。至于名儒碩學，語皆如此，觸事皆謂之打，而遍檢字書，了無此字。（丁雅反者）其義主考擊之打，自音謫（疑當作滴）耿，以字學言之，打字從手從丁，丁又擊物之聲，故音謫耿為是，不知因何轉為丁雅也。”《説郛》[4]（四十）本“役夫”作“投夫”，“昏明”作“舟阴”。訛。○《避暑録話》[5]下（八十八丈）曰：“歐陽文忠記打音本謫耿切，而舉世訛為丁雅切，不知今吴越俚人，正以相毆聲為謫耿者也。”○《遯齋閒覽》[6]曰：“今土俗同訛者，豈唯‘打’字，‘不’如[7]字，本方鳩切，人皆以逋骨反呼之，遍撿諸韻並無此音。”類説節要。○《洪武正韻・上聲・馬韻》

① 大慧書：《大慧普覺禪師書》，30卷，宋希叟紹曇撰。

② 竺原録：即《竺原元菴主语》，1卷，宋竺原宗元撰。

③ 破菴録：即《破菴祖先禪師語録》，又作《破菴和尚語録》，1卷，南宋僧破菴祖先撰，圓照等編。

④ 説郛：100卷，元末明初陶宗儀編纂，多選録漢魏至宋元的各種筆記彙集而成。

⑤ 避暑録話：2卷，宋葉夢得撰。

⑥ 遯齋閒覽：14卷，宋範正敏（一作陳正敏）著，今已不見傳本。

⑦ 如：疑為衍文。原文無。

（二十丈）曰：："打，都瓦切。擊也。《北史[1]·張彝傳》：'擊打其門。'杜甫有《觀打魚歌》。又《詩》云：'棗熟從人打。'《補箋》：'《項氏家説》[2] 曰：俗間助語多與本辭相反，其於打字尤用之多。凡打疊、打聽、打請、打量、打點、打睡、打掃，無非打者，不但擊打之義而已。'"○《韻會·迥韻》（二丈）全同。○《俗呼小録》[3] 曰："俗牽連之辭，如指其人至某人物及其物皆曰打。注：丁晉公詩所謂赤洪厓打白洪厓是也。"○《正字通·卯·中》（十六丈）。

【衮】

《如淨録》[4] 上（八丈）："到處沙場鏖死戰，髑髏交衮血模糊。"○《明極[5]·端巖録》（五丈）："諸人自出母胎，衮到今日。"○忠曰："字書不見通義訓，蓋輥字音同，俗訛作衮。"○《字典·酉·下》（十五丈）："輥，古本切。音袞。《六書故》：輥，轉之速也。又音渾。義同，俗作輚。"

【攔】

《碧巖》三，廿一則："攔問一答。"又八，七十七則："攔縫塞定。"皆驀道築向義。○《虛堂録》二五（十丈）："闌胸一蹈。"

【挃】

《聯燈》[6] 廿三（卅丈）："以拄杖挃之。"又同（廿丈）："以手挃頭上。"○《字典·卯·中》（四十三丈）："挃，陟栗切。音窒。《廣韻》：撞挃也。《淮南子[7]·兵略訓》：'五指之更彈，不若捲手之一挃。'"

---

① 北史：100 卷，唐李延壽撰。

② 項氏家説：10 卷，《附録》2 卷，宋項安世撰。

③ 俗呼小録：1 卷，明李翊著。

④ 如淨録：即《如淨和尚語録》，又作《天童如淨禪師語録》，2 卷，南宋曹洞宗僧天童如淨撰，文素、妙宗、唯敬等編。

⑤ 明極：即《佛日燄慧明極禪師（建長禪寺）語録》，又稱《明極禪師語録》，2 卷，宋初元末入日禪僧明極楚俊撰。

⑥ 聯燈：即《聯燈會要》，又名《宗門聯燈會要》《禪宗聯燈録》，30 卷，宋晦翁悟明集。

⑦ 淮南子：又名《淮南鴻烈》《劉安子》，西漢淮南王劉安及其門客集體編寫。

【掉】

《虛堂録》一（四十二丈）：“五祖凡示衆，東邊掉一句，西邊掉一句。”

【把】

《虛堂録》五（卅六丈）：“山家把定。”把断之把也，蓋今主張之義。

【定】

《碧嚴》七（十四丈）：“一個做尾定也。”又八（二丈右）。○《增續傳燈》[①] 一《南書記・狗子話偈》：“狗子無佛性，羅睺星入命。不是打殺人，被人打殺定。”○忠二十歲時，大安㸃印長老授此點。○《雪嚴録》[②] 上（五十七丈）：“逐句穿鑿定矣。”○《華嚴疏鈔》[③] 十二（七丈）：“此為普光堂定矣。”○又見“不定”處。

【頓】

《百丈清規》[④] 下一（四十七丈）：“頓身。”○《密菴[⑤]・乾明録》（五丈）：“因雪上堂，文殊無處頓渾身。”○《虛堂録》八（十七丈）：“魔軍頓足歡喜。”○《羣談採餘》[⑥] 十：“有詔使頓此亭。”○《翦燈新話》[⑦] 一（十

---

① 增集續傳燈：即《增集續傳燈録》，6 卷，另有目録 1 卷。明代南石文琇著，清康熙十年（1671）刊行。

② 雪嚴録：即《雪巖祖欽禪師語録》，4 卷，宋雪巖祖欽撰，昭如等編。

③ 華嚴疏鈔：即《華嚴經疏鈔》，唐澄觀先於興元元年到貞元三年間（784—787）撰《大方廣佛華嚴經疏》（略稱《大疏》）60 卷，解釋唐譯《大方廣佛華嚴經》文，後來又為弟子僧睿等百餘人撰《大方廣佛華嚴經隨疏演義鈔》（略稱《演義鈔》）90 卷，解釋疏文。《疏》《鈔》原來別行，到了宋代，晉水浄源（1011—1088）録疏以配經，編為 120 卷，稱為《華嚴經疏注》。後人更會鈔入疏，稱為《華嚴經疏鈔》。

④ 百丈清規：上、下 2 卷，共 9 章，唐代百丈懷海禪師制定的叢林清。

⑤ 密菴：即《密菴和尚語録》，又作《密菴咸傑禪師語録》《密菴録》，1 卷，宋代僧密菴咸傑撰，松源崇岳、笑菴了悟等編。孝宗淳熙十五年（1188）刊行。

⑥ 羣談採餘：10 卷，明倪绾撰杂俎小说集。

⑦ 翦燈新話：4 卷，明代瞿佑撰寫的文言短篇小說。

丈)《元自實傳》:“安頓。”注:頓,止也。○《杜少陵集》[1](千家)一(卅四丈)《兵車行》:“牽衣頓足攔道哭。”欠注。又《集註》十三(四丈)《兵車行》欠注。○《史記·趙世家》:“頓刃。”非今義。

【摟】

《虛堂録》五(八丈):“佛祖賛好,将白棒劈脊摟。”○《佛光[2]·真如録》(十四丈):“擬議不來劈脊摟。”

【抵】

《碧巖》十(廿一丈)《评》:“將個死屍,抵他痛棒。”

實辭

【絮】

《南堂録》[3]四《題跋》(五丈)《題應菴送中峯偈》曰:“云云。所謂吾有末後著,待歸要汝遵,元來老子得與麼絮,拜觀此卷,不覺凜然。”○《雲臥紀談》[4]上(九丈)曰:“徑山明禪師侍大慧,求大慧像譛曰:‘直饒畫得十分,猶是眞常流注。云云。有個末後句,當機難禁制。咄!且不要絮。’”○元·史浩《兩鈔摘腴》[5](二丈)曰:“方言以濡滞不决絶爲絮。猶絮之柔韌牽連無邊幅也。富韓並相時,偶有一事,富公疑之,久不决。韓謂富曰:‘公又絮。’富変色曰:‘絮是何言也?’劉夷叔嘗用爲《如夢令》云:‘休休絮絮我,自

---

① 杜少陵集:又作《杜工部集》,原60卷,現存最早的本子是北宋王洙編的20卷,補遺1卷,唐杜甫撰。

② 佛光:即《佛光常照國師大宋真如録佛光國師語録》,又稱《佛光圓滿常照國師語録》《圓滿常照國師語録》《佛光和尚語録》《佛光禪師語録》《佛光録》,10卷,宋代入日本佛光派之祖無學祖元述,一真等編,10卷。

③ 南堂録:即《南堂了菴禪師語録》,又稱《南堂禪師語録》《了菴清欲禪師語録》,9卷,元代禪僧了菴清欲撰。

④ 雲臥紀談:又作《感山雲臥紀譚》,2卷,宋代僧仲溫曉瑩著。

⑤ 兩鈔摘腴:1卷,史浩著。史浩,南宋政治家、詞人,字直翁,號真隱,明州鄞縣(今浙江寧波)人。

明朝歸去。’”

【隨】

余《〈正宗賛〉助桀》[①] 十四《大陽玄傳》考。又《蒺藜苑[②]·三門庭·曹山三種堕》處。

虚詞（上）

【阿】

《掌珠故事》[③] 六（三丈）："阿蒙。阿，吴鄉音。"《雲麓漫抄》[④]（十丈）曰："古人多言阿字，如秦皇‘阿房宫’、漢武‘阿嬌金屋’。晉尢[⑤]甚。‘阿戎’、‘阿連’等語極多。唐人號武后爲‘阿武婆’。婦人無名第以姓加‘阿’字。今之官府婦人供狀皆云‘阿王’、‘阿張’，蓋是承襲之舊云。"○《傳燈》十四（八丈）《丹霞天然章》。○《古宿録》[⑥] 十二（三丈）《南泉》。○《聯燈》七（廿一丈）《長慶大安章》云："阿你若欲作佛？"云云。○《古宿》[⑦] 卅五（四丈）《大隋録》："阿裏見大隋水？"○《續宿[⑧]·白雲端録》（二丈）："阿那裏是直指處？"○《保寧録》[⑨]（廿一丈）作"啊"。

① 《正宗賛》助桀：即《〈五家正宗贊〉助桀》，《五家正宗贊》注釋書，20卷。目録1卷，無著道忠撰。

② 蒺藜苑：類似於禪宗文獻術語和詞語索引，7卷，無著道忠撰。

③ 掌珠故事：又稱《故事掌珠》，8卷，明陳繼儒編。

④ 雲麓漫抄：15卷，宋趙彦衛撰。

⑤ 尢：同"尤"。

⑥ 古宿録：即《古尊宿語録》，48卷。宋代賾藏主（僧挺守賾）集，靈谷寺净戒重校。

⑦ 古宿：即《古尊宿語録》，48卷。宋代賾藏主（僧挺守賾）集，靈谷寺净戒重校。

⑧ 續宿：即《續古尊宿語要》，又名《續刊古尊宿語要》，6卷，宋晦堂師明編。

⑨ 保寧録：即《保寧仁勇禪師語録》，又名《保寧勇禪師語録》《金陵保寧禪院勇禪師語録》，1卷，宋保寧仁勇撰，道勝、圓浄編。

【那】

在語首者，蓋指物辞[①]。猶言彼也。○《百丈清規[②]·聖旨》云：“將那清規體例，增減不一了。”又《法旨》云：“近年將那清規，增減不一。”○《五雜組》[③]十六（卅三丈）云：“子瞻曰：‘直是怕那溘然。’”○經中亦用此字。《摩訶般若鈔經》[④]一（十五丈）云：“須陁洹不那中住。”（廿一）：“斯陀含不那中。”云云。《大品》[⑤]八（廿四丈），此文作“須陀洹果不應住”等。○又《般若鈔經》[⑥]五（五丈）云：“於三界不念有所求，亦不那中有所索，視諸法若夢，不那中作證。”○《品字箋·辛》（六十丈）：“那，注云：乃亞切，猶渠也，亦彼也。‘彼人’謂之‘那人’。‘彼年’‘彼事’謂之‘那年’‘那事’。又‘彼處’俗謂之‘那裏’。宋·宋子京詩餘云：‘問牧童、遥指孤村道，杏花深處，那裏人家有。’”

【那】

《正字通·酉·下》（七十二丈）。○《事苑》一（十三丈）。○《後漢書·列傳》七十三（八丈）《韓康傳》云：“韓康，字伯休，一名恬休。京兆霸陵人，家世著姓，常采藥名山，賣于長安市，口不二價三十餘。年時有女子從康買藥，康守價不移，女子怒曰：‘公是韓伯休那？乃不二價乎？’康歎曰：‘我本欲避名，今小女子皆知有我，焉何用藥為？乃遯入霸陵山中。’”註：那，餘語聲也。音乃賀反。○《碧嚴》十（廿七丈左）：“你待入鬼窟裏去那？”○《廣燈》十（三丈）：“黄檗云：‘者漢困也那？’”○《聯燈》五（廿二丈右）。又廿五（廿四丈左）。又廿二

① 辞：“辭”之異體。《字彙·舌部》云：“辞，俗辭字。”《正字通·辛部》云：“辞，俗辭字，誤，與亂作乱同。”

② 百丈清規：上、下2卷，共9章，唐代百丈懷海禪師制定的叢林清。

③ 五雜組：又作《五雜俎》，16卷，明謝肇洲撰。

④ 摩訶般若鈔經：1卷，秦天竺沙門曇摩蜱共竺佛念譯。

⑤ 大品：即《大品般若經》，具名《摩訶般若波羅蜜經》，27卷（一作24卷、或30卷、或40卷），鳩摩羅什在姚秦弘始五年至六年（403—404）譯出。

⑥ 般若鈔經：即《摩訶般若鈔經》，1卷，秦天竺沙門曇摩蜱共竺佛念譯。

(三丈右)。○《普燈》三(十丈左):"眞個那?"○《痴絶[①]·蔣山録》(一丈):"上座耳聾那?"○《雪嚴録》上(卅九丈):"更求牙保那?"○《竺仙[②]·浄妙録》(卅七丈):"猶嫌少那?"忠曰:"皆有'耶'意。"○《普燈》七(十四丈)《湛唐章》云:"汝是悟侍者那?"○《虚堂録》四(四十丈)《普説》云:"不諾山僧那?"○《傳燈》十六(三丈)云:"德山問:'你不肯老僧那?'"○《雪竇明覺録》[③]一(十五丈)云:"師云:'新到那?'"

【怎】

《字彙》:"怎,字沈切。俗語辭猶'何'也。"《堯山》[④]四十四(三丈):"賢郎怎不做宰相?"○《虚堂録》一(十三丈):"怎生嘔嗽?"

【什】

《月江録[⑤]·拈古》(十六丈):"者裏是什所在?"《雪竇録》[⑥]三(十丈):"作甚?"

【甚】

【厮】

《大慧書》(十文左)。○《鶴林玉露[⑦]·天》五(一丈):"'相'字音'厮'。白樂天詩云:'為問長安月,誰教不相離?''相'字下自注云:

① 痴絶:即《痴絶道沖禪師語録》,20卷,宋痴絶道沖撰,智沂等編,宋淳祐十一年(1251)年序刊。

② 竺仙:即《竺僊和尚語録》,又作《竺仙禪師語録》《竺仙録》,竺仙日本弘法之語録集,4卷,元代僧竺仙梵僊撰,裔堯等編。

③ 雪竇明覺録:即《明覺禪師語録》,又作《雪竇明覺禪師語録》,6卷,宋代僧雪竇重顯撰,惟蓋竺等編。

④ 堯山:即《堯山堂外紀》,100卷,明代蔣一葵撰筆記小說。

⑤ 月江録:即《月江正印禪師語録》,又作《月江和尚語録》《月江印禪師語録》,3卷,元代臨濟宗僧月江正印撰,居簡等編。

⑥ 雪竇録:即《明覺禪師語録》,又作《雪竇明覺禪師語録》,6卷,宋代僧雪竇重顯撰,惟蓋竺等編。

⑦ 鶴林玉露:18卷,宋代羅大經撰文言軼事小說。

思移切。乃知今俗做‘廝’字者非也。”忠曰：“‘思移’恐訛。思必。”○《容齋隨筆》[①]一（十四丈）：“白樂天詩以‘相’字做入聲，如云‘為問長安月，誰教不相離’是也。‘相’字之下自注云：‘思必切。’”○《餘冬序録》[②]四十八：“唐人詩中字音有以‘十’讀如‘諶’，‘相’讀如‘廝’。注云：如‘恰似春風相欺得’、‘如何不相離’等句，皆思必切。”○《老學菴筆記》[③]十（一丈）：“世多言白樂天用相字，多從俗語做思必切，如‘為問長安月，如何不相離’是也。然北人大抵以‘相’字作入聲，至今猶然，不獨樂天。老杜云：‘恰似春風相欺得，夜來吹折數枝花。’亦從入聲讀乃不失律。俗謂南人入京師，效北語，過相藍，輒讀其牓曰：大廝國寺。傳以為笑。”○《正字通・午・中》（五十二丈）：“相注又陌韻，音溜。杜甫云云，白居易云云。”

【這】

《字彙》首卷《醒誤》曰：“‘者回’二字，詞曲中多用會誤作‘這回’。這，音彥，迎也。又這，注毛晃曰：‘凡稱此個為者個，俗多改用這字。’”○《事苑》二（十四丈）曰：“‘這’當作‘者’，指事之辭也。這，《三蒼詁》云：‘古文同適字，之石切。’又《篇韻》：‘誕彥二音，唯禪録作之也切。皆沿[④]襲所致。’”○《篇海》十八（卅六丈）：“這又之夜切，音蔗，俗用字。”

【遮】

《大慧書》（三丈）：“遮一絡索。”《篇海》十八（卅六丈）：“凡稱此個曰‘者個’是也，今俗改用‘這’字，非。又借用‘遮’，亦非。”○《事苑》一（三丈）曰：“‘這’當作‘者’，別事之詞。禪録多作‘這’，或作‘遮’，皆非義。”

---

① 容齋隨筆：共《五筆》，74卷，1220則。其中，《容斋随笔》16卷329則；《容齋續筆》16卷249則；《容齋三筆》16卷248則；《容齋四筆》16卷259則；《容齋五筆》10卷135則。南宋洪邁撰史料筆記。

② 餘冬序録：6卷，明代何孟春撰。

③ 老學菴筆記：10卷，南宋陸游撰文言筆記。

④ 沿：同“沿”。《正字通・水部》：“沿：同沿。俗省。”

【者】

《篇海》十八（三十六丈）："這，注曰：按'者'者，即物之辭。若如'彼'者，如'此'者，凡稱此個曰'者個'是。""這""遮"處互見。

【忒】

《虛堂録》六（六十二丈）："卻笑謝郎眉忒豎。"《品字箋》曰："忒，又太甚之意。"見二言"忒煞"。

【煞】

《正字通·辰·下》（三十丈）："殺，又'煞'，俗'殺'字今謂'大甚'。煞，《程朱語録》《容齋隋筆》皆通用之。"又《巳·下》（二十二丈）。○《容齋二筆》[①] 一（一丈）："煞有好議論。"○《碧嚴》九（二十四丈）："曹山云：'道即煞道。'"云云。○《古宿》九（十五丈）《石門録》[②]："師云：'道即殺道，只得一半。'"○《續燈》[③] 十九（四丈）："殺好一問。"○《月江録·普説》（三丈）："引得有人煞著忙。"○《斷橋[④]·祇園録》（七丈）："煞有靈驗。"

【恁】

《正字通·卯·上》（十七丈）曰："恁，如禁切。音任。又俗言此也。朱子曰：'胡文定不知聖人當初是恁地不是恁地。'云云。程伊川曰：'漢臣當恁时豈有實心為社稷者？'"○《廣燈》十四（四丈）《思明章》曰："從漪云：'某甲不説恁時錯。'"恁麼時也。○《續宿·五祖録》（十二丈）："只恁休去。"

【道】

《篇海》："道，言也。"○《論語》[⑤] 七（三十三丈）："憲問曰：'夫

---

① 容齋二筆：又作《容齋續筆》，16 卷 249 則，南宋洪邁撰史料筆記。

② 石門録：即《石門山慈照禪師鳳巖集》，宋释蕴聪撰。

③ 續燈：即《續傳燈録》，36 卷，另有目録 3 卷，明代圓極居頂編。

④ 斷橋：即《斷橋妙倫禪師語録》，又名《斷橋和尚語録》，2 卷，宋斷橋妙倫撰，文寶等編。

⑤ 論語：20 篇 492 章，孔子弟子及再傳弟子編寫而成，主要記録孔子及其弟子的言行。

子自道也？’”朱註：“道，言也。”○《大学》[1]（六丈）：“道，学也。”又曰：“道盛德至善，民之不能忘也。”又（十八丈）曰：“道得衆則得國。”○《古文後集》[2]下（四丈）《言箋》曰：“非法不道。”○《壇經[3]・行由》曰：“神秀思惟。云云。忽若道好，即出礼[4]拜，云是秀作。”○《冥報記》[5]中（七丈）：“羞君不得道。”

【儘】

《正字通・午・中》（四十四丈）：“盡，《注唐人詩》：‘盡君花下醉青春。’注：盡，讀如井，‘盡君’猶言‘任君’。也俗作‘盡’。又曰訓‘任’，訓‘縱令’。讀如儘。它當讀去聲。”○《大慧書》（四十一丈）：“儘公伎倆。”○《虛堂・頌古》（十七丈）：“象王象子儘相隨。”又《寶林録》（廿七丈）：“儘自包裹得去。”

【個】

《四家録》[6]（二丈）《百丈録》：“問：‘如何是佛？’師云：‘法是阿誰？’云：‘某甲。’師云：‘汝識某甲否？’云：‘分明個。’”蓋“分明者個”是也。

【子】

《詩格》[7]六（二丈）注曰：“賜濟雲佛法也久，無多子。”子，語辭。如“幾時子”“些子”之類。

---

① 大學：原是《小戴禮記》第42篇，相傳為曾子所作，實為秦漢時討論教育理論的重要著作。

② 古文後集：2卷，日本江户時代初期朱子學派儒學者林羅山編。

③ 壇經：又作《六祖壇經》《六祖大師法寶壇經》《法寶壇經》，1卷，六祖慧能述，法海集，元代宗寶編。

④ 礼：“禮”的俗體。《金石文字辨異・上聲・薺韻》：“禮、礼。《漢鄭固碑》：‘導我礼則。’《唐兖公頌》：‘礼經雲委。’”《干禄字書・上聲》：“禮、礼。並正。多行上字。”《增廣字學舉隅》卷二《古文字略》：“礼，古禮字。”

⑤ 冥報記：3卷（一説2卷），唐代唐臨撰。

⑥ 四家録：即《四家語録》，又稱《馬祖百丈黄檗臨濟四家録》，6卷。編者不詳。

⑦ 詩格：又名《王少伯詩格》，1卷，唐代詩論雜著，舊題王昌齡撰。

【生】

《品字箋·壬》（四十六丈）曰：“生，語辭。生，猶‘些’也。如唐人及釋子語‘太瘦生’、‘作麼生’之類。”○《正字通·午·下》（四十六丈）。

【樣】

《無文録》[①]：“薦福門下若有個樣衲僧，喚來洗脚。”○《會元》二十九《佛鑑章》“即此樣，無他樣。”○《希叟[②]·開善録》（十七丈）：“貪弄玉盃泥樣醉。”○《正宗贊》一（七丈）《六祖贊》：“千古曹溪鏡樣清。”

【著】

《密菴·祥符録》（三丈右）：“舉，藥山：‘打鐘著。’”古德解云：“凡何時下著字。”○《密菴·華藏録》（十丈）曰：“溈山告夾山云：‘如法修事著。’”

【的】

《敕修清規·序·鈔》（十四丈）曰：“底字意同。助辞[③]也。”《訓譯示蒙》[④] 五（廿四丈）曰：“轉等為底，縮底為地，又緼地為的。”

【底】

齊雲曰：“五代及宋代，文章用‘底’字，元中葉以來至大明用‘的’字。”予撰《帳中秘》下卷載。○《小學句讀》[⑤]：“底，音的。”

---

① 無文録：即《無文和尚語録》，又作《無文道燦禪師語録》，1卷，宋代僧無文道燦撰，法嗣惟康編。度宗咸淳九年（1273）刊行。

② 希叟：即《希叟紹曇禪師廣録》，又作《希叟和尚廣録》，7卷，宋代僧希叟紹曇撰，侍者法澄等編。

③ 辞：“辭”之異體。《字彙·舌部》云：“辞，俗辭字。”《正字通·辛部》云：“辞，俗辭字，誤，與亂作乱同。”

④ 訓譯示蒙：5卷，日本江户時代荻生徂徠所著古漢語虚詞注釋書。

⑤ 小學句讀：6卷，宋朱熹撰。

【了】

《用助辞[1]證大惠書》（卅七丈左）《栲栳珠》。《大惠書》下（四十八丈）："被渠問了。" ○《斷橋録[2]·法語》（一丈）："若道落了三字。"落，落句也。又《佛祖讃》（一丈）："不知賺了多少衲僧？"

【兜】

《虚堂録》一（廿三丈）："兜攬許多田地。"又二（卅四丈）《賓林録》："諸方朝咒暮咒，要兜你做羹飯主。" ○《斷橋[3]·浄慈録》（廿三丈）："搭面兜頭，粘手綴脚。" ○《北磵[4]·碧雲録》（二丈）："正旦上堂，露柱通宵守歲兜，燈籠侵早拜年兜，烏藤趂隊無碑記，跳出禪床左畔兜，普伸祝頌隨婁搜，享千秋天生富貴，切忌他求。卓拄杖云：好消息兜。" ○《業識團》[5]（五丈）："兜玄無地著聲塵。"又（七丈）："一種是聲聲垢外，不於塵世落兜玄。" ○又"兜一喝"。見"三言"。○《瑯邪代醉》[6] 卅五（八丈）："楚人發語之辞曰羗曰蹇，平語之辞曰些，一經屈宋采用，後世遂爲佳句。云云。今毗陵人平語皆曰鍾，京口人曰兜，淮南人曰塢，猶楚人之曰些也。" ○《菊坡叢話》[7] 六（五丈）引《詩林》全同《代醉》。○《中峯録》[8] 九（二丈）："似這般兜搜面孔。" ○《無門録[9]·偈頌》（下廿一丈）《頭袖頌》："四海英靈俱奪下，銅頭鐵額總

---

① 辞："辭"之異體。《字彙·舌部》云："辞，俗辭字。"《正字通·辛部》云："辞，俗辭字，誤，與亂作乱同。"

② 斷橋録：即《斷橋妙倫禪師語録》，又名《斷橋和尚語録》，2 卷，宋斷橋妙倫撰，文寶等編。

③ 斷橋：即《斷橋妙倫禪師語録》，又名《斷橋和尚語録》，2 卷，宋斷橋妙倫撰，文寶等編。

④ 北磵：即《北磵居簡禪師語録》，又稱《北磵和尚語録》《北磵語録》，1 卷，宋北磵居簡撰，其法嗣物初大觀編，宋淳祐十二年（1252）序刊。

⑤ 業識團：1 卷，渡日元僧靈山道隱撰。

⑥ 瑯邪代醉：即《琅邪代醉编》，40 卷，明张鼎思撰。

⑦ 菊坡叢話：26 卷，明單宇輯。

⑧ 中峯録：即《中峰和尚廣録》，詳稱《天目中峰和尚廣録》，30 卷，元代中峰明本撰，北庭慈寂等編。

⑨ 無門録：即《無門慧開禪師語録》，又作《佛眼禪師語録》《無門開和尚語録》《無門和尚語録》，2 卷。宋代僧無門慧開撰，普敬、普通等編。

兜來。”

虚詞（下）[①]

【恰】

《正字通·卯·上》（廿三丈）曰：“恰，適當之辞。杜诗：‘野舩恰受两三人。’”○《臨濟録》：“恰值鳳林不在。”

【好】

唤衆蒙好字。《廣燈》廿一（十三丈）：“好，諸上座。”云云。

【做】

《剪燈新話》[②] 一（廿九丈）注：“做，古‘作’字去聲讀。”○《餘冬》[③] 四十八（五丈）：“唐人詩中字音。云云。‘作’讀如‘做’。”○《韓文》[④] 九（廿四丈）《方橋诗》云：“非閣復非舩，可居兼可過。君欲問方橋，方橋如此作。注：白樂天、皮日休诗‘作’字皆自注曰：音佐，今按《廣韻》作‘造’也。將祚切。而《荀子》‘肉腐出蟲，魚枯生蠹，貪利忘身，禍栽乃作’[⑤]，及廉范《五袴》之謡，[⑥] 皆以爲此音矣。然讀如‘佐’者，又將祚切之訛，而世俗所用从人从故。而切爲將祚者，又字之俗體也。”

---

① 原文無，據原目録補。

② 剪燈新話：4 卷，明代瞿佑撰。

③ 餘冬：即《餘冬序録》，6 卷，明代何孟春撰。

④ 韓文：即《昌黎先生集》，唐韓愈著，門人李漢編。40 卷，文 30 卷、詩賦 10 卷，又《外集》10 卷，為宋人所輯。

⑤ 見《荀子·勸學》。“貪利忘身”，《荀子》原文作“怠慢忘身”。

⑥ 《後漢書》卷三一《廉范傳》：“廉范字叔度，京兆杜陵人，趙將廉頗之後也……建初中，遷蜀郡太守，其俗尚文辯，好相持短長，范每厲以淳厚，不受偷薄之説。成都民物豐盛，邑宇逼側，舊制禁民夜作，以防火災，而更相隱蔽，燒者日屬。范乃毀削先令，但嚴使儲水而已。百姓為便，乃歌之曰：‘廉叔度，來何暮？不禁火，民安作。平生無襦今五絝。’在蜀數年，坐法免歸鄉里。范世在邊，廣田地，積財粟，悉以賑宗族朋友。”

【作】

见“做”注。

【擬】

《虛堂・偈頌・示祖躬禪人頌》：“擬心。”《古鈔》[1] 云：“心也。”

【驀】

《正字通・亥・上》（廿丈）曰：“驀，莫白切。云云。又超越也。今俗猶言‘驀越驀忽’李賀詩：‘煙底驀波乘一葉。’” ○《翦燈新話》[2]二（卅丈）曰：“驀越溪澗，直上絶頂。”注：“猶越也。” ○《臨濟録・序》：“驀口自摑。” ○《大慧書》（十九丈）：“驀地。” 又（廿丈）：“驀聞。” ○忠曰：“驀，俗語勢疾如飛越用驀字。”

【謾】

《大慧書》（廿丈）。

【合】

《大慧書》（六十九丈）：“透過法身了，合作麼生？”《虛堂・寶林》（二十丈）：“合作麼生賞勞？” 又同（卅四丈）。忠曰：“有畢竟意。”

【屎】

罵話用之。《應菴録[3]・法語》（八丈）：“雲門云：‘有什麼屎光境？’”

【死】

罵話多用之。如“死郎當”“死馬醫”也。又有“痛切”意。《聯

---

① 古鈔：即《〈碧巖録〉古鈔》，日本早期的《碧巖録》注釋書。

② 翦燈新話：4 卷，明代瞿佑撰。

③ 應菴録：即《應菴曇華禪師語録》，又作《應菴和尚語録》，10 卷，宋代應菴曇華撰，守詮等編。

燈》十九（卅三丈）《僊天章》："隨我者，隨之南北；不隨我者，死住東西。"《大惠書》（八十三丈）："著死工夫。"《虛堂録》七（十一丈）："入得門來翻死款。"《北磵續集》[①]（八丈）："要向折鐺煨死飯。"《雪巖録》下（五十九丈）："只是一個下板頭，喫死飯漢。"《天如録》[②]五："怒鳴死鬭亂縱横。"《正宗賛》二（十一丈）："死伎巳窮。"三（卅一丈）："供死款。"《文獻通考》[③]二百四十九（五丈）《名臣奏議・序》："出死力而爭之。"《大昆婆沙論》[④]百四（十七丈）："舍利子言，此死外道都無慚愧。（乃至）問時彼外道，身命尚存，何緣輕言此死外道？答：應知死言目鄙惡事。"

【賒】

《古尊宿録》[⑤]五（十二丈）："興化云：'大覺為我太賒。'"《古宿》廿五（三丈）："棒喝齊施早是賒。"

---

① 北磵續集：1卷，宋僧居簡撰。

② 天如録：即《天如惟則禪師語録》，又作《師子林天如和尚語録》，9卷，元釋惟則撰，元釋善遇輯。

③ 文獻通考：簡稱《通考》，348卷，宋末元初馬端臨所編撰的典章制度通史。

④ 大昆婆沙論：或稱《阿毗達摩大毗婆沙論》，或簡稱《婆沙》，200卷，北印度五百大阿羅漢等造，唐玄奘譯。

⑤ 古尊宿録：即《古尊宿語録》，84卷。宋代賾藏主（僧挺守賾）集，靈谷寺浄戒重校。

《葛藤語箋》第二卷

二言（一）[1]

宗乘

【心印】

《碧巖》一（一丈）第一则曰："志公云：'此是觀音大士傳佛心印。'"〇《正宗記》[2] 二（廿四丈）曰："夫心印者，蓋大聖人種智之妙本也。餘三昧者，乃妙本所發之智慧也。皆以三昧而稱之耳。心印即经所谓三昧王之三昧者也，如来所傳乃此三昧也。"〇"心印"二字見于《般若》。《大般若經》五百七十八（十丈）《般若理趣分》曰："具攝受一切如來金剛身印，當證一切如來法身。乃至語印。云云。若具撮受一切如來金剛心印，於一切定當自在，至乃智印。云云。"《虛堂·育王録》（一丈）予詳鈔。〇《四教標指鈔》[3] 下三（卅四丈）。

【理致】

【機關】

《大明録》[4] 曰："文義俱明者謂之理，忘言獨契者謂之機也，言語不

---

① 原文無"一"，此據無著道忠的目次補上。

② 正宗記：即《傳法正宗記》，9 卷。宋代佛日契嵩撰。

③ 四教標指鈔：即《天台四教集解標指鈔》，上中下 3 卷，宋順、諦観、從義編撰，日本伊藤次郎兵衛 1675 年刊行。

④ 大明録：又稱《新編佛法大明録》《佛法大明録》，20 卷，南宋圭堂居士所編著。此書在中國久佚，在日本尚存。

及處策心謂之機。”○理致機關向上。見《蒺藜苑[1]·機動》。

【機輪】

《碧巖》七（十一丈）六十五則：“頌評曰：‘機輪曾未轉，轉必兩頭走。機乃千聖靈機，輪是從本巳來諸人命脉。’”○《光明藏》[2]中（六十五丈）。

【端倪】

《正宗賛》一（卅四丈）：“嚴頭賛曰：‘問大道端倪處，急須颺下草鞋。’”○《莊子》三（十七丈）《大宗師》曰：“反覆終始不知端倪。”希逸注：“不見其初也。”○又同《秋水》曰：“何以知毫末之足以定至細之倪？”註：“倪，端也。”○《類書纂要》[3]十二（四十二丈）曰：“端倪，頭緒也。”○《鶴林玉露》[4]十六（四十二丈）曰：“游成之曰：‘一氣埏埴，孰測端倪？’”

【本分】

《大慧書》（八十二丈）。○《唐書[5]·列傳》九十二（二丈）《裴延齡傳》曰：“帝德宗謂延齡曰：‘朕所居浴室殿，一棟將壓，念易之，未能也。’延齡曰：‘宗廟至重，殿棟微矣。且陛下本分錢，用之亡穷，何所难哉？’帝驚曰：‘本分錢奈何？’对曰：‘此在經誼，愚儒不能知，臣能言之。按禮，天下賦三之：一以充乾豆，一以事賓客，一君之庖廚。陛下奉宗廟，能竭天下賦三之一乎？鴻臚禮賓，勞予四夷，用十一為有赢。陛下所御饔飧簡儉，以所餘為百官稟料飧錢，未盡也，则所不盡者為本分錢。以治殿数十尚不乏，况一棟哉？’帝頷曰：‘人未嘗為朕言之。’”○《太平廣記》[6]二

---

① 蒺黎苑：類似於禪宗文獻術語和詞語索引，7卷，無著道忠撰。

② 光明藏：即《大光明藏》，全稱《傳燈大光明藏》，3卷，南宋寶曇輯。

③ 類書纂要：33卷，清朝周魯撰。

④ 鶴林玉露：18卷，宋代羅大經撰。

⑤ 唐書：200卷，其中内帝紀20卷，志30卷，列傳150卷，五代後晉時劉昫、張昭遠等撰。

⑥ 太平廣記：500卷，目録10卷，宋代李昉、扈蒙、李穆、徐鉉、趙鄰幾、王克貞、宋白、吕文仲等14人奉宋太宗之命編纂。

百卅九引《譚賓録》少異。○《南史[1]·列傳》五十二（十三丈）《徐陵傳》曰：“今衣冠禮樂，日富年華，何可猶作舊意，非理望也。所見諸君多踰本分。猶言大屈，未諭高懷。”○《困學紀聞》[2] 十九（七丈）曰：“本分出《荀子》，見端不如見本分。”是本體之義。○又國儲為三分之説見《釋氏資鑑》[3] 四（十七丈）。○又此四言“本分草料”處。

【本色】

忠曰：“本色，絶粉飾也。”○《虚堂·報恩録》（十三丈）：“請監收上堂云：‘若非本色人，難以絶滲漏。’”○《困學紀聞》十九（七丈）曰：“本色，出唐《劉仁恭傳》。”

【極則】

《南泉語要》（三丈）曰：“他經論家説法，身為極則，唤作理盡三昧、義盡三昧。”○《虚堂·宝林録》（二丈）曰：“獨脱無依，未為極則。”

【誵訛】

《〈碧嚴〉古鈔》二（七十二丈）：“伊礼[4]俱牟互難見也。《碧嚴》二則不妨誵訛。”○《字彙》及《續字彙》无“誵”字。《正字通》有“誵”字，曰同“詨”。

【肴訛】

《南明證道·歌頌》（廿三丈）作“肴”。

【殽訛】

《普燈》三（十五丈）《道吾真章》云：“且道殽訛在甚麼處？”又廿

① 南史：80卷，唐朝李延壽撰。

② 困學紀聞：20卷，南宋王應麟撰。

③ 釋氏資鑑：12卷，元僧熙仲編撰。

④ 礼：“禮”的俗體。《金石文字辨異·上聲·薺韻》：“禮、礼。《漢鄭固碑》：‘導我礼則。’《唐兗公頌》：‘礼經雲委。’”《干禄字書·上聲》：“禮、礼。並正。多行上字。”《增廣字學舉隅》卷二《古文字略》：“礼，古禮字。”

七（二十丈）："轉殽訛。" ○《正字通·辰·下》（三十丈）："殽，音肴。《説文》：'相雜錯也。又與肴同。'" ○《事苑》三（十九丈）曰："詨訛，上正作殽，胡交切。溷殽難也。下五禾切，謬也。"

【譊訛】

《頌古聯珠》卅九（十七丈）《慈受頌》云："等閒舉著便譊訛。" ○《古宿録》十九（十三文右）。○《圓悟録》二（五丈）："未免謷訛。"

【謷訛】

《續古宿》二《法昌遇録》（三丈）："如磨轉作鏡相似，多少謷訛，快須著刀。" ○《續古宿》三《圓悟録》（五丈）："兩處絶謷訛。" ○《碧嚴》一（十五丈）："古人謷訛極則處。"

【大方】

廣大境界。與《方處》"大方"義別。○《碧嚴》三（三丈）曰："大方無外，細若隣虚。"《夾山鈔》[1]："云無邊際也。" ○《雪竇録》五（六丈）《送善暹首座頌》曰："大方無外皆充塞。"《祖英集》[2]（六丈）。○又《雪竇録》六（十一丈）《和王殿直見寄頌》曰："大方無外誰相到。" 忠曰："皆方角之方，廣大境界。" ○《保寧録》（卅二丈）曰："大方無外，大圓無内，無内無外，聖凡皆會。" 忠曰："此對圓故方圓之方也。然則大圓理也，大方事相也，以無外内削去方圓。" ○《虚堂·育王録》（七丈）曰："超諸聖廛，出大方表。" ○《老子》[3]（四十一丈）注："大方：太虚也。"《莊子》六（一丈）注："大方，大道也。"

【無方】

《臨濟録·序》曰："妙應無方。" ○《虚堂録·偈頌》（一丈）："善

① 夾山鈔：即《〈碧巖集〉夾山鈔》，10卷，日本早期《碧巖録》注釋書。

② 祖英集：即《明覺禪師祖英集》，又作《慶元府雪竇明覺大師祖英集》，宋代禪僧重顯文集。

③ 老子：又名《道德經》《道德真經》，春秋時期老子著。

應無方。”〇《文選》① 十二（卅五丈）：“動應無方。”注：鄭玄《論語》注曰：“方常也。”〇又《文選》卅四（卅九丈）《曹子建·七啟》曰：“遊心無方。”注：《莊子》曰：“應物無方。”晉灼《漢書》注曰：“方常也。”

【向去】

《正宗賛》三（廿八丈）《真歇傳》曰：“上堂：轉功就位是向去底人，玉蘊荆山貴；轉位就功是却來底人，紅爐片雪春。”〇又《蒺藜苑·機動部》。

【却来】

見于“向去”。

師接

【印可】

《臨濟録》（七十四丈）《行狀》曰：“既受黄檗印可，尋抵河北。”〇《大方等念佛三昧經》②（十六丈）曰：“今此三昧，乃是一切諸佛之所印可也。”《音義》：“印信也，許也。”

【分付】

《大慧書》（四十五丈）《夏運使書》曰：“未操觚拂紙，已兩手分付了也。”〇《大慧普説》上（二丈）《菩提會普説》曰：“遮話有分付處。”

【師接】

〇忠曰：“分割付囑也。師家分道付學人之手也。其實豈有此理耶，

① 文選：又稱《昭明文選》，原有30卷，今通行本分為60卷，南朝梁武帝的長子蕭統組織文人共同編選的中國現存最早的一部古詩文總集。

② 大方等念佛三昧經：又作《佛説大方等大集經菩薩念佛三昧經》，10卷，隋天竺三藏達摩笈多譯。

但弟子有悟處，而師家證明，是分付之義。”〇《困斈紀聞》① 十九（六丈）曰：“分付出《漢·原涉傳》。”

【成褫】

《虛堂·宝林録》（廿八丈）曰：“僧云：‘和尚多是成褫學人。’”〇《事苑》七（十八丈）曰：“成褫，音池藉，褥也。”〇忠曰：“成褫，扶助人成其事，如藉褥承物也。”〇忠又按：褫有助義，然韻書欠訓。《聽雨紀談》②（九丈）曰：“倀褫，字書謂倀為虎傷。蓋人或不幸而罹於虎口，其神魂不散，必被虎所役，為之前導。今之人凡斃於虎者，其衣服巾履皆別置於地，此倀之所為也。倀可謂鬼之畏者。”或曰虎捕人已死，能步繞咒禱，使死人自去衣服而後食。褫字从衣從一虎者，以此更考之。〇《正字通》：“褫，褫字之譌。舊註同褫，誤。”〇《正字通》：“褫，註曰：舊註引《聽雨紀談》云云，誕妄不足信。”〇忠曰：《東坡漁樵閒話》③ 下（七丈）：“叙倀鬼事，豈渠為誕妄削之耶？倀鬼為虎脱衣者，助虎也。成褫字得之而義通，必是唐時俗語也。”〇《正宗賛》一（三十丈）《德山傳》曰：“師一日同瓦官入山斫木。云云。師曰：‘何不成褫取不會底？’”〇《字典·申·下》（卅六丈）：“褫，《韻會》直吏切。值去聲。解也，脱也。”

【敢保】

《聯燈》（十五丈）《霊雲章》曰：“玄沙云：‘諦當甚諦當，敢保老兄未徹在。’”〇《正字通·卯·下》（十六丈）曰：“敢，果敢也。”又《子·中》（卅九丈）曰：“保全之也。”忠曰：“敢保，我果敢決斷，保全此人也。”

【為人】

〇《涅槃經》④ 曰：“如来世尊為國土故，為時節故，為他語故，為

① 困斈紀聞：斈：“學”之異體。《宋元以來俗字譜·十六畫》引《列女傳》《通俗小說》《古今雜劇》等“學”作“斈”。困學紀聞：20卷，南宋王應麟撰。

② 聽雨紀談：1卷，明都穆撰。

③ 東坡漁樵閒話：又作《漁樵閒話》，2卷，宋蘇軾撰。

④ 涅槃經：又作《大經》《大涅槃經》《大般涅槃經》，40卷，北涼曇無讖譯。

人故，為衆根故，於一法中作二種説。”

【指示】

《臨濟録》（七丈）曰：“如山僧指示人處，衹要你不受人惑。”○《史記》八十一（丈二）《藺相如傳》曰：“璧有瑕請指示王。”○《竺仙[①]·建長録》（三十丈）《告香普説》曰：“指示者，如以手指指物，欲人見其物，也不可認指便以為物。”

【出人】

出人底手脚。

【鉗鎚】

《大惠書》（四十丈）《張提刑書》曰：“師家於逆順境中，示以本分鉗鎚。”○忠曰：“鉗者，波佐美也；鎚者，鍛冶所用都知也。有鍛煉學者之語，仍又有鉗鎚之語，如鍛練金鐵，固可用鉗鎚也。”○《碧嚴·普照·序》曰：“秉烹佛煆祖鉗鎚。”

【傷慈】

《碧嚴》一（廿八丈）曰：“忒煞傷慈，為人一時説破。”○《虚堂·報恩録》（十一丈）曰：“古人為物傷慈。”○《〈碧嚴〉古解》[②]曰：“或傷之，或慈之。傷與慈二也。”忠曰：“此説非也。傷猶傷鹽傷醋之傷，過而甚也，慈悲太過也。”

【老婆】

《臨濟録》（卅九丈）《行録》曰：“大愚云：‘黄檗與麼老婆，為汝得徹困。’”“老婆”義見四言“老婆心切”處。

---

① 竺仙：即《竺仙和尚語録》，又作《竺仙禪師語録》《竺仙録》，竺仙日本弘法之語録集，4卷，元代僧竺仙梵僊撰，裔堯等編。

② 《碧嚴》古解：日本早期《碧嚴録》注釋書。

學修

【知有】

忠曰："知有此事也。"〇《傳燈》十（十四丈）《趙州章》曰："問'南泉知有底人向什麽處休歇？'南泉云：'山下作牛去。'"〇《虚堂·報恩録》（八丈）《拈》作"向什麽處去"。

【返照】

《六祖壇經》①（七丈）曰："慧能云：'汝若返照，密在汝邊。'"〇《臨濟録》（七丈）曰："你祇有一個父母，更求何物，你自返照看。"又（廿六丈）曰："回光返照，更不别求。"〇《圓竟經畧鈔》②六（廿二丈）曰："禪家返照者，即是以他始竟照我本覺，故云反也。"〇《大覺坐禪論》③（九丈）曰："問曰：'回光返照者如何答？'曰：'照外諸法自己光明回返照内自己也。'"〇《止觀輔行》④二之二（廿五丈）曰："不住九界，却觀九界，乃名'反照'。"忠曰："此非禪家'反照'義。"

【用心】

〇《華嚴經疏鈔》十四《浄行品》曰："菩薩善用其心，則獲一切勝妙功德。疏：心者神明之奥，心正則萬德攸歸，言善用者即後歷緣，巧願觸境入去。"忠曰："後者指經下文。"

---

① 六祖壇經：又作《壇經》《六祖大師法寶壇經》《法寶壇經》，1卷，六祖慧能述，法海集，元代宗寶編。

② 圓竟經畧鈔：竟："覺"之異體。字見《宋元以來俗字譜·見部》引《列女傳》《取經詩話》等。《圓覺經畧鈔》，又作《圓覺經略疏鈔》《圓覺經略疏之鈔》，12卷，唐宗密製。

③ 大覺坐禪論：又作《蘭溪隆禪師坐憚論》《大覺禪師坐禪論》，簡為《坐禪論》，1卷，南宋入日禪僧蘭溪道隆撰。

④ 止觀輔行：又作《摩訶止觀輔行傳弘決》《止觀輔行傳弘決》《止觀輔行弘決》《輔行》《弘決》，40卷，唐代荊溪湛然撰。

【工夫】

○《正修論》[①]（十八丈）曰："今云'工夫'者，世間巧工士夫，寸陰是競，効業勤功，以故我門寓稱號焉。蓋有持業依主二釋矣。"○忠曰："工夫本言匠者，今累勤心力思惟個事，如造營多用匠者，如言費工夫，則其義益明也。"○《雪巖録》[②]上（廿四丈）曰："修造工夫已辦，龍神土地亦安。"○《輟耕録》[③]十七（四丈）《論古銅器》曰："不吝工夫，非一朝夕所為。"○《大慧書》（五十丈）《答吕舍人書》曰："所謂工夫者，思量世間塵勞底心，回在乾屎橛上，令情識不行，如土木偶人相似。"○《紙衣謄散語》[④]（十八丈）。○《夷堅志[⑤]·巳·二》（九丈）曰："成都有鑷工，出行廛間，妻獨居，一髮髻道人來求鑷髯毛，先與錢二百。妻謝曰：'工夫不多，只十錢足矣。'"

【功夫】

"工夫"又作"功夫"。《臨濟録》（卅一丈）曰："始知從前虛用功夫。"《傳燈》十七（廿二丈）《本仁章》曰："亦無展底功夫。"《智度論》[⑥]八十九（廿七丈左）。○《孔氏雜説》[⑦]（十丈）曰："工夫，或作'功'字，《魏志·王肅傳》：'太極已前功夫尚大也。'"○《維園鉛摘》[⑧]曰："《世説》：'明帝問周伯仁："卿自謂何如郗鑒？"周曰："鑒方臣，如有功夫。"'"《世説》十（廿一丈）。明帝，東晉主。周伯仁，周顗也。○《抱朴子》一（廿五丈）曰："或博奕以棄功夫。"

---

① 正修論：1卷，日本鐮倉時代禪僧虎關師鍊撰。

② 雪巖録：即《雪巖祖欽禪師語録》，4卷，宋雪巖祖欽撰，昭如等編。

③ 輟耕録：又作《南村輟耕録》，30卷，元末明初陶宗儀著。

④ 紙衣謄散語：又作《紙衣謄》，1卷，日本鐮倉時代禪僧虎關師鍊撰。

⑤ 夷堅志：420卷，南宋洪邁所撰文言志怪集。

⑥ 智度論：又作《大智度論》《大智度經論》《摩訶般若釋論》《大智釋論》《釋論》《智論》《大論》，100卷，印度龍樹菩薩著，後秦鳩摩羅什譯。

⑦ 孔氏雜説：1卷，宋孔平仲撰。

⑧ 维园铅摘：1卷，明谢廷赞撰。

【提撕】

《玄沙廣録》[①] 上（四十五丈）曰："去此之外還更有提撕也無?" ○《困學紀聞》十九（八丈）曰："提撕出《詩·抑》箋。" ○《毛詩注疏》[②] 十八之一（廿四丈）："《抑》篇曰：'匪手攜之，言示之事。匪面命之，言提其耳。' 鄭玄箋云：'我非但對面語之，親提撕其耳。'" ○《字典·卯·中》（百丈）曰："撕，《集韻》《韻會》《正韻》先齊切，並音西。提撕也。"《前漢[③]·賈誼傳》"孩提" 註："謂提撕之。"

【管帶】

忠曰："管者，意領也。帶者，如帶物不離身也。管帶著意不忘也。" ○《傳燈》十六（五丈）："嚴頭曰：'雖是後生，亦能管帶。'" ○《聯燈》廿一（十六丈）《嚴頭章》曰："行腳時，參著一兩處尊宿，只教日夜管帶。" ○《八方珠玉》下（廿一丈）："佛果云：轉變縱橫不好管帶。" ○《碧嚴》一（廿六丈）："他尋常管帶參究。" ○《虛堂録·偈頌》（廿丈）："不許春風管帶伊著意。" ○同《浄慈后録》（十一丈）："不被二十四氣之所管帶。" 忠曰："此被使令義，管領帶屬也。" ○又同《徑山后録》（二丈）："恐仰山不在，時時管帶。" 此著意也。○《大惠書》（七丈）："隨緣管帶，此為禪病。" ○《大惠·普説》四（六十四丈）："……為禪病。"

【省力】

《大慧書》（四丈）《曾侍郎第二書》曰："就省力處做工夫。" 忠曰："省非省悟義，乃省除勞力也。有二種：一約未熟人，二約已熟人，解如彼。" ○《古宿》一（廿三丈）《百丈録》曰："《報恩經》：摩耶夫人言，不如生於一子，得無上菩提，省我心力。" ○所引《佛報恩經》[④] 三（十

---

① 玄沙廣録：即《玄沙師備禪師廣録》，詳稱《福州玄沙宗一大師廣録》，3 卷，唐代玄沙師備撰，智嚴編。

② 毛詩注疏：20 卷，漢代毛亨為《詩經》作傳的稱為《毛詩》，漢代鄭玄加以箋注，唐代孔穎達為之作疏，稱為《毛詩正義》或《毛詩注疏》。

③ 前漢：即《漢書》，東漢班固撰。

④ 佛報恩經：即《大方便佛報恩經》，7 卷，失譯。

五丈）文，經無省力字。○《雪峯録》① 上（十七丈）曰：“総似者個僧，省我多少心力。”○《古宿》十二（五丈）《南泉語要》曰：“老宿云：‘遮裏無水亦無舟，論什麼筋骨？他學士便休去，可不省力。’”○《傳燈》十九（十七丈）《雲門章》曰：“今生未得徹頭，來生亦不失人身，向此個門中亦省力，不虚孤負平生。”○《圓悟録》十五（七丈）《示粲禪人語》曰：趙州見僧，喚云：‘近前來！’僧近前。州云：‘去！多少省力。’”○《碧嚴》二（廿九丈）曰：“要會得省力麼？還他圓明道：寒則普天普地寒，热則普天普地熱。”○《玄沙廣録》上（三十丈）曰：“與麼語實是省心力。”

【長處】

《正宗賛》一（十五丈）《南泉賛》曰：“将金弾子換银弾子，長處無多。”○《前漢書》七十四（八丈）《丙吉傳》曰：“士亡不可容，能各有所長。”○《字典・戌・上》（七十六丈）曰：“長，又善也。《晉書・樂廣傳》：‘論人必先稱其所長。’《唐書・韓琬傳》：‘文藝優長。’”

【覯得】

《傳燈》十八（三丈）《玄沙章》曰：“亡僧面前正是觸目菩提，萬里神光頂後相，若人覯得不妨出得陰界。”○《僧宝傳》四（一卷廿五丈）《玄沙傳》曰：“方便助汝，猶尚不能覯得。”○《正字通・酉・上》（七丈）曰：“覯，音姤。《説文》：遇見也。”

【搆得】

《碧嚴》三（十六丈）《蓮華峯話》曰：“他見無人搆得他底，復自徵云：‘畢竟如何？’”从手。○又四（廿六丈）《花藥欄話》曰：“構得構不得，未免喪身失命。”从木。○又五（十六丈）《六不收話》曰：“直是難搆，若向朕兆未分時搆得，已是第二頭。”从手。○《續古宿》三《圓悟録》（七丈）曰：“擊石火，閃電光，搆得搆不得？未免舍身失命。”从手。○《虛堂録・禮祖塔》（一丈）曰：“生死如何搆得伊？”从手。

① 雪峯録：即《雪峰義存禪師語録》，又作《雪峰禪師語録》《真覺禪師語録》《雪峰真覺禪師語録》，2卷，唐代僧雪峰義存撰，明代林弘衍編。

○《品字箋》曰："搆，牽也。又糾結不解曰搆。"○"搆"字隨處義別，又一言"搆"下詳解。

【湊泊】

《虚堂・宝[1]林録》（七丈）曰："任汝三頭六臂，盡其來機，也無你湊泊處。"忠曰："無停手足處也。"○又同（卅八丈）曰："個裡無峻機妙用，與人湊泊。佇思停機，講較安排，此爲湊泊。"○《正字通・巳・上》（五十六丈）曰："湊，音腠，水會也。"又（廿二丈）曰："泊，音薄，止息也。舟附岸曰泊。"

【抖擻】

《大惠書》（四十四丈）《汪内翰書》曰："抖擻得藏識中許多恩愛習氣盡。"○《品字箋・癸》（百卅五丈）曰："抖（斗）擻，猶言振作語。云抖擻精神，即俗所謂打起精神也。"○《正字通・卯・中》（五十八丈）曰："擻，蘇偶切，音叟，振動也。"王維詩："抖擻辭貧里。"宋文天祥《答謝教授》："寒簷積雨，抖擻無悰。"《釋氏要覽》[2]："梵語杜多，漢言抖擻。三毒如塵，能坌汙眞心，此人抖擻毒塵除之。"云云。孟郊詩："抖擻塵埃衣，謁師見眞宗。"註：禪宗也。亦作"斗藪"，義同。

【入手】

忠曰："謂悟得也，如所求物，忽入掌中，成已物也。"○《大慧書》（五十三丈）《汪狀元書》曰："縱信得及，如何得入手？"又（八十六丈）《湯丞相書》曰："願公堅此志，以得入手，爲決定義。"○《華嚴經》[3]五十二（七十一丈）《出現品》曰："此法門不入一切餘衆生乎？唯除諸菩薩摩訶薩。"

【光靴】

《傳燈》十一（十四丈）《徑山洪諲章》曰："全明上座問：'一毫穿

---

① 宝："寶"之異體。《宋元以來俗字譜・宀部》引《列女傳》《取經詩話》《通俗小説》等，"寶"皆作"宝"，《彙音寶鑑・高上上聲》"宝"下云："俗寶字也。"

② 釋氏要覽：3卷，宋釋道誠編集。

③ 華嚴經：即《大方廣佛華嚴經》，又稱《雜華經》，80卷，唐于闐國三藏沙門實叉難陀譯。

衆穴時，如何？’師曰：‘光靴，任汝光靴；结果，任汝结果。’”〇鈔一山曰：“光靴，修治完美也。”

【罷参】

《碧嚴》十（十三丈）《趙州三轉語》評曰：“你若透得此三頌，便許你罷参。”

【保任】

《僧宝傳》二（十七丈）《南塔光湧傳》曰：“石亭（仰山寂）曰：‘噫！子眞利根，當自保任，吾不能盡。’”云云。〇忠曰：“能全保悟處，令不永失也。”〇《小補韻會·皓韻》（四十七丈）“保”注：“《增韻》：‘全之也。’”又《沁韻》（廿三丈）“任”注：“侵韻，如林切，《説文》：保也。”

人倫

【王老】

《碧嚴録》第廿一則：“頌云：江北江南問王老，一狐疑了一狐疑。”《鈔不二》[①] 曰：“支那多張王李趙四姓者，故貶呼諸善知識曰王老。”〇又南泉普願禪師姓王氏，自稱王老師（《事苑》三卷十八丈）。自此叢林通稱宗師爲王老。〇又大隋法眞姓王氏，稱王老師。《古宿録》卅五（七丈）。〇《大惠·普说》大惠自称王老师，可考。

【老漢】

“漢”義見于一言“漢”處。〇又自稱“老漢”。〇《傳燈》十六（六丈）《嚴頭章》曰：“常謂泉曰：‘老漢去時，大吼一聲了去。’”〇《大慧書》（六十七丈）《答黄知縣書》曰：“老漢私爲左右喜。”〇《聯燈》[②] 廿八（十五丈）《雲居舜章》曰：“劉公居士云：‘老漢有一

① 鈔不二：即《碧巖録不二鈔》，《碧巖録》注釋書，10 卷，日本室町时代岐陽方秀撰。

② 聯燈：即《聯燈會要》，又名《宗門聯燈會要》《禪宗聯燈録》，30 卷，宋晦翁悟明集。

問，上人語相契，即開書。’”

【老子】

《大慧書》（十二丈）：“黄面老子。”又（十丈）：“閻家老子。”○《老學菴筆记》一（十六丈）曰：“余在南鄭見西郵俚俗謂父曰‘老子’，雖年十七八，有子，亦稱‘老子’。乃悟西人所謂大范老子、小范老子，蓋尊之以爲父也。建延初，宗汝霖留守東京，羣盜降附者百餘萬，皆謂汝霖曰宗爺爺，蓋此比也。”○《正字通·巳·中》（卅九丈）“父”注曰：“今吳下稱父曰老相，自江北至北方曰老子。”○《掌珠故事》一（五丈）：“晉庾亮鎮武昌。殷浩之徒乘月登樓歡飲，不覺亮至，將避之。亮曰：‘老子興亦不淺。’據胡牀與浩等談咏，其坦率如此。”注：“老子，亮自稱。”

【老兒】

《白雲[1]·圓通録》（三丈）：“睦州老兒可謂經事多矣。”又同《法華録》（十一丈左）○《古尊宿》[2] 卅六（一丈）《投子大同録》曰：“我老兒氣力稍劣，口觜遲鈍。”忠曰：“老兒，投子自稱。”○《雪巖録》下（卅六丈）。○《虛堂録·徑山》（六丈）：“小參，曰：臨老兒性命落在常侍手裏。”○《希叟廣録[3]·雪竇録》（十七丈）：“興化老兒。”又《拈古》（九丈）：“黄面老兒。”○《虛舟録》[4]（卅四丈）：“五祖老兒。”云云。○《断橋[5]·國清録》（十六丈）。又《浄慈録》（十二丈）。○《老學菴筆記》六（五丈）曰：“晉語‘兒’‘人‘二字通用。《世説》載桓溫行經王大將軍墓，望之曰：‘可兒！可兒！’蓋謂‘可人’為‘可兒’也。故《晉書》及孫綽《與庾亮箋》皆以為‘可人’。又陶淵明不欲束帶

---

① 白雲：即《白雲守端禪師廣録》，又作《白雲守端和尚廣録》，4卷，宋代僧白雲守端撰，處凝等編。

② 古尊宿：即《古尊宿語録》，84卷。宋代賾藏主（僧挺守賾）集，靈谷寺浄戒重校。

③ 希叟廣録：即《希叟紹曇禪師廣録》，又作《希叟和尚廣録》，7卷，宋代僧希叟紹曇撰，侍者法澄等編。

④ 虛舟録：即《虛舟普度禪師語録》，又稱《虛舟和尚語録》，1卷，宋虛舟普度撰，靜伏等編。

⑤ 断橋：即《斷橋妙倫禪師語録》，2卷，宋僧斷橋妙倫撰，侍者文寶、善清編。断，“斷”之俗字，《偏類碑別字·斤部·斷字》引《唐柳君太夫人杜氏墓誌》。

見鄉里小兒，亦是以‘小人’爲‘小兒’耳，故《宋書》云‘鄉里小人’也。”○忠曰：“可知‘老兒’即‘老人’也。”

【師波】

○《虛堂·育王録》（十九丈）曰：“西川鄧師波，東山下，左邊底。”○五祖演禪師綿州巴西鄧氏。○宋葉[①]《愛日齋叢抄》[②]（十八丈）曰：“林謙之詩：‘驚起何波理殘夢。’自注：‘述夢中所見何使君，蜀人以波呼之，猶丈人也。’范氏《吴船録》[③]記嘉州王波渡云：‘蜀中稱尊老者為波，又有所謂天波、月波、日波、雷波者，皆尊之稱。此王波蓋王老或王翁也。宋景文嘗辨之，謂當做‘皤’字魯直貶涪州別駕，自號涪皤，或其俗云。按：景文所記云蜀人謂老為皤，音波，取‘皤皤黃髮’義。”○又《暖姝由筆》[④]（五丈）曰：“蜀人呼長年者為波，猶言丈人也。吕東來有‘驚起何波理殘夢’之句，指同舍生何文舉也。”

【作家】

《臨濟録》（一丈）曰：“作家戰將。”忠曰：“作家者，作者家也。家猶如衲僧家之家也。”《碧嚴》頌云：“列聖叢中作者知。”○《餘冬序録》[⑤]四十四（十二丈）曰：“陶公（明淵）自三代而下為第一流人物，其詩文自兩漢以還為第一等作家。”是“作文”“作詩”之“作”也。

【作者】

《碧嚴録》第十則頌曰：“作者知機變。”又第九十二則頌曰：“列聖叢中作者知。”

【儂家】

呼人或自稱。《正字通·子·中》（三十七丈）曰：“儂音農，俗謂我

---

① 葉：指葉釐，字子真，號坦齋，池州青陽（今屬安徽）人。宋末監司論薦，補迪功郎、本州簽判。著有《愛日齋叢抄》《坦齋筆衡》等。

② 愛日齋叢抄：5卷，宋代葉釐撰。

③ 吴船録：一名《出蜀記》，宋范成大撰。

④ 暖姝由筆：3卷，明代徐充撰。

⑤ 餘冬序録：6卷，明代何孟春撰。

為儂。陳后主自稱儂，隋煬帝亦自稱儂。韓愈《瀧吏詩》：‘鰐魚大于舩，牙眼怖殺儂。’又他也。古樂府有《懊儂歌》。《六書故》[1]：‘吴人謂人儂，即人聲之轉，甌人呼若能。’”〇《湘山野録》[2] 中（廿三丈）：“吴人謂儂為我。”〇《江湖集》[3] 上《敬之佛母堂頌》云：“綠蒲鬖鬖春風裏，誰著儂家舊草鞋。”儂家，指睦州也。

【大家】

忠曰：“大家數意：有稱天子，有稱主人，有婦稱姑，有稱詩人。禪録多稱諸人為大家。”〇《玄沙廣録》[4] 上（十五丈）：“出來大家理論。”〇《碧嚴》七（十九丈）：“收则大家收。”〇唐道宣《浄心誡觀法》[5] 下（卅五丈）云：“諸餘部帙，大家共知。”〇《虚堂録》一（七十三丈）：“大家在者裡。”〇《聠燈》六（卅一丈）《甘贄章》云：“也要大家知。”〇《壇經》（廿五丈）：“大家豈不道？”云云。天子稱 《酉陽雜俎》[6]（一三丈）：“萬回指帝曰大家。”〇《類書纂要》[7] 四云：“漢魏以來宮中呼官家為大家。”〇《續博物志》[8] 三云：“當為大家致之（冠耿對元宗云）。”〇蔡邕《獨斷》[9]（三丈）云：“天子自謂曰行在所。云云。親近侍從官稱曰大家，百官小吏稱曰天家。”主人稱 《搜神記》[10] 十七（四丈）曰：“吴時，嘉興倪彦思，忽見鬼魅入其家，與人語，飲食如一人，惟不見形彦思，奴婢有竊罵大家者，云：‘今當以語。’”〇《太子須太拏經》[11] 曰：“須太拏男兒白王言：‘我父好道，無復財物可用布施者，以

---

① 六书故：33 卷，通释 1 卷，南宋戴侗所撰字書。

② 湘山野録：3 卷，宋代文瑩撰。

③ 江湖集：9 卷，南宋書商陳起編。

④ 玄沙廣録：又作《玄沙師備禪師廣録》《福州玄沙宗一大師廣録》，3 卷，唐代玄沙師備撰，智嚴編。

⑤ 浄心誡觀法：2 卷，唐代道宣撰。

⑥ 酉陽雜俎：20 卷，續集 10 卷，唐代段成式所撰筆記小説集。

⑦ 類書纂要：33 卷，清周魯撰。

⑧ 續博物志：10 卷，舊本題晉李石撰，疑為宋人所撰。

⑨ 獨斷：2 卷，漢蔡邕撰。

⑩ 搜神記：20 卷，東晉幹寶撰。

⑪ 太子須太拏經：即《太子須大拏經》，1 卷，西秦沙門聖堅奉詔譯。

我匃之，則是我大家。我尚未得為之使，以副我父道意。' ”○又《觀佛三昧經》①。《珠林》② 十六（廿一丈左）。婦稱姑《韻會・麻韻》（五十三丈）曰："陸媪於胡太后前稱昭儀，言大家行多非法，婦謂姑為阿家，或為大家。家音姑。"詩家稱明胡元瑞《詩籔》有"大家""名家"説。○《雨航雜録》③（二丈）曰："司馬遷有繁詞，杜甫有累句，不害其為大家。"○有《四大家文集》④《八大家文集》⑤。泛稱《韓文》廿四（十四丈）《裴君墓誌銘》曰："裴為顯姓，入唐尤盛，支分族雜，各為大家。"

【齷家】

見四言"彩奔齷家"。

【渾家】

謂舉家也。又《水滸傳》⑥ 十七（四丈）為妻稱。○《普燈》三（十四丈）《翠巖真章》曰："渾家送上渡頭舩。"○《山堂洵録》⑦（二丈）："渾家送上渡頭舩。"○《天廚禁臠》⑧ 上（十四丈）《奇趣詩》："深夜一爐火，渾家身上衣。"○《傳燈》十四（八丈）《丹霞天然章》曰："阿你渾家切須保護一靈之物。"

【杜家】

杜撰之學者也。杜，假也，防也，塞也。詳"杜撰"處。○《虛堂》

---

① 觀佛三昧經：又作《觀佛三昧海經》《觀佛經》，10 卷，東晉佛陀跋陀羅譯。

② 珠林：即《法苑珠林》，又作《法苑珠林傳》《法苑珠林集》，100 卷（《嘉興藏》作 120 卷），唐總章元年（668）道世撰。

③ 雨航雜録：2 卷，明馮時可撰。

④ 四大家文集：即《明四大家文集》，包括《汪南溟集》8 卷，《李滄溟集》6 卷，《李空同集》6 卷，《王弇州集》20 卷，清代張汝瑚編。

⑤ 八大家文集：即《明八大家文集》，包括《歸震川集》10 卷，《方正學集》13 卷，《李滄溟集》6 卷，《唐荊川集》6 卷，《李空同集》6 卷，《劉文成集》5 卷，《宋文憲公集》11 卷，《王弇州集》20 卷，清代張汝瑚編。

⑥ 水滸傳：元末明初施耐菴所撰長篇古典白話小説。

⑦ 山堂洵録：即《山堂洵禪師語》，1 卷，宋山堂僧洵撰。

⑧ 天廚禁臠：1 卷，宋僧惠洪撰。

二（七十六丈）《寶林録》曰：“念話杜家。”○《雪竇録》二（廿六丈）曰：“念話杜家。”○《續燈》五（廿一丈）《報恩譚章》：“念話杜家。”○《聯燈》廿九（三丈）《本覺法眞章》：“念話杜家。”○又《續燈》九（十二丈）《棲賢智遷章》：“咄云：‘念話杜家。’”○《聯燈》十二（十六丈）：“杜禪客。”○《碧嚴》七（六丈）《斬貓兒話頌》：“兩堂俱是杜禪和。”○《正宗贊》二下（六十三丈）：“杜文章。”○《北磵外集》[1]（十六丈）：“杜叢林。”○《古林録[2]·重拈》（十七丈）。○《山房雜録》[3]一（十一丈）：“杜作三十五印。”

【措大】

《事苑》六（廿二丈）曰：“措大，倉故切。置也，言措置天下之大者。”○李濟翁《資暇録》[4]（三十丈）曰：“措大，代稱士流為醋大，言其峭醋而冠四人之首。一説衣冠儼然，黎庶望之，有不可犯之色，犯必有驗，比於醋而更驗，故謂之焉。或云往有士人，貧居新鄭之郊，以驢負醋，巡邑而賣，複落魄不調，邑人指其醋馱而號之。新鄭多衣冠所居，因總被斯號。亦云：鄭有醋溝，士流名家[5]，其州溝之東，尤多甲族，以甲乙敘之，故曰醋大。愚以為四説皆非也。醋宜作措，止言其能舉措大事而已。”《續説郛[6]·枕譚》（七丈）引之。○《續説郛》十九、《讕言長語》[7]（十二丈）曰：“措大，能舉措大事，謂貴顯大人也。”○《事言要玄[8]·人集》一（六十一丈）曰：“措大為秀才者，乃其舉措大道也。”

---

① 北磵外集：1卷，宋北磵居簡撰。

② 古林録：即《古林清茂禪師語録》，又名《扶宗普覺佛覺佛性禪師語録》，5卷，宋古林清茂撰，元浩等編。

③ 山房雜録：2卷，明蓮池大師撰。

④ 資暇録：又作《資暇集》，3卷，唐代考據辨證類筆記，李匡文撰。舊本題李濟翁。作者李匡乂，又作李匡文，晚唐人，字濟翁，宰相李夷簡子，約生于唐憲宗元和初（806），初任洛陽主簿兼圖譜官。

⑤ 名家：疑為“多居”之誤。《資暇録》原文作“多居”。

⑥ 續説郛：46卷，明陶珽編。

⑦ 讕言長語：1卷，明曹安撰。

⑧ 事言要玄：32卷，包括《天集》3卷、《地集》8卷、《人集》14卷、《事集》4卷、《物集》3卷，明陳懋學編纂。

○《困學紀聞》十九（七丈）曰："俗語皆有所本。云云。措大，出《五代[①]·東漢世家》。"○《堯山外紀》[②] 卅三（九丈）："唐宣宗嘗朝罷謂侍臣曰：'崔鉉眞貴人，裴休眞措大。'"○忠曰："五代已前，唐時已有此語。"○《俗事考》[③]（十一丈）曰："俗語'措大'見《唐書》。"○《貞和集》[④] 一《佛鑑頌》："城南措大騎驢子。"○《事文類聚[⑤]·新集》二十（廿八丈）曰："宋陶穀為學士，嘗召對。太祖御便殿，穀至望見上，將前復卻者數四，左右傳宣甚急，穀終徬徨不進。太祖笑曰：'此措大索事分？'顧左右取袍帶來。上已束帶，穀遽趍出。"○《禪林類聚》一曰："李渤刺史問歸宗常禪師云：'三乘十二分教即不問，如何是祖師西來意？'師乃豎起拳，云：'會麼？'云：'不會。'師云：'飽學措大，拳頭也不識。'云：'其甲實不會。'師云：'遇生人則途中受用，不遇則世諦流布。'"

【唱道】

禪家稱教者言唱道。○《廣燈》廿二（三丈）《桃園朗禪師章》曰："若是唱道門風，權且强名；若論祖宗提綱，直下難爲開口。"

【自己】

○《六祖壇經》（七丈）《行由篇》曰明上座曰："惠明雖在黃梅，實未省自己面目。今蒙指示，如人飲水，冷暖自知。"永平《正法眼藏》五十七（四丈）《十方章》曰："盡十方世界是自己光明，自己者父母未生已前鼻孔也。"○《夢溪筆談》[⑥] 十七（四丈）曰："古文己字從一從亡，此乃通貫天地人，與王字義同。中則爲王，或左或右則爲己。僧肇曰：'會萬物爲一己者，其惟聖人乎？'子曰：'下學而上達，人不能至於此，皆自成之也。'得己之全者如此。"

---

① 五代：即《新五代史》，原名《五代史記》，75 卷，宋歐陽修撰。

② 堯山外紀：即《堯山堂外紀》，100 卷，明代蔣一葵撰筆記小說。

③ 俗事考：1 卷，宋洪邁撰。

④ 貞和集：即《貞和類聚祖苑聯芳集》，10 卷，日本江户時代義堂周信編。

⑤ 事文類聚：170 卷，其中《前集》60 卷，《後集》50 卷，《續集》28 卷，《別集》32 卷，宋代祝穆撰。《新集》《外集》元富大用撰。《遺集》元祝淵撰。

⑥ 夢溪筆談：30 卷，宋沈括撰。

【阿爺】

《説郛》廿七《雞肋編》（十一丈）："呼父為爺，謂母為媽，以兄為哥，舉世皆然。"又曰："荆楚方言謂父為爹，乃音徒我切。又與世人所呼之音不同也。"○《鼠璞》[1]（二丈）曰："梁蕭憺刺荊州還。人歌曰：始與王，人之爹。赴急如水火，何時來哺乳我。傳謂：爹，徒我反，荆土方言。今浙人以父為爹，字同音異，亦隨土聲而變。《廣韻》：爹；陟斜切。注：羌呼父，徒可切。注北方呼父其説甚明。爺，正奢切，注：吴人呼父。爺，以遮切，注俗為父。聲音大率相似，《隋[2]·回紇傳》以父為多，亦此類。"

【外甥】

《羅湖野録》[3] 上（廿九丈）《風穴頌》曰："五白貓兒爪距獰，養來堂上絶蟲行。分明上樹安身法，切忌遺言許外甥。"○《古宿》九（八丈）《石門慈照録》："上堂，舉此云：'作麼生是許外甥底句？莫錯舉。'"○《聯燈》十二（四丈）《慈照章》曰："示衆。舉'風穴云五白'云云。許外甥作生？"○《汾陽無德禪師録》[4] 下（廿八丈）《黑黧貓兒頌》曰："黑黧貓兒作用全，牙爪纖長勢力圓。毛頭涌出真師子，眼放毫光照大千。無邊寶藏能守護，有心蟲鼠解摧殘。分明上樹安身法，未曾開口外甥前。"忠曰："依此，風穴語本於善照。"○忠曰："切忌依《本行集經》[5] 卅一（九丈）虬誑猿欲取心，猿亦欺為吾心在樹因緣，可解意矣。"又《獛陽傳[6]·猿登樹避虎禍》。○忠又曰："外甥，呼他相親之詞。"《十誦律》廿七（二十丈）野干呼獺為外甥。又同六十四，（六丈）同。

---

① 鼠璞：2 卷，宋人戴埴代所撰筆記作品。

② 隋：即《隋書》，85 卷，唐代官修史書。

③ 羅湖野録：4 卷，宋禪僧曉瑩撰。

④ 汾陽無德禪師語録：又作《汾陽善昭禪師語録》《汾陽無德和尚語録》《無德和尚語録》《汾陽録》，3 卷，宋代汾陽善昭撰，石霜楚圓編。

⑤ 本行集經：即《佛本行集經》，60 卷，隋代闍那崛多譯，僧曇、費長房、劉平等筆受。

⑥ 獛陽傳：明代濮陽傳所撰醫書。獛，通常作"濮"。

【聱頭】

《圓悟録》二十（十丈）曰："生平直説聱頭禪，撞著聱頭如铁壁。"〇《羅湖野録》上曰："台州護國元禪師執侍圓悟，機辯逸發。圓悟操蜀語，目為聱頭元侍者。"忠曰："刊本作瞥，非也。字書無瞥字，聱字黨音敖，語不入也。"〇《古宿》四十八（三丈）《佛照奏封録》曰："師舉云：'罰錢出院掲家醜，興化聱頭遇克賓。父子不傳眞秘訣，棒頭敲出玉麒麟。'"〇《明極[①]·寶林録》（二丈）《拈保壽開堂因緣》曰："三聖推出一僧。好采！不撞著聱頭。"〇忠曰："皆為不隨人語之義。"〇又有"遨頭"字義別。《老學菴筆記》八（十五丈）曰："四月十九日，成都謂之浣花。遨頭宴於杜子美草堂滄浪亭。傾城皆出，錦繡夾道。自開歲宴遊至是而止，故最盛於他時。"〇《山谷詩集》[②]九（十四丈）曰："還作遨頭驚俗眼，間流文物屬蘇仙。"注："蜀人喜遊樂，謂成都師為遨頭。"

【番將】

《碧巖録》一（十六丈）《評》曰："李廣被捉後設計，一箭射殺一個番將，得出虜庭。"〇《虛堂録·頌古》（十一丈）："捷呼獲下眞番將。"〇忠曰："北胡総稱番也，以對漢。只字書闕無訓，予《犁耕》中詳證。"〇《古宿録》廿六（十三丈）《法華舉和尚語要頌》云："收番猛將彼方奇，勢劣翻思握劍歸。"又（十四丈）云："番手把馬籠。"〇《古宿》四十（十五丈）《雲峰録》曰："李廣陷番。"〇《普燈》廿七（三丈）《法昌遇法身頌》："螺螄吞大象，石虎齩番馬。"

【胡漢】

《宋高僧傳》三（十四丈）曰："雪山之北是胡，山之南名婆羅門，國與胡絶。云云。羯霜那国、吐貨羅國、迦試國，巳上雜類為胡也。"

---

① 明極：即《佛日燄慧明極禪師（建長禪寺）語録》，又稱《明極禪師語録》，2 卷，宋初元末入日禪僧明極楚俊撰。

② 山谷詩集：20 卷，宋黄庭堅撰。

【崑崙】

又三言“鐵崑崙”。又“崑崙奴”。○忠曰：“崑崙、昆侖混。淪音同。義異者四：一崑崙山名，二昆侖人倫名，三混淪或作渾圇、鶻淪等渾淆無分之義，四頭曰崑崙。然前三禅録交用，文字不定。”山名《虚堂[①]·育王》（廿四丈）云：“金輪水際崑崙山椒。”○又作“昆崙”。《月江録·佛祖賛》（十二丈）云：“黄河九曲兮水出昆侖。”○《通鑑綱目》前編二（廿八丈）云：“崑崙無定名。地之高山之所聚，江河諸源之所出。即崑崙爾。”人倫名所謂昆侖兒也。若言鐵崑崙。作昆侖可也，非謂山。○《傳燈》廿五（十二丈）：“崑崙奴著鐵袴。”又：“黑漆崑崙夜裏走。”昆侖兒膚黑，其著鉄袴夜裏走，皆取深黑義。○《月江[②]·何山録》（一丈）：“昆侖奴著鉄袴得之。”○《中峯録》一下（卅四丈）：“崑崙騎象舞三臺。”○《代醉編》[③]三（廿八丈）曰：“南荒有黑溪水，其水以塗古象，至不去。昆侖兒以塗身，即能乘象如家蓄。古所謂黑昆侖，今之象奴也。”○《甘澤謡》[④]（五丈）《陶峴傳》曰：“海船昆侖奴，名摩訶，善泅水而勇健。”《堯山外紀》廿五（十四丈）載之作“崑崙”。○《堯山外紀》廿五（三丈）《詠崑崙奴詩》。○《説郛》三十五《可談》（十七丈）。○《事文[⑤]·前集》二十（十六丈）：“李后形長而色黑，皆謂之崑崙。”○《求法高僧傳》[⑥]上（十二丈）：“運期師旋迴南海十有餘年，善崑崙音。”又作“骨崙”。○《廣燈》十九：“骨崙。”○《白雲録[⑦]·頌古》（十丈）：“天生碧眼崑崙兒。”○《傳燈》十二（三十六丈）：“金

---

① 虚堂：即《虚堂録》，又稱《虚堂智愚禅師語録》《虚堂禅師語録》，10卷，宋虚堂智愚撰。

② 月江：即《月江正印禪師語録》，又作《月江録》《月江和尚語録》《月江印禪師語録》，3卷，元代臨濟宗僧月江正印撰，居簡等編。

③ 代醉編：即《琅邪代醉编》，40卷，明张鼎思撰。

④ 甘澤謡：1卷，唐袁郊撰。

⑤ 事文：即《事文類聚》，170卷，其中《前集》60卷，《後集》50卷，《續集》28卷，《别集》32卷，宋代祝穆撰。《新集》《外集》元富大用撰。《遺集》元祝淵撰。

⑥ 求法高僧傳：又作《大唐西域求法高僧傳》《西域求法高僧傳》，2卷，唐代義浄著。

⑦ 白雲録：即《白雲守端禪師廣録》，4卷。又作《白雲守端和尚廣録》。宋代僧白雲守端（1025—1072）撰，處凝等編。

香爐下鐵崑崙。”○《普燈》八（十八丈）：“金剛腳下鐵崑崙。”○《普燈》廿八（五丈）：“生鐵崑崙雲外走。”或謂鐵崑崙是渾淪無縫罅義，非也。渾淆無分義 “混淪”“渾圇”“鶻淪”“昆侖”皆相通。○《臨濟録》（四十二丈）：“渾崙擘不開。”○《增續傳燈》（二十一丈）：“崑崙無縫罅。”當作“渾淪”。○《虛堂録》一（五丈）：“切忌渾淪吞。”○《列子[1]·天瑞篇》云：“渾淪者，萬物相混淪而未相離也。”○《太玄經》[2]：“中首昆侖旁礴幽。”○《韻會·藥韻》（十六丈）：“昆侖，天之氣旁礴地之形。”又《真韻》（六十三丈）：“渾淪未相離。”頭曰崑崙 《天中記》[3] 廿二（六丈）。《續文獻通考》貳佰四十一（一丈）《道家名義》。

【草賊】

《臨濟録》（五丈）：“草賊大敗。”忠曰：“草賊，草野之賊也。古解為小賊，非也。”○《正宗贊》一（十二文左）。○《尚書注疏》十（二十丈）《微子篇》曰：“殷罔不小大好草竊姦宄。”孔傳云：“草野竊盜，又為姦宄于內外。”余草野義取于此。○《酉陽雜俎》一（一丈）《忠志篇》曰：“高祖少神勇，隋末嘗以十二人破草賊，號無端兒數萬。”余謂已稱草賊數萬，豈可以小賊，解哉。高祖者，唐高祖也。○《舊唐書[4]·本紀》十九下（五丈）《僖宗紀》曰：“乾符三年七月，草賊王仙芝寇掠河南。”○《北夢瑣言》[5] 曰：“徐彥若謂成汭曰：‘雷滿偏州，一火草賊爾，令公不能加兵。”《太平廣紀》二百五十七（三丈）引。雷滿，人名。

【勞生】

忠曰：“勞生者，在塵勞衆生也。”《僧寶傳》[6] 十九（卅五丈）《政黃牛傳》曰：“勞生擾擾。”

---

① 列子：又名《沖虛真經》，戰國早期列子、列子弟子及其後學撰。

② 太玄經：也稱《揚子太玄經》，簡稱《太玄》《玄經》，12 卷（或作 10 卷），漢揚雄撰。

③ 天中記：60 卷，明陳耀文撰。

④ 舊唐書：原名《唐書》，200 卷，署名後晉劉昫等撰，實爲後晉趙瑩主持編修。

⑤ 北夢瑣言：原帙 30 卷，今本仅存 20 卷，宋代孙光宪撰。

⑥ 僧寶傳：32 卷，宋釋惠洪撰。

【阿誰】

又見一言“阿”處。〇《孔氏雜説》（九丈）曰：“俗所謂阿誰，三國時已有此語。《龐統傳》：‘向者之論，阿誰爲是。’”《綴耕》八全引。〇《正字通・戌・中》：“阿，又曷韻，音遏。借為發語辭。古詩：‘家中有阿誰？’今讀阿如渥。”

【單丁】

《僧寶傳》三（二丈）《風穴傳》曰：“夜燃松脂單丁者七年。”〇《正字通・子・上》（二丈）：“丁，又民丁。《釋名》[①]：‘丁，壯也。’《白虎通》：‘丁者，強也。’史隋文帝頒新令：‘男女三歲已下為黄，十歲以下為小，十七以下為中，十八以上為丁，以從課役，六十為老，乃免。’”〇《字典・子・上》（二丈）：“又民丁。《唐書・食貨志》租庸調之法，以人丁爲本。又授田十畝，歲輸粟二斛，謂之租丁。”〇忠曰：“單丁者，獨住無侍者，使令者而自作卑賤丁役之事也。”

【有等】

《虚堂録[②]・續輯》（十五丈）曰：“有等瞎驢，不辨精麁。”

名姓

【香嚴】

《碧巖録》第八十二則“香嚴”。嚴字，正眼院板及古板並作“嚴”。九十二則（十卷五丈）亦作“嚴”。〇《河南名勝志》十（十六丈）《南陽府鄧州》作“香嚴寺”。〇智旭《楞伽經義疏》[③]二上（卅四丈）云：“香嚴大笑：‘汝在。’”

---

① 釋名：8卷，漢劉熙撰。

② 虚堂録：又稱《虚堂智愚禅師語録》《虚堂禅師語録》，10卷，宋虚堂智愚撰。

③ 楞伽經義疏：4卷，明釋智旭撰述。

【巨靈】

○《劉氏鴻書[①]》五（廿一丈）曰："《太華仙掌辨》云：昔河自積石出而東流，既越龍門，遂南馳者千數百里。折波左旋，將走東溟，連山塞之，壅不得去。河神巨靈以手擘開其上，以足蹈離其下，中分為兩，以通河流。今觀手跡於華嶽上指掌之形具在，腳跡在首陽山下亦在焉。（《述征記》）"華山、首陽本一山，巨靈擘開面北者為首陽，面南者為太華。（《志語》）○《説郛》五。《遁甲開山圖》。

【老胡】

或稱"釋迦"，或稱"達摩"。《普燈》廿八（四丈）《大慧頌二祖安心》曰："爭如不受老胡瞞。"此云達摩。

【那吒】

《地藏經·閻羅王衆讚歎品第八》曰："爾時，鐵圍山内，有無量鬼王，與閻羅天子，俱詣忉利，來到佛所。所謂惡毒鬼王乃至阿那吒王、大阿那吒王。如是等大鬼王，各各與百千諸小鬼王，盡居閻浮提，各有所執，各有所主。是諸鬼王，與閻羅天子，承佛威神，及地藏菩薩摩訶薩力，俱詣忉利，在一面立。"云云。○靈棄《地藏經科注》四（廿六丈）曰："阿那吒，《準大經》：八臂那吒，乃天中力士，則未可的指。然其名既同，未可知也。"細注云："那吒，即多聞天王之長子。"○《事苑》六。○《宋僧傳》[②] 十四（三丈）《道宣傳》。○《神僧傳》[③] 六（廿一丈）。○《谷響集》[④] 六（十五丈）。

【檀郎】

《正宗贊》二《五祖傳》。○元稹詩："小玉上牀鋪夜衾，檀郎謝安眠同處。"注：檀奴，潘安仁小字，因名檀郎。《正煙録》七（六丈）引。

---

① 劉氏鴻書：明萬曆年間，安徽宣城劉仲達纂輯的一套類書。

② 宋僧傳：即《宋高僧傳》，又稱《大宋高僧傳》，30卷，宋代贊寧著。

③ 神僧傳：9卷，明成祖撰。

④ 谷響集：原名《對客談叢》，全稱《寂照堂谷響集》，10卷，日本江户時代真言宗僧泊如運敞述。

〇《臆乘》[1]（八丈）曰："潘岳曰潘郎檀郎。"《郛》[2]十一。〇《續釋常談》[3]（四丈）。《郛》十二。〇《誠齋雜記》[4]下（五丈）。〇《堯山外紀》卅五（二丈）妻呼夫。〇《徐氏筆精》[5]五（卅二丈）。〇《菊坡叢話》十一（三丈）。

【莫傜】

《正宗贊》四《潙山傳》。〇《方語集·五言》。〇《杜詩文類注》[6]："莫傜，村處名。天子免傜役，故名。"《梁書》[7]卅四（九丈）《張纘傳》曰："纘爲湘州刺史，州界零陵衡陽等郡有莫傜蠻者，依山險爲居，歷政不賓服，因此向化。"

【樓蘭】

又見四言"斬樓蘭首"處。〇《通鑒綱目》[8]四下（百五十二丈）《武帝元鼎二年·集覽》曰："鄯善，西域國名，都扜泥城，即樓蘭國也。故城在大患鬼魅磧之東南，北近白龍堆路，去陽關千六百里。漢昭帝遣傳介子往刺其王，更名其國爲鄯善。事見《昭帝元鳳四年》。"又五（十五丈）。〇《通鑑彙編》二（四十八丈）。〇《魏書[9]·列傳》九十（二丈）《西域部》。〇《唐書·地理志》卅三下（十九丈）。〇《文献通考》[10]三百卅六。〇《慈恩傳》[11]五（卅三丈）："納縛波故國即樓蘭地。"

---

① 臆乘：乘，同"乘"。臆乘，1卷，宋楊伯嚴撰。

② 郛：即《説郛》，100卷，元末明初陶宗儀編纂，多選録漢魏至宋元的各種筆記彙集而成。

③ 續釋常談：即《釋常談》續書，僅32條，不分卷，宋龔熙正撰。

④ 誠齋雜記：2卷，舊本題元林坤撰。

⑤ 徐氏筆精：8卷，明徐𤊹撰。

⑥ 杜詩文類注：疑是《杜詩類注》，元末明初劉霖撰。

⑦ 梁書：56卷，唐姚思廉撰。

⑧ 通鑒綱目：即《資治通鑒綱目》，59卷，南宋朱熹生前未能定稿，其門人趙師淵于樊川書院續編完成的史書。

⑨ 魏書：124卷，北齊魏收所著紀傳體斷代史書。

⑩ 文獻通考：簡稱《通考》，348卷，宋末元初馬端臨編撰。

⑪ 慈恩傳：即《大慈恩寺三藏法師傳》，又稱《大唐大慈恩寺三藏法師傳》，略稱《慈恩寺三藏法師傳》《三藏法師傳》，10卷，唐代慧立撰，彥悰增補。

【尉遲】

虜複姓。《事苑》七。○《古宿録》十（十五丈）《承天》。○《八方珠玉》中（七十一丈）："韶山曰：'想君不是金牙作，爭解彎弓射尉遲？'"

【波斯】

《虛堂録》九《徑山後録》（五十六丈）："叵栗斯喫個青橄欖。"波斯也。○《西域記》[1] 十一（廿一丈）："波剌斯國。注：舊曰波斯，略也。"○《後周書》[2] 五十（九丈）《異域傳》。○《杜氏通典》[3] 百九十三（十六丈）。○《玄應音義》[4] 廿五（十六丈）。

【黄頭】

指釋迦佛，本城名。○《佛本行集經》廿四（三丈）："迦毘羅婆蘇都。注：此言黄頭居處。"九十一套。○《碧嚴録》十（八丈）《頌》曰："如今要見黄頭老。"《評》云："黄頭老，乃黄面老子也。"

心肢

【業識】

《臨濟録》（廿六丈）曰："忙忙業識衆生。"忠曰："業識者，第八阿賴耶識也。"○《起信論》[5] 上二（廿六丈）曰："一者名為業識，謂無明力不覺心動人儿力故。"《法藏疏》："起動是業義故。"○《傳燈》十一（七丈）《仰山慧寂章》曰："溈山問：'大地衆生業識，茫茫無本可據？'"○《玄沙廣録》下（十五丈）曰："業識忙忙，無本可據。"

① 西域記：即《大唐西域記》，12卷，唐代玄奘述，其門人辯機奉唐太宗之敕令編集而成。
② 後周書：即《周書》，50卷，唐代令狐德棻等修。
③ 杜氏通典：200卷，唐杜佑撰。
④ 玄應音義：即唐朝釋玄應所著的《一切經音義》，又稱《大唐衆經音義》，25卷。
⑤ 起信論：又作《大乘起信論》，1卷，相傳為印度馬，菩薩所造，南朝梁代真諦譯。

【心行】

《碧嚴》七（二十丈）曰："南泉歸宗麻谷同去禮拜忠國師，至中路，南泉於地上書一圓相，云：'道得即去。'歸宗於圓相中坐。麻谷便作女人拜。泉云：'恁麼則不去也。'歸宗云：'是什麼心行？'" ○《華嚴經疏鈔》七（六十五丈）《世界成就品第四·普賢菩薩頌》曰："衆生心行廣無邊。菩薩國土偏十方。" ○《玄應經音義》[①]三（一丈）曰："心行，下庚切。謂遊履也。《放光經》云：'意所趣向。'《光讚經》云：'所趣，所行。'《大論》云：'問：云何悉知衆生心行？答：菩薩知衆生往來所趣及心所行。'其義一也，今有讀為下孟切，誤也。" ○《維摩經》[②]三（十三丈）《弟子品》曰："生滅心行。"肇注："心者何也？惑相所生。行者何也？造用之名。"又五（九丈）《問疾品》曰："一切衆生心行中求。" ○《首楞嚴三昧經》[③]中（六丈）曰："堅意問：'首楞嚴三昧去至何所？'天子答言：'去至一切衆生心行，而亦不緣心行取相。'" ○《止觀》[④]二之三（六十七丈）曰："言語道斷心行處滅。"

【出身】

《臨濟録》（六丈）曰："在孤峯頂上無出身之路。" ○《碧巖》五《四十五則》曰："出身猶可易。" ○《聯燈》廿四（卅二丈）《懷嶽章》："僧問：'如何是學人出身處？'師云：'有甚麼纏縛汝？'"云云。○《山谷外集》[⑤]十六（廿四丈）《雲居録·序》曰："秘魔巖叉下有出身路。" ○《經國大典註解·後集》上（四十四丈）云："出身，凡官初入仕之稱。" ○《冊府[⑥]·序論》廿四云："策高者特授美官，其次與出

---

① 玄應經音義：即唐朝釋玄應所著的《一切經音義》，又稱《大唐衆經音義》，25 卷。

② 維摩經：又稱《維摩詰所説經》《維摩詰經》，3 卷，姚秦鳩摩羅什譯。

③ 首楞嚴三昧經：略稱《首楞嚴經》《舊首楞嚴經》，2 卷，後秦鳩摩羅什譯。別本為《大佛頂首楞嚴經》，10 卷，般剌蜜帝譯。

④ 止觀：即《止觀輔行》，又作《摩訶止觀輔行傳弘決》《止觀輔行傳弘決》《止觀輔行弘決》《輔行》《弘決》，40 卷，唐代荆溪湛然撰。

⑤ 山谷外集：17 卷，宋黄庭堅撰。

⑥ 冊府：即《冊府元龜》，1000 卷，宋王欽若等輯。

身。”又云：“出身者，吏部主之白身者，禮部主之。”○《掌珠故事》[1]五云：“次賜同進士出身。”

【點頭】

《大惠書》（十四丈）《李参政書》曰：“不必問人，久久自點頭矣。”○忠曰：“肯而頷也。”○《焦氏筆乗》[2]六（廿五丈）曰：“《説文》：‘頷，低頭也。’徐氏曰：‘點頭以應也。’”○又“横點頭”，見三言。又《史觿》[3]十六（廿五丈）。《唐書・蘇晉傳》有“點頭”字，義别。

【驀頭】

《碧巖》八（十八丈）下語曰：“惡水驀頭澆。”○《毘柰耶雜事》[4]卅三（七丈）曰：“以脚驀頭棄之而去。”忠曰：“是謂蹴人乎？與禅録義不同乎？”

【劈頭】

《無準録》二（十七丈）曰：“惡水劈頭澆。”

【斫額】

《傳燈》六（十七丈）《百丈海章》曰：“師云：‘併却咽喉唇吻，速道将来！’五峯云：‘和尚亦須併却。’師云：‘无人處劈頭望汝。’”○《碧》[5]八（一丈），本則舉之辯云，麻賀計遠佐須。○《正宗賛》三（三十一丈）《天童珏傳》曰：“僧問：‘如何是道？’曰：‘十字街頭休斫額。’”○《普燈》十三（十三丈）《珏章》。○《雲峰悦翠嚴録》[6]曰：

① 掌珠故事：又稱《故事掌珠》，8卷，明陳繼儒編。

② 焦氏筆乗：8卷，明焦竑撰。乗，同“乘”。

③ 史觿：17卷，明謝肇淛撰。

④ 毘柰耶雜事：柰，同“奈”。《毘奈耶雜事》，全稱《根本説一切有部毘奈耶雜事》，40卷，唐朝義浄譯。

⑤ 碧：即《碧嚴録》，全稱《佛果圜悟禪師碧嚴録》，亦稱《碧嚴集》，10卷，宋代禪師圜悟克勤著。

⑥ 雲峰悦翠嚴録：又作《雲峰文悦禪師語録》《雲峰悦禪師初住翠巖語録》，宋代禪僧雲峰文悦述，門人齊曉編。

“斫額望扶桑。”〇《小補韻會·藥韻》(五丈):“斫，職畧切。《廣韻》:刀斫也。《增韻》:斬也。”〇忠曰:“望高遠者，加手於額，如横斫於額勢，故曰斫額也。”

【觸目】

《虚堂録·偈頌》(九丈)《溥禪者西還頌》曰:“荒田觸目無人揀，款款歸来带月耕。”〇忠曰:“觸目，謂一切處也。”

【耳朵】

《大慧武庫》(廿二丈)曰:“耳朵兩片皮，牙齒一具骨。”〇《續燈》十八(十二丈)《普满明章》曰:“牙齒一把骨，耳朵兩片皮。”〇《事苑》二(二丈)作“樑”曰:“丁果切。小崖也。或止作朶。”〇《古宿》卅八(十二丈)《洞山初録》曰:“三脚鐺子無耳垜。”作“垜”。〇忠曰:“耳，旁出如木有朵，山有垜，故言耳朵。”〇《正宗贊》一《百丈贊》曰:“三日耳朵聾。”

【巴鼻】

〇《禪蒙求》[1]下《谷泉六巴鼻頌》。《續燈》廿九(十六丈)。〇《大慧書》(五丈)《拷栳珠》。〇《正宗贊》一(廿六丈)《睦州贊助桀》。〇《後山詩話[2]》(五丈)。〇《類書纂要》十二(七丈):“没巴臂，作事無根據也。”忠按:“臂訛鼻也。”〇《篇海》三(廿六丈):“巴，邦加切，音芭，尾也。”〇明僧獨立[3]曰:“巴鼻，唐人常談。巴者，如鼻端之可拿撮也。此可把之物。”〇《〈碧巖〉古鈔》[4]一(一丈左)曰:“巴鼻，來由義。登利惠。”〇或曰:“巴，《篇海》:尾也，鼻。《篇海》(七卷一丈):始也。然則巴鼻者，終始之謂也。”忠曰:“非也。巴，中華俗語，何得妄取韻書捏合作義耶?況又如言‘祖師巴鼻’、‘衲僧巴

---

① 禪蒙求:即《禪苑蒙求》，又名《禪苑瑶林》《禪苑瑶林注》《禪苑蒙求瑶林》《雪堂和尚注釋禪苑瑶林》，3卷，金代錯菴志明撰，元代雪堂德諫注。

② 後山詩話:1卷，宋陳師道撰。

③ 獨立:戴曼公(1596—1672)，杭州仁和縣人，原名觀胤，後易名笠，字子辰，號曼公，僧名獨立、性易，清初入日，名醫、黄檗僧人、畫家。

④ 《碧巖》古鈔:日本早期的《碧嚴録》注釋書。

鼻’、‘向上巴鼻’豈是始終之義耶？故非也。”○忠曰：“《篇海》‘尾也’訓亦通。《獨立》義‘尾’，亦‘可拿撮’者也。《〈碧巖〉古鈔》説合纂要根據義，是也。予竊謂如獸之有尾有鼻，是體形之可把捉者，故事有根據言巴鼻，無根據言没巴鼻也。”○《道吾録[1]·頌》：“手提巴鼻，腳踏尾。”直言鼻也。

【鼻孔】

《白雲録》（十一丈）：“敲落鼻孔，露出眼睛。”○《普燈》九（十二丈）：“捩轉鼻孔，捺下雲頭。”○《普燈》廿七（十一丈）：“衲僧鼻孔大頭向下。”○《趙州録》[2]上（七丈）：“大耳三藏。云云。師云：‘在三藏鼻孔裏。’”忠云：“蓋鼻孔语初見于此。”○《珠玉》[3]下（廿丈）：“佛果云：‘云云。直得眼不見鼻孔。云云。及至下梢桶底脱，始知鼻孔元在面上。’”忠曰：“自鼻孔雖實有，自眼不可見，故禪語比那事。”○《大慧録》十（廿丈）：“直饒救得眼睛，當下失却鼻孔。”

【饒舌】

《聯燈》九（二丈）《臨濟章》曰：“檗云：‘這老漢（愚大）饒舌作麼生得他來？待痛與一頓。’”○《臨濟録·序》曰：“饒舌老婆，尿牀鬼子。”○閭丘胤《三隱詩集[4]·序》曰：“寒山拾得呵呵大笑云：‘豐干饒舌饒舌，弥[5]陀不識，礼[6]我何為？’”○《類書纂要》十一（二丈）：“饒舌，多言也。”○《剪燈新話》二（三十丈）注曰：“饒舌，猶多言也。”○《書言故事》[7]五（三丈）。

---

① 道吾録：即《潭州道吾真禪師語要》，1卷，宋道吾悟真撰。

② 趙州録：又作《趙州真際禪師語録》《趙州和尚語録》《趙州從諗禪師語録》《真際大師語録》，1卷，唐代趙州從諗撰，文遠編，宋代棲賢澄諟校。

③ 珠玉：即《八方珠玉》，又作《拈八方珠玉集》，全稱《佛鑒佛果正覺佛海拈八方珠玉集》，3卷，宋代僧祖慶重編，理宗寶佑五年（1257）刊行。

④ 三隱詩集：3卷，唐釋寒山、釋豊干、釋拾得撰，宋閭丘胤編。

⑤ 弥：“彌”之異體。《隸辨·平聲·支韻》引《張納碑》作“弥”。

⑥ 礼：“禮”的俗體。《金石文字辨異·上聲·薺韻》：“禮、礼。《漢鄭固碑》：‘導我礼則。’《唐兗公頌》：‘礼經雲委。’”《干禄字書·上聲》：“禮、礼。並正。多行上字。”《增廣字學舉隅》卷二《古文字略》：“礼，古禮字。”

⑦ 書言故事：10卷，宋胡繼宗所編童蒙讀物。

【覿面】

《傳燈》七（八丈）《盤山宝積章》曰："覿面相呈，更無餘事。"○《普燈》二（廿一丈）《法昌遇章》曰："你若覿面相呈，我便藏身露影。"又同（廿八丈）："覿面相呈事。"○《禪林類聚》一《儒士類》："觀面難藏。"

【劈脊】

《碧巖》二（十八丈）《評》曰："風穴拈云：'南院當時待他開口，劈脊便打，看他作麼生？'"○《古宿》九（廿一丈）《石門慈照録·柱杖頌》曰："鬧市若遇知音，回頭擗脊便棒。"作"擗"。○《正字通·卯·中》（八十一丈）"擘"注曰："音伯，手指也。又以指裂物也。《讀書通》[1]通作腷、副、擗、劈。"

【失口】

《雪巖録》上（七十八丈）："忽然失口咬碎。"

【攔胸】

《古宿》十二（廿四丈）《紫湖神力録》曰："師於僧堂前見一僧，攔胸把住，叫云：'捉得也。'"又曰："勝光便問：'如何是事？'被師攔胸踏倒，從此省悟。"○《虚堂·寶林録》（卅一丈）曰："便與闌胸一踏。"○《正字通·卯·中》（八十七丈）："攔，音蘭，遮遏，通作蘭。"○忠曰："攔胸，驀直捉胸或蹈胸也。"○"攔"字例[2]：《碧巖》三（二丈）："攔問一答。"攔答，早答也。又八（十七丈）："將糊餅攔縫塞定。"見有縫急塞之也。

【尾巴】

《虚堂》二（卅二丈）《寶林録》："尾巴焦黄。"○《曹源録》[3]：

---

① 讀書通：20卷，明末經學家郝敬撰。

② 行首作者自注"答恐問"三字。

③ 曹源録：即《曹源道生禪師語録》，又作《曹源和尚住饒州妙果禪寺語録》，1卷，宋代僧曹源道生撰，法嗣癡絶道冲編。

“思大尾巴自露。”〇《松源録》[①] 上（四十六丈）：“虎。云云。没尾巴。”又下（卅三丈左）。

【尾靶】

《東山外集[②]·送璉兄之雲門頌》曰：“萬煆鑪中尋尾靶。”〇《古林拾遺》[③]（廿九丈）《竺仙評》曰：“凡人曰：蛇虎等尾曰尾巴。乃正書巴蛇之巴字。平聲，邦加切。而東山《送璉兄之雲門偈》，押在去聲韻内，字作尾靶，乃去聲，必駕切。且靶者，乃是轡革，御人所把處物也。此乃大達宗師臨時落筆，但以示人真正法眼，誰管誰何？”

【赤脚】

《無門關》[④]（十二丈）《國師三喚頌》曰：“欲得掌門拄户，更須上刀山。”〇《敕修清規[⑤]·日用軌範》（五十丈）曰：“不得赤脚著僧鞋。”忠曰：“脚不著襪也。”〇《徐氏筆精》[⑥] 六（四十九丈）曰：“古人謂空盡無物曰赤，如‘赤地千里’、‘其家赤貧’是也。今人言不著衣曰‘赤條條’，‘赤’字本此。”〇《佛光真如録》[⑦]（四丈）。〇《杜律[⑧]·七言》上（十六丈）《早秋苦熱》詩曰：“安得赤脚踏層冰。”

【脚版】

《臨濟録》（廿六丈）曰：“你波波地往諸方覓什麽物？踏你脚版闊。”〇忠曰：“脚版只是脚底平如板也。蹈步多，故令濶也。”〇《虚堂録·普説》（十八丈）曰：“教脚板闊。”

---

① 松源録：即《松源崇嶽禪師語録》，又作《松源和尚語録》《松源語録》《松源禪師語録》，2卷，宋代僧松源崇嶽撰，善開等編。

② 東山外集：又作《雪峰空和尚外集》，1卷，宋代雪峰慧空撰。

③ 古林拾遺：即《古林清茂禅师拾遗偈颂》，2卷，元竺仙梵僊述，日本椿庭海寿编次。

④ 無門關：又作《禪宗無門關》，1卷，南宋無門慧開禪師撰，彌衍宗紹編。

⑤ 敕修清規：即《敕修百丈清規》，又略作《百丈清規》，8卷，元東陽德輝編，全悟大訢及學業沙門等共校正。

⑥ 徐氏筆精：8卷，明徐𤊹撰。

⑦ 佛光真如録：即《佛光禪師真如寺語録》，1卷，宋末禪僧無學祖元撰。

⑧ 杜律：4卷，唐代杜甫著，明孫鑛評點。

【手板】

《古宿》十（十二丈）《承天嵩録》曰："金剛手板濶。"

【毒手】

○《天中記》[1] 廿二（六十一丈）曰："初，石勒與李陽鄰居，歲常争麻池，迭相歐擊。至是，謂父老曰：'李陽，壯士也，何以不來？漚麻是布衣之恨，孤方崇信于天下，寧讐匹夫乎！'乃使召陽。既至，勒與酣謔，引陽臂笑曰：'孤往日厭卿老拳，卿亦飽孤毒手。'因賜甲第一區，拜參軍都尉。"上《載記》[2]。○又曰："晉王與梁有隙，交兵累年，後晉王數困，欲與梁通和，使李襲吉為書諭梁。辭甚辨麗。梁太祖使人讀之，至於'毒手尊拳，交相於暮夜，金戈鐵馬，蹂踐於明時'，嘆曰：'李公僻處一隅，有士如此。使吾得之，傅虎以翼也！'顧其從事敬翔曰：'善為我答之。'"《五代史》。

【手面】

《南堂欲録[3]·偈頌》（二丈）曰："手面分開萬仞崖，目前衝起千尋浪。"又《贊》（十六丈）："手面神機日千變。"又《偈》（三丈）："神通妙用手面施呈。"又（十一丈）："手面擎來百日月。"○《古林録·眞贊》（七丈）曰："驀直顯全提，縱横看手面。"

【毛病】

《虚堂·報恩録》（二十丈）曰："人間四百四病，病病有藥，唯有毛病難醫。"○《雪巖録》上（卅丈）、又（五十五丈）並曰："八萬四千毛病。"○忠曰："可知毛病，八萬四千毛窮病也。"○《江湖集》上《西巖病翁頌》曰："八萬四千毛窮裡，如來禅與祖師禅。"云云。○《智度論》五十九（十四丈）曰："般若波羅蜜能除八萬四千病根，此八萬四千

---

① 天中記：60卷，明陳耀文撰。

② 載記：12卷，清代乾隆三十二年（1767）奉勅撰。

③ 南堂欲録：即《南堂了菴禪師語録》，又稱《南堂禪師語録》《了菴清欲禪師語録》，9卷，元代禪僧了菴清欲撰。

皆從四病起：一貪、二嗔、三癡、四三毒等分。”○《大休録[1]・賛》（八丈）。○《大應録》[2]下（卅三丈）偈曰：“衆生毛病幾多般。”○《增續傳燈》一（廿一丈）《石鼓希夷章・十牛圖頌・四得牛頌》曰：“牢把繩頭莫放渠，幾多毛病未曾除。”云云。

【歡瞎】

○《正宗賛》二（卅一丈）《宝覺心賛》曰：“通方眼歡瞎又重明。”忠曰：“痛瞎也。”○《字典・辰・下》（十八丈）曰：“歡，《玉篇》[3]並丑歷切，音禘。痛也。又竹力切，音陟。義同。”○《廣燈》十五（四丈）《風穴章》曰：“問：‘如何是正法眼？’師云：‘即便歡瞎。’”○《古宿》十（七丈）《汾陽昭録》曰：“問：‘如何是法眼？’師云：‘已曾歡瞎。’”○《古宿》十九（十二丈）《道吾真語要》曰：“若論玄微，見與不見一時歡瞎。”○《枯崖漫録》[4]上（九丈）曰：“破菴先禪師歸蜀，密菴袖中出語餞之曰：‘萬里南來川藞苴，奔流度刃扣玄關。頂門歡瞎摩醯眼，去住還同珠走盤。’”《密菴録[5]・偈頌》（三丈）載。

【赤髗】

《山房雜録》[6]二（廿三丈）曰：“堂外之身赤髗眠。”○《竹窓隨筆》[7]一（十六丈）曰：“輕綃俱去，方是本體赤髗自身也。”○忠曰：“赤骲髗也。見三言‘赤骨力’處。”

【放屁】

《大慧普説》[8]二（四十四丈）曰：“若一向理會古人言語，這個公案

① 大休録：即《念大休禅師語録》，2卷，宋入日禪僧大休正念撰。

② 大應録：即《圓通大應國師語録》，3卷，入宋日僧南浦紹明撰。

③ 玉篇：30卷，南朝陳顧野王所撰字書。

④ 枯崖漫録：3卷，宋枯崖圓悟編。

⑤ 密菴録：即《密菴和尚語録》，又作《密菴咸傑禪師語録》，1卷，宋代僧密菴咸傑撰，松源崇岳、笑菴了悟等編。孝宗淳熙十五年（1188）刊行。

⑥ 山房雜録：2卷，明蓮池大師撰。

⑦ 竹窓隨筆：1卷，明釋袾宏撰。

⑧ 大慧普説：即《大慧普覺禪師普説》，5卷，南朝宋慧然、蘊聞、道先等編。

又如何，那個因緣又怎生，山僧敢道他放屁，何不去緊要處用工夫？”○忠曰：“此以亂言語比點矢氣也。”○又同二（八十七丈）曰：“湛堂云：‘是法平等，無有高下，因甚麼雲居山高，宝峰山低？’對云：‘（大惠）不見道：是法平等，無有高下？’官人問：‘個上座衹對得是否？’堂云：‘放屁合著大石調。’”○又《普說》一（廿四丈）。○大石調：《郛》百《樂府雜録》（二十丈）。○《普燈》廿一（八丈）《窮谷璉章》曰：“云云。‘罔明為甚麼却出得？’曰：‘放屁合著大石調。’”

【瞌睡】

《正字通·午·中》（七十丈）曰：“瞌，克盍切，堪，入聲。人勞倦合眼坐睡曰瞌睡。舊註汎訓眼瞌，非。”

【龜毛】

《傳燈》十四（廿九丈）《三平義忠章》曰：“講僧問：‘三乘十二分教，某甲不疑，如何是祖師西來意？’師曰：‘龜毛拂子兔角拄杖，大德藏向什麽處？’僧曰：‘龜毛兔角豈是有耶？’師曰：‘肉重千斤，智無銖兩。’”○《智度論》① 一（十三丈）曰：“譬如兔角龜毛常無。”○《大涅槃經》② 曰：“梵志！婆私吒言：‘瞿曇！世間四種名之為無：一者未出之法名之為無，如瓶未出泥時名為無；二者已滅之法名之為無，如瓶壞已名為無瓶；三者異相互無名之為無，如牛中無馬、馬中無牛；四者、畢竟無故名之為無，如龜毛、兔角。’”○《入楞伽經》③ 曰：“大慧！雖無諸法亦有言説，豈不現見龜毛、兔角、石女兒等，世人於中皆起言説。大慧！彼非有非非有，而有言説耳。”○《楞嚴經》④ 一下（九丈）曰：“無則同於龜毛兔角。”

① 智度論：又作《大智度論》《大智度經論》《摩訶般若釋論》《大智釋論》《釋論》《智論》《大論》，100 卷，印度龍樹菩薩著，後秦鳩摩羅什譯。

② 大涅槃經：又作《大般涅槃經》《涅槃經》《大經》，40 卷，北涼曇無讖譯。

③ 入楞伽經：10 卷，元魏菩提留支譯。另有舊譯 4 卷，題為《楞伽阿跋多羅寶經》；新譯有 7 卷，楞伽為師子國之山名，佛入彼山所説之經，故名《入楞伽經》。

④ 楞嚴經：又稱《大佛頂首楞嚴經》《大佛頂經》，10 卷，唐代中天竺沙門般剌蜜帝譯。

【兔角】

見“龜毛”下。《俱舍遁麟》[①] 十三（二丈）曰：“猶如兔角者，以兔角本來自無，不待因無，今滅法是無還，不待因同於兔角，故引為喻。”

慧通

【投機】

與動作“投機”不同，今謂大悟也。〇《聯燈》廿六（廿三丈）《招慶道匡章》曰：“聲前薦得，辜負平生。句後投機，殊乖道體。”〇《碧巖》三（丈十九）《大雄峯話》：“評曰：‘這僧以機投機。’”又三言“投機頌”處。〇忠曰：“以機投機者，上機屬學者，下機屬師家。以學者機投于師家機也。”〇《正宗賛》二（六十六丈）《密菴傳》曰：“大大徹投機句，當陽廓頂門。”

【旋機】

《碧巖》一（廿丈）評曰：“旋機電轉真是難湊泊。”〇《物不遷論》[②] 曰：“四像風馳，旋機電卷，得意毫微，雖速而不轉也。”〇《宗鏡録》[③] 卅三（十三丈）釋曰：“四像，則四時也；旋機者，北斗七星也。雖寒來暑往，斗轉星移，電轉風馳，刹那不住。若得意者，了於一心毫微之密旨，則見性而不動也。”

【性懆】

《碧巖》一（廿五丈）第七則曰：“未是性懆漢。”又《二鈔》曰：“懆當做躁，則到切。《説文》：疾也。《增韻》：急進也。《釋名》：燥也，如物燥則飛揚也。《論語》言未及之而言謂之躁。注：不安静也。性懆漢，靈利俊快之人也。”〇《事苑》一（五丈）《雲門録》：“性懆：懆，當做懆，蘇到切，性踈貌。”〇《傳燈》十五（十丈）《投子同章》曰：

① 俱舍遁麟：即《俱舍論頌疏記》，29卷，唐遁麟述。

② 物不遷論：東晉僧肇的代表作之一。

③ 宗鏡録：100卷，五代吴越國延壽集。

“不是性懆漢。”

【性燥】

《傳燈》十九（十六丈）《雲門偃章》曰：“不敢望你出來，性燥把老漢打一摑。”○《僧寶傳》一（十丈）引《雲門》[1] 作“燥”。○《大慧書》（七十丈左）。○忠曰：“燥，謂物乾則輕揚，不如濕物泥滯也。蓋性燥，零利後快也。”○《虛堂録》[2] 一（四丈）：“性燥下得一椎。”又《碧嚴》（五丈左）。

【性懆】

《禪林頻聚》十六（十四丈）曰：“投子同禪師因雪峯問：‘一鎚便成時如何？’師云：‘不是性懆漢。’”○《事苑》一（十八丈）曰：“性懆，蘇到切，性麤踈皃也。”又六（十二丈）曰：“性懆，蘇到切，情性踈貌。”

【生獰】

《僧宝傳》四（五丈）《法華舉傳》曰：“翻身師子生獰甚，誰敢當頭露爪牙。”○《虛堂[3]·碧嚴録》（三丈）曰：“個個生生獰獰。”龍溪解生活也。獰，惡也，手段快活惡辣而難進傍也。”○《字彙》[4] 曰：“獰，奴登切，音能，犬惡。”○《正宗賛》一（十八丈）《百丈讃》曰：“同奪生獰虎兕胎。”

【生機】

《玄沙廣録》中（五十二丈）曰：“平常自通自解，此猶是因中之因，明前不明後，未有生機，喚作死中句。”○《聯燈》廿五（廿三丈）《青峯傳楚章》：“白水問師：‘我聞洛浦有生機一路，是否？’師云：‘是。’水云：‘止却生機。熟路上，道將一句來。’師云：‘生機上死人無數，熟

① 雲門：即《雲門録》，又作《雲門匡真禪師廣録》，3 卷，唐雲門文偃撰，守堅編。
② 虛堂録：又稱《虛堂智愚禅師語録》《虛堂禅師語録》，10 卷，宋虛堂智愚撰。
③ 虛堂：又稱《虛堂智愚禅師語録》《虛堂禅師語録》，10 卷，宋虛堂智愚撰。
④ 字彙：14 卷，明代梅膺祚編。

路上不著活漢。’水云：‘此是洛浦底。上座分上，又作麼生?’師云：‘非但洛浦，夾山亦不柰何。’水云：‘夾山為甚麼不柰何?’師云：‘不見道，生機一路。’”《傳燈》二十《傳楚章》載。○忠曰：“依此問答，生即生熟之生也。”○《碧巖》二（十六丈）《評》曰：“擾擾怱怱水裹月，不妨有出身之路，亦有活人之機。雪竇拈了，教人自去明悟生機。”又七（廿三丈）《評》曰：“個裹一路生機處，壁立千仞。”○《大惠普説》一（卅六丈）曰：“老漢舊時在衆中亦嘗問話，又何曾安排計較，盡是生機?”○《虚堂・徑山後録》（廿七丈）曰：“縱饒别有生機，不免伏聽處分。”

【卓朔】

《傳燈》十六（五丈）《嚴頭章》曰：“問：‘不歷古今時如何?’師曰：‘卓朔地。’曰：‘古今事如何?’師曰：‘任爛。’”鈔一山曰：“卓朔，驚懼貌。”○《大慧書》（八十七丈）《鼓山書》曰：“巖頭云：‘向未屙已前一覰，便眼卓朔地。’”○忠曰：“今眼卓朔者，伶利義，言向未吐露己前見得即是伶利漢也。”

【尾𢛠】

《雪竇明覺録》五（六丈）曰：“尾𢛠金毛師子子，栴檀林下青莎裹。”尾，别本作“㺯”。○《事苑》一（三十丈）：“尾𢛠，注曰：尾，當作㺯，陟革切。𢛠，色責切。㺯𢛠，犬張耳皃，故云耳㺯𢛠。或音卓朔，非義。”又三（十三丈）同此。○《續燈》廿五（十九丈）《粹珪章》曰：“眼尾𢛠地跳得出來。”○《明極録[1]・頌・古風》（八丈）曰：“金毛尾𢛠尾拖地。”

【義利】

《瑜伽論》[2] 八十三（二丈）。○《宝雨經》[3] 九（十三丈）。又九

---

① 明極録：即《佛日燄慧明極禪師（建長禪寺）語録》，又稱《明極禪師語録》，2 卷，宋末元初入日禪僧明極楚俊撰。

② 瑜伽論：又作《瑜伽師地論》《十七地论》，100 卷，彌勒講述，無著記，唐三藏法師玄奘奉詔譯。

③ 宝雨經：即《佛説寶雨經》，10 卷，唐天竺三藏達摩流支譯。

（十丈）。○《華嚴疏》卅四下（二丈）解。又十三上（六十六丈）釋。○《華嚴經》十三上（六十六丈）予《海清寺鐘銘》鈔出。○同卅四下（二丈）疏。○《佛地論》[1] 一（十五丈）字義。

【靈利】

《傳燈》八（九丈）《南泉章》“一僧打破家事因緣”曰：“我往前住菴時，有個靈利道者，直至如今不見。”《正宗賛》一（十四丈）《南泉傳》作“伶俐”。○《字彙·刀部》曰：“霛，郎丁切，音靈。霛利快性人。”○《正字通·子·下》（六十六丈）曰：“霛，俗字。舊註音訓同刢，不知刢霛㓹並俗字。”○《正宗賛·南泉賛》曰：“靈利道者不知消息。”

【伶俐】

《古宿録》廿六（九丈）《法華舉語要》曰：“問：‘古人道，承言者喪，滯句者迷。學人總不恁麼時如何？’師云：‘點檢舌頭看。’僧云：‘官不容針，私通車馬。’師云：‘伶俐人難得。’”舊撰《古宿》作“刢利”。○《正字通·子·中》（卅六丈）曰：“俐，俗字，今方言謂黠慧曰伶俐。”

【刢利】

《古宿録》卅九（十二丈）《智門録·綱宗歌》曰：“糲竭節，拽路布，刢利衲僧通一路。”○《正字通》曰：“刢，俗字。”○《字典·子·下》（四十丈）曰：“刢，郎丁切，音靈，刀剖物。本作霛，或作㓹。”

【伎倆】

《六祖壇經》（四十二丈）《臥輪偈》曰：“臥輪有伎倆，能斷百思想。”○《字彙》曰：“伎倆，巧也。”○《書言故事》十二（廿六丈）曰：“人智計曰伎倆。”○《類書纂要》十二（卅六丈）曰：“伎倆，智謀也。”○《品字箋》乙（五十丈）曰：“伎能也。又伎倆，言伎能也。”○《篇海》四（十四丈）曰：“伎，奇寄切。音忌。伎倆，能解也，巧

① 佛地論：又作《佛地經論》，7卷，親光等菩薩造，唐代玄奘譯。

也，藝也。”又曰：“倆，良獎切，音兩。”○《事苑》四（十九丈）曰：“技倆，上渠倚切，下良蔣切。藝也，巧也。”○《大慧書》（十丈）《曾侍郎書》曰：“更不得别生異解，别求道理，别作伎倆也。”又（廿九丈）《劉宝學書》曰：“有般杜撰長老，根本自無所悟。云云。無實頭伎倆，収攝學者。”忠曰：“此謂無方便善巧也。”○《正宗賛》二（卅一丈）《宝覺賛》曰：“猫捕鼠巧盡拙生，窮伎倆誰能捏目。”○《虚堂・興聖録》（九丈）：“結夏上堂。天下禪和今朝盡入野狐窟裏做伎倆。”

【竭斗】

《傳燈》廿三（十三丈）《大梵圓章》曰：“師因見聖僧，便問僧：‘此個聖僧年多少？’僧曰：‘恰共和尚同年。’師喝之曰：‘這竭斗不易道得。’”鈔一山曰：“竭斗，黠慧禪和子也。”○道宣《浄心誡觀法》[1]下（十七丈）曰：“夫晚出家者有十種罪過：一者健鬪，世言竭斗，俗氣成性，我心自在。”○《自鏡録》[2]（十丈）曰：“釋僧範學行兼富，為時所尚。嘗講《法華經》[3]。輒有一僧，毀云：‘竭斗何所解？’”○《正字通・午・下》（八十三丈）曰：“竭，音傑。《説文》：負舉也。”○《北磵外集》（六丈）《送潛兄頌》曰：“阿潛竭斗不如是。”又（八丈）《送暉上人頌》曰：“退欄老牯饒竭斗。”碣斗《虚堂録・佛事》（二丈）《碣上座起龕》曰：“碣斗禪和。”忠曰：“碣斗者，俗話已見于唐世道宣，蓋黠慧争鬥，碣柱斗立也。”○《正宗賛》三（十九丈）《投子青賛》曰：“嶽降英靈，天生碣斗。”古解曰：“特立險絶曰碣斗。”

【傑斗】

竭斗又作傑斗。○《南堂欲録・偈頌》（四十丈）曰：“為而不為終傑斗。”○《恕中録》三（十八丈）《玄沙三種病頌》曰：“只此未為眞傑斗，霊雲猶且被他瞞。”又四（十十丈）《示傑上人頌》曰：“傑斗禪和

① 浄心誡觀法：2卷，唐代道宣撰。
② 自鏡録：即《釋門自鏡録》，2卷，唐藍谷沙門懷信述。
③ 法華經：又作《妙法蓮華經》《妙法華經》，7卷（或8卷），後秦鳩摩羅什譯。

真猛利，不著惺惺與無記。”〇《愚菴及録[1]·小参》（十五丈）曰：“老潙山眞傑斗，肯一不肯一？” 磔斗 《無門關録》下（廿五丈）《真賛法孫思賢請賛》曰：“咄！這村僧百拙千醜，用處顢頇，舉止磔斗。”

【綽得】

《碧嚴》十（四丈）《文殊白機評》曰：“當時衆中，若有衲僧氣息底漢，綽得去，免得他末後拈花，一場狼藉。”夾山曰：“綽當作趠。《韻會》[2]：敕教切，超也，通作踔。（止此）不拘階級，一超直入也。”〇綽，《玉篇》廿七（四丈左）：“齒灼切，寛也，緩也。”〇不通今義。〇趠，《字典·酉·中》（六十八丈）曰：“《廣韻》《集韻》並敕角切，音踔，與逴同。又《集韻》他弔切，音糶，與越同。《類篇》逃也。”〇忠曰：“綽或當作逴。”《大慧書》上（廿三丈）：“一逴逴得。”《韻會·覺韻》：“逴或作趠。”《韻會·效韻》：“趠，敕教切，超也，越也。”怡雲曰：“淮閩之俗，其地路泥深滑，故行人跺跟則倒，乃路人相呼曰：‘一逴逴得。’蓋急拔腳也。”忠曰：“此綽得作逴，則言脱得情量也。”

【瞥轉】

【瞥地】

《大慧書》（十四丈）《李漢老問書》曰：“古人公案，舊所茫然，時復瞥地。”〇《韻會·屑韻》（卅一丈）曰：“瞥，《説文》：過目也。一曰財見也。徐曰：瞥然，暫見也。”〇《傳燈》十五（四丈）《德山章》曰：“毫釐繫念，三塗業因，瞥爾生情，萬劫羈鎖。”

【脱畧】

《僧寶傳》二（十八丈）《洞山守初傳》曰：“要得脱畧窠臼，活人眼目。”〇《梁書》七（四丈）曰：“蕭骞酬答[3]又脱畧，高祖怒。”

---

[1] 愚菴及録：又作《愚菴智及禪師語録》《明辨正宗廣慧禪師語録》，10卷，宋愚菴智及撰，元觀道等編。

[2] 韻會：亦作《古今韻會舉要》，30卷，元熊忠撰。

[3] 酬答：原文“酬”漫漶不清，《梁書》作“酬對”。

○《杜詩》："脱畧小時輩，結交皆老蒼。"○《卓氏藻林》[1]三（卅四丈）曰："脱畧，猶輕易也。脱畧公卿。"

【知音】

《虚堂録·法語》（五丈）曰："所以高山流水，只貴知音；鄭衛之門，速須掩耳。"○忠曰："世言知音，必引伯牙鐘子期。伯牙鼓琴，鐘子期善聽。出于《列子》五（十二丈）《湯問篇》。又出于《吕氏春秋》[2]十四（四丈）、《韓詩外傳》九（二丈）。並無'知音'語。鐘子期'知音'字僅出《文選》注。"○《文選》四十一（十三丈）司馬子長《報任少卿書》注曰："銑曰：'鐘子期，古之知音者。伯牙善鼓琴，鐘期知其妙。鍾期既死，則無人知音，故不復鼓琴矣。'"○《吕氏春秋》十一（十丈）有師曠"後世有知音者"之語，依聞鍾音調，然是非知心之義。師曠事又出《淮南子》十九（十六丈）《脩務訓》，蓋依《吕覽》。

【了當】

肯諾義。○《大慧武庫》（卌一丈）："張無盡十九歲應舉入京，經由向家。向家夜夢人報曰：'明日接相公。'云云。向曰：'秀才未娶，當以女奉灑掃。'無盡謙辭。向曰：'此行若不了當，吾亦不爽前約。'後果及第，乃娶之。"

【承當】

《傳燈》十（廿二丈）《子湖利蹤章》曰："是即是，即[3]是不肯承當。"○《類書纂要》九（十六丈）曰："承當：承者，下載上之謂；當，抵也，猶抵當。承任其事也。"

【定當】

同"承當"。《碧嚴》五（廿四丈）《塵塵三昧·評》曰："還定當得

---

① 卓氏藻林：8卷，明卓明卿撰。

② 吕氏春秋：26卷，秦國丞相吕祎集合門客編撰。

③ 原文行首注："即作只，古刊。"

麼？若定當得，雲門鼻孔在諸人手裏。”〇《大慧法語》[①]中（三丈）曰：“若定當得出，止宿草菴，宜在門外；若定當不出，切忌開大口，説過頭話。”〇《正宗贊》四《法眼贊》曰：“勘童子求火來，是非難定當。”〇《續燈》五（七丈）《天衣懷章》曰：“試定當看。”〇《續古宿》二《天衣懷録》（二丈）曰：“若定當得出，憂則共戚，樂則同歡。”〇《南堂[②]·本覺録》（五丈）。〇《保寧録》[③]（四十一丈）。

【領略】

《品字箋》庚（八十二丈）曰：“俗以領略謂之領受。”

【領覽】

《韻會·感韻》（四十六七）：“覽，通作攬。”又（四十八七）：“攬，魯敢切。《説文》：撮持也。”〇《大慧書》（五十三丈）〇又《大慧法語》上（廿八丈）。〇《虛堂録》四《法語》（四丈右）。〇《會元》七（六十丈）。〇《古宿》十二（廿一丈）《子湖神力録》。〇覽，又作攬。《天如録》八（卅七丈）。〇《傳燈》十八（廿二丈）《鏡清章》：“領覽。”

【覷捕】

《大慧書》（四十四丈）《汪內翰書》曰：“過去底事，或善，或惡，或逆，或順，都莫理會。云云。未來事，自然不相續矣。不識曾如此覷捕否？”〇忠曰：“如尋得盜賊捕之，言把得而用之也。”

【理會】

隨處義列。〇《小學》[④]五（卅四丈）《嘉言》曰：“後生初學，且須理會氣象。”注：“理會，謂省察檃揉之。”〇又同（四十丈）：“直須句

---

① 大慧法語：即《大慧普覺禪師法語》，3卷，宋大慧宗杲撰。

② 南堂：即《南堂了菴禪師語録》，又稱《南堂禪師語録》《了菴清欲禪師語録》，9卷，元代禪僧了菴清欲撰。

③ 保寧録：即《保寧仁勇禪師語録》，又名《保寧勇禪師語録》《金陵保寧禪院勇禪師語録》，1卷，宋保寧仁勇撰，道勝、圓淨編。

④ 小學：6卷，舊以為南宋朱熹撰，實為朱熹與其弟子劉清之合編。

句理會過。”注：“理會，謂深求玩味之。”○又同（四十一丈）：“先須理會所以爲學者何事。”注：“此理會，猶言識得也。”○周必大《玉堂雜纪》中（十三丈）曰：“是日奏事畢。問：‘陛下命臨安府開文海，有諸？’上曰：‘然。’奏云：‘云云。莫若委館閣官，銓擇本朝文章，成一代之書。’上大以爲然，曰：‘卿可理會。’”○《佛祖通載》[①]廿二（四十一丈）曰：“海都軍馬犯西番界，禱摩訶葛剌建壇。上親染宸翰云：‘這勾當怎生用心？’師理會：‘者師的句當，朕理會得也。’”○忠曰：“《玉堂》《通載》[②]理會者，盍主張其事深求識察，能成就之也。”○《大慧書》（九丈）。○《虛堂録》四（五十一丈）《普説》：“只管理會他人閑事。”○《類書纂要》十（十五丈）曰：“理會，俗云晓得也。”

【分疏】

《正宗贊》一（廿一丈）《趙州贊》曰：“覺鐵觜謂先師無此語，費口分疎。”○宋趙與時《賓退録》三（十四丈）曰：“世俗謂自辨解曰分疏，顔師古注《袁盎傳》‘不以親爲解’曰：‘解者，若今言分疏。’又《北齊書[③]·祖珽傳》：‘高元海奏珽不合作，領軍并與廣寧王交結。珽亦见，帝令引入自分疏。’則北朝暨唐已有是言矣。”○《前漢書》四十九（五丈）《爰盎傳》曰：“夫一旦叩門，不以親為解，不以在亡為辭。”注：“師古曰：‘解者，若今言分疏矣。’”○《輟耕録》十一（十丈）曰：“人之自辨白其事之是否者，俗曰分疏。疏，平聲。”已下鈔出《賓退録》耳。○《貞觀政要》[④]二下（六十七丈）冠注。

【甄别】

忠曰：“分明辨别也。”○《虛堂録·秉炬》（二丈）《本植語》曰：“植禅者休甄别，當爐不避熱鐵。”○《康熙字典[⑤]·午·上》（六十丈）曰：“甄，居延切，音籈。《廣韻》：‘察也。’《抱朴子·正郭卷》：‘甄無

① 佛祖通載：又作《佛祖歷代通載》《通載》，22 卷（或 36 卷），元代念常撰。

② 通載：即《佛祖通載》，又作《佛祖歷代通載》《通載》，22 卷（或 36 卷），元代念常撰。

③ 北齊書：50 卷，其中紀 8 卷，列傳 42 卷，唐朝史家李百藥撰。

④ 貞觀政要：10 卷，唐代史學家吴兢撰。

⑤ 康熙字典：12 集，張玉書、陳廷敬等主持編撰。

名之士於草萊。'又《增韻》:'明也。'《後漢·光武紀》:'靈貺自甄。'註:'甄明也。'《謝瞻·張子房詩》:'聖心豈徒甄，惟德在無忘。'"又曰:"《莊季裕·雞肋篇》:'《吴志》:"孫堅入洛，屯軍城南，甄宮井上，旦有五色氣，令人入井，探得傳國璽，以甄與己名音叶，爲受命之符。則三國以前，未有音之人切者。孫權即位，尊堅爲帝，江左諸儒爲吴諱，故改音真。"'" ○《升菴外集》[1] 九十一（一丈）引《雞肋篇》畢，又曰:"其後秦為苻聖諱，隋為楊聖諱，皆暫避其音耳。"按王逸《楚辭》云:"鹿蹊兮躅躅，貒貉兮蟫蟫。鸇鷂兮軒軒，鶉鴾兮甄甄。"以此知古元音堅。

【照顧】

《古宿録》十九（十一丈）《楊岐録》曰:"一日八人新到。師問:'一字陣圖，作家戰將何不出陣與楊岐相見?'僧云:'和尚照顧話頭。'"[2] 云云。○《虚堂·報恩録》（十七丈）曰:"開爐上堂。云云。日短夜長，各自照顧。"忠曰:"和語付氣也。"○《破菴[3]·秀峯録》（九丈）:"上堂曰:'看看暮天欲雪，普請各宜照顧。且道照顧個什麼?'自云:'照顧火燭。'" ○《瑩山清規》[4] 上（五丈）曰:"二更二點後振火鈴呼照顧火燭，遶寺自三門至方丈還庫下。"

【好手】

《龐居士録》[5] 上（二丈）曰:"拈一放一，未為好手。"○《碧嚴》一（十丈）"馬大師不安話"下語曰:"三日後不送，亡僧是好手。"○《虚堂·宝林録》（六丈）:"大士生日上堂曰:'一自嵩頭陀道破之後，不出來是好手。'"

---

① 升菴外集：100 卷，明楊慎撰，焦竑輯。

② 《中華藏》第 077 冊《古尊宿語録》卷二〇"一字陣圖"作"一字陣圓"，《國家圖書館善本佛典》第 48 冊《古尊宿語録》卷三二作"一字陣圓"。

③ 破菴：即《破菴祖先禪師語録》，又作《破菴和尚語録》，1 卷，南宋僧破菴祖先撰，圓照等編。

④ 瑩山清規：又作瑩山和尚清規、洞穀清規二卷。日本鐮倉時代僧人瑩山紹瑾撰。

⑤ 龐居士録：即《龐居士語録》，3 卷，唐代龐蘊撰，于頔編。

《葛藤語箋》第三卷

二言（二）[1]

愚滞

【胡亂】

《古宿録》一（三丈）《南巘懷讓語》曰："馬祖云：'自從胡亂後，三十年不曾少鹽醬。'" ○《大慧書》（十五丈）《江給事書》曰："不可將古人垂示言教胡亂穿鑿。" ○《虚堂録・頌古》（七丈）《讓和尚道一消息話頌》曰："消息得來胡亂後，江西宗派好流通。" ○《小補韻會・虞韻》（六十丈）曰："《儀禮・士冠禮》：'眉壽萬年，永受胡福。'註：'胡猶遐也，遠也。遠無窮。'" 又曰："北狄曰胡。" ○明吕毖《事物初畧》[2] 曰："五胡亂華之日，漢人之避兵者，凡事皆倉卒為之，不能完備，即相率曰胡亂且罷。謂備一時之急也，今人凡事苟且者稱胡亂，始此。"

【胡道】

《圓悟心要》[3] 上（廿丈）曰："信口胡道。" 又録十二（六丈）。○《堯山堂外紀》[4] 五十五（一丈）《謔詞》曰："當初親下求言詔，引得胡道。" 胡乱道著也。○諸書單用胡字，爲胡亂義者，録于此。胡言

---

① 原文無"二言（二）"，此據無著道忠的目次補上。

② 事物初畧：34 卷，明吕毖輯。

③ 圓悟心要：《佛果圜悟真覺禪師心要》《圜悟心要》《佛果克勤禪師心要》《圜悟禪師心要》，4 卷，宋代僧圓悟克勤撰，子文編。

④ 堯山堂外紀：即《堯山外紀》，100 卷，明代蔣一葵撰筆記小說。

《普菴録》① 上（廿一丈）曰："了法身之大事，豈敢胡言。" 胡應 又《普菴録》上（四十四丈）曰："人問道如何？胡應全無性。" 胡諍 又《普菴録》上（五十八丈）："夢寐胡諍夢道人。" 胡喧：又《普菴録》上（八十五丈）："更莫聽胡喧。" 胡吹 又《普菴録》下（四十六丈）："潙山應不胡吹。" 胡參 又《普菴録》下（五十一丈）："盲輩胡參。" 胡寫《北礀文集》七（廿一丈）："順情胡寫。" 胡揮《希叟②·開善録》（四丈）："佛生日上堂，指天指地胡揮揎。" 同《頌》（三十丈）："掃蕩家私無一窖，胡揮白棒到平人。" 胡説：《猥譚》（二丈）曰："書坊有解胡説耳。" 胡撞《羣談採餘》四《矜急》（十一丈）曰："此必胡撞。" ○《堯山》八十七（十九丈）。胡鑿：《同話録》③（十八丈）："村人胡鑿。" 胡乱鑿石成字也。胡奏《三国演義》十八（廿二丈）。胡鑽《頌古聯珠》④ 卅五（廿五丈）："休要胡鑽。" 胡説《朱子語録》八（廿一丈）："一向胡説。" ○《醉菩提》⑤ 五（十一丈）："要你這般胡説。"

【高茆】

《宗鏡録》四十五（十四丈）曰："但學成現高茆之語，名標衆聖之前，都無正念修行之門。" ○《汾陽録》⑥ 上（卅一丈）曰："不得一向高茅，點胁點肋，道我知我解。" 又下（廿三丈）《頌》曰："一向高茅又不通，須明春夏及秋冬。" ○《恕中録》三（十二丈）《德山入門便棒頌》曰："棒下傳心印，森羅盡麗參。高茅村座主，曾是見龍潭。"

---

① 普菴録：即《普菴印肅禪師語録》，又名《普菴至善弘仁圓通智慧寂感妙應慈濟真覺昭貺慧慶護國宣教大德菩薩實録》，3卷，宋朝普菴印肅撰。

② 希叟：即《希叟紹曇禪師廣録》，又作《希叟和尚廣録》，7卷，宋代僧希叟紹曇撰，侍者法澄等編。

③ 同話録：1卷，宋曾三異撰。

④ 頌古聯珠：即《禪宗頌古聯珠通集》，40卷，南宋法應集，元代普會續集。

⑤ 醉菩提：31齣，明末清初天張大復撰。

⑥ 汾陽録：又作《汾陽善昭禪師語録》《無德和尚語録》，即《汾陽無德禪師語録》，3卷，宋代楚圓編。

○《破菴録》[①]（卅二丈）《普説》曰："不似今時人，一向高茆濶行大步禪將去，脚根下殊無著實。"新刊作"高傲"，非也。不知"高茆"字，漫改古版也。○《石溪録[②]·普説》（十一丈）曰："惟久参自是之病，是為膏肓，却最難醫。盖其未得謂得，未證謂證，一向高茆。"○《大休·壽福禄》（廿一丈）上堂曰："去聖時遥懈怠者，多往往循於近習，不根其本，口裏水漉漉地，脚下黑漫漫地，一味高茆葛将去。"

【茅廣】

《碧嚴》七（十二丈）《黄巢劍話》下語曰："茅廣漢如麻似粟。"《古鈔》[③]（廿九丈）："方語，無分曉，非精細人也。"○《不二鈔》[④]七（廿二丈）曰："福本茅作謀。"○《虚堂録·普説》（三丈）《告香普説》曰："你且款款地，不要茅廣。"○逸堂曰："茅廣，無分曉也。又迂闊也。"○忠曰："茅與高茆之茆同義。"又三言"放慕顧"處。

【脱空】

《正宗賛》一（廿五丈）《陳尊宿傳》曰："脱空謾語漢。"○忠曰："摶換寓像曰脱空。有外相而内無實，故妄談謾語曰脱空。和語波利奴妓。"○《清異録》[⑤]四（廿三丈）曰："長安人物繁，習俗侈，喪葬陳拽寓像，其表以綾綃金银者，曰大脱空，褚外而設色者，曰小脱空，製造列肆茅行，俗謂之茅行家事。"○《太平廣記》[⑥]百廿二（三丈）曰："張乃易其衣服先往，於院内一脱空佛中坐，覘覻之。"○《東坡雜纂》[⑦]："自羞恥類曰説脱空漏綻。"○《類書纂要》十二（二丈）曰："脱空，

---

① 破菴録：即《破菴祖先禪師語録》，又作《破菴和尚語録》，1卷，南宋僧破菴祖先撰，圓照等編。

② 石溪録：即《石溪心月禪師語録》，又名《石溪和尚語録》《佛海禪師語録》《石溪録》，3卷，宋石溪心月撰，住顯等編。

③ 古鈔：即《〈碧嚴録〉古鈔》，日本早期的《碧嚴録》注釋書。

④ 不二鈔：即《〈碧嚴録〉不二鈔》，《碧嚴録》注釋書，日本室町時期岐陽方秀（1361—1434）撰。

⑤ 清異録：2卷，北宋陶穀撰。

⑥ 太平廣記：500卷，目録10卷，宋代李昉、扈蒙、李穆、徐鉉、趙鄰幾、王克貞、宋白、吕文仲等14人奉宋太宗之命編纂。

⑦ 東坡雜纂：即《東坡先生雜纂》，1卷，宋蘇軾撰。

不實也。”〇又三言“大脱空”處。〇《揮塵録》[1] 曰：“隆興初，有胡昉者，大言誇誕，當國者以爲天下奇才，力加薦引，會以官。曾未數年，爲兩浙漕。一日，語坐客云：‘朝廷官爵，是買吾曹之頭顱，豈不可畏！’適聞人伯卿阜民在坐末，趨前云：‘也買脱空！’胡默然。”《事文[2]·别集》二十（卅一丈）。

【脱卯】

《虚堂·宝林録》（廿五丈）曰：“僧云：‘手裏魚籃則不問，豬肉案頭事作麼生？’師云：‘地獄門前鬼脱卯。’”又《徑山後録》（卅三丈）、《宝林》（四十六丈）：“脱身鬼子。”〇忠曰：“《水滸傳》卅九（廿二丈）有‘脱卯’字，為差謬之義，今不用之。”〇忠曰：“凡仕官者，每日卯時入官衙書己名伺候，此云畫卯，或云點。卯，應卯也。酉時亦畫，若不畫則為脱卯，故凡事差錯失點檢，諺言脱卯也。今言鬼者，人死成鬼者，已赴地獄門前，而其名籍不題己名，脱身逃去，不知所在焉。是同脱畫卯事，故云脱卯也。”點卯應卯：《月令廣義》[3] 廿四（十丈），《西遊》一（廿八丈）。每日畫卯：《水滸傳》廿四（五丈），又五十一（三丈）。《三國演義》[4] 八（廿九丈）曰：“每日書畫卯酉，約會同來。”點檢事曰點卯。《西遊記》[5] 九（四十六丈），又十四（五丈）。

【放憨】

《虚堂録·佛祖讚》（五丈）《豐干讚》曰：“只知拊掌放憨，不覺山青水緑。”忠曰：“示愚騃於人也。”〇《正字通·卯·上》（五十六丈）曰：“憨，呼山切，漢平聲，癡貌。《廣韻》：愚也。”

---

① 揮塵録：20卷，宋王明清撰。

② 事文：即《事文類聚》，170卷，其中《前集》60卷，《後集》50卷，《續集》28卷，《别集》32卷，宋代祝穆撰。《新集》《外集》，元富大用撰。《遺集》，元祝淵撰。

③ 月令廣義：25卷，明馮應京撰，戴任續成之。

④ 三國演義：全名《三國通俗演義》，120回，元末明初羅貫中所撰長篇章回體歷史演義小説。

⑤ 西遊記：100回，明吴承恩所撰小説。

【鹵莽】

《正宗贊》四《法眼宗》（四丈）《法眼贊》曰："露全身萬象中，盡力扶持，依然鹵莽。"○《莊子》八（卅四丈）《則陽篇》曰："長梧封人問子牢曰：'君為政焉勿鹵莽，治民焉勿滅裂。'"郭《註》八（七十三丈）曰："鹵莽滅裂，輕脱末略，不盡其分。"陸德明《音義》曰："鹵，音魯。莽，莫古反，又如字。滅裂，猶短草也。李云謂不熟也。司馬云鹵莽猶粗疏也，謂淺耕稀種也，滅裂謂斷其草也。"○《升菴外集》四十六（廿二丈）曰："耕之不善曰鹵莽，芸之不善曰滅裂。鹵，剛鹵之也，耕，剛鹵之地，必加功。《吕覽・耕道篇》：'所謂強土而弱之也。'莽，草莽之地。《詩》所謂'載芟載柞'①，乃善耕也。不治其剛鹵，不芟其草莽，是曰鹵莽之耕。"○《事苑》二（廿丈）曰："莽鹵，上莫補切，下郎古切，不分明皃。"○《虛堂・寶林録》（廿二丈）曰："直至如今成莽鹵。"○忠曰："倒用鹵莽，成佛法麁略也。"

【㦬儸】

《事苑》一（廿二丈）曰："上忙果切，下郎可切，慚也。"○《碧巖》五（九丈）《評》曰："僧問淨果大師：'鶴立孤松時如何？'果云：'腳底下一場㦬儸。'又問：'雪覆千山時如何？'果云：'日出後一場㦬儸。'又問：'會昌沙汰時，護法神向什麼處去？'果云：'三門外，兩個漢一場㦬㦬。'"

【亂統】

《雲門録》上（廿六丈）曰："師便棒，云：'吽！吽！正當撥破，便道請益。這般底到處但知亂統。'"○《雪峯録》上六丈曰："菩提達摩來道：我以心傳心，不立文字。且作麼生是諸人心？不可亂統，即便休去。"○《玄沙廣録》上十七丈曰："問：'言多與道轉遠，不落言句請師道？'師云：'你又自作自受作麼？'進云：'與麼，則不落言句也。'師云：'亂統在。'"又（四十五丈）曰："師云：'莫亂統。'"又下（四十六丈）曰："師云：'你猶亂統。'"○《僧寶傳》六（八丈）《法昌遇

① 原文旁註小字"九十八丈"。

傳》曰："至北禪賢禪師。云云。又問：'來時馬大師健否？'師曰：'健。'云：'向汝道什麼？'師曰：'令北禪莫亂統。'"《續古宿》二《法昌章》（四丈）同此。〇《聯燈》十三（五丈）《芭蕉谷泉章》曰："倚遇云：'萬法泯時全體現，君臣合處正中邪去也。'泉云：'驢漢不會便休，亂統作什麼？'"〇《聯燈》廿一（十六丈）《巖頭章》曰："但知著衣喫飯，屙屎送尿，隨分遣時，莫亂統，詐稱道者。"〇《元叟端録》[①] 四（十丈）曰："僧問：云云。僧云：'還許某甲末後讚歎一句也？'無師云：'試亂統看！'僧擬開，可師便喝。"

【儱統】

《雪竇明覺録》二（廿九丈）曰："圓光一顆儱統真如。"新刊作"儱侗"。又作"籠統"。《楞嚴解蒙鈔》卷首二（十三丈）曰："舉一即三，言三即一，亦籠統之談耳。"〇《天經或問[②]·序》（二丈）余颺《序》曰："上古文字簡约，词旨籠統。"又作籠通：《盂蘭盆經新記》下（十二丈）曰："須約大小教門以釋，不可籠通。"〇《業疏》[③] 一下曰："必思審者，不得籠通。"《济缘記》一下曰："籠通，俗语無簡别故。"

【儱侗】

《虚堂·興聖録》（七丈）曰："儱儱侗侗，日用而不知。"又《新添》（二丈）："堪笑冬瓜長儱侗。"〇《續燈》五（六丈）《天衣義懷章》曰："冬瓜長儱侗，瓠子曲彎彎。"〇《事苑》四（九丈）曰："儱侗，上方[④]董切，下它孔切。未成器也。又直也。一曰長大也。"〇《字典·子·中》（廿六）曰："《正韻》：儱侗，直也，長大也。"〇《字彙》曰："侗，音通，無知也。《論語》：'侗而不愿。'又未成器之人曰侗。"

【郎當】

《無門關》（十七丈）《不是心佛話》曰："南泉被者一問，直得揣盡

① 元叟端録：即《元叟行端禪師語録》，又稱《徑山元叟端禪師語録》《慧文正辯佛日普照元叟端禪師語録》，8卷，宋元叟行端撰，門人法林等編。

② 天經或問：前集4卷，後集不分卷，清游藝撰。

③ 業疏：即《四分律删補隨機羯磨疏》，4卷，唐釋道宣撰。

④ 原文行首注："力，足利本。"

家私，郎當不少。”〇《正宗贊》二（十五丈）《首山贊》曰：“潑家風郎當不少。”〇《大慧·普説》上（廿四丈）曰：“問：‘嘉州大像，鼻孔長多少？’師云：‘長二百來丈。’進云：‘得恁麼郎當。’”〇《鶴林玉露》二（七丈）曰：“小説載明皇自蜀還京，聞馳馬所帯鈴聲，謂黄幡倬曰：‘鈴聲頗似人言語。’幡倬對曰：‘似言三郎郎當，三郎郎當也。’明皇媿且笑。”〇《俗呼小録》（三丈）曰：“人之頹敗及身病摧靡者云郎當。注：唐明皇聞駝鈴聲頗似人言語，黄幡綽對曰：‘似言三郎郎當。’”〇《保寧勇録》[①]（五十七丈）《頌》曰：“面門出入大狼當。”作“狼當”。

【漏逗】

《古宿》十四（廿六丈）。《趙州録》下《十二時歌》曰：“雞鳴丑，愁見起來還漏逗。”《虚堂·宝林録》（廿一丈）舉。〇逸堂曰：“漏逗，無檢束也。和辯土利美駄之多也。”

【老倒】

《虚堂·徑山後録》辨曰：“老倒無端入荒草。”〇《廣燈》廿三（七丈）《洞山曉聰章·秘魔持杈頌》曰：“藜荒老倒眼彌麻，自救無療更持杈。”〇《事苑》六（二丈）曰：“老倒，當作潦倒。潦，老之貌也。”

【瞞頇】

《碧嚴》四（廿七丈）《頌》曰：“花藥欄莫顢頇。”〇《正宗賛》二（十二丈）《風穴賛》曰：“直指事要且瞞肝。”同三《同安丕賛》亦作“瞞肝”。同四《洞山聰賛》《天台韶賛》並作“瞞頇”。〇辯奴羅里瞞頇。逸堂曰：“瞞頇，無分曉。”〇《虚堂録·新添》（一丈）《十身調御頌》曰：“國師答處太瞞頇。”〇《字典·戍·下》（二丈）曰：“頇，《廣韻》：許干切，音鼾。《玉篇》：顢頇。《廣韻》：大面貌。”〇《事苑》二（廿丈）曰：“瞞頇，音謾寒，大面貌。”

① 保寧勇録：即《保寧仁勇禪師語録》，又名《保寧勇禪師語録》《金陵保寧禪院勇禪師語録》，1卷，宋保寧仁勇撰，道勝、圓浄編。

【潑頼】

《碧嚴》五（十九丈）："潑郎潑頼。" 見四言。○《餘冬序録》① 四十八（十一丈）曰："《雲間志》方言，謂人曰'渠'，自稱曰'儂'，何如曰'寧馨'（寧音如囊，馨音如沆）。謂'虹'曰'鱟'。言罷必綴以休，及事際、受記、薄相之類，並見於《蘇志》（薄音如勃）。又如謂'此'曰'個裡'（個音如格）。謂'甚'曰'忒煞'（煞去聲）。謂'羞愧'曰'惡模様'（模音如没）。謂'醜惡'曰'潑頼'（潑音如派）。問多少，曰'幾許'（音如夥）。皆有古意。至於音之訛，則有以二字為一字（如世母為嬸，舅母為妗，什麼為尠之類）。以上聲為去聲，去聲為上聲（呼想如相，呼相如想之類）。韻之訛，則以支入魚（龜音如俞，居為音之類）。以灰入麻，以泰入個（槐音如華，大音如惰之類）。如此者不一，大率皆吳音也。" ○又《餘冬敘録》② 八（十丈）曰："韓世忠少時嗜酒，豪縱不拘繩檢，人呼為潑韓五。"

【滲漏】

《正宗賛》三《洞宗》（二丈）："三種滲漏：一見滲漏，二情滲漏，三語滲漏。" ○《曹山録》③（廿七丈）。○忠曰："滲漏者，業識流注也。乾慧人雖外現有禪機，若善知識勘辨之則有此三種内惡漏洩，而不可掩也。" ○《虚堂・徑山後録》（六丈）曰："有滲漏處。" 忠曰："猶言漏逗也。"

【杜撰】

《正宗贊》二《保寧贊》。《大慧書》（十六丈）。《雲臥紀談》④ 上："杜撰八陽經。" ○《湘山野録》上（十六丈）曰："石参政中立在中書時，盛文肅度禁林當直，撰《張文節公知白神道碑》，進御罷，呈中書。石急問之：'是誰撰？' 盛卒對曰：'度撰。' 對訖方悟，滿堂大笑。" ○忠曰："往往引此為杜撰字證，非也。蓋此語在文肅以前，而度與杜音近，

---

① 餘冬序録：6 卷，明代何孟春撰。

② 餘冬敘録：即《餘冬序録》，6 卷，明代何孟春撰。

③ 曹山録：全稱《撫州曹山本寂禪師語録》，又稱《曹山本寂禪師語録》，1 卷，唐代僧曹山本寂撰。

④ 雲臥紀談：又作《感山雲臥紀譚》，2 卷，宋代僧仲溫曉瑩著。

文肅卒答失言‘度撰’，故為笑耳。不然，何可笑之有？故不可此事為‘杜撰’本據矣。”○《堯山堂外紀》四十五（十丈）曰：“杜默為詩，多不合律，故當時言事不合格者為‘杜撰’。盛度嘗為人撰《神道碑》，石中立急問曰：‘誰撰？’盛卒曰：‘度撰。’滿堂大笑。”○《野客叢書》[1]二十（十丈）曰：“包彈對杜撰，為甚的。包拯為臺官，嚴毅不恕，朝列有過，必須彈擊，故言事無瑕疵者曰‘没包彈’。杜默為詩，多不合律，故言事不合格者為‘杜撰’。世言‘杜撰’、‘包彈’本此。然仆又觀俗有‘杜田’、‘杜園’之説。杜之云者，猶言假耳。如言自釀薄酒，則曰‘杜酒’。子美詩有‘杜酒偏勞勸’之句。子美之意，蓋指杜康，意與事適相符合，有如此者。此正與杜撰之説同。《湘山野録》載，盛文肅公撰《文節神道碑》，石參政中立急問曰：‘誰撰？’盛卒曰：‘度撰。’滿堂大笑。文肅在杜默之前，又知杜撰之説，其來久矣。”○《文海披沙》[2]七（十六丈）曰：“今人多言杜撰，不知所出。《野客叢書》載：‘杜默為詩，多不合律，故言事不合格者爲杜撰。’按：杜默，濮人，字師雄。少有逸才，長於歌詩，石介作三豪詩以遺之，稱默為歌豪，石曼卿詩豪，歐陽永叔文豪。其後落魄不護名節，為時所薄。此豈盡不合律者，《叢書》之言未必然也。”○《〈禪門寶訓〉張浄惠合注》[3]三（廿九丈）曰：“杜撰，上塞也，下造也，述也，言不通古法而自造也，如杜光庭假佛經而作道經也。”○忠曰：“杜光庭，唐時人。《湘山野録》下（廿一丈）有事迹。”○《易學啓蒙要解冠注》曰：“杜，防也；撰，具也。”○忠曰：“《冠注》亦是中華人所作，同為刊板。”○《類書纂要》十一（十四丈）曰：“杜撰，作文無所根據。”○《俗事考》（十五丈）。○《〈碧嚴〉不二鈔》一下（十四丈）曰：“杜撰，竺仙云：‘無師承也，無法式也，只據自家胸中臆見而所為也，所謂“杜撰八陽經”是也。’”○《燕南紀談[4]·前集》中（廿六丈）引《雲棲大建音義》全同上《張浄惠説》。又引《文海披沙》（上引）。

---

① 野客叢書：31卷，宋王楙撰。

② 文海披沙：8卷，明謝肇淛撰。

③ 《禪門寶訓》張浄惠合注：即《〈禪林寶訓〉合注》，《禪林寶訓》古注本，4卷，清代順治庚寅年（1650）武林浄慧居士張文嘉校定，張文憲參閲。

④ 燕南紀談：即《燕南記譚》，6卷，前集3卷，后集3卷，日本江户時代天嶺性空撰。

【周遮】

《圓悟心要》上（四十七丈）曰：“相逢不拈出，舉意便知有。子細點檢，已是涉水拖泥，況其餘周遮。”○《無準録》[①] 四（七丈）《拈古》曰：“傅大士分科列段，已是周遮。”○忠曰：“迂曲也。”○《虛堂録·新添》（一丈）《李翶參藥山頌》曰：“更提雲水曲周遮，添得傍人眼裹花。”○《白氏文集》[②] 廿六（十四丈）《老戒詩》曰：“钁鑠誇身健，周遮説話長。”《正字通》：“周遮，語多貌。”（引白氏詩）○《廣燈》廿二（九丈）《智門光祚章·法身頌》曰：“光境俱亡猶是病，何勞更在苦周遮。”○《碧嚴》四（一丈）《垂示》曰：“古人公案未免周遮。”

【勃塑】

《傳燈》九（六丈）《潙山祐章》曰：“師忽問仰山：‘汝春間有話未圓，今試道看？’仰山云：‘正恁麼時，切忌勃塑。’”《鈔》無解。

【落賴】

《斷橋·祇園録》（三丈）曰：“落賴家風彼此知。”○《正宗賛》二（廿二丈）《浮山賛》曰：“少時落賴贏得録公名。”○忠曰：“落賴，義同無賴。落，猶破落户之落。”《史記》八（廿九丈）《高祖本紀》“無賴”注曰：“許慎云：賴，利也，無利入於家也。或曰：‘江湖之間謂小兒多詐狡猾為無賴。’”○《貞和集》一（廿三丈）《松坡禮佛鑑塔頌》云：“落賴家私都埽盡，蜜蜂桶裹有腔羊。”

【落節】

《碧嚴》一（十二丈）《第四則》下語曰：“東邊落節，西邊拔本。”忠曰：“落節，俗語猶言失利也。”○《五祖演録》[③]（《古宿》二十，十八丈）曰：“昨日那裹落節，今日者裹拔本。”○《正法眼藏》二下（十

---

① 無準録：即《無準師範禪師語録》，又作《佛鑑禪師語録》《佛鑑録》《無準和尚語録》《無準禪師語録》，6卷，宋代僧無準師範撰，宗會、智折等編。

② 白氏文集：又稱《白氏長慶集》，71卷，唐代詩人元稹為了好友白居易而編輯的作品集。

③ 五祖演録：即《法演禪師語録》，又稱《五祖法演禪師語録》《五祖録》，3卷，北宋僧法演撰，才良等編集，哲宗紹聖年間刊行。

七丈）舉之。〇《虛堂・宝林録》（十三丈）曰："幾乎落節。"

【垜根】

《傳燈》廿三（卌四丈）《廣德延頌》云："纔到洪山便跺根。"〇《碧嚴》六（廿二丈）下语："垜根難敵手。"逸堂云："垜者，不可處處轉將去之物，故垜根謂滞在一處也。"《古鈔》六（五十六丈）。〇《大休録・小参》（十二丈）云："便向山是山，水是水垜根。"〇《淮海挐音》[①]上（卌九丈）《羅漢樹詩》云："但存節操堅，莫訝垜根異。"蓋用《冷齋》事，蓋謂挾枝活也。〇《雪堂行録》[②]（八丈）："一生作個垜根漢。"〇《投子同録》[③]（一丈）。

【埵根】

垜根，亦作"埵根"。《冷齋夜話》[④]一（二丈）云："十八聲聞解埵根。"忠曰："或訛捶。捶同揣。"〇《續燈》十七（十丈）。

【揣根】

垜根，亦作"揣根"。《大慧書》（十八丈）云："不得向揚眉瞬目處揣根。"〇《玉篇》曰："揣，當果切。量度也。"〇《小補韻會・紙韻》（五十七丈）曰："揣，果韻，都果切。云云。又凡稱量忖度皆曰揣，或作揣，亦作捶。"〇忠曰："揣，忖度也。根，如樹根堅住也。揣根，謂量度意停住一處也。"

【跺跟】

垜根，亦作"跺跟"。《擊節録》上（廿七丈）云："馬祖云：'跺跟阿師。'"〇《正宗賛》一（卌七丈）《雪峯賛》云："象骨巖下跺跟。"

---

① 淮海挐音：宋末僧人釋元肇之詩集，初刻于寶祐戊午年（1258）。此書在中國早已散佚，所幸很早就傳到了日本，元禄乙亥（1695），神京書林據宋本翻刻。

② 雪堂行録：詳稱《雪堂行和尚拾遺録》，又作《禪門拾遺録》《雪堂行拾遺録》《雪堂道行禪師拾遺録》，1卷，宋代僧雪堂道行編。

③ 投子同録：即《投子大同禪師語録》，又作《慈濟禪師語録》《投子和尚語録》，1卷，唐代投子大同禪師撰。

④ 冷齋夜話：1卷，宋僧惠洪撰。

又二（六十六丈）《密菴傳》云："此行將省覲，切忌便跺跟。"〇一山曰："跺跟，停留之意也。"〇《正字通·酉·中》（六十七丈）云："跺，俗字。"又曰："跟，古亨切，音根。《説文》：'足踵也。'"〇《字彙》云："跺，都果切，音朵。行貌。又他國切，音妥，義同。"〇忠曰："垛跟、埵根、跺跟、垜根皆一義。依音近文有異，今訂彼此當作垜跟。《正字通》（《丑·中》十四丈）曰：'垜，俗讀如妥，義同。'（止此）蓋垜跟，妥定足踵也。《冷齋》解'埵根'，《正宗贊》'象骨嚴下跺跟'，一山'停留義'皆通。又思量卜度者，停留思念如妥踵，亦可言'垜跟'。《正字通》：'垜，俗垜字。'"〇《續宿·圓悟録》（八丈）云："青嶂虚閒可跺跟。"

【垜跟】

〇《續宿·别峯珍録》（九丈）："是處青山可垜跟。"又（十丈）："單丁垜跟。"

【髀跟】

《無準録》[1]三（七丈）："風恬浪静，切忌髀跟。"

【鶻突】

《碧嚴》三（十六丈）："鶻鶻突突有什麼限？"福本作"淈淈涽涽"。又九："擔一擔莽鹵，換一擔鶻突。"〇《類書纂要》十二（十三丈）："鶻突，不明曉其事，即糊塗也。"〇《朱子語録》十二（十七丈）："官司鶻突無理會。"

【淈涽】

《五祖太平録》（《古宿》廿卷十五丈）："太平淈涽漢，事事書經徧。"〇《虚堂録》五（五十二丈）《頌古》云："生來淈涽眼如眉。"〇《正宗贊》四（九丈）《智門贊》云："盧行者惺惺成淈涽。"〇《松源録》上（四十二丈）云："大家斯淈涽。"〇按：涽字，《字彙》同續及

① 無準録：即《無準師範禪師語録》，又作《佛鑑禪師語録》《佛鑑録》《無準和尚語録》《無準禪師語録》，6卷，宋代僧無準師範撰，宗會、智折等編。

《篇海》《正字通》《海篇》不収。淈淯，古來為鶻突音，蓋糊塗通用。○《碧巖》三（廿四丈）："兩個淈淈淯淯。"

【糊塗】

○《十八史畧》[①] 六（廿六丈）《宋紀》云："吕端人謂作事糊塗。"註："音鶻突。"○《言行録》[②] 云："吕端為人糊塗。"註："鶻突。"○《宋史[③]·列傳》四十（二丈）《吕端傳》云："太宗欲相端。或曰：'端為人糊塗。'太宗曰：'端小事糊塗，大事不糊塗。'"《丹鉛》[④] 十二（一丈）引。○《論語大全》[⑤] 八（百五丈）《季氏篇·九思章》："朱子曰：'視聽糊塗，是非不辨。'"○《正字通·丑·中》（卅三丈）引吕端事曰："《孫奕示兒編》：'糊塗，讀為鶻突。或曰：糊塗，不分曉也，鶻隼也。突，起鹵莽之狀也。'"○塗，或作荼音。《白雲禪録[⑥]·頌古》（六丈）云："閉户攜鋤巳太賒，更來當面受糊塗。"注："音荼，蓋叶音也。"○塗，虞韻押。《堯山外紀》九十八（五丈）曰："有業縫衣者，以賄得奨冠帶，顧霞山（名明）嘲曰：'近來仕路太糊塗，強把裁縫作士夫。軟翅一朝風盪破，分明兩個剪刀箍。'"又《誠齋[⑦]·南海集》一（一丈）《曉霧詩》曰："不知香霧濕人鬚，日照鬚端細有珠。政是春山眉様翠，被渠淡粉作糊塗。"○《江湖紀聞[⑧]·前集》十二（二丈）："簿上糊塗不可辨。"

---

① 十八史畧：又作《古今歷代十八史略》，2 卷，元廬陵進士曾先之編。

② 言行録：即《宋名臣言行録》，共 75 卷，由南宋朱熹、李幼武撰寫，朱熹撰前集 10 卷，後集 14 卷，李幼武撰續集、别集、外集 51 卷。今印行的前集，其原書名為《五朝名臣言行録》，後集為《三朝名臣言行録》，二書並稱為《八朝名臣言行録》。

③ 宋史：496 卷，包括本紀 47 卷、志 162 卷、表 32 卷、列傳 255 卷，元朝脱脱編撰。

④ 丹鈆：鈆，同"鉛"。《丹鉛》，即《丹鉛總録》，27 卷，明楊慎撰。

⑤ 論語大全：即《論語集注大全》，20 卷，宋朱熹注，明胡廣等編。

⑥ 白雲禪録：即《白雲守端禪師廣録》，又作《白雲守端和尚廣録》，4 卷，宋代僧白雲守端（1025—1072）撰，處凝等編。

⑦ 誠齋：即《誠齋集》，233 卷，其中詩 42 卷、賦 3 卷、文 87 卷、附録 1 卷，詩歌部分，依年代分編為《江湖集》《荆溪集》《西歸集》《南海集》《朝天集》《江西道院集》《朝天續集》《江東集》《退休集》，共存詩 4200 餘首，宋楊萬里撰。

⑧ 江湖紀聞：16 卷，元大觀郭霄風雲翼編。

【塗糊】

《大惠書》（七十二丈）《答楊教授書》云："承需道號，政欲相塗糊，可稱快然居士。"○《正宗賛》四（十四丈）《梁山賛》云："與學人塗糊自己。"○《雪竇録》二（十四丈）："被者一隊漢塗糊伊。"○《圓悟録》十八（十六丈）："草裏謾塗糊。"拥虞韻。

【搽胡】

《碧嚴》一（三丈）曰："何不一棒打殺？免見搽胡。"《不二鈔》曰："搽胡，當作塗糊，模糊之義。"（中卅丈）。○《字彙》《正字通》無搽字。《篇海》八（十七丈）："搽音茶。"

【鶻崙】

○《僧宝傳》六（卅二丈）《霊源清傳·賛》曰："生死鶻崙谁擘破？"○又作"骨碖"。《慈受録①·偈颂》（卅丈）："伴我林間骨碖眠。"○《代醉編》十二（卅八丈）引《學林》曰："有即音切而知字之義。云云。鶻崙為渾，鶻盧為壶，忒煞為大。"○又作囫圇。《字彙》："圇，龍春切，音倫，囫圇。"○《誠齋·朝天集·食蒸餅詩》曰："老夫飢來不可那，只要鶻崙吞一個。"

【渾崙】

又見"崑崙"。○《臨濟録》（四十二丈）曰："渾崙擘開。"○又作"渾圇"。《希叟·佛隴録》（十一丈）："渾渾圇圇。"○又作"渾侖"。《虚堂·興聖録》（五丈）："切忌渾侖吞。"○《正字通·子·中》（三十丈）曰："凡物之圜渾者曰昆侖，圜而未剖散者曰渾淪。"○《列子》一（一丈）《天瑞》曰："氣形質具，而未相離，故曰渾淪（音論）。渾淪者，言萬物相渾淪，而未相離也。"

【漆桶】

忠曰："無分曉，眼黑闇也。罵無眼子詞。"《傳燈》十五（十丈）

---

① 慈受録：即《慈受深和尚廣録》，又作《慈受懷深禪師廣録》，1卷，宋慈受懷深述，侍者普紹編。

《投子大同章》曰：“雪峯問：云云。師曰：‘漆桶不快。’”〇《碧嚴》十（六丈左）評曰：“這漆桶。”〇《大慧書》（九丈左）曰：“諸方桼桶輩，只為守方便，而不捨以實法指示人。”〇《字彙》：“桼，戚悉切，音七。木有液黏黑，可飾器物。《六書正譌》别作漆，乃水名。”〇《虛堂・宝林録》（十二丈）：“臘八上堂曰：‘入山不深，見地不脱，引得漆桶排頭妄想不歇。’”〇又《虛堂録續輯》（三丈）：“佛生日拈語曰：‘有人問育王，只向他道：漆桶！少問浴佛，牢把杓子。’”

【漆突】

《臨濟録》（廿五丈）曰：“被他問著佛法，便即杜口無詞，眼似漆突、口如匾檐。”〇忠曰：“突，竈囪也。漆，謂黑。所謂‘墨突不得黔’（止此）。今比眼睛之定不動。”〇《韻會・月韻》（四十八丈）曰：“突，陁骨切，竈突囪也。‘墨突不得黔’，《漢書》‘曲突徙薪’。”〇《漢書》六十八（十五丈）。〇《通鑑綱目》五（百卅五丈）曰：“竈華突突者，竈窻也。”

【模糊】

《正宗賛》三（卅五丈）《自得暉賛》曰：“野溪頭雪正模糊。”〇《韻會・虞韻》（七十二丈）曰：“糢糊，漫貌。杜詩：‘駞背錦糢糊。’又：‘子璋髑髏血糢糊。’”〇《字彙》《續字彙》《正字通》無糢字。《韻瑞・虞韻》作模糊。《正字通・未・上》（五十二丈）“糊”注：“又糢糊。杜甫《花卿歌》：‘子璋髑髏血糢糊。’”〇《字典・未・上》（七十八丈）“糊”注曰：“又糢糊，漫貌。杜甫詩：‘駞背錦糢糊。’”

【含胡】

或作“含糊”。字義未詳。〇《虛堂録・頌古》（廿七丈）：《開口不在舌頭上頌》曰：“含糊一世無分曉，開口何嘗在舌頭。”〇《唐書・列傳》百十七（二丈）《颜杲卿傳》曰：“禄山不勝忿，縛之天津橋柱，節解以肉啖之，罵不絶，賊鉤斷其舌，曰：‘復能罵否？’杲卿含糊而絶。”〇《林間録》上（四十三丈）曰：“神鼎諲禪師以箸挾菜置口，含胡而言曰：‘何謂相入耶？’”〇忠曰：“‘含胡’、‘含糊’未見字義。杲卿‘含胡’，蓋如口含物也。或胡糊音近。《字彙》：‘糊，粘也。’又煑米及麪為粥。(止此)然則含糊者，口裏膠生（《統要》三，八丈）之類乎？不得言説也。”〇鄭思肖《心史》下《大義畧》（四丈）曰：“理宗數問郝經入使之由，似道每含糊其對。”〇《東坡詩集》[1]：“藏否兩含胡。”

【麻迷】

《東雲頌古》[2]（五丈）《雲門頌》曰：“啞子得夢與誰説，起來相對眼麻迷。”《古尊宿》四十七。〇《石溪録·偈頌》（三丈）《送金州禪人頌》曰：“磨磚大士眼𥌓𥊍，歸去高聲唤醒伊。”〇《明極建長録》（五十二丈）《除夜小参》曰：“三世諸佛口似錐，六代祖師眼麻𥊍。”作“𥊍”。麻彌《續燈》廿八（九丈）《頌古·門慈明圓頌》曰：“水出高源也太奇，禪人不會眼麻彌。”〇《續古宿録》二《古巖録》（十丈）《眞覺贊》曰：“而今冷坐眼麻眉，錯認東瓜作碓觜。”蓋同“麻彌”。〇《杜工部集》[3] 十七（廿四丈）曰：“黄土汙人眼易眯。”注：“眯，莫禮切。《莊子》：‘秕穅眯目。’”

【迷麻】

又見四言愚滯部“迷黎麻羅”。〇《廣燈》廿三（七丈）《洞山聰章·秘魔持杈頌》曰：“藜荒老倒眼彌麻。”迷，作“彌”。𥊍𥌓《續古宿》六《或菴體録》（六丈）《頌》曰：“入夜脱衣伸腳睡，五更走起眼𥊍𥌓。”〇《鏡堂[4]·禪興録》（廿一丈）：“重九上堂曰：‘張上座房喫了，李上座醉得𥊍𥌓。’”〇《南堂欲[5]·開福録》（廿一丈）：“上堂曰：‘雪山六載眼𥊍麻。’”作麻。麋麻《圓悟録》七（十丈）曰：“根本若真，正眼洞明，則七穿八穴。根本若不明，正眼若麋麻。則皮穿骨露。”

---

① 東坡詩集：50卷，宋蘇軾撰。

② 東雲頌古：即《東林和尚雲門菴主頌古》，1卷，宋東林士珪述，侍者悟本録。

③ 杜工部集：又作《杜少陵集》，原60卷，現存最早的本子是北宋王洙編的20卷，補遺1卷，唐杜甫撰。

④ 鏡堂：即《鏡堂和尚語録》，又稱《鏡堂録》，南宋入日禪師日本臨濟禪鏡堂派之祖鏡堂覺圓撰。

⑤ 南堂欲：即《南堂了菴禪師語録》，又稱《南堂禪師語録》《了菴清欲禪師語録》，9卷，元代禪僧了菴清欲撰。

○《淮南子》十（六丈）：“若眯而撫。”注：“眯，芥入目。”

【拍盲】

《碧岩》一（卅三丈）第九則《評》曰：“謂之太平時節，謂之無事，不是拍盲，便道無事。”○又同四（十七丈）《長沙遊山評》曰：“若透得，依舊山是山，水是水，各住自位，各當本體，如大拍盲人相似。”○《〈碧岩〉古鈔》四（四十一丈）曰：“拍盲，以手塞眼，不見物也，非生盲也。”忠曰：“此解杜撰。”百盲《南本涅槃經》[①] 八（四十二丈）曰：“如百盲人，為治目故，造詣良醫。”會疏曰：“百，一數之圓，如言百姓。”忠曰：“此解不切當，蓋百極切之意。拍百音近，拍盲亦百盲之義乎。”

【昏怛】

《大慧書》（五十一丈）《吕含人書》曰：“令情識不行，如土木偶人相似，覺得昏怛没巴鼻可把捉時，便是好消息也。”○忠曰：“《韻會·曷韻》（十二丈）曰：‘怛，當割切，憯也，悲慘也。’（止此）今心頭悶絶，黑漫漫如可悲慘，故曰昏怛也，昏黑也。”○又同（七十四丈）《樓樞密書》曰：“工夫不可急，急則躁動；又不可緩，緩則昏怛矣。此言昏沈病。”

【狐疑】

○《朱子語録》十八（廿五丈）曰：“狐性多疑，每渡河，須冰盡合，乃渡。若聞冰下有水聲，則疑不敢渡，恐冰解也。故黄河邊人每視冰上有狐迹，乃敢渡河。又狐每走數步，則必起而人立，四望，立行數步，乃復走。走數步，復人立四望而行，故人性之多疑慮者，謂之狐疑。”○《大慧書》上（八丈左）。○《正宗贊》一（十五丈）。○《虛堂録》一（卅一丈）。○《後漢書·列傳》十四（二丈）注。○《通鑑正編》二下（百十二丈）。○《楚辭》[②] 一（卅丈）注。○《事苑》二（十八

---

① 南本涅槃經：又作《大般涅槃經》，36卷。北涼曇無讖所譯之《涅槃經》40卷，因其文粗樸，品目過略，後由南朝劉宋沙門慧嚴、慧觀與謝靈運等，依法顯之6卷《泥洹經》將之加以刪訂修治，文辭精練，共成25品36卷。天台章安尊者即依此本作疏，然流通於世者甚少。為區別兩譯本，故原譯本稱《北本涅槃經》，修治本稱《南本涅槃經》。

② 辞：“辭”之異體。《字彙·舌部》云：“辞，俗辭字。”《正字通·辛部》云：“辞，俗辭字，誤，與亂作乱同。”《楚辭》，戰國時期楚國文學總集，西漢劉向輯，東漢王逸章句。

丈)。○《止觀》四之二(四十六丈)《輔行》○《標指鈔》[1]中三(廿七丈)。○《楞嚴經璿疏》[2]二上(二丈)。○《金剛經刊定記》[3]五(廿八丈)。

【納款】

《虛堂·徑山録》(一丈)方丈語曰:“虎頭燕頷,鳥嘴魚顋,盡向者裏納款。”忠曰:“上納白狀也。”○《正字通·辰·下》(六丈)曰:“款,苦管切,寬上聲,衷曲也,誠也。又叩也,求通也。”凡納款款關義同。○《字典·辰·下》(十一丈)曰:“款,又科也。今章疏言列款,謂科條列之。”忠曰:“蓋以科列實情之狀納之官也。”

【翻款】

《碧嚴》一(四丈)第一則《頌》:“下語曰:‘你待翻款那。’”○《虛堂録·偈頌》(五丈)《送僧見不菴頌》曰:“入得門來翻死欵,不菴未必肯饒伊。”○忠曰:“翻改前來妄言,再科列誠實之語也。”

【退款】

《虛堂·寶林録》(四十八丈)曰:“師云:‘他時不得退款。’”又《續輯》(六丈)曰:“師云:‘豈容退款。’”○忠曰:“退款者,謂始不自狀,却[4]退身後,方陳實狀也。”

【厭彩】

《虛堂·徑山後綠》(三十三丈)曰:“厭彩馬師多少?”○忠曰:“厭彩義同掩彩,掩卻他威光也。”○《字典·子·下》(九十八丈)曰:“厭,《正韻》與黶同。與掩藏之掩同音。《禮·大學》:‘見君子而后厭然。’註:厭讀爲黶。厭,閉藏貌。”

---

① 標指鈔:即《天台四教集解標指鈔》,上、中、下3卷,宋順、諦観、從義編撰,日本伊藤次郎兵衛1675年刊行。

② 楞嚴經璿疏:即《首楞嚴義疏注經》,10卷,序1卷,宋長水沙門子璿集。

③ 金剛經刊定記:即《釋金剛經刊定記》,7卷,宋長水沙門子璿録。

④ 却:“卻”字隸變俗寫。《類篇·谷部》:“卻,或作却。”

【掩彩】

《虚堂・寳林録》（四十丈）曰："師云：'莫來掩彩我。'"〇忠曰："掩藏我之光彩也。"〇《續古宿録・死心新録》（五丈）："小參曰：'苦哉！苦哉！恁麽行脚掩彩殺人。'"〇《如浄録》上（四丈）："四月八日上堂曰：'三拜起來澆惡水，謾將掩彩當慇懃。'"

【搭眵】

《普燈》十六（五丈）《南華知昺章》曰："攪長河為酥酪，蝦蟖猶自眼搭眵。"〇《竺仙來來集》[①]（四十三丈）曰："波斯眼搭眵。"〇又《竺仙・南禪録》（四十七丈）曰："竺仙上座眼兜眵。"《正字通・午・中》（六十丈）曰："眵，音鴟。《説女》：目傷眥也。一曰瞢兜。《廣韻》：目汁凝也。"䁻眵：《事苑》（五十丈）曰："䁻眵，上或作䀩。都搕切。下充之切。目汁凝也。"

【搭癡】

《慈受[②]・惠林録》（十六丈）曰："惠林長老眼搭癡。"〇忠曰："蓋同搭眵。"

【九百】

《鏡堂圓覺録》（八丈）曰："只要諸人飲泉水，識地脉，不是山僧偏九百。"見四言"過頭九百"處。

【未在】

未在，非未有之義。

---

① 竺仙來來集：即《來來禪子集》，竺仙梵僊元時代偈頌集。

② 慈受：即《慈受深和尚廣録》，又作《慈受懷深禪師廣録》，1卷，宋慈受懷深述，侍者普紹編。

動作

【依通】

《古宿》十二（九丈）《南泉語要》曰："所以道通不是依通，事須假物，方始得見。" ○《臨濟録》（十七丈）曰："如阿修羅與天帝釋戰，戰敗，領八萬四千眷属，入藕絲孔中藏，莫是聖否？如山僧所舉，皆是業通、依通。" ○《宝藏論》[①]（十八丈）《離微體浄品》曰："何為五種通？一曰道通，二曰神通，三曰依通，四曰報通，五曰妖通。何謂妖通？狐狸老變，木石之精，附傍人身，聰慧奇異，此謂妖通。何謂報通？鬼神逆知，諸天變化，中陰了生，神龍隱變，此謂報通。何謂依通？約法而知，緣身而用，乗符往來，藥餌靈變，此謂依通。何謂神通？靜心照物，宿命記持，種種分別，皆隨定力，此謂神通。何謂道通？無心應物，緣化萬有，水月空華，影像無主，此謂道通。"《宗鏡録》十五（二丈）引之。

【人事】

《臨濟録》（三十三丈）曰："有一老宿參師，未曾人事，便問：'礼[②]拜即是，不礼拜即是？'" ○忠曰："凡三義：一見人行禮曰人事，此《臨濟録》'人事'是也；二餽贈物；三姓氏生緣。"

【因事】

忠曰："因事上堂，雖其事不定，多是[③]毀逆違難，因此說法不露言其事，故稱因事也。如《虛堂・育王録》（卌九丈）：'因事上堂。'" ○《事苑》三（十七丈）辨之頗非理。余《象器箋》辨之。○《戰國策》[④]二（七丈）曰："急之則伐齊，無因事矣。"注："因，猶依也，言

① 《宝藏論》：又作《晉僧肇法師寶藏論》，1 卷，相傳爲後秦僧肇（384—414）所撰。

② 礼："禮"的俗體。《金石文字辨異・上聲・薺韻》："禮、礼。《漢鄭固碑》：'導我礼則。'《唐兗公頌》：'礼經雲委。'"《干禄字書・上聲》："禮、礼。並正。多行上字。"《增廣字學舉隅》卷二《古文字略》："礼，古禮字。"

③ 是：行首注有"有"字。

④ 戰國策：又稱《國策》，33 卷，西漢劉向按照國別編訂。

無可依之事矣。”

【投機】

以師家機投于學者機，與慧通部“投機”不同。《靈雨》糾謬部。○《碧巖》二（六丈）《麻三斤頌》：“展事投機見洞山，跛鱉盲龜入空谷。”○《虛堂·浄慈録》（三丈）曰：“僧問：云云。一句投機，願聞祝聖。”又同《徑山録》（三丈）：“一句投機。云云。”

【發機】

忠曰：“機所發，無對待，無障礙也。”○《楞嚴》[1]九（八丈）：“機括獨行。”《釋要》六（卅八丈）曰：“機括是弩矢要，欲發矢，以機括為要。”○《藝文類聚》[2]六十（廿丈）曰：“《釋名》曰：弩，怒也，有勢怒之。鉤絃者牙，似齒牙也。牙外曰郭，為牙郭也。含括之口曰機，機之巧也。”○《釋名》七（五丈）文少異，今故引《藝文》。

【出氣】

《大慧録》九（十一丈）曰：“黄檗與三日耳聾出氣。”忠曰：“言氣屈不得伸，依所行出他氣息也。”○《千百年眼》[3]三（十二丈）：“此論可為二子出氣。”

【出袖】

《廣燈》十五（八丈）《風穴章》曰：“出袖拂開。”○《傳燈》十三（十丈）《風穴章》作“出岫”。○舊刊《傳燈》十三（七丈右）注：“袖當作就。”○《事苑》：“當作就。”

---

① 楞嚴：即《楞嚴經》，全名《大佛頂如來密因修證了義諸菩薩萬行首楞嚴經》，又名《中印度那爛陀大道場經，于灌頂部録出別行》，簡稱《大佛頂首楞嚴經》《大佛頂經》《首楞嚴經》，10卷，據傳由般刺密諦在唐朝時傳至中國，經懷迪證義，房融筆受，譯成漢文。

② 藝文類聚：100卷，唐歐陽詢等編。

③ 千百年眼：12卷，晚明張燧的讀書札記。

【嚼鏃】

《註心賦》[1] 二（廿七丈）曰："宗門中有嚼鏃句，不通問答。"○《傳燈》十一（六丈）《仰山慧寂章》曰："石頭是真金鋪，我者裏是雜貨鋪，有人來覓鼠糞，我亦拈與他，來覓真金，我亦拈與他。時有僧問：'鼠糞即不要，請和尚真金？'師云：'齧鏃擬開口，驢年亦不會！'"云云。○《正宗贊》二（卅一丈）《宝覺心贊》曰："透佛手驢脚嶮布之關，峻機嚙鏃。"○《中峯録》十九（十二丈）《東語西話續集》上曰："語其疾，則嚼鏃猶遲；語其利，則吹毛亦鈍。"右皆謂"峻機"。○《太平廣記》二百廿七（三丈）曰："隋末有督君謨，善閉目而射，志其目則中目，志其口則中口。有王靈智者，學射于君謨。以為曲盡其妙，欲射殺君謨，獨擅其美。君謨製一短刀，箭來輒截之。惟有一矢，君謨張口承之。遂嚼其鏑而笑曰：'汝學射三年，未教汝嚼鏃法。'（出《酉陽雜俎》）"○忠曰："《廣記》引《酉陽雜俎》，今本不載。"《山堂肆考[2]·徵集》廿四（五丈）載此引《朝野僉載》[3] ○又《傳燈》十七（廿二丈）《疎山章》曰："洞山門下時有嚼鏃之機，激揚玄奧。"是蓋言緊要義。

【處分】

《大慧普説》二（四十一丈）《方敷文請語》曰："三世諸佛、諸代祖師，古往今來，一切知識，目瞪口呿，伏聽處分。"○《碧嚴》二十二丈《評》曰："若薦不得，且伏聽處分。"○《十誦律》六十五（二十丈）曰："居士言我家自多事，處分不遍。"○《居家必用[4]·辛集》（十六丈）曰："《通鑑》注曰：區分曰處，分別曰分。又處者，至也，定也。分者，所當然也。"○《十八史畧》五（十九丈）注曰："《通鑑》注：處，制也，定也。分，所當然也。"○《貞觀政要》五（廿八丈）曰："秦府舊，左右未得官者，並怨前宮及齊府左右處分之先己。"注："處，上聲。分，去聲。"旁訓："區處曰處，分別曰分。"○《字典·申·中》

---

① 注心賦：4卷，宋釋延壽撰。

② 山堂肆考：240卷，明代大型類書。明彭大翼編，張幼學增訂。

③ 朝野僉載：原書20卷，今存6卷本或10卷本，唐張鷟撰。

④ 居家必用：即《居家必用事類全集》，10卷，元代無名氏撰。

(三丈)“處”注曰：“又分別處置曰區處，曰處分。”〇《字典·申·中》(二丈)“處”注曰：“又分別也。《晉書·杜預傳》：‘處分既定，乃啓請伐吴之期。’”〇杜子美《雷》詩曰：“請先偃甲兵，處分聽人主。”〇《釋氏鑑》[1] 六(廿丈)《唐高宗詔》曰：“今以處分。”〇《統紀》[2] 四十一(十六丈)“處分”注：“音問處置得所。”〇《類書纂要》十一(三十六丈)曰：“處分，區處分別也。”又：“處，制也。分，所當然也。”

【處置】

《敕修清規》下(二丈右)曰：“覆住持處置。”〇《正字通》：“分別處置曰區處。”云云。“處分”處。

【指呼】

《碧嚴》二(一丈)：“垂示曰：‘人天命脉，悉受指呼。’”〇忠曰：“以手指指示，或呼喚指揮人，皆隨其差排也。”〇《虛堂·徑山后録》(卅六丈)曰：“指呼凡聖，號令人天。”〇《山谷詩集》一(八丈)《詠史》詩曰：“白鷗渺蒹葭，霜鶻在指呼。”

【號令】

《虛堂》：“號令人天。”見“指呼”處。〇《字典·子·中》(七丈)曰：“令，力正切，零去聲。律也，法也，告戒也。《書[3]·冏命》發號施令，罔有不臧。”〇《書經大全》[4] 十(十七丈)《冏命大全》曰：“吕氏曰：文武動容周旋何嘗不中禮？號令何嘗不善？”

【托開】

《臨濟録》(二丈)曰：“師下禪牀把住云：‘道！道！’其僧擬議，師托開云：‘無位真人是什麼乾屎橛？’便歸方丈。”〇忠曰：“放把住手

① 釋氏鑑：即《釋氏資鑑》，12卷，元僧熙仲編撰。

② 統紀：又稱《佛祖統紀》，54卷，南宋志磐著。

③ 書：又作《尚書》《書經》，為一部多體裁文獻彙編，是中國現存最早的史書。

④ 書經大全：10卷，明胡廣等輯。

推退也。”○《字彙》曰：“托，他各切，推也，斥開也。”○《正宗贊》二（一丈）《臨濟傳》曰：“大愚拓開曰：‘汝師黄檗非干我事。’”作“拓”。○《正字通》“托”注：“同拓。”又《卯・中》（廿九丈）“拓”注：“斥開也。”

【策開】

《明極録・拈古》曰：“阿育王問：‘尊者親見佛否?’賓頭盧策開眉曰：‘会麽?’”○《元叟録》[1]六（十九丈）《賓頭盧賛》曰：“手策眉毛不曾放。”○忠曰：“蓋以手揭開眉毛也。賓頭盧眉毛長故。然策字義未詳，予考有‘扶’義。”○《楞嚴長水疏》一上（廿三丈）曰：“宮禁策掖者。”○《水滸傳》五十九（七丈）曰：“左右人等扶策太尉上轎。”○《醫方大成論》[2]（卅五丈）《救溺水法》曰：“令溺水之人，將肚横覆在牛背上，兩旁用人扶策，徐徐牽牛而行，以出腹内之水。”依此等義，策開，扶起，排開也。

【探頭】

《臨濟録》（二丈）曰：“老和尚莫探頭好。”○忠曰：“此僧見師喝為探竿影草頭。助辭。”○《爾雅》[3]二（十一丈）《釋言》曰：“探，試也。”注：“刺探嘗試。”○《禪林類聚》四（四十一丈）曰：“南院師便喝僧云：‘老和尚莫探頭好。’”又同十八（卅五丈）：“圓悟云：‘南泉探頭大過，歸宗壁立萬仞。’”○《虚堂・寶林録》（三丈）曰：“山僧伎倆不出，諸人探頭一覷。”

【啗啄】

《古宿録》十四（廿二丈）《趙州録》曰：“師因到臨濟，方始洗腳，臨濟便問：‘如何是祖師西來意?’師云‘正值洗腳。’臨濟乃近前側聆，師云：‘若會，便會，更莫啗啄作麽?’臨濟拂袖去。”○《會元》十一

---

① 元叟録：即《元叟行端禪師語録》，又稱《徑山元叟端禪師語録》《慧文正辯佛日普照元叟端禪師語録》，8卷，宋元叟行端撰，門人法林等編。

② 醫方大成論：不分卷，元孫允賢等撰。

③ 爾雅：3卷，20篇，中國最早的詞典。

（七丈）作“會即便會，啗啄作什麼?”○《傳燈》十七（廿二丈）《白水本仁章》曰：“鏡清行脚到。云云。曰：‘不落意此人那?’師曰：‘高山頂上無可與道者啗啄。’”○《傳燈鈔》[1]曰：“《玉篇》：啗，徒濫反，食也。啄，丁角反，鳥食。又丁木反。”

【折合】

《碧嚴録》七（六丈）第六十三則《頌》：“下語曰：‘作什麼折合?’”忠曰：“和語事乃間遠合世留也。”○《大慧書》（卅一丈）《劉宝學書》曰：“臘月三十日作麼生折合去?”○《洞上古轍》[2]上（廿丈）《洞上五位頌兼中到頌》曰：“人人盡欲出常流，折合還歸炭裏坐。”《宗門玄鑑圖》（廿八丈）《兼中到頌》註曰：“折合此方云割殺。”《虚堂·徑山後録》（五十五丈）引《洞山頌》。

【折倒】

《古宿録》卅九（十丈）《智門録》曰：“問：‘善財入樓閣是何時節?’師云：‘末後殷勤。’進云：‘畢竟如何折倒?’師云：‘不如退後三步。’”

【拔本】

《古宿録》二十（十八丈）《五祖演録》曰：“昨日那裏落節，今日者裏拔本。”《正法眼藏》二下（十七丈）舉。《虚堂·徑山録》（七丈）曰：“還有爲國師拔本底麼?”忠曰：“用商賈语。落節，失利也。拔本，拔得財本也。”

【摸索】

《大慧書》（四十一丈）《汪内翰書》曰：“若如此了達，生死魔何處摸索?”《世说新語補》十七（十九丈）曰：“許敬宗見人多忘之，或謂其不聰，曰：‘卿自難記，若遇何劉沈謝，暗中摹索亦可識。’”《正字通·卯·中》（七十丈）曰：“摸，彌各切，音莫。摸㨹捫搎也。《後·蔡邕

---

① 傳燈鈔：即《景德傳燈録鈔》，5卷，入元日僧海壽椿庭撰。

② 洞上古轍：又稱《永覺和尚洞上古轍》，2卷，明朝永覺元賢輯，為霖道霈重編。

傳》：讀曹娥碑，手摸其文讀之。又平聲。音模。又與摹同。”又《正字通·卯·中》（五十九丈）曰：“𢱢，蘇角切，音索，摸𢱢，與索通。”

【描邈】

《虚堂録·佛祖讚》（十五丈）《古雲粹法師讚》曰：“描邈將來不如伊。”又《徑山後録》（十五丈）：“上堂，郭功甫。云云。放出先師形相與他諸人描邈。”○忠曰：“描邈者，書之也。”○《正字通·卯·中》（五十二丈）曰：“描，眉韶切，音苗，摹画。”○《韓文》九（廿八丈）《楸樹》詩曰：“不得畫師來貌取，定知難見一生中。”註：“貌，音邈，或作邈，此猶‘杜貌得山僧及童子’之‘貌’。”○《事苑》六（卅一丈）曰：“邈不得，當作貌，莫角切，人顔狀也。”忠曰：“邈貌相通，不必改也。”○《希叟録》[1] 三（一丈）《手軸羅漢題》曰：“這一火落極難描邈，類虎欠斑，似龍無角。”云云。○《傳燈》七（八丈）《盤山寶積章》曰：“師將順世，告衆曰：‘有人邈得吾眞否？’云云。普化出曰：‘某甲邈得。’”云云。

【名邈】

《碧嚴》一（五丈）第一則《評》曰：“喚作馬則是，喚作祖師則是如何名邈？”○《事苑》六（廿六丈）曰：“名邈：上彌正切，目諸物也；下當作貌，墨覺切，容也。名物之形容，故曰名貌。”

【頓放】

《大惠書》（四丈）《曾侍郎書》曰：“以有所得心在前頓放，故不能於古人直截徑要處，一刀兩段，直下休歇。”○忠曰：“於前抛出而置也。”○《虚堂録·善説》（八丈）曰：“覺範不知雪竇頓放處。”○《敕修清規》下一（七丈）曰：“一切物色頓放。”○《戰國策》三上（卅六丈）曰：“齊舉兵而為之頓劍。”注：“頓，下也。”○《梁書》十三（十一丈）《沈約傳》曰：“約及還，未至牀，而憑空頓於户下，因病。”○《輟耕録》四（一丈）曰：“大驚，頓足起立曰：‘異哉！’”○《大

① 希叟録：即《希叟紹曇禪師廣録》，又作《希叟和尚廣録》，7 卷，宋代僧希叟紹曇撰，侍者法澄等編。

惠普説》上（二丈）曰：“面前頓却一千五百人，善知識為你確證。”○《密菴・乾明録》(五丈)：“因雪上堂曰：‘文殊無處頓渾身，善賢失却真妙訣。’”○忠曰：“此等頓字，皆可用下也，訓頓放也。”

【颺在】

《正宗賛》四（十六丈)《雲居舜傳》曰：“師舉鹽官犀牛扇子因緣。云云。當時若見鹽官道，扇子既破，還我犀牛兒來。便向道，已颺在榼𢷤堆頭了也。”○忠曰：“颺在者，抛擲也，抛棄物時有飄颺之勢，故云颺在，或云颺下也。”

【平出】

《傳燈》一（十九丈)《富那夜奢章》曰：“後問：‘鋸義者何？‘曰：‘與師平出。’又問：‘木義者何？’師曰：‘汝被我解焉。’鳴（馬鳴）豁然省悟。”○《碧嚴》二（十三丈)《雲門倒一説》：“園悟下語曰：‘平出。’”○《不二鈔》二（四十三丈）曰：“或云唐工衆人均平出錢物為平出。”○《虚堂録・代别》(六丈）曰：“舉，大梅因龐居士問：‘久響大梅，未審梅子熟也未？’梅云：‘你向甚處下口？’士云：‘百雜碎。’梅云：‘還我核子來。’代云：‘平出。’”忠曰：“平出，齊出義，謂賓主無優劣也。”

【節文】

《松源録》上（五丈)《澄照録》曰：“澄照恁麼告報，且道節文在什麼處？”云云。○《虚堂・寶林録》（三十九）曰：“五祖因僧問：‘如何是道？’祖云：‘始平郡。’僧又問：‘如何是道中人？’祖云：‘赤心為主。’師云：‘五祖恐者僧信根未深，囑之又囑。且道節文在甚麼處？’”云云。○忠曰：“節文，謂殺詤也。如木有節有文理也。又此語在《虚堂・径山後録》(廿五丈)。”

【點撿】

《臨濟録・序》（二丈）曰：“點撿將來，故無差舛。”○《篇海》十七（六丈）曰：“以一筆滅字為點。”又八（廿三丈）曰：“檢，搜也，校也。”

【収殺】

《大慧書》（四十八丈）《張舍人書》曰："欲脱生死，而只以口頭説静便要収殺，大似埋頭向東走，欲取西邊物。"忠曰："収結事也，猶歌舞之結聲言合殺也。"

【手段】

《大慧書》三十丈《劉宝學書》曰："捋下面皮，痛與手段救取這個人。"忠曰："和辯弓矩陁利。"

【筋斗】

《傳燈》七（八丈）《盤山寶積章》曰："師將順世，告衆曰：'有人邈得吾真否？'云云。普化出曰：'某甲邈得。'師曰：'何不呈似老僧。'普化乃打筋斗而出。"○《碧嚴》四（十八丈）《評》舉之。○《事苑》七（七丈）作"斤斗"："斤，斫木具也。頭重而柯輕，用之則斗轉，為此技者似之。"○斗轉義未詳。《傳燈鈔》不載。○《虚堂・寶林録》（卅五丈）曰："針鋒頭上翻筋斗。"○《教坊記》[1] 曰："上於天津橋南設帳殿，酺三日。教坊一小兒，筋斗絶倫。乃衣以繒綵，梳洗，雜於内妓中。少頃，緣長竿上，倒立，尋復去乎。久之，垂手抱竿，翻身而下。樂人等皆捨所執，宛轉於地，大呼萬歳。百官拜慶。中使宣旨云：'此技尤難，近方教成。'欲以矜異，其實乃小兒也。"《類説》。○筋或作巾。《因師集賢録；薦師巫偈》云："巾斗打翻神世界，靈符鎮斷鬼門關。"○《永平眼藏[2]・遍参章》（一丈）："點翻巾斗。"

【喫交】

希叟和尚《題痒和子頌》曰："好手手中呈好手，徧尋痒處為人抓。從渠痒處親抓著，未免依然自喫交。"《貞和集》八（十四丈）載。《希叟廣録》不載。○《普燈》六（十八丈）《慧圓上座章》（嗣晦堂祖心）曰："一日行殿庭中，忽足顛而仆，了然開悟。作偈，俾行者書於壁曰：

---

① 教坊記：1 卷，唐崔令欽撰。

② 永平眼藏：又作《永平正法眼藏》，95 卷，日本曹洞宗創始人鎌仓時代的道元編著。

‘這一交，這一交，萬兩黄金也合消。’”云云。○忠曰：“兩足分進，忽跌時足相交，故言喫交而已。”○《醉菩提》十二（八丈）曰：“身體醉軟了，樽不住腳，一滑，早一跤跌倒。”《字典》：“《玉篇》：跤，脛也。”

【喫攧】

《枯崖漫録》中（三丈）《北磵·簡禪師賛》：“茶陵郁云：‘進步竿頭攧斷橋，太虛凸處水天凹。古今喫攧人多少？不似闍梨這一交。’”

【拂袖】

○《臨濟録》（四十八丈）《行狀》曰：“後拂衣南邁至河府。”○《大慧書》（六十九丈）《嚴教授書》曰：“黄檗問百丈：‘從上古人以何法示人？’云云。百丈拂衣便起云：‘我將謂汝是個人。’”○《左傳》①（杜注）十八（二丈）《襄二十六年》曰：“拂衣從之。”杜注：“拂衣，褰衣也。”○《國語》②十四（十丈）晉語曰：“叔向曰：‘姦以事君者，吾所能禦也，拂衣從之。’”注：“拂，褰也。”○《後漢書·列傳》五十下（十三丈）《蔡邕傳》、《文選》卅八（十五丈）《殷仲文解尚書表》、《天寶遺事》（十三丈）皆有“拂衣”之字。

【靠倒】

《碧嚴録》九（十丈）《维摩不二法门颂》曰：“请问不二门，当时便靠倒。”○《正字通·戌·中》（七十二丈）曰：“靠，口到切，音犒。《説文》：理相違也。今俗依附曰倚靠。”○忠曰：“今用依附義。靠倒者，譬如大柱依附於小柱，則小柱為之倒也。小理為大理所屈，此靠倒也。”○《虛堂·宝林録》（廿八丈）曰：“師云：‘老僧被你靠倒。’”○又同《佛祖賛》（五丈）《寒山賛》曰：“靠倒維摩記得無，至今一默喧天地。”○《事苑》三（廿丈）曰：“靠，苦到切，相違也。”忠曰：“此訓今不用。”

【邪揄】

《正宗賛》二（廿二丈）《浮山賛》曰：“三世諸佛，未許揶揄。”忠

---

① 左傳：又作《春秋左氏傳》《左氏春秋》《春秋左氏》《春秋内傳》，相傳是春秋末年魯國的左丘明為《春秋》作注解的一部史書。

② 國語：21卷，中國最早的一部國别史著作，相傳為春秋末期左丘明撰。

曰："揶揄，不肯之也。今未許揶揄者，深不肯也，不横點頭之語例也。"〇《後漢書・列傳》十（二丈）《王霸傳》曰："市人皆大笑，舉手邪揄之。"注："《説文》曰：歋歈，手相笑也。歋，音弋支反。歈音蹁，又音由。此云邪揄，语轻重不同。"〇《通鑒》[①] 八下（百五丈）《集覽》曰："邪揄，音耶喻。"〇《世説新語補》[②] 十七（三丈）注："晉陽秋曰：'羅友同府人有得郡者，溫（桓溫）為席起別。友至尤晚，問之，友答曰：於中路逢一鬼，大見揶揄云：我只見汝送人作郡，何以不見人送汝作郡？'"〇《書言故事》七（廿九丈）引之注曰："揶揄，舉手拍弄而笑。"〇《正字通・辰・下》（七丈）"歈"注曰："歋歈，舞手相弄笑也。"〇《僧宝傳》四（卅六丈）《西余端傳》曰："端聽僧官喧至此，以手揶揄曰：'止！'"〇忠曰："此為約免義，凡禪録耶揄多約免也。"

【嚲避】

《大慧書》（廿五丈）《陳少卿書》曰："每遇鬧中嚲避不得處，常自點檢。"〇《篇海》十八（卅一丈）曰："嚲，丁可切，聲同朶，垂下貌。又厚也，廣也。又嚲避也。"〇忠曰："或解嚲避用垂下訓，非也。《篇海》既垂下外，言又嚲避，則嚲有避義也。又按嚲，或訛作軃，又訛作躱。"〇《俗呼小録》曰："藏避謂之躱。"〇《篇海》五（十七丈）曰："躱，躱果切，音朶，躱身也。《大明律》：躱避差役。"〇《普燈》三（八丈）《楊岐章》曰："你且嚲避。"〇《會元》十一（卅八丈）《風穴章》曰："問：'生死到來時如何？'師曰：'青布裁衫招犬吠。'曰：'如何得不吠去？'師曰：'自宜嚲避寂無聲。'"〇《正字通・酉・中》（八十八丈）曰："躱，俗字。舊注丁可切，多上聲。躱避泥。"又（八十九）："軃，嚲字譌，舊注同躱，誤。"

【搊住】

《傳燈》十八（廿八丈）《鼓山神晏章》曰："雪峯搊住曰：'是什麼？'"〇忠曰："搊住者，撮持前人胸前襟也。"〇《正字通・卯・中》

---

① 通鑒：即《資治通鑒》，294 卷，另有《考異》《目録》各 30 卷，北宋司馬光主編的一部多卷本編年體史書。

② 世説新語補：4 卷，《四庫提要》舊本題，明何良俊撰補，王世貞刪定。

（五十九丈）曰："搊，楚蒐切，音篘。《六書故》：五指摳擸也。俗作掐，非。"又曰："摳，曲指摳擸也。"又："擸同擥，撮持也。"

【籠罩】

○《抱朴子·外篇》四（十七丈）曰："羈絏於籠罩之内。"○《皇朝類苑》[①]引《楊文公談苑》曰："李文靖（沆）曰：苟屈意妄言，即世所謂籠罩。籠罩之事，僕病未能也。"

【走作】

《虚堂録·立僧普説》（廿丈）曰："一粥一飯無走作麼？開單展鉢無走作麼？"云云。○忠曰："意識隨境奔走造作也。"○又《虚堂·浄慈録》（六丈）曰："有一個半個知因識果底，頂在額角頭上，不敢妄有走作。"

【著忙】

《僧寶傳》六（十三丈）《楊岐傳》曰："問來僧曰：'雲深路僻，高駕何來？'云云。會曰：'一喝兩喝後作麼生？'曰：'看這老和尚著忙。'"○《陳后山詩集》六（廿七丈）詩曰："勝日著忙端取怪。"注："元稹詩：'却著閑行是忙事，數人同傍曲江頭。'著忙，蓋亦俗語。《僧寶傳·楊岐會禪師》。"云云。

【郎忙】

《虚堂録·新添》（卅三丈）曰："朱孏郎忙塗赤土。"撿韻書未得字義。○《正宗贊》一（卅七丈）《雪峯贊》曰："鱉鼻虵攛來，雲門郎忙打草。"

【狼忙】

《白雲禪録·頌古》（二丈）曰："狼忙出去恐天光。"○《山菴雜録》[②]上（卅九丈）曰："育王勉侍者：狼忙到蒙堂。"○《春渚紀聞》[③]

① 皇朝類苑：即《宋朝事實類苑》，又稱《皇宋事實類苑》《事實類苑》，78卷（或63卷），宋江少虞編纂。

② 山菴雜録：2卷，明代僧無慍編於洪武年間。

③ 春渚紀聞：10卷，宋何薳撰。

七（三丈）："郎忙走報。"〇《三國演義》十七（卅一丈）《孔明呈曹眞書》曰："將軍鼠竄而狼忙。"〇忠曰："對鼠以狼，可知作郎非也，蓋狼性忙也。"

【做大】

《篇海》四（廿四丈）曰："做，臧祚切，音租去聲，本為作字，俗作做。又子賀切，音佐，為也，作造也。"〇《傳燈》十五（十三丈）《投子大同章》曰："問：'師子是獸中之王，為什麼被六塵吞？'師曰：'不作大，無人我。'"《傳燈鈔》："一山曰：'大者，四大也。'"〇忠曰："此解誤。又此話《投子録》（十四丈）載。"〇又《聯燈》廿一（十二丈）《投子大同章》載。〇《山菴雜録》上（卅九丈）曰："方山問僧云：'南泉斬卻貓兒時如何？'僧下語皆不契。有一僕在旁云：'老鼠做大。'方山云：'好一轉語！不合從你口裏出。'"〇《虛堂録・佛祖贊》（十二丈）《大慧贊》曰："前無釋迦，後無達摩，罵雨罵風，衹要做大。"云云。〇《篇海》二十（八丈）曰："大，又唐佐切，音惰，巨也。又吐臥切，音唾，猛也，甚也。"〇忠曰："做大者，俗話為驕傲也，猶自大之大也。"〇《應菴録》（廿一丈）："從上佛祖無一念心要做大漢。"〇《鳴道集説》[①] 四（二丈）："上蔡曰：'云云。佛却不敢恁地做大。'"

【蟲豸】

出頭之義。《夢語集》亦引《圓悟》《大慧》。〇《大慧普説》二（十七丈）："問答云云。師云：'今年春氣早，蟲豸出頭來。'"〇《大慧年譜》[②]（卅五丈）曰："師赴徑山。云云。少卿馮公檝問曰：'和尚常言不做這蟲豸，為什麼今日敗闕？'對曰：'盡大地是個杲上座，你作麼生見？'"云云。〇《禪林寶訓》[③] 下（卅一丈）曰："圓悟言，今時禪和子，少節義勿廉恥，士大夫多薄之。爾異時儻不免做這般蟲豸，常常在繩墨上行，勿趨勢利佞人顔色。"〇《爾雅》九（廿四丈）《釋蟲》曰：

---

① 鳴道集説：5 卷（或説 1 卷），金代李純甫撰。

② 大慧年譜：即《大慧普覺禪師年譜》，又稱《大慧禪師年譜》，1 卷，宋祖詠所編大慧宗杲年譜。

③ 禪林寶訓：又稱《禪門寶訓》《禪門寶訓集》，4 卷，南宋浄善重編。

“有足謂之蟲，無足謂之豸。”疏：“此對文爾，散言則無足亦曰蟲。《月令》，春日‘其蟲鱗’。鄭注云‘龍蛇之屬’是也。”

【撥亂】

《字典》曰：“撥，《説文》：治也。”〇《公羊傳》[①]（註疏）廿八（十九丈）曰：“撥亂世，反諸正，莫近諸《春秋》。”註：“撥，猶治也。”〇《春秋胡氏傳》[②] 二（卅七丈）《隱公》曰：“此春秋撥亂之大法也。”《卜商詩・小序》（四十丈）《雲漢・序》曰：“宣王承厲王之烈，内有撥亂之志。”〇《後漢書・列傳》廿四（二丈）《梁統傳》曰：“權時撥亂。”〇張蘊古《大宝箴》[③] 曰：“吾王撥亂。”〇皆為治亂世之義，然禅録往往撥攪動世之義，今録出一二。〇《聯燈》廿三（十丈）《洛甫元安章》曰：“問：‘撥亂乾坤底人來，師還接否？’師豎起拂子。僧曰：‘恁麼則今日得遇明君去也。’師云：‘依稀似曲纔堪聽，又被風吹别調中。’”〇《希叟法華録》曰：“村鐵在手，撥亂乾坤。”〇《介石[④]・雁山録》曰：“雲門雖盡輸義膽忠肝，貴圖太平，轉見撥亂乾坤。”〇《正宗賛・大慧賛》：“撥亂五峯雲，折拄杖東撑西拄。”

【展托】

〇一山曰：“展，放行；托，把住。”《聯燈》十七（十二丈）《虎丘章》曰：“凡有展托，盡落今時；不展不托，隨坑落塹。”《正宗賛》二（五十九丈）《虎丘傳》。

【去就】

《聯燈》廿九（廿二丈）曰：“行者少去就。”《敇修清規》下一（五十四丈）：“去就乖角。”〇《鄧析子[⑤]・轉辭篇》曰：“智者寂於是非，

---

① 公羊傳：亦稱《春秋公羊傳》《公羊春秋》，是專門解釋《春秋》的一部典籍，舊題戰國時齊人公羊高撰。

② 春秋胡氏傳：30 卷，宋胡安國撰。

③ 大宝箴：唐人張蘊古所撰資政文獻。

④ 介石：即《介石智朋禅師語録》，1 卷，宋代禅師介石智朋語録，参學正賢、宗坦、延輝，侍者智瑾、志諶、浄球編。

⑤ 鄧析子：2 卷，相傳為春秋時代鄧析撰。

故善惡有別。明者寂於去就，故進退無類。若智不能察是非，明不能審去就，斯謂虛妄。”（《諸子彙函》六，五十五丈）〇鄧析與鄭子產同時人。《莊子》六（十一丈）《秋水篇》曰：“言察乎安危，寧於禍福，謹於去就，莫之能害也。”〇《黄石子①·原始篇》曰：“賢人君子，明於盛衰之道，通乎成敗之數；審乎治亂之勢，達乎去就之理。”（《諸子彙函》十四，一丈）〇《戰國策》六上（廿丈）《趙策》曰：“去就之變智，者不能一。”〇《淮南子》十四（十七丈）《詮言訓》曰：“無去無就一立其所。”〇《莊子》七（五十三丈）曰：“去就取與知能六者，塞道也。”〇《史記》六十七（十三丈）《仲尼弟子列傳》曰：“澹臺滅明從弟子三百人，設取予去就，名施乎諸侯。”〇《文選》四十一（廿九丈）《司馬子長報任少卿書》曰：“僕雖怯懦，欲苟活，亦頗識去就之分矣。”又（三十九丈）。〇《文選》十八（十丈）《長笛賦》曰：“取予時適去就有方。”注：“去就，謂節度也。”〇《文選》四十四（卅一丈）《檄吳部曲文》：“去就之道，各有宜也。”注：“去亂就理。”〇又五十五（十五丈）。〇《禪林寶訓音義》② 上（廿八丈）曰：“去就，見處也，行事也。”〇《史記·秦本紀》（三十六丈）（干世皇帝太史公論）曰：“去就有序，變化有時。”

【順朱】

《古宿録》卅九（五丈）《智門祚録》曰：“師云：‘會麼？’僧云：‘不會。’師云：‘不會，且順朱。’”〇《雲門録》中（三十六丈）曰：“不相當，且順朱識取好。”〇《文字禪》③ 廿三（十一丈）《昭默禪師·序》曰：“初未嘗印脱其語言，順朱其機，因以欺流俗。”〇齊雲師告忠曰：“支那人，幼童學字先為以朱書字授之，令童以墨畫朱上，此謂順朱。”述朱：《虛堂·徑山後録》（四十二丈）曰：“師云：‘平生不曾與人述朱。’”忠曰：“述朱，蓋同‘順朱’。”《字彙》曰：“述，循也。”〇《癡絶雪峯録》（二丈）曰：“大似三家村裡教人順朱。”

---

① 黄石子：1卷，題漢黄石公撰。

② 禪林寶訓音義：2卷，明大建較，崇禎八年（1635）序刊。

③ 文字禪：又作《筠谿集》《石門文字禪》，30卷，宋代僧慧洪語，覺慈編。

【之遶】

《大慧書》（七十一丈）《徐顯謨書》曰："於一言一句下，直截承當，不打之遶。"〇《中峯録》四下（廿六丈）《遺誡》曰："把他三乘十二分教，乃至千七百則陳爛葛藤，及與百氏諸子，從頭註解得盛水不漏，總是門外打之遶。"〇忠曰："辵字畧作之，似之字畫不徑直而遶，字外邊自左向右，故凡言事迂曲為外邊打之遶而已。"〇《應菴録·示任化士法語》曰："伶利人聊聞徹骨徹髓，何待曲録床上老比丘重疊打之遶。"〇《密菴·徑山録》曰："成羣作隊外邊打之遶。"〇《普燈》十七（十八丈）《慈航朴章》曰："牛皮鞔露柱，露柱啾啾叫。燈籠佯不知，虛明還自照。殿脊老蚩吻，聞得呵呵笑。三門側耳聽，就上打之遶。"〇《普燈》廿五（卅五丈）《别峯印章》曰："直截簡徑，廣大明白底一段大事，諸人自打之遶，自求葛藤，遂見紛紛紜紜，曲曲屈屈，卒了不下。"〇《堯山堂外紀》[1] 六十七（六丈）曰："秦蒻夫賦《穀靡靡》云：'官倉遠在蕎麥山，南梯直上青雲間。梯危一上八九里，之字百折縈廻還。'"云云。〇此詩之字形曲遶，屈折也，非遶字外邊之義。〇《北磵録[2]·法語》曰："外打之遶。"〇又三言"打之遶"處。

【差排】

《臨濟録》（卅五丈）曰："相似表顯路布，文字差排，且如是説。"〇《大慧書》（十五丈）《江給事書》曰："須是急著手脚，冷却面皮，不得受人差排。自家理會本命元辰，教去處分明。"〇《小補韻會·麻韻》（六十三丈）曰："差，佳韻，初佳切，擇也。又使也。《禮記》註：音釵。"又《佳韻》（廿六丈）曰："排，蒲皆切，音與牌同。《增韻》：又斥也。"〇忠曰："差排猶言指揮也可使者使可斥，者斥也。"

【安排】

〇《困學紀聞》十九（七丈）曰："安排出莊子。"

---

① 堯山堂外紀：100 卷，明蔣一葵撰。

② 北磵録：即《北磵居簡禪師語録》，又稱《北磵和尚語録》《北磵語録》，1 卷，宋北磵居簡撰，其法嗣物初大觀編，宋淳祐十二年（1252）序刊。

【打疊】

《普燈》四（十五丈）真浄，文章曰："打疊面前搕𢶍却。"○《大慧書》（四十六丈）《吕郎中書》曰："臘月三十日如何打疊得辦？"○《古宿録》十二（廿一丈）《子湖神力録》曰："仁者須打疊及時，莫待臨終揮攉。"○忠曰："和語物遂志麻宇也。如言打疊行脚，亦辦得一切也。"○《敕修清規》下一（五十四丈）曰："打叠[①]不勤，守護不謹，非寮主所以居衆也。"

【勦絶】

○《尚書》（注疏）七（二丈）《甘誓》曰："天用勦絶其命。孔安國曰：勦，截也。截絶，謂滅之。"○《小補韻會·篠韻》（廿八丈）曰："勦，子小切。《説文》：絶也。或作勦。"○《正宗賛》二（卅四丈）《白雲賛》曰："勦除魔壘。"

【支遣】

【坐斷】

《臨濟録》（七丈）曰："取山僧見處，坐斷報化佛頭。"

【約下】

《虚堂録·佛祖讃》（十二丈）《圓悟賛》曰："盡情約下，置而勿論。"忠曰："一束約下，勿言論之，束之放下也。"

【拈向】

《傳燈》廿三（十九丈）《明招德謙章》曰："一時拈向那邊著。"

【拈却】

《無準録》一（十三丈）曰："以手點鼻云：'山僧一生被這個礙，衆

① 叠："疊"之或體。玄應《一切經音義》卷九引《蒼頡篇》："叠，重也。"《宋元以來俗字譜·十三畫》引《金瓶梅》"作叠"。

中有下得毒手底，為我拈却。’”〇忠曰：“捉抛却也。”〇《古尊宿》十九（十三丈）《道吾録》曰：“拗折秤衡，将什麽定斤两？拈却鉢盂匙筯，将什麽喫粥飯？”〇《傳燈》廿三（廿丈）《明招謙章》曰：“師問国[1]泰瑫和尚：‘古人道，俱胝只念三行咒，便得名超一切人。作麼生與他拈却三行咒，便得名超一切人？’”〇《大惠書》（七十四丈）《樓樞密書》曰：“古德云，我若奈何得，則便拈却你遮不奈何。”〇《傳燈》十六（十七丈）《雲蓋志元章》作“拈過汝不奈何”。〇《續古宿》二《宏智覺録》曰：“許多病痛與你一時拈却了也。”〇《虚堂·宝林録》（一丈）曰：“指法座，聚草積石，説有談空，取古尚賒，一時拈却。何故别有一路子？”〇又同《宝林》（八丈）：“小参曰：四路葛藤一時拈却。”〇忠曰：“皆拈去之義。”

【拈得】

《無準録》一（十三丈）上文次曰：“若也拈得。許諸人十二時中有個安樂處。”

【剔起】

《碧巖》三（七丈）《鼈鼻虵話頌》曰：“剔起眉毛還不見。”《篇海》十六（卅四丈）曰：“剔，他歷切，音踢。刮也。又他計切，音替。鬀髮。”《字典·子·下》（四十六丈）曰：“剔，又他計切，音剃，同剃。”《敕修清規》下一（五丈）曰：“中夜剔燈。”忠曰：“剔字，予《虚堂録·報恩》（七丈）詳考。剔起，有挑起意，而字書無挑義，然若剔燈炷，則亦可挑起耳。”

【施呈】

《貞和集》八（十一丈）《浙翁僧堂帳化士頌》曰：“一片碧雲都蓋了，看他伎倆怎施呈。”他，蚊也。

【夜行】

《碧巖》五（一丈）曰：“趙州問投子：‘大死底人却活时如何？’投

---

① 国：“國”之異體。字見《彙音寶鑑·公上入聲》。

子云：‘不许夜行，投明須到。’”〇《大應[①]·崇福録》（卌六丈）曰：“通天有路，不許夜行；大道無人，投明須到。”〇忠曰：“夜行者，大死端的。”

【賞勞】

《虚堂·宝林録》（五丈）：“結夏小参曰：‘向無星等子上，較其重輕，以憑賞劳。’”又《浄慈後録》（六丈）：“解夏小参曰：‘及乎言薦賞勞，便如暗中取物。’”〇《事苑》六（十丈）曰：“賞勞：勞，郎到切，尉也。”〇忠曰：“賞勞者，賞功夏功勞也。勞，郎刀切。老，平聲，疲也，勤也，功也。《事苑》爲去聲，郎到切，慰勞義，恐不知律文賞勞只見外典，賞勞字漫下義，如《國史補》[②]云：‘大出金帛賞勞。’此郎到切也。律文‘五事賞勞’，見《行事钞·安居篇》及《自恣宗要篇》。”

---

① 大應：即《圓通大應國師語録》，3卷，入宋日僧南浦紹明撰。

② 國史補：一名《唐國史補》，3卷，唐李肇撰。

《葛藤語箋》第四卷

二言（三）[①]

乖戾

【差事】

《大慧書》（六十三丈）《李郎中書》曰："看來看去，忽然睡夢覺不是差事。"○忠曰："差事，常話差错事也，或以别事解，非。"○《正字通·寅·中》（卌八丈）曰："差，初加切，音扠，差错之義。又禡韻，音咤，事異也。《韓文》'搜簸真差事'，过失，即舛錯義。當音扠。"○《韓文》六（十丈）《瀧吏诗》曰："颶風有时作，掀簸真差事。"註：差音詫。○忠曰："今不用詫音。"

【放乖[②]】

《虛堂·報恩録》（十六丈）曰："無端被者僧放乖，却乡侍者處翻本。"和辯關幾波奈須也。○又同《顕孝録》（三丈）曰："者僧放乖，好與連腮一掌！"○又同《育王録》（四丈）："黄面老漢末上放乖。"○忠曰："此是放行也。登利波關須也。"

【不快】

《聯燈》廿一（九丈）："投子曰：'不快漆桶，'"○《輟耕録》十一（十丈）曰："世謂有疾曰不快，陳壽作《華陀傳》亦然。"

---

① 原文無"二言（三）"，此據無著道忠的目次補上。

② 乖："乖"之異體。字見《字鑑·平聲·皆韻》《俗書刊誤·卷一·平聲·皆韻》。

【不憤】

《大慧書》（三十三丈）《劉通判書》曰："其徒不憤，皆作色厲聲。谓……"云云。〇《緇門警訓》[①] 下（四卷六十一丈）《佛鑑與佛果書》曰："老兄博覽古今所蘊之妙而不憤，今時邪黨異説有昧古人之意。"〇忠曰："憤怒之極甚曰不憤也。"〇《圓悟録》十九（十六丈）曰："忽有個不憤底出來道崇寧嘛。""不忿"同"不憤"。

【不忿】

《剪燈新話》二（一丈）曰："令狐譔聞之尤甚不忿。"注："忿"即"憤"字，言甚怒不吐憤。杜詩："不分桃花紅勝錦"分字忿同。亦用俗下文字。今吏典供詞多有"不忿"語，亦甚怒意。〇《東坡雜纂》（一丈）："有旁[②]不忿題曰：村裹漢有錢見初學人及第。"云云。〇《自鏡録》上（十二丈）曰："優婆夷情中不忿。"〇《堯山外紀》八十四（四丈）《劉原博題鍾馗詩》曰："長空糊雲夜風起，不忿成群跳狂鬼。"〇《三國演義》三（三十一丈）曰："這邊紀霊不忿，那邊張飛只要廝殺。"又十八（八丈右）。〇唐孟啓《本事詩》（廿一丈）曰："姓張者，妻孔氏，生五子，不幸去世。復娶妻李氏，虐遇五子。五子哭於其葬所，母忽冢中出，題詩曰：'不忿成故人，揜[③]涕每盈巾。'"云云。〇忠曰："鄭所南《心史·中與集》一（十三丈）歌曰：'眼中不識天下人，不變不變不不變。'"注：或疑"不不變"三字盍痛切語殺之辭，非謂不能於不變也。余謂"不憤""不忿"之"不"字，可以痛切語殺之辭解之，《剪燈》解恐非也。

【不迭】

《繼燈録》二（二五丈）曰："道得東遮西掩，囊藏不迭。"〇《正字通·酉·下》（卅九丈）："迭，他列切，音經，更迭也。又互也，遽

① 緇門警訓：10 卷，宋代擇賢撰《緇林寶訓》1 卷，元代臨濟宗僧永中重編增補改題，明代臨濟宗僧如巹續補。

② 旁："旁"之異體。字見《字彙·首卷·古今通用》《彙音寶鑑·公下平聲》。

③ 揜：通"掩"。《禮記·聘義》："瑕不揜瑜，瑜不揜瑕。"唐魏徵《理獄聽諫疏》："此猶捕雀揜目，盗鐘而揜耳者，袛以取誚，將何益乎？"

也，代也。"《品字箋·庚韻》（二六丈）："迭，又與逸同。《家語》：'馬將迭。'"

【軟頏[①]】

《無準録》四（六丈）《普説》曰："我見老師但識羞耳，這識羞兩字，子直是軟頑。"〇《雪嚴録》上（六十九丈）《普説》曰："永嘉曰：'仁者自生分別，不妨軟頑。'"〇《無文印語録》[②]（廿五丈）《偈頌·送奕上人頌》曰："無準軟頑癡絶癡。領過不消渠一狀。"〇又《無文印》[③] 十一（三丈）《靈叟住靈嚴江湖疏》曰："用軟頑一著子，高建法幢，言無準家風。"〇《竺仙·南禪録》（四十四丈）《普説》曰："生一個計較方便輭[④]頑弄他。"〇《拈八方珠玉》[⑤] 上（五十四丈）曰："佛海云：'軟語放頑，是不識痛痒底漢。'"

【揑怪】

《證道歌》曰："執指為月枉施功，根境法中虚揑怪。"《大慧書》（廿二丈）引之。〇《臨濟録》（七丈）曰："好人家男女被這一般野狐精魅所著，便即揑怪。"〇《碧嚴》二（一丈）《評》曰："黄檗咄云：'這自了漢，吾早知揑怪，當斫汝脛。'"〇忠曰："揑怪者，好奇弄怪之義。揑弄出也。凡好奇特不思議事曰揑怪也。"〇《水滸傳》四十一回（十七丈）曰："揑造謠言。"

【錯怪】

《普燈》廿六（十六丈）《拈古部》："佛鑑拈曰：'元來是錯怪人。'"

---

① 頏："頑"之異體。字見《精嚴新集大藏音·頁部》。

② 無文印語録：即《無文道燦禪師語録》，又作《無文道璨禪師語録》《無文和尚語録》，1卷，宋代僧無文道燦撰，法嗣惟康編。

③ 無文印：20卷，宋代僧無文道燦所撰诗文集。

④ 輭："軟"之異體。《玉篇·車部》曰："輭，而兗切，柔也。軟，俗文。"

⑤ 拈八方珠玉：即《拈八方珠玉集》，又作《八方珠玉》，全稱《佛鑒佛果正覺佛海拈八方珠玉集》，3卷，宋代僧祖慶重編，理宗寶佑五年（1257）刊行。

【忉怛】

《大慧書》（四丈）《曾侍郎書》曰："信意信手不覺忉怛如許。"○又《大慧年譜》（四十八丈）："莊彦質請自贊云：'只此便是妙喜真，何用畫工更忉怛。'"○忠曰："忉怛，字書義不合此禪録。忉怛可為煩碎義而解俗語也。"○《類書纂要》[①]十一（四十五丈）曰："嘮叨，言語太多。"又曰："絮絮叨叨，言語太多。"由此本作"叨"乎？○《文選》十一（四丈）《登樓賦》曰："意忉怛而憯惻。"注："忉怛，猶悽愴也。"○又《文選》四十一（三丈）《李少卿答蘇武書》曰："祇令人悲，增忉怛耳。"注："忉怛，内悲也。"○又《文選》五十六（五十一丈）《潘安仁楊荆州誄》曰："承讀忉怛。"注："忉怛，悲傷也。"○《古詩紀[②]·前集》四（十三丈）《古逸詩·窮刼[③]之曲》曰："吴王哀痛助忉怛，垂涕舉兵將西伐。"○皆不涉禪録所用義。○《正宗賛》四《雲門宗》（三十一丈）《雪峯慧傳》曰："每日鳴鐘陞堂，忉忉怛怛地。"

【嘮嘈】

《虚堂録·佛祖讃》（十五丈）《維摩示疾賛》曰："一生口觜嘮嘈。"○《说文》八（廿八丈）《口部》曰："嘮，嘮呶，讙也。从口。勞聲。敕交切。"○又《篇海》七（十七丈）曰："嘮，敕加切，呶讙也。"○《篇海》七（十五丈）曰："嘈，財勞切，音曹聲也，胡言也。又去在到切，同譜，喧也。"

【賣弄】

○《俗呼小録》曰："説人之自誇曰賣弄。"（《説郛》廿一）○《国史補》上（六丈）曰："白岑嘗遇異人傳發背方，其驗十全。岑賣弄以求利。"○《梁書》十三（十三丈）《范雲傳》曰："庸人聞其恒相賣弄。"

---

① 類書纂要：33卷，清朝周魯撰。

② 古詩紀：156卷，明馮惟訥輯。

③ 刼："劫"之異體。《增廣字學舉隅》卷二云："刼刧均非。"又《中文大辭典·刀部》引《正字通》云："刼，俗劫字。"

【賣峭】

〇《虚堂・延福録》（七丈）曰："释迦老子一生賣峭。"〇忠曰："賣峭者，商贾贵價無隱也。今言守向上，不為落草談也。"〇《正字通・寅・中》（十一丈）曰："峭音俏，山峻拔峭絶也。"

【教壞】

〇《大慧書》（十九丈）《劉宝學書》曰："杜撰長老。云云。彦沖被此輩教壞了。"忠曰："教壞，誤道人也。"〇《宗門統要》三（卅二丈）曰："昔有老宿，畜一童子，並不知軌則。有一行脚僧到此菴，乃教示童子朝昏禮儀。其童晚見老宿外歸，遂去問訊。老宿俄然怪見，遂問：'阿誰教汝童子？'云：'堂中上座。'老宿尋喚其僧來。問：'上座傍[1]家行脚，是甚麼心行？這個童子養来二三年，幸自可憐生，誰教上座教壞伊？快俶装去。'黄昏雨淋淋地被他趁出。"《禅林類聚》九（五十六丈）同此。〇《輟耕録》七（十丈）曰："司馬溫公家一仆，三十年，止稱'君實秀才'。蘇子瞻學士來謁，聞而教之，明日改稱'大参相公'。公驚問，以實告。公曰：'好一仆被蘇東坡教壞了。'"

【交輥】

〇《虚堂録・佛祖讃》四文《布袋賛》曰："業風交輥笑[2]嘻嘻。"忠曰："為業風所交轉也。"〇《字彙》曰："輥，古本切，音滚，車輪動也。"〇《正字通・酉・下》（十五丈）曰："輥，《六書故》：轉之速也。"〇《希叟廣録[3]・三贊》（十一丈）《布袋靠袋睡贊》曰："自與虚勞交輥，肚裡千机萬變。"

【冷笑】

《虚堂・報恩録》（十二丈）曰："當時者僧但冷笑一聲，管取洞山隱

① 傍："傍"之異體。《正字通・人部》"傍"下曰："本作'傍'。"

② 笑："笑"之異體。字見《玉篇・竹部》《廣韻・去聲・笑韻》等。

③ 希叟廣録：即《希叟紹曇禪師廣録》，又作《希叟和尚廣録》，7卷，宋代僧希叟紹曇撰，侍者法澄等編。

身無路。" ○舊解曰："冷笑，欺笑也。"

【嚇殺】

《碧嚴四》(廿五丈)《第三十八則頌》："下語曰：'驚走陝府鐵牛，嚇殺嘉州大象。'" ○《虛堂録·佛祖賛》(九丈)《普化賛》曰："呈真嚇殺盤山，對衆侮慢臨際。" ○忠曰："嚇，有怒也訓，然禪録所用皆有驚之意。" ○《正字通·丑·上》(八十三丈)曰："嚇，呼白切，音赫，怒也。又以口拒人也。" 皆不涉禪録意。

【捉敗】

《虛堂·徑山録》(六丈)曰："你捉敗常侍，捉敗臨濟。" ○忠曰："捉敗，但是捉義。"

【抹撻】

《傳燈》三十(廿一丈)《杯渡一鉢歌》曰："遏喇喇鬧聒聒，總是悠悠造抹撻。" ○《傳燈鈔》作"怺㒓"。曰："或曰急速也。" 山曰："放憨癡也。" 或作"抹撻"。怺音末，㒓音達。《廣韻》曰："怺㒓，肥皃[1]。"《玉篇》曰："事濟也。" ○又三言"憨抹撻"處，狼藉義。

【攙奪】

《碧嚴》一(十七丈)《第五則評》曰："雲峯云：'王令稍嚴，不許攙奪行市。'" ○《虛堂·宝林録》曰："那堪忍俊不禁出來攙行奪市。" ○《正宗賛》二(三丈)《臨濟賛》曰："掌黄檗便解攙行奪市。" ○《事苑》七(十九丈)曰："攙，初銜切，旁掣也。" ○《居家必用·辛集》(六十一丈)曰："攙奪，謂攙先取其利也。" 同(五十九丈)曰："相攙，彼此共為曰相，先後作過曰攙。" ○《字彙》曰："攙，推也。" ○《敕修清規》二(六丈)曰"攙先"。

【攛掇】

《虛堂録·佛祖讃》(十四丈)《石鼓賛》曰："攛掇翁木大，顛倒上

① 皃："貌"之異體。《四聲篇海·豸部》《字彙補·豸部》皆以為"皃"與"貌"同。

樹。”逸堂曰：“攛掇，鼓弄之義。”○《正字通・卯・中》（八十八丈）曰：“攛，方言，撮安切，竄平聲，俗謂誘人為惡曰攛掇。”

【脱賺】

《虚堂録・佛祖讃》（九丈）《雲門賛》曰：“掉發睦州，脱賺靈樹。”○《正字通・酉・中》（四十二丈）曰：“賺，倉暗切，音暫。《六書故》：買賣誤讐直多少，不當也。又俗謂相欺誑曰賺。”

【落賺】

《希叟廣録[1]・偈頌》：“落賺幾多明眼人。”

【逴掠】

《圓悟心要》上（七十一丈）：“唯以世智辯聰，於佛祖言教中逴掠奇妙語句，以資譚柄。”

【放頏[2]】

《密菴・天童録》（二丈）曰：“先應菴拈云：‘鏡清放頑，佛也不奈伊何。’”又《密菴録・普説》（三丈）曰：“也不曾得他一言半句，説話只是被他罵得身心頑了。”

【猱人】

《傳燈》十四（十丈）《藥山章》曰：“和尚休猱人得也。”《鈔》曰：“山曰：‘誑惱人之意。’”○《字典・巳・下》（二十四丈）：“猱，奴刀切，音猱。《廣韻》：猴也。”或作獶。又（五十四丈）：“獶，注：音橈。犬驚貌。《禮・樂記》：‘獶雜子女。’註：‘獶，獼猴也。’言舞者如獼猴戲也。”○《碧嚴》一（三十五丈）《第十則》：“下語曰：‘陷虎之機，猱人作麼？’”○《字典》“猱”為“猺”音，而“猺”字字書不収。○《俗呼小録》（四丈）曰：“淳熙江西饒州曰猺者，里俗戲相標謔憨痴

① 希叟廣録：即《希叟紹曇禪師廣録》，又作《希叟和尚廣録》，7卷，宋代僧希叟紹曇撰，侍者法澄等編。

② 頏：“頑”之異體。字見《精嚴新集大藏音・頁部》。

之類也。猸，字書不收。”

【鈍置】

《雲門録》下（十五丈）曰：“鈍置殺人。”○《事苑》一（七丈）：“鈍置，下當作躓，音致。礙不行也。”

【帶累】

《碧巖》三（七丈）《第二十二則頌》：“下語曰：帶累平人。”

【陸沈】

《莊子》八（卅三丈）《則陽篇》曰：“其口雖言，其心未嘗言，方且與世違而心不屑與之俱。是陸沈者也。”○《史記》百卅六（七丈）《滑稽傳》曰：“歌曰：“陸沈於俗，避世金馬門。”

【生受】

《僧宝正續傳》一（十二丈）《泐潭帷照傳》曰：“達摩大師西來，直指人心，見性成佛，何曾有許多屈曲言句，教你思量生受？”○《普燈》廿五（三十一丈）《開提照》：“示衆曰：‘是依教理行果修行，且不是教外别傳。所謂教理行果，云云，然未免生受。’”○《保寧録》（三十一丈）曰：“有個漢，怪復醜，眼直鼻藍鑱。云云。直得文殊普賢，出此没彼，七縱八横，千生萬受。”○《雪巖録》上（五十七丈）《入室録·普説》曰：“於臨終時，直得前生萬受，求死不得死。”又（卅八丈左）。○又同（五十四丈）《立僧普説》曰：“參禅本是安樂法門，那裡有許多生生受受，勞勞攘攘？”○又同（七十四丈）《告香·普説》曰：“也好恓惶，也好生受。”○《法華經》（要解）二（四十一丈）《譬喻品》偈曰：“從地獄出，當隋畜生。（乃至）生受楚毒，死被瓦石。”忠曰：“依《法華》此文常用生受語，即是楚毒義也。”又曰：“身得纔生受諸苦惱也。”《起信論》上二（廿一丈）《相續相科》曰：“二生受。”《宝積經》五十七（五丈）曰：“生受苦痛。”又六十六（十四丈）。《無門關》（十八丈）《不思善惡頌》：“描不成兮畫不就，贊不及兮休生受。”《宋志傳》八（十二丈）：“李穀奏曰：‘萬一粮道俱絶，不無生受。’”○《堯山外紀》五十三（三丈）曰：“黄魯直《書趙伯充家小姬領巾》云：‘天氣把人僝僽，落絮游絲時候。茶飯可曾炊？鏡中羸得銷瘦。生受，生受，更被養娘催繡。'"《三國演義》十二（十五丈）曰："見一先生，眇一目，跛一足，白藤冠，青懶衣，來與腳夫作禮，言：'你等挑擔生受，貧道都替你挑一肩。'"《水滸傳》二十四回（六丈）曰："那婦人雙手捧一盞茶遞與武松喫，武松道：'教嫂嫂生受。'"

【落草】

《碧巖》四（十丈）《第三十四則》曰："雲門云：'此語皆為慈悲之故，有落草之談。'"《評》（十一丈）曰："若是出草之談，則不恁麼。"《大慧書》（八十七丈）《聖泉珪和尚書》曰："更望室中與之子細，不得容人情，不得共伊落草。"《虛堂・育王録》（七丈）曰："五祖當時一時落草。"忠曰："自向上地下落低下草裡而接人，世人在草裡，故我亦落草裡而接之。亦是唐土俗語也。"○《水滸傳》。

【湊泊】

《虛堂・宝林録》（七丈）曰："我者裡任你三頭六臂，盡其來機，也無你湊泊處。"○《字彙》曰："湊，音腠，水會也。又曰：'泊，止息也，舟附於岸曰泊。'"○忠曰："湊泊者，聚止之義，無停手足處也。"

【擬議】

《虛堂・浄慈後録》（三丈）曰："待他擬議，亦與一喝。"○忠曰："擬議者，欲言而未言也。"○《經國大典註解[①]・後集》下（卅九丈）曰："擬議，擬議也[②]，議評也。"○《易》（疏註）七（廿三丈）《上繫辭》曰："擬之而後言，議之而後動，擬議以成其變化。"○晉王弼《周易集解略例》[③]："故擬議以成其變化，語成而後有格。"○忠曰："易謂擬

① 經國大典註解：《經國大典》為李氏朝鮮的法典。1471 年頒布，共有吏、户、禮、兵、刑、工六典，對中央和地方的行政機構和財政、軍事、教育制度，以及維護封建統治的各種刑律等，都有詳細規定。1493 年又頒《大典續録》，1543 年頒《大典後續録》。1555 年刊行《經國大典注解》是為大典加以注釋。

② 疑"擬議也"三字為衍字。

③ 周易集解略例：1 卷，晉王弼著。

議非禪録擬議義。"[1] ○《肇論》[2]下（五丈）《涅槃無名[3]論》曰："聊以擬議玄門，班喻學徒耳。"注：議，法。《疏》："聊以下但倣法妙理之門，布曉學者爾。"○忠曰："此以倣法解。"○忠曰："字本出《周易》[4]，而宗門借字言涉計較思量也。"

【嚬速】

《宗門統要》（卅一丈）曰："昔有老宿，一夏已来，並不為師僧説話。有僧自嘆云：'我只麼空過一夏，不敢望和尚説佛法，得聞正因二字也得。'老宿聞云：'闍梨莫嚬速。若論正因，一字也無。'"云云。○《事苑》三（十七丈）曰："嚬，音西，聲振也。一曰呻歎，謂何呻歎之頻速也。"○忠曰："意逼盛音振掉也。"○《祖英集》上（九丈）《因事示衆頌》曰："石本落落玉自碌碌，古之今之一何嘶速。"

【廉纖】

《雲門録》中（十八丈）曰："法身清浄，一切聲色盡是廉纖語話，不涉廉纖作麼生是清浄？"○《事苑》一（十四丈）曰："廉纖，猶檢斂細微也。"○劉熙《釋名》四（九丈）曰："廉，斂也，自撿斂也。"○忠曰："廉纖者，心涉微細造作也。"○《碧巖》一（十丈）："垂示曰：'恁麼也得，不恁麼也得，太廉纖生。'"○《韓文》九（廿七丈）《晚雨詩》曰："廉纖晚雨不能晴。"○忠曰："此但微細義。"○《虛堂・宝林録》（二丈）曰："一絲不挂猶涉廉纖，獨脱無依未為極則。"○《正宗賛》四《法眼宗》（四丈）《法眼賛》曰："當機聲碎猶涉廉纖。"

【生疎】

《傳燈》十八（廿十丈）《道怤章》曰："到汝分上，因何特地生疎？"○《敕修清規》下一（十丈）《兩序進退》曰："乍入叢林，諸事

---

① 原文"忠曰：'易謂擬议非禪録擬议義。'"用墨線劃掉。

② 肇論：1卷，後秦僧肇撰。

③ 名：原作"明"，行首標註"名"。

④ 周易：即《易經》，相傳系周文王姬昌所作。

生疎。”又同（五十一丈）《日用軌範》云：“鄰單生疎，當以善言誘喻。”○《山谷詩集》十三（十七丈）《謝送銀茄詩》曰：“蜀人生疎不下箸。”註：“生疎，蓋用俗語。”○忠曰：“生者，未熟也。疎，荒疎也。生疎，或居動不詳細也。《韻會》：生，熟之對。”○劉仕義《新知録》（四丈）曰：“貧醫無僕馬，舉止生疎，為人診脈，不能對，病兒服藥，云疾已愈矣，則便是良醫。”

【觸忤】

《碧嚴》四（六丈）三十二則評曰：“這新戒不誠識好惡，觸忤上座，望慈悲且放過。”○《篇海》十二（卅九丈）曰：“觸，牴也，犯也，突也。”又五（十九丈）曰：“忤，音誤，逆也，違戾也。”○《虛堂·報恩録》（十六丈）：“舉。興化見同參來。云云。侍者云：‘適來者僧有甚觸忤。’”云云。《正宗贊》二（六丈）。○《聯燈》廿四（三十四丈）《太原孚章》曰：“師初到雪峰，纔上法堂，顧視雪峰，便下去，見知事。明日却上方丈，作禮云：‘昨日觸忤和尚。’峰云：‘知是般事便休。’後有僧問雲門：‘作麼生是觸忤處？’門便打。”《虛堂·宝林録》（廿三丈）舉之。○《大慧書》（八十二丈）《孫知縣書》曰：“不覚忉忉怛怛相觸忤。”觸悞《廣燈》十三（十六丈）《定上座章》曰：“嚴頭雪峰云：‘者個新戒不識好悪，觸悞上座，且望慈悲。’”○作“悞”。

【孤負】

《傳燈》五（卅五丈）《光宅慧忠章》曰：“一日喚侍者，侍者應諾。如是三召，皆應諾。師曰：‘將謂吾孤負汝，却是汝孤負吾。’”○《字典·寅·上》（五丈）：“孤，音姑。《集韻》：負也。李陵《答蘇武書》：陵雖孤恩，漢亦負德。毛曰：凡孤負之孤，當作孤。俗作辜，非。”○《篇海》十五（廿四丈）曰：“負，讀如婦，背恩亾德曰負。”○《聯燈》三（廿八丈）《忠國師章》曰：“云云。將謂吾辜負汝，誰知如辜負吾。”

【辜負】

《佛祖三經·德異序》曰：“辜負佛祖。”○“辜”當作“孤”，“辜”但有“辠也”訓。見“孤負”註。

【惡發】

○《老學菴筆記》八（十六丈）曰："惡發，猶云怒也。"

【勞攘】

《大慧書》（卅一丈）《劉宝學書》曰："彥沖却無許多勞攘，只是中得毒深。"○《大慧武庫》（二丈）曰："言法華大呼曰：'吕老子你好勞攘！快出來拜也好，不拜也好。'"○《韻會·豪韻》（廿五丈）曰："勞，郎刀切。《説文》：劇也。《集韻》：勤也。"又《陽韻》（廿三丈）曰："攘，奴當切，煩擾也。"○忠曰："勞攘，繁冗義。"撈攘《大慧普説》二（四十二丈）曰："佛照老杲和尚説，迷底人與迷底人説話，固有限劑；悟底人與悟底人説話，更不著撈攘。"作"撈"。

【烏那】

《聯燈》廿三（十三丈）《韶山寰普章》曰："因遵布衲到山下相見，遵問韶山：'路向甚麼處去？'師以一手指云：'烏那青黯黯處去。'"○《禪林類聚》三（四十三丈）載之。○《傳燈》十六（廿九丈）載無"烏那"字。○《八方珠玉》中（七十一丈）載之云："山以手指云：'嗚那青青黯黯處去。'"○《正字通·巳·中》（九丈）："烏，注曰：與嗚通。"又《丑·上》（六十六丈）曰："嗚，音吁。嗚呼，歎辭。"○《正字通·丑·上》（四十丈）曰："哪，音那，語餘聲，本作那。"

【嗚唧】

《宗門統要》五（五丈）曰："中邑洪恩因仰山至謝戒，師乃於禪牀上拍手云：'嗚唧！嗚唧！'"

【嗚咿】

《虛堂·興聖録》（七丈）曰："冬至小參。云云。嗚咿！嗚咿！只可自知。"○《正字通》曰："嗚音汙。嗚呼，歎聲。"○忠曰："字書未見嗚咿訓。《正字通》：伊，注曰吾伊，讀書聲。俗作咿唔。"○《韻會·支韻》（廿八丈）曰："咿，幺夷切。喔咿，强笑貌。"又《寘韻》："況僞切。"《集韻》："呻也。"○《篇海》七（六丈）曰："咿，於宜切，音衣，强笑語皃。《楚辞》①：‘喔咿嚅唲。’”○忠曰：“强笑語，又呻吟，並有歎概之意。”

【吒沙】

《西巖②·天童録》（十九丈）上堂曰：“師頌云：‘虎生三子尾吒沙，咂舌垂涎弄爪牙。’”○《古林拾遺録》③（七十丈）《送明藏主之江西頌》曰：“此是西河獅子兒，吒吵出窟飜身句。”作“吵”。○忠曰：“奮迅貌乎？”

【吒呀】

《傳燈》十三（八丈）《風穴沼章》曰：“個個作大師子兒，吒呀地哮吼一聲，壁立千仞。”○《事苑》六（一丈）曰：“吒呀，上知加切，叱怒也；下虐牙切，唅呀，張口貌也。”○《僧宝傳》一（十六丈）《風穴傳》同《傳燈》。

【狼藉】

《虚堂·報恩録》（十丈）曰：“愈見狼藉。”○《埤雅》④四（十四丈）曰：“演義曰：‘狼藉者，物雜亂之貌，言狼起臥游戲多藉其草皆穢亂，故曰狼藉。’”○《江湖集》上《室内一盞燈頌》曰：“狼藉梅花滿地休。”○《字典·申·上》（百六丈）：“藉，注曰又秦昔切，音籍。狼藉，離披雜亂貌。”又《巳·下》（卅五丈）：“狼，注曰狼藉。《孟子》：‘樂歲，粒米狼戾。’注：狼戾，猶狼藉也。又《周禮⑤·秋官》：‘條狼氏。’注：條，當爲滌器之滌。狼狼扈道上。疏：狼狼扈道上者，謂不蠲之物在道，猶今言狼藉也。”

---

① 楚辭：戰國時期楚國文學總集，西漢劉向輯，東漢王逸章句。辞，“辭”之異體。《字彙·舌部》云：“辞，俗辭字。”《正字通·辛部》云：“辞，俗辭字，誤，與亂作乱同。”

② 西巖：即《西嚴了慧禪師語録》，2卷，宋西嚴了慧禪師述，門人侍者修義、景元、宗清、繼㷍、宗應編。

③ 古林拾遺録：即《古林清茂禅师拾遗偈颂》，2卷，元竺仙梵僊述，日本椿庭海寿编次。

④ 埤雅：20卷，宋代陸佃撰。

⑤ 周禮：又稱《周官》或者《周官經》，相傳為周公所作。

【咄哉】

《臨濟録》（廿六丈）："咄哉！不識好惡。" 又見 "咄" 字。〇《僧宝傳·首山傳[①]》："咄哉巧女兒。" 〇《寶積經》[②] 九十五（一丈）曰："咄哉！善順。" 云云。《音釋》："咄，當没切。咄哉，相謂也，又嗟咨語也。" 〇《僧祇律》[③] 二（廿五丈左）。又九，上（十五丈左）。〇《善見律》六（四丈）："咄！善人。" 忠曰："是非呵語。" 〇《善見律》十二（十二丈）曰："咄哉者，嘆其苦也。" 〇《雲臥紀談》（廿四丈）："咄哉！頑石頭。" 〇《法華經》四（十三丈）《授記品》："咄哉！丈夫。"《要解》："咄叱警戒。" 〇《玄應經音》廿五（六丈）曰："都杌切。《字林》：咄，相呵也。字書咄叱音齒逸切。"

歌曲

【三臺】

《資暇録》[④]（廿六丈）曰："今之㿻酒（㿻合作啐。啐，馳送酒聲，音碎，今訛以㿻字，貴賤近易識爾。）三十拍促曲名三臺何？或曰：昔鄴中有三臺，石季倫常爲游宴之地，樂工倦怠，造此以促飲也。一説：蔡邕自治書御史，累遷尚書，三日之间，周歷三臺，樂府以邕曉音律，製此曲，動邕心，抑希其厚遺。亦近之。〇《地理通釋》[⑤] 十四（二十丈）曰："《水經注》：'鄴城西北有三臺，皆因城爲基，巍然崇舉，其高若山，建安十五年，魏武所起，其中曰銅雀臺（高十丈），南則金虎臺（高八丈），北曰冰井臺（亦高八丈）。'《魏都賦》：'三臺列峙以崢嶸。' 注：銅雀園西有三臺，中央有銅爵，臺南則金虎臺，北則冰井臺。" 〇《事物

---

① 原文 "僧宝傳" 跟 "首山傳" 之間有三四字空格。估計是留出來標卷目頁碼。

② 寶積經：即《大寶積經》，120 卷，唐代菩提流志等譯。

③ 僧祇律：又作《摩訶僧祇律》，意譯《大衆律》，40 卷，東晉佛陀跋陀羅與法顯共譯。

④ 資暇録：又作《資暇集》，3 卷，唐代考據辨證類筆記，李匡文撰。舊本題李濟翁。作者李匡乂，又作李匡文，晚唐人，字濟翁，宰相李夷簡子，約生于唐憲宗元和初年（806），初任洛陽主簿兼圖譜官。

⑤ 地理通釋：即《通鑒地理通釋》，14 卷，宋王應麟撰。

紀原》二（卅一丈）曰："三臺，三十拍曲名也。《劉公嘉話録》曰：'三臺送酒，蓋因北齊文宣毀銅雀臺，别築二個臺，宫人拍手呼上臺，因以送酒。'李氏《資暇》① 曰：'昔鄴中有三臺，石季龍遊宴之所，樂工造此曲促飲也。'又一説：蔡邕自御史，累遷尚書，三日之間，歷三臺，樂府以邕曉音律，製此曲悦之。未知孰是。"

【巴歌】

《圓覺經略疏鈔》② 二（廿二丈）曰："巴歌，則巴峽歌辭，如唱竹枝之類，隨發一聲，無有不解齊和之者，今以之況淺近權小之教，舉之間之，易信易順。"

【則劇】

忠曰："一則雜劇也，弄傀儡之類也。（《暖姝由筆③》六丈）"〇一則，言則字例。《圓鏡堂録》④ 曰："火爐頭有則無賓主話。"〇《大慧録》："今朝正月半，有則舊公案。"⑤ 〇"條活路""轉因緣"語例：《應菴録》（五丈）："妙嚴有條活路。"一條也。《廣燈》八（十丈）《百丈章》曰："祖云：'適來要舉轉因緣。'"一轉也。〇《正法眼藏》二上（卅九丈）曰："妙喜曰：溈山晚年好則劇，教得遮一棚肉傀儡，直是可愛。且作麼生是可愛處？面面相看手脚動，争知語話在他人。"〇《朱子語録》八（三丈）曰："把造物世事都做則劇看。"〇《密菴・天童録》（一丈）曰："似小兒則劇。"

【合殺】

《傳燈》十八（卅五丈）《翠巖令參章》曰："問：'僧繇爲什麼寫誌

① 資暇：即《資暇録》，又作《資暇集》，3卷，唐代考據辨證類筆記，李匡文撰。舊本題李濟翁。作者李匡乂，又作李匡文，晚唐人，字濟翁，宰相李夷簡子，約生于唐憲宗元和初年（806），初任洛陽主簿兼圖譜官。

② 圓覺經略疏鈔：又作《圓覺經畧鈔》《圓覺經略疏之鈔》，12卷，唐宗密製。

③ 暖姝由筆：1卷，明徐充撰。

④ 圓鏡堂録：即《鏡堂和尚語録》，又稱《鏡堂録》，南宋入日禪師日本臨濟禪鏡堂派之祖鏡堂覺圓撰。

⑤ 原文書名跟引文之間有三四字空格。估計是留出來標卷目頁碼。

公真不得？’師曰：‘作麼生合殺？’”〇《碧嚴》八（五丈）《藏頭白海頭黑評》曰：“看他雪竇，後面合殺得好。”〇《八方珠玉》上（四十四丈）曰：“擬做什麼合殺？”〇《虛堂録續輯》（四十丈）：“結夏小參曰：‘驀然打個無合殺，便乃見佛殺佛，見祖殺祖。’”〇唐崔令欽《教坊記》曰：“宜春院亦有工拙，必擇尤者為首尾。首既引隊，群所屬目，故須能者。樂將闋，稍稍失隊，餘二十許人。舞曲終謂之合殺。尤要快健。所以更須能者也。”

【擊節】

〇《虛堂録・頌古》（廿八丈）《百則跋》曰：“相與擊節。”〇《智者別傳曇照注》[①] 上（十六丈）曰：“擊節，即樂府中拍也。”〇《類書纂要》[②] 九（十七丈）曰：“擊節，嘆賞擊器物為節，以稱賞其賢也。”〇《文心雕龍》[③] 下（六十四丈）《知音篇》曰：“慷慨者，逆聲而擊節。”〇《禪林宝訓》[④] 上（六十二丈）曰：“扣關擊節，徹證源底。”〇《宝訓音義》[⑤] 上二（卅一丈）曰：“扣關，緊要處，難過而能過；擊節，阻隔處，不通而能通也。謂扣其機關，擊其節要，提持祖印，顯露真機，於節要處敲擊，使其慶快也。”忠曰：“此義與前義大異。”

言詮

【公案】

公案義，《中峯山房夜話》（十一上）詳辨。《禪林寶訓音義》上二（六丈）折中之曰：“公案，乃喻公府之案牘也。法之所在，而王道治焉。公者，乃聖賢一期之轍，天下通途之理也。案者，聖賢之正文也。凡有天下者，未甞無公府也。有公府，未甞無案牘。蓋取為法，而治天下之不正

① 智者別傳曇照注：即《智者大師別傳注》，2 卷，宋曇照撰。

② 類書纂要：33 卷，清朝周魯撰。

③ 文心雕龍：10 卷，南朝文學理論家劉勰撰。

④ 禪林宝訓：宝，同“寶”。《禪林寶訓》，又稱《禪門寶訓》《禪門寶訓集》，4 卷，南宋浄善重編。

⑤ 宝訓音義：即《禪林寶訓音義》，明大建較，崇禎八年（1635）序刊。

矣。夫佛祖機緣，目之曰公案者。亦由是而已。蓋非一人之臆見，乃百千開示同稟至理也。”○《聯燈》七（十八丈）《黃檗運章》曰：“師云：‘昨日公案，老僧休去作麼生？’”○忠曰：“禪書公案語，始見於此，《傳燈》不收之。”《廣燈》八（十七丈）作“後頭未有語在”。○《碧巖録》《三教老人序》曰：“祖教之書，謂之公案者，倡於唐，而盛於宋，其來尚矣。”云云。○雲棲《正訛集》[①]（廿一丈）曰：“公案者，公府之案牘也。所以剖斷是非，而諸祖問答機緣，亦只為剖斷生死，故以名之。”○忠撰《象器箋》中詳引。○《碧巖》十（廿一丈）。

【古則】

古人所示句語謂之古則。○《品字箋》丁（六十九丈）曰：“則，法則。凡制度品式之有法者皆曰則。”○《丹鉛総録》[②] 十一（十三丈）曰：“佛書以一條為一則。”○《事苑》七（六丈）：“從貝從刀。貝，人所寶也。刀，人所利也。”云云。忠不用此說。

【葛藤】

謂文字言說也。○《楞伽經》[③]（泐注）一（十九丈）曰：“叢樹葛藤句，非叢樹葛藤句。”○《古宿録》六（二丈）《睦州録》[④] 曰：“來！來！我共你葛藤。”又（七丈）曰：“問：如何是葛藤一句？”○《臨濟録》（一丈）曰：“為你信不及，所以今日葛藤。”○《叢林盛事》[⑤]（十七丈）曰：“富鄭公因張比部隱之以勢位凌衲子，公乃與之書曰：‘禪家者流，凡見說事枝蔓不徑捷者，謂之葛藤。’”○《釋氏資鑑》十（廿四丈）。

【雜毒】

《涅槃經》八（十八丈）《如來性品》：“偈云：‘無礙智甘露，所謂大乘典，如是大乘典，亦名雜毒藥。如蘇醍醐等，及以諸石蜜，服消成甘

① 正訛集：1卷，明雲棲袾宏撰。

② 丹鉛総録：鉛，同“鉛”；総，同“總”。《丹鉛總録》又作《丹鉛》，27卷，明楊慎撰。

③ 楞伽經：全稱《楞伽阿跋多羅寶經》，4卷，劉宋求那跋陀羅譯。

④ 睦州録：即《睦州道明禪師語録》，又作《陳尊宿語録》，1卷，唐代僧道明撰。

⑤ 叢林盛事：2卷，宋代僧古月道融撰。

露，不消成毒藥。方等亦如是，智者為甘露，愚不知佛性，服之成毒藥。'" ○《毘婆沙論》[1] 四十六（五丈）曰："三結謂身見、戒取、疑。問：何故名結？答：繫縛義、合苦義、雜毒義是結義。"○《事苑》五（十五丈）曰："智為雜毒，語出《寶藏論》。雜毒者，取相分别，名為雜毒。如雜毒食，有所得者，無有回向。何以故？是有所得。皆是雜毒。見《小品般若》。"忠曰："所引《小品般若》第三（十丈）。"

【骨董】

一山曰："雜物也。或謂無義言句。"○《僧宝傳》廿一（一丈）《慈明傳》曰："嘗橐骨董箱以竹杖荷之。"○《通載》十八（廿九丈）。○《補僧宝傳》[2]（三丈）《雲巖傳》曰："寶覺曰：'政忌上座許多骨董。'"○《通載》十九（四十五丈）。○《普燈》有"骨底骨董"話。○《續燈》九（十三丈）："一堆骨董。"○《聯燈》廿八《雲居舜》："骨董袋。"○《大慧普説》四（九十四丈）曰："使後生晚學隨例骨董。"○《鼓山大案遺語》[3] 一（十二丈）："拈却從前閒骨董。"○《正宗賛》一（七丈）《六祖賛》。○《仇池筆記》[4] 下（六丈）曰："江南人好作盤遊飯，鮓、脯、鱠、炙無不有，埋在飯中，里諺曰'掘得窖子'。羅浮潁老取凡飯食雜烹之，名谷董羹。詩人陸道士出一聯云：'投醪谷董羹鍋内，掘窖盤遊飯盌中。'"○《一統志》[5] 八十（九丈）《惠州府風俗》曰："土人以魚肉諸物埋飯中，謂之盤遊飯。雜羹中，謂之骨董羹。"○《霏雪録》[6]（二丈）曰："骨董乃方言，初無定字，東坡嘗作骨董羹，用此二字，晦菴先生《語類》只作汩董。"《續郛》[7] 十七。○《東山外集》上（九丈）有"與郛郎作骨董羹偈"。

---

① 毘婆沙論：又作《阿毘達摩大毘婆沙論》《大毘婆沙論》《婆沙論》《婆沙》，200 卷，略稱唐玄奘譯。

② 補僧宝傳：1 卷，宋末舟峰菴慶老撰。

③ 鼓山大案遺語：即《鼓山永覺和尚最後語》，2 卷，明永覺元賢撰，傳善編。

④ 仇池筆記：2 卷，北宋蘇軾所撰文言筆記。

⑤ 一統志：即《明一統志》，原名《大明一統志》，李賢、彭時等奉敕修撰，明代官修地理總志。

⑥ 霏雪録：2 卷，明末鎦績撰。

⑦ 續郛：即《續説郛》，46 卷，明陶珽編。

【露布】

《臨濟録》（卅五丈）："路布文字。"《圓悟録》[①]："不立窠臼露布。"〇《林間》[②] 下："路布。"〇《如浄録》[③] 下（十丈）："露布葛藤，切忌屎沸。"〇劉勰《文心雕龍》四（十四丈）《檄移篇》曰："檄者，皦也，宣露於外，皦然明白也。張儀《檄楚》，書以尺二，明白之文，或稱露布。播諸視聽也。"〇《封氏聞見記》[④]（二丈）曰："露布，捷書之别名也。諸軍破賊。則以帛書建諸竿上，兵部謂之露布。蓋自漢已来有其名。所以名露布者，謂不封撿，露而宣布，欲四方速知，亦謂之露版者。魏武奏事云'有警急，輒露版插羽'是也。宋時沈璞[⑤]為盱眙太守，與臧質共拒魏軍。軍退，質與璞全城使自上露版。後魏韓顯宗大破齊軍，不作露布。臣每哂而問之，答曰：'頃聞諸將獲二三驢馬，皆爲露布，臣每哂之。近雖仰憑威靈，得摧醜虜，擒斬不多，脱復高曳長縑，虚張功捷，尤而効之，其罪斯甚。所以斂毫卷帛，解上而已。'然則露版，古今通名也。隋文帝詔太常卿牛弘撰《宣露布儀》。開皇九年，平陳，元帥晉王以馹上露布。兵部請依新禮，集百官及四方客使於朝堂，内史令凡有詔，在位者皆拜。宣露布訖，蹈舞者三，又拜郡縣皆同。因循至今不改。近代諸露布，大折皆張皇國威，廣談帝德，動逾數千字，其能體要不烦者，鮮矣。"〇《容齋四筆》[⑥] 十（二丈）曰："用兵獲勝，則上其功狀於朝，謂之露布。今博學宏詞科以爲一題，雖自魏晉以来有之，然竟不知所出，唯劉勰《文心雕龍》云：'露布者，蓋露校不封，布諸觀聽也。'唐莊宗爲晉王時，擒滅劉守光，命掌書記王緘草露布，緘不知故事，書之於布，遣人曳之，爲議者所笑。然亦有所從來。魏高祖南伐，長史韓顯宗與齊戍將力戰，斬其裨將。高祖曰：'卿何爲不作露布？'對曰：'頃聞將軍王肅

---

① 圎悟録：圎，同"圓"。《圓悟録》，即《圜悟佛果禪師語録》，又作《圜悟佛果禪師語録》《圜悟語録》《佛果圜悟禪師語録》，20 卷，宋代圜悟克勤撰，虎丘紹隆等編。

② 林間：即《林間録》，全稱《石門洪覺範林間録》，2 卷，宋代覺範慧洪撰。

③ 如浄録：即《如浄和尚語録》，又作《天童如浄禪師語録》，2 卷，南宋曹洞宗僧天童如浄撰，文素、妙宗、唯敬等編。

④ 封氏聞見記：10 卷，唐代封演撰。

⑤ 璞：恐為"璞"或"羡"之誤。四庫全書本作"沈璞"，并小字注曰"一作沈羡之"。

⑥ 容齋四筆：16 卷，259 則，南宋洪邁撰史料筆記。

獲賊二三人，驢馬數疋，皆爲露布，私每晒之。近雖得摧醜虜，擒斬不多，脱復高曳長縑，虚張功捷，尤而効之，其罪彌甚，臣所以斂毫卷帛，解上而已。’以是而言則用絹高懸久矣。”〇《東齊記事》① （五丈）。《郛》廿八。〇《駱丞集》② 四（十五丈）陳継儒注曰：“露布，人多用之，不知其始。《春秋佐期》曰：‘文露沈，武露布。’宋均云：‘甘露見其國，布散者，人尚武；遲重者，人尚文。’《文心雕龍》曰：‘布者，露板不封，布諸視聽也。’《索隱》曰：‘戰克欲使天下聞知，乃以版書獲捷之由，不封之，以明告中外。自后魏以來，乃書帛於漆竿，名爲露布。’后漢桓帝時，地數震，李雲③乃露布上書。桓温北伐，袁宏作露布。洪适《文章縁起》乃謂曹洪伐馬超，曹操作露布，非也。”〇《十八史畧》五（卅一丈）“露布”注曰：“直書克復之事於帛，建於漆竿，露布不封，以示中外。”〇《續博物志》九。〇《事文·别集》七（六丈）。〇《王維集》④ 五（二丈）注。〇《輟耕録》十八（十五丈）。〇《代醉》卅六（十二丈）。

【機緣】

《臨濟録》（十九丈）曰：“這個具機緣學人不會，便即心狂。”忠曰：“機屬學者，猶教中云，衆生機屬所化，緣屬師家，是學者之緣故。”〇又《臨機録》（四十七丈）《行狀》曰：“機緣語句載于行録。”

【剩語】

《大慧書》（十四丈）《答李參政書》曰：“縱有説，於公分上盡成剩語矣。”〇《正字通·子·下》（五十九丈）曰：“剩時正切音盛餘也穴長也〇忠曰：“剩語，無用之語也。”

【絡索】

見三言“一絡索”。

---

① 東齊記事：6卷，宋範鎮撰。

② 駱丞集：4卷，唐代駱賓王編寫。

③ 雲：原作“云”，行首有標註為“雲”。

④ 王維集：10卷，唐王維撰。

【聲色】

多謂言句。見四言“口頭聲色”處。○《古宿録》十二（十九丈）《子湖神力録》曰：“師示衆云：‘幸自可憐生，苦死向人前討些子聲色脣吻作麽？’”

【趁讉】

《傳燈》十八（三丈）《玄沙章》曰：“汝諸人盡巡方行脚來，稱我參禪學道，為有奇特去處，若無，當知只是趁讉。”《鈔》：“讉，古困反。山曰：‘隨隊喧鬨也。’又曰：‘趁隊打鬨也，鬧也。’”○《古宿》卅九（四丈）《智門祚録》曰：“若是宗門中兒孫，須瞻祖師機，方可是祖師苗裔，不可喫却祖師飯，著却祖師衣，趁讉過日，便道我是行脚僧。”○《東山外集》。○《字典·酉·上》（百三丈）曰：“讉，古困切，衮去聲，翫人也。又順言謔弄貌。出《聲譜》，與諢同。或作諢。”

【胡説】

胡亂言説也。○《無怨公案》五（卅八丈）。

【消息】

忠曰：“消息，字出《易經》①，俗用意義不一。”○《周易》（注疎）三（廿六丈）《剥卦彖》曰：“君子尚消息盈虛，天行也。疏：道消之時行消道也，道息之時行盈道也。”○《列子》上（五丈）《天瑞》曰：“自生自化，自形自色，自智自力，自消自息，謂之生化形色智力消息者，非也。”林注：“消息者，窮達死生得喪②也。”○《事苑》四（七丈）曰：“消盡也，息生也，謂可加即加，可減即減。”○《周易》（傳義）十九（十二丈）《豐卦彖》曰：“天地盈虛，與時消息。”程傳：“盈虛，謂盛衰；消息，謂進退。”○《品字箋》丁（百十二丈）曰：“一歲與一日，自子至巳爲息，自午至亥爲消。又信音亦曰消息者，言欲得其或消或息之意也。”○《困學紀聞》十九（六丈）曰：“消息出《魏少帝

① 易經：即《周易》，相傳系周文王姬昌所作。

② 喪：《廣韻》同“喪”。

紀》。”〇《杜詩（千家註）》[①] 九（廿八丈）《送路六侍御入朝詩》曰："童稚情親四十年，中間消息兩茫然。”分類解云："幼年相得，壯年相達，四十年間，兩無音問。”忠曰："依此音問義，蓋謂其生死病健禍福也。”《潛確書[②]·翰部》"消息”引此杜詩。〇《崇寧清規[③]·序》(《敕修》下二，廿六丈）曰："少林消息。”忠曰："猶言様子也。”〇《大慧書》(四十六丈)《答吕郎中書》曰："只遮著忙底，便是臘月三十日消息也。”忠云："亦是樣子義。”〇《楞嚴經》十上（十六丈）曰："保持覆護，消息邪見。”《仁岳熏聞記》五（四十一丈）曰："消息，猶云除減也。”〇《正字通·卯·上》(廿二丈）曰："《莊子》：‘消息盈虛，一晦一朔。’俗謂音信為消息，非。”〇《和爾雅》[④] 八（十一丈）曰："消息出於《禮記註》：‘陽生為息，陰死為消。’《廣韻》：云：音信也。《文選注》李善云：消言往也，事已往，故消。息言來也，使無所求，故曰息也。今按俗稱簡牘曰消息，亦往來之意。”《禮記·月令》。〇《正宗贊》一（十四丈）："至今不見消息。”〇《維摩經》四（十九丈）什註："三事雖妙，要由我能消息。”

【話欛】

《古宿録》四十（十六丈）《雲峯悦録》曰："上堂：摩竭掩室，已不及初；毗耶杜詞，至今話欛。”〇《正字通·辰·中》(百卅二丈）曰："欛，欛字之譌。”又（百卅三丈）曰："欛，必架切，音霸，欛柄。釋宗杲謂張無垢云：閣下既得此欛柄。”〇《玉露》[⑤]（十四丈)："成一話靶。”作"靶”。《字典·戌·中》(九十四丈)："必駕切，轡革也。《字彙》：轡革御人所把処。”

【話在】

忠曰："某甲猶有可話説事也。”〇《碧嚴録》六（十丈）《本則》

---

① 杜詩（千家註)：6卷，元代黄鶴补注，范柠批选。

② 潛確書：即《潛確居類書》，120卷，明陳仁錫撰。

③ 崇寧清規：又稱《禪苑清規》《重雕補註禪苑清規》《禪規》，10卷，宋代禪僧長蘆宗賾集，於崇寧二年（1103）完成。

④ 和爾雅：日本古辭書。1694年，江户初期九州地區之朱子學者貝原益軒撰。

⑤ 玉露：即《鶴林玉露》，18卷，宋代羅大經撰文言軼事小説。

曰：“雲門云：‘西禪近日有何言句？’僧展兩手，門打一掌。僧云：‘某甲話在。’門却展兩手。”云云。○《虛堂・净慈後録・拈》。

【話墮】

墮者，負墮之墮也。自吐詞，自負墮也。家山辯言論時承刀那利弖負口奈留遠云。○《雲門録》中（十七丈）曰：“舉，光明寂照。云云。師云：‘話墮也。’”○《聯燈》廿四（十一丈）《雲門章》：“話墮了也。”又廿六（十文右）。○《虛堂録》四（四十丈）《普説》：“弄到極處，終成話墮也。”○《雪嚴録》上（二丈）曰：“切忌話墮。”○《竺仙録[1]・法語》（八丈）。○《傳心法要》[2]（十六丈）曰：“問：‘纔向和尚處發言，為什麼便言話墮？’師云：‘汝自是不解語人，有什麼墮負？’”○《古宿》卌九（五丈）《智門録》曰：“問：‘既是諸法寂滅相，為什麼却有真説？’師云：‘話墮也。’”○《慈受・資福録》（四丈）曰：“有問有答，周遮無言，無説話隨。”

【舉似】

忠曰：“似字，相承訓示也，然字書無此訓，但夢弼注杜詩云：‘呈也。’《品字箋》云：‘奉也。’可用。”○《杜律・五言》一（廿七丈）《對雪詩》：“爐存火似紅。”邵夢弼註云：“‘似’字訓作‘呈’字，如‘今日把似君’之‘似’，非‘肖似’之‘似’也。’”○《品字箋》癸（百十一丈）曰：“似，又奉也。唐詩：‘只可自怡悦，不堪把似君。’又‘今日把似君，誰有不平事？’今書箑頭曰似，本此。”○忠曰：“只可云云，陶弘景詩：‘今日把似君。’賈島《劍客》詩也。”○《臨濟録》（卌五丈）：“師聞第二代德山。云云。樂普回舉似師。云云。”○《詩林廣記》[3] 后五（四丈）《山谷詩》：“閬風安在哉？要君相指似。”○《三體

① 竺仙録：即《竺僊和尚語録》，又作《竺仙禪師語録》，竺仙日本弘法之語録集，4 卷，元代僧竺仙梵僊撰，裔堯等編。

② 傳心法要：1 卷（或作 2 卷），全稱《黄檗山斷際禪師傳心法要》《黄檗禪師傳心法要》《斷際禪師傳心法要》，唐黄檗希運述。

③ 詩林廣記：又名《精選詩林廣記》《精選古今名賢叢話詩林廣記》等，20 卷（或作 4 卷），宋末元初蔡正孫所撰。

詩（備参）絶句》[1]（五卷三十丈）《劉言史過春秋峽詩》："臘月開華似北人。"註："似者，呈似之似，猶言向也。"

【呈似】

《大惠書》（一丈）《曾侍郎書》曰："一生敗闕已一一呈似。"

【對揚】

《碧巖録》二（廿九丈）《第十九則頌》："對揚深愛老俱胝。"〇《虚堂·育王録》（七丈）："對揚有準。"〇忠曰："賓主相對，而揚耀此事也。"〇《書經》[2]（集注）六（廿四丈）《君牙篇》曰："對揚文武之光命。"〇《詩經》[3]（集注）七（廿二丈）《大雅·江漢篇》曰："虎拜稽首，對揚王休。"註："對答揚稱休美。"〇《文選》卅五（四十九丈）《潘元茂冊魏公九錫文》曰："對揚我高祖之休命。"注："向曰對，當揚明。"

【抵對】

《碧巖録》八（廿二丈）道："如何是投子實頭處，你作麽生抵對？"

【衹對】

《篇海》十九（廿三丈）曰："衹音支，與祗同。又敬也。"〇《小補韻會·支韻》（四十丈）曰："衹，又作秖。又《示兒編》：俗作秖。非。"〇《聯燈》八（四丈）《仰山章》曰："作麽生秖對？"〇《大惠書》（五丈）。

【商量】

《事苑》一（九丈）曰："商量，如商賈之量度，使不失於中平，以各得其意也。"〇《困學紀聞》十九（七丈）曰："俗語皆有所本。云云。商量，出《易》[4]'商兑'注。"〇《經國大典註解·後集》下（四十六

① 三體詩絶句：宋文天祥書。

② 書經：又作《尚書》《書》，為一部多體裁文獻彙編，是中國現存最早的史書。

③ 詩經：又稱《詩》《詩三百》，分為《風》《雅》《頌》三個部分，中國最早的一部詩歌總集。

④ 易：即《易經》，又作《周易》，相傳系周文王姬昌所作。

丈）曰："商量，皆度也。"

【理論】

忠曰："理論者，輿人議事，而所論有條理，故云理論。《康熙字典·午·上》（廿丈）曰：'理，又條理也。'"○《虛堂·徑山後録》（十九丈）曰："每日只管理論。"云云。

【持論】

《臨濟録》（一丈）："這個師僧却堪持論。"○《前漢書》八十八（十七丈）《儒林傳》曰："仲舒通五經，能持論。"又六十四上（一丈）《嚴助傳》曰："朔、皐不根持論，上頗俳優蓄之。"注："師古曰：'論議委隨，不能持正，如樹木之無根柢也。'"○《文選》五十二（十一丈）魏文帝《典論·論文》曰："孔融體氣高妙，有過人者，然不能持論。"注："《漢書》：東方朔、枚皐不長持論。"○忠曰："持論者，論量持正也。"

【口面】

言語也。○《虛堂·寶林録》（卅八丈）曰："二大老向無心中，撰出一場口面。"

【知道】

別有知道。○《碧巖録》十（廿一丈）《本則》曰："天平云：'我不道恁麽時錯，我發足向南方去時，早知道錯了也。'"○《虛堂·興聖録》（七丈）："舉'雪竇春山疊亂青'話云：'乳峯年老思鄉，東望西望，興聖豈不知道？春波門外有水無山。'云云。"○《廣燈》廿三（七丈）《洞山聡章·法身頌》云："唯有钁頭知我道，種松同步上金剛。"○《大惠書》（卅三丈）《答劉通判書》曰："一逴逴得，方知懶融道，恰恰用心時，恰恰無心用。"

【向道】

忠曰："常談也。向對那人言也。或向為先也，義非也。"○《古宿録》十二（五丈）《南泉語要》（五丈）曰："所以數數向道：'佛不會道，我自修行。’”○《正宗贊》一（十三丈）《南泉傳》曰：“一僧到，師向道：‘我上山作務待齋時，作飯自喫了，送一分上來。’”○《廣燈》十六（十六丈）《廬山慶雲章》曰：“古人向道：‘此身不向今身度，更向何身度此身。’”○同廿一（五丈）《普安道禪師頌》曰：“自遠趨風問，分明向道休。”○《聯燈》廿五（廿四丈）《木平善道章》曰：“李王問：‘如何是木平？’師曰：‘不動斤斧。’曰：‘如何不動斤斧？’師曰：‘木平。’”○《碧嚴》一（一丈）下語曰：“向道不唧嗇。”○《圓悟心要》上（卌五丈）《示才禅人語》曰：“他道一物不將來，云何却嚮道放下著？”○《普燈》廿二（十八丈）《楊傑居士章》曰：“嚮道衲僧脚跟未曾夢見在。”○《續古宿録·五懶菴需録》（十丈）曰：“因甚同安嚮道：‘若到諸方，莫道參見同安來？’”○《虛堂·興聖録》（三丈）：“嚮道莫行山下路，果然猿叫斷腸聲。”

【又道】

《趙州録》下（廿二丈）曰：“又道大王來也？”言已未到，然汝先又道大王來也者，何耶？也非道大王又來耶之義。○《正宗贊》三（四十三丈）《丹霞淳》曰：“又道不借？”言汝如此借，而適來道不借，何耶？又《正宗贊》一（八丈）。同（廿九丈）。同（四十八丈）。《廣燈》八（十丈）《百丈章》曰：“又道飛過去？”○《枯崖漫録》上一丈曰：“又道見也？”○《保寧録》（十七丈）。○《普燈》二（廿五丈）曰：“又道不識話頭？”○《雪嚴録》下十二丈曰：“又道飛過去？”○《正宗贊》一（廿五丈）：“睦州曰：‘又道會二十四家書，永字八法也不識？’”○《正宗贊》二（四十九丈）：“圓悟曰：‘既云収得，洎索此珠，又道無言可對，無理可伸？’”○《碧嚴》二（廿八丈）：“若不悟，又道平生只用一指頭禪不盡？”

【呵呵】

○《群碎録》[①]曰：“今人作書及可笑事，便云呵呵。出《石季龍載記》：‘石宣殺弟石韜，乘素車從千人，臨韜喪不哭，言呵呵似胡語。’”

---

① 群碎録：1卷，明陳繼儒撰。

【吽吽】

《正字通・丑・上》（卅四丈）“呴”注曰：“吽與吼同，厚怒聲。”〇《臨濟録》（卅五丈）《勘辨》曰：“師問：‘杏山如何是露地白牛？’山云：‘吽吽。’”〇《松源録》上（廿大丈）曰：“上堂，横按拄杖云：‘赤肉團上壁立萬仞，入泥入水，石裂崖崩，因什麼人人不會？’良久云：‘吽吽。’靠拄杖下座。”〇《傳燈》十二（十三丈）《陳尊宿章》曰：“問：‘寺門前金剛托，即乾坤大地，不托，即絲髮不逢時如何？’師云：‘吽吽。我不曾見此問。先跳三千，倒退八百，你合作麼生？’”〇《會元》四（四十八丈）《陳尊宿章》曰：“座主參。師問：‘莫是講唯識論否？’曰：‘不敢。’師曰：‘朝去西天，暮歸唐土。會麼？’曰：‘不會。’師曰。‘吽吽。五戒不持。’”〇《八方珠玉》中（四十丈）曰：“若是德山臨濟門下，有説眞説妄底來，吽吽。”〇《虛堂・育王録》（十三丈）曰：“擊拂子。吽吽。有甚餫饠餡子？快下將來。”〇又同《徑山後録》（五十丈）曰：“千僧堂上梁上堂。云云。僧禮拜，師云：‘吽吽。’”〇《正字通・丑・上》（廿丈）曰：“吽同吼，牛鳴亦曰吽。”〇舊説曰：“吽吽，非牛聲也，今如梵語消災咒‘吽吽’，不涉言句義解也。”〇舊説曰：“山云：‘吽吽，若教家則為言語道斷，心行處滅之處，如禪家別有意旨。’僧問：‘佛光吽吽，意旨如何？’光云：‘來日來為你説。’至來日，上堂云：‘昨日問吽吽底僧出來！’僧出問云：‘吽吽意旨如何？’光云：‘吽吽。’”

【忉忉】

《虛堂・報恩録》（二十丈）曰：“衲僧門下何用忉忉？”〇忠曰：“忉忉，多言也。《類書纂要》[①]：‘叨叨，言語太多。’（‘忉忉’處引）叨忉通。”〇《正宗賛》二（五十一丈）《佛眼傳》曰：“頌曰：‘忉忉幽鳥啼。’”〇又《正宗賛》四《雲門宗》（十二丈）《洞山聰傳》曰：“既是祖師西來特唱此事，又何必更對衆忉忉？”〇皆多言義也。

【底裡】

忠曰：“言語深理也。”〇《碧巖録・三教老人序》曰：“如老吏據獄

① 類書纂要：33 卷，清朝周魯撰。

讞罪，底裡悉見，情款不遺。”

【底里】

忠曰：“猶言深理也。”〇《碧巖録·普照序》曰：“剔抉淵源，剖析底里。”

【句中】

〇《碧嚴》三（廿一丈）《評》曰：“雲門句中，多愛惹人情解。若作情解會，未免喪我兒孫。”〇又《碧嚴》二（六丈）《評》曰：“言語只是載道之器，殊不知古人意，只管去句中，求有什麽巴鼻？”

【敲唱】

《曹山録》（廿六丈）《三種綱要偈》一：“敲唱俱行偈曰：金針雙鎖備，叶路隱全該。宝印當風妙，重重錦縫開。”明安注：“敲者學者問也。唱者，師家答也。”

【厮禪】

“厮”字一言虚詞部。〇《大惠書》（四十丈右）曰：“一句來一句去，謂之厮禪。”《鈔》云：“竺仙和尚曰：‘日本人誤以問答挨拶曰説禪，而説禪不限問答，一切舉揚禪是也。一問一答挨拶曰厮禪，日本所謂説禪也。’”〇《大惠普説》二（廿二丈）曰：“妙喜每笑諸方，愛與學者厮禪，末後師家多一句，便是師家贏得禪，學者多一句，便是學者贏得禪。”〇又同《普説》二（八十七丈）曰：“真浄和尚愛與學者厮禪，或問：‘監寺近日如何？’或問：‘首座近日作麽生？’”

【説禪】

又見“厮禪”處。《正宗贊》一（十四丈）《南泉傳》曰：“師問座主曰：‘與我講經得麽？’座曰：‘某甲與和尚講經，和尚與某甲説禪始得。’師曰：‘不可將金彈子博銀彈子去。’”〇《中峯録》十一上（八丈）曰：“今之禪流，將欲據大牀，揮麈尾，首取諸家語要，揀擇記持，及漁獵百氏之雜説，以資談柄者，是説禪之師也。”

【編辟】

忠曰："累問事相逼，如造鞋者編蒲，縷縷逼迫之也。"○《碧嚴》五（十二丈）《七斤布衫頌》曰："編辟曾挨老古錐。"《評》曰："十八問中，此謂之編辟問。雪竇道，編辟曾挨老古錐，編辟萬法，教歸一致。"○《事苑》二（廿丈）曰："編辟：辟，當作逼，迫也。"忠曰："睦菴改逼，又有據。"《大慧普説》四（四十二丈）曰："如初機晚學禪和子，每來室中問一句，答得儘是，却到緩緩地編逼將來，又去不得。"○《正宗賛》二（四十三丈）《南堂傳》曰："師在祖塔，五祖舉即心即佛、睦州擔板、南泉斬貓、趙州狗子話編辟之，所對了無滯礙。"

數目

【一上】

一回也。一度也。○《聯燈》七（八丈）《大潙霊祐章》曰："師云：'我與寂子，適來作一上神通，不同小小。'"○又《聯燈》八（四丈）《仰山慧寂章》曰："潙云：'我只道爲伊大上堂一上。'"《會元》九（十五丈）。○《大慧書》（廿一丈）。○《正宗贊》一。又四。○《統要續集》[1]七（七丈）。○《圓悟心要》下（三十丈）："歸宗曰：'爲汝説一上佛法。'"

【一下】

《大惠書》（廿三丈）曰："捨命一下。"一度也。○《八方珠玉》上（十一丈）曰："仰山撼茶樹一下。"《傳燈》《聯燈》《會元》《潙山》章，此緣無一下字。

【一等】

一列義。一齊義。○《大慧書》（八十二丈）《孫知縣書》曰："左右決欲窮教乘，造奥義，當尋一名行講師，一心一意與之參詳教，徹頭徹

① 統要續集：又作《續集宗門統要》《宗門統要續集》，22卷，宋代宗永集，元代清茂續集。

尾，一等是留心教綱也。”蕉解曰：“一嚮義。”〇《密菴録·法語》（七丈）《示源監寺》曰：“卵塔雖成，四面牆塹未就。云云。欲往謁諸檀越，一等圓備。”

【一般】

〇《虚堂·宝林録》（廿四丈）曰：“霜風戒曉，黄葉堆雲，如我門庭，一般冷落。”総衰也。〇又同《頌古》（八丈）《四打鼓頌》：“一般瀟灑眼頭乖。”一様也。〇《古文前集》[①]上（十丈）邵康節《清夜吟》曰：“月到天心處，風來水面時。一般清意，味料得少人知。”一種也。

【一種】

〇《正宗賛》二（四十二丈）《五祖演聞角偈》：“一種是聲無限意，有堪聽有不堪聽。”忠曰：“一種，一味義，言聲是一味，却有堪不堪兩般也。”〇《華嚴疏鈔》卅七下（一丈）曰：“問：‘一種是惑，何前際一無明？’”

【一嚮】

〇《虚堂·宝林録》（廿一丈）曰：“一嚮收拾不來。”〇《翦燈新話》二（廿九丈）曰：“何一嚮薄情如是？”注：“猶言一偏也。”

【一味】

一向也。〇《僧宝傳》一（廿六丈）《玄沙傳》曰：“號為一味平實，分證法身之量。”〇《虚堂·浄慈録》（四丈）曰：“只將一味無心法，仰祝堯天舜日明。”〇又《偈頌》（六丈）《送文瘦牛偈》曰：“一味清寒骨拄皮。”

【一火】

〇《碧嚴録》三（七丈）下語曰：“也須是同火始得。”〇《正宗賛》三（廿四丈）《芙蓉楷賛》曰：“粥足飯足，三百六十日合火話家

---

① 古文前集：2卷，元黄堅編。

私。”○《續酉陽雜俎》[①] 三（十一丈）曰：“成都乞兒嚴七師……滿川、白迦、葉珪、張美、張翱等五人為火。”○《唐書・志》四十（二丈）《兵志》曰：“太宗貞觀十年，更號統軍為折衝都尉，别將為果毅都尉，諸府總曰折衝府。凡天下十道，置府六百三十四，皆有名號，而關内二百六十有一，皆以隸諸衛。凡府三等：兵千二百人為上，千人為中，八百人為下。府置折衝都尉一人，左右果毅都尉各一人，長史、兵曹、别將各一人，校尉六人。士以三百人為團，團有校尉；五十人為隊，隊有正；十人為火，火有長。”○十八《史》五（十丈）引。

【一隊】

見“一火”註。○《正宗賛》一（卅六丈）《雪峯傳》曰：“你者一隊噇酒糟漢，嚮甚處摸索？”

【一頓】

《臨濟録》（五丈）：“思得一顿棒喫。”○《野客叢書》十二（八丈）曰：“《漫録》曰：食可以言頓。《世説》[②] 羅友曰：‘欲乞一頓食。’仆謂頓字豈惟食可用，如《前漢書》‘一頓而成’，是言事也。《唐書》‘打汝一頓’，是言杖也。《晉書》‘一時頓有兩玉人’，是言人也。宋明帝王忱嗜酒，時以大飲為上頓，是言飲也，豈獨食哉！《續釋常談》引《世説》，以證一頓二字出處，不知二字已見《前漢書》矣。”《漫録》，吴曾《能改齋漫録》。《叢書廣本》廿九（六丈）載。○吴曾《能改齋漫録》（六丈）曰：“食可以言一頓。《世説》羅友嘗伺人祠，欲乞食，主人迎神出，曰：‘何得在此？’答曰：‘聞卿祠，欲乞一頓食耳。’”（《郛》十七）○《丹鈆総録》十六（十六丈）。○《俗呼小録》（三丈）。○《俗事考》（十五丈）：“二字已見《前漢書》《野客叢書》。”如此云。○《五百問經》[③] 上。○《本草》[④] 廿四（三丈）“大豆”處云“第一頓”。○《大慧武庫》（十丈）：“五祖云：‘汝去遊浙中，著一頓熱病打時，方思量我在。’”

① 續酉陽雜俎：10 卷，唐段成式撰。

② 世説：即《世説新語》，8 卷（或作 10 卷），南朝宋劉義慶召集門下食客共同編撰。

③ 五百問經：即《法華五百問論》，又稱《法華經五百問論》《五百問論》《釋疑》，3 卷。唐代湛然著。

④ 本草：即《本草綱目》，52 卷，明李時珍著。

○是病言頓也。○《朝野僉載》三（十九丈）曰："安樂公主改為悖逆庶人，奪百姓莊園，造定昆池。云云。悖逆之敗，配入司農。每日士女遊觀，車為填噎，奉敕：輒到者，官人解見任，凡人決一頓，乃止。"○是言杖。○《文献通考》百六十六（十二丈）《刑考》曰："唐代宗寶應元年，詔曰：'凡制敕與一頓杖者，其數止四十；至到與一頓及重杖一頓、痛杖一頓者，至六十，並不至死'。"按此本出《唐·刑法志》。○《唐書·刑法志》第四十六（七丈）曰："代宗性仁恕。云云。寶應元年詔曰：'凡制敕與一頓杖者，其數止四十；至到與一頓及重杖一頓、痛杖一頓者，皆止六十。'"又《唐書·刑法志》四十六（一丈）曰："至隋始定為：笞刑五，自十至于五十。杖刑五，自六十至于百。"○可知隋時已有杖刑，自六十至于百也。○《前漢書》廿八上《地理志》（十五丈）曰："'頓丘'注：師古曰：'丘一成為頓丘，謂一頓而成也。'"

【一遭】

《大慧書》（六丈）曰："縛却手脚，遶四天下拕一遭，也不能得悟。""遭"義見三言"打一遭"。

【一齊】

《密菴録法語》（九丈）："驀地一齊失却。"

【二彼】

《傳燈》八（十八丈）《則川章》曰："龐居士看師。云云。師云：'二彼同時又爭幾許？'"《鈔》："山曰：'則川與龐公也。'"○《八方珠玉》上（五十三丈）曰："一齊空手。"又同（五十五丈）："二彼同時。"○《法華文句》[1] 九二（五十丈）曰："今謂《論》前深後淺，光宅前淺後深，二彼相拒世孰判之？"記二家相遠，自古不判。○《南山行事鈔》[2] 上三（三之一丈）《師資相攝篇》云："並由師無率誘之心，資

---

① 法華文句：全稱《妙法蓮華經文句》，略稱《法華經文句》《文句》《妙句》，10卷（或20卷），天台大師智顗在南朝陳代禎明元（587）於金陵光宅寺講説，由灌頂筆記。

② 南山行事鈔：即《四分律刪繁補闕行事鈔》，又稱《行事鈔》《六卷鈔》《四分律行事鈔》，12卷，唐代道宣撰。

缺奉行之志，二彼相捨，妄流鄙境。”

【八成】

《碧巖》九（廿三丈）《第八十九則》道：“吾云：‘道即太殺道，只道得八成。’”《不二鈔》九（廿八丈）曰：“成者，畢也。樂奏小終曰一成，八成者不十成也。”〇《傳燈》十五（十四丈）《石霜章》曰：“也只道得八九成。”〇《書經·益稷》曰：“簫韶九成。”〇《論語·八佾篇》曰：“皦如也，繹如也，以成。”朱註：“成樂之一終也。”〇《康熙字典·卯·中》（二丈）曰：“成，音城。《説文》：就也。《廣韻》：畢也，凡功卒業就謂之成。又終也，凡覓樂一終爲一成。《書·益稷》：簫韶九成。《儀禮·燕禮》：笙入三成。三成，註：謂三終也。又《司馬法》：通十爲成。《周禮·冬官·考工記》：方十里為成。《左傳·哀元年》：有田一成。”〇忠曰：“禪録八九成等語，可用①司馬法義。”

【九百】

竇辭

【攙過】

《碧巖》七（十六丈）曰：“以水攙過。”《夾鈔》七（卅八丈）：“入唐僧云支那熱茶加水云攙茶。”

【抹過】

又作“末過”。《保寧録》（四十六丈）：“末過僧祇大劫修。”

【管取】

《碧巖》三（十二丈）：“管取分疏不下。”《夾鈔》：“領納義。”〇《虚堂録·續輯》（一丈）：“管取光前絶後。”又《浄慈後録》（六丈）：“管取別甑炊香。”

---

① 用：原文正文無，右旁補入細小的“用”字。

【捱得】

○《虛堂録》三（五十五丈）："捱得期滿。"○又同七《偈頌》（七丈）："捱得骷髏乾。"○又同四（五十三丈）《普説》云："被你捱得透百千法門無量妙義畢矣。"○《江湖集》上《虛堂》七（五十三丈）[1]《送人省毋頌》云："捱得頭荒露伏犀。"○《江湖集續翠鈔》[2]二（五丈）云："捱字，檢《韻會》《韻府》《玉篇》等無之。《中峯廣録》云：'待伊捱到轉身。'（止此）是捱與崖通。又《大慧書》《枯崖漫録》等崖捱義通。崖，極也。"○忠曰："龍溪以《字彙》有'延捱'之訓，自作'延及'也。及極義説強欲成，極義不可取。"○《玉露》[3]一（六丈）曰："謝安之於桓温，陳魯公之於完顏亮，幸而捱得它死爾。"○又《玉露》四（十八丈）曰："只得硬脊梁與他廝捱看如何？"○《餘冬序録》[4]四十八（六丈）曰："唐人詩中字音，有以'十'讀如'諶'，'依'讀如'捱'，如'醉依香枕坐'，烏皆切。"忠曰："和語毛多礼[5]加加留也，此方可解得捱字。"

【看看】

《傳燈》十三（十五丈）有此點《首山章》曰："師曰：'看看冬到來。'"○《虛堂·報恩録》（六丈）："香林云：'看看臘月盡。'"諸禅史《香林章》不収。○雪竇云："看看臘月盡。"《大休·小參》（九丈）拈。○《退菴録》[6]（五丈）："一夏九十日，看看将欲畢。"

【阿勞】

勞煩義。阿，發語辭。《〈碧〉古鈔》[7]一。《碧嚴》一（十四丈）：

---

① 原正文無"七（五十三丈）"，系右旁小字補入。

② 江湖集續翠鈔：2卷，日本室町時代江西龍派續翠撰。

③ 玉露：即《鶴林玉露》，18卷，宋代羅大經撰文言軼事小説。

④ 餘冬序録：6卷，明代何孟春撰。

⑤ 礼："禮"的俗體。《金石文字辨異·上聲·薺韻》："禮、礼。《漢鄭固碑》：'導我礼則。'《唐兗公頌》：'礼經雲委。'"《干禄字書·上聲》："禮、礼。並正。多行上字。"《增廣字學舉隅》卷二《古文字略》："礼，古禮字。"

⑥ 退菴録：即《華藏退菴先和尚語》，1卷，宋退菴先和尚述。

⑦ 〈碧〉古鈔：即《〈碧嚴録〉古鈔》日本早期的《碧嚴録》注釋書。

“那裏有如許多阿勞？”

【不易】

慰人若勞辞[1]。《傳燈》十四（廿七丈）《石室善道碓米》：“杏山曰：‘行者不易，貧道難消。’”〇《聯燈》七（十四丈）《黄檗章》曰：“開田不易。”〇《古宿》六（七丈）《睦州録》曰：“今日大衆普請不易。”〇《首山録》[2]（廿丈）曰：“盤龍和尚問：‘行者接待不易。’”《石門録》（五丈）：“每日搬柴不易。”

【不定】

《古宿》十一（十二丈）《慈明録》曰：“師云：‘三十年後悟去不定。’”又《廣燈》十八（十四丈）《慈明楚圓章》。〇《廣燈》廿三（四丈）《洞山聡章》曰：“三十年後驀然問著也不定。”

【撞见】

撞著相見也。《虚堂・普説》（廿二丈）曰：“法眼一日撞見他。”

【坐地】

《傳燈》廿四（七丈）《清涼益》曰：“古人道：‘我立地待汝覯去。’”《聯燈》廿六（三十丈）《清涼章》“覯”作“搆”。〇《傳燈》廿五（卅四丈）《法安章》曰：“古人雖即道立地覯取，如今坐地還覯得也無？”〇《圓悟録》[3]十三（十四丈）曰：“玄沙道：‘飯籮裏坐地展手，問人覓飯喫。’”〇《大慧武庫》（十八丈）曰：“晦堂謂學者曰：‘你去廬山無事甲裏坐地去。’”〇《密菴・乾明録》（七丈）：“舉龐居士頌畢。拄杖横按[4]云：‘龐居士在遮裏坐地，是汝諸人還見麼。’”

---

① 辞：“辭”之異體。《字彙・舌部》云：“辞，俗辭字。”《正字通・辛部》云：“辞，俗辭字，誤，與亂作乱同。”

② 首山録：即《首山省念禪師語録》，又作《首山念和尚語録》《汝州首山念和尚語録》，1卷，宋代僧首山省念撰。

③ 《圓悟録》：即《圓悟佛果禪師語録》，又作《圜悟佛果禪師語録》《圜悟語録》《佛果圜悟禪師語録》，20卷，宋代圓悟克勤撰，虎丘紹隆等編。

④ 按：原文漫漶不清，據《大正藏》第47冊《密菴和尚語録》補。

【將息】

《普燈》廿（十五丈）《李遵勗章》曰："公曰：'如何是臨岐一句？'圓曰："好自將息。'"

【取性】

縱意之義。《正字通》曰："取，資也。"〇《雲門録》上（十五丈）曰："衹管説葛藤取性過日。"〇《緇門警訓》下（廿八）《慈受小參》曰："如今初學比丘，飽食高眠，取性過日，猶嫌不稱意在。"

【喝彩】

《傳燈》十一（十四丈）："雙陸盤中不喝彩。"又《聯燈》廿五（七丈）。同八（十九丈）作"盆中"。〇《燕南紀談》後下（十一丈）："元樗蒲[1]辞[2]，賽字誤，今俗談誤為贊美語。"

【信彩】

《碧巖》四（廿六丈）曰："雲門三寸甚密，有者道：'是信彩答去。'"《古鈔》（六十七丈）："不住思量之義，信口去答去也。"〇《傳燈》八（八丈）《南泉章》曰："陸大夫與師見人雙陸，拈起骰子云：'恁麼不恁麼，只恁麼信彩去時如何？'師拈起骰子云：'臭骨頭十八。'"

【好采】

《虚堂・浄慈後録》（五丈）曰："你好采問著我，若問著别人，打殺你鞘喎。"

【帳様】

《圓悟心要》下（十九丈）曰："於大法海中津濟帳様。"〇《松源録》

---

① 樗蒲：漢末從外國傳入的一種棋類游戲。博戲中用于擲采的投子最初是用樗木製成，故稱樗蒲。又由于這種木制擲具系五枚一組，所以又叫五木之戲，或簡稱五木。

② 辞："辭"之異體。《字彙・舌部》云："辞，俗辭字。"《正字通・辛部》云："辞，俗辭字，誤，與亂作乱同。"

下（四十七丈）《金華聖者贊》曰："千兵不若一將，伎倆何如帳樣？" ○《石溪録・法語》（十七丈）曰："宜高出他一頭地，作將來帳樣。" ○《大休・壽福録》（六丈）曰："是皆先德之風規，足為後學之帳樣。"

【置功】

《六祖壇經》（廿一丈）曰："有人教坐，看心觀靜，不動不起，從此置功。" ○《宗鏡録》二（十七丈）曰："如寒山子詩云：'真佛不肯信，置功枉受困。'" ○忠曰："置致音同義通。'太平元是將軍致'，《明極語要》上（廿九丈）作'將軍置'。（止此）。又《恕中録》二（七丈）曰：'置問主人翁。'（止此）。置問，致問也。可知此置功，乃致功也。"

【合殺】

《傳燈》十八（卅五丈）《翠嚴令參章》曰："問：'僧繇為什麼寫誌公真不得？'師曰：'作麼生合殺？'" ○《虛堂録・續輯》（四丈）："結夏小參曰：'驀然打個無合殺。'" ○忠曰："合殺，舞曲將終之名，而今無合殺，首尾失度之曲，乃比大悟端的也。" ○唐崔令欽《教坊記》曰："宜春院亦有工拙，必擇尤者為首尾，首既引隊，衆所屬目故須能者，樂將闋，稍稍失隊，餘二十許人，舞曲終，謂之合殺，尤要快健，所以更須能者也。" ○《正字通・辰・下》（廿九丈）曰："殺，音薩，散貌。"又《正字通》曰："殺，又泰韻，音曬。今樂府家有元殺、旁殺之別，元人傳奇《白鶴子》一殺、二殺，即其遺聲也。俗讀生殺之殺，非。"

【鄭頭】

《虛堂・淨慈録》（五丈）曰："布袋鄭頭相似重。" ○忠曰："舊説：一山曰：'一擔有兩頭，一頭有物，一頭無物，則擔不得。若一頭無物可擔，則權以木石等代物，令輕重對均，而得擔。此謂鄭頭。乃鄉談也。'" ○龍溪解云："鄭，平也。"忠曰："直是杜撰字書無此訓。"

【活計】

《南泉録》（三丈）："上堂曰：'諸子，老僧十八上解作活計。'"《聯燈》四（八丈）《南泉章》。○忠曰："生活之計謀也。" ○《聯珠詩格》三（六丈）《樂天詩》曰："莫厭家貧活計微。"註："活計，猶言生生之計也。"

【生涯】

《虛堂録》（三丈）曰："瞎驢兒有甚生涯？"〇忠曰："禪録往往有'生涯'語，猶言一生立身處。文字在《莊子·養生主》，今不用其義。"

【成現】

《廣燈》廿五（六丈）："物物成現。"〇《續燈》四（廿五丈）："一見一切見，處處皆成現。"〇《普燈》六（十一丈）："古今成現，不用針錐。"〇《趙州録》上（十四丈）："不是寒灰死木，花錦成現百種有。"〇《圓悟心要》上（七十六丈）："日用之間，常令成現，豈不泰定哉？"又下（十三丈）："覿體承當，一切成現。"又下（廿八丈）："一切成現，不假心力。"〇《碧巖》五（十三丈）："一切萬法，悉皆成現。"又六（九丈）："徧界不藏，頭頭成現。"〇《續宿·圓悟録》（三丈）："觸途成現。"〇《續宿》一《長霊①録》（一丈）："目前得旨俱成現。"〇《續宿》二《古巖録》（四丈）："自家成現底，付與叢林本色人。"〇《續宿》五《混源録》（四丈）："諸人未出僧堂前已前，一時成現。"《續宿》六《雪堂録》（二丈）："大事因緣，此時成現。"《續宿》六《退菴奇録》（三丈）："拈花微笑自成現。"

【成見】

"成現"又作"成見"。《廣燈》廿五（七丈）："頭頭物物，一時成見。"〇《聯燈》廿六（七丈）："人人具足，人人成見。"

【著實】

《大慧書》（卅八丈）《張提刑書》曰："士大夫學道，多不著實。"忠曰："著猶落著之著，不輕浮也。"

【熱大】

《聯燈》十七（卅三丈）《開善謙章》曰："雪峯輥毬，禾山打鼓。

① 霊："靈"之異體。字見《隸辨·平聲·青韻·霊字》引《王稚子闕》。

(乃至)是小兒戲劇，自餘之輩，故是熱大不緊。”○《大慧普説》上(四十九丈)曰：“只管理會宗旨，熱太不緊。”○《大慧普説》一(八十三丈)曰：“卻更理會非心非佛等，喚作差別異旨，好熱大不緊。”又二(卅三丈)：“豈可曹洞禪，不許臨濟下會？(乃至)雲門禪，不許法眼下會？這個盡是熱大不緊。”○《大慧年譜》(六十二丈)曰：“師臨行，了賢等請偈。不得已書云：‘生也只恁麼，死也只恁麼。有偈與無偈，是什麼熱大？投筆而逝。’”○《月菴光録》[①]下(十六丈)《開爐頌》曰：“昔日法昌甚熱大，無端打鼓弄泥團？”

【丁寧】

《困學紀聞》十九(六丈)：“丁寧，出《詩·采薇》箋。”

【子細】

○《碧嚴》一(十二丈)《評》曰：“也莫輕忽，須是子細始得。”○又同三(八丈)《評》曰：“須是有弄蛇手子細始得。”○《焦氏筆乘》六(卅五丈)：“本《北史·源思禮傳》：‘為政當舉大綱，何必太子細也。’”○《藝林伐山》[②]四(十四丈)引《北史》注云：“言其不粗疎。”又引杜詩：“野橋分子細。”○《魏書·列傳》廿九(八丈)《源思禮(後賜名懷)傳》曰：“懷性寛容簡約，不好煩碎。恒語人曰：‘為貴人理世，務當舉綱維，何必須太子細也。’”

虚詞(上)

【可煞】

《虚堂》一(七十八丈)《瑞嚴録》：“可煞性燥。”○又十(廿一丈)《雪嚴録》上(十四丈)。○《普燈》二(廿五丈)：“法序可煞興盛。”○《傳燈》十四(廿六丈)：“可殺濕。”又二十(十五丈)。○《南堂·開福録》(三十丈)：“可殺驚人。”○字義見一言“煞”處。

---

① 月菴光録：又作《月菴禪師語録》《月菴光禪師語録》，2卷，日本室町時代禪僧月菴宗光撰。

② 藝林伐山：20卷，明代楊慎撰。

【可噁】

《廣燈》廿三（九丈）。

【忒煞】

《餘冬序録》[1] 謂“甚”曰“忒煞”，煞，去聲。詳“潑賴”。〇《代醉》：“音切，知義。忒煞為大。”詳“鶻崙”。〇《碧嚴》一（五丈）：“忒煞老婆。”《不二鈔》一上（廿六丈[2]）注。〇又《碧嚴》一（二丈左）：“慈悲忒煞。”〇《虚堂》一《顕孝録》：“和尚忒殺方便。”

【忒噁】

《八方珠玉》中（四十一丈）。〇《普燈》十四（九丈左）：“汝忒噁遠在。”

【太煞】

《碧嚴》二（十五丈）。又九（廿三丈）。

【殺】

《古宿》九（十五丈）《石门録》：“道即殺道，只得一半。”〇《丹鉛》十九（十五丈）：“殺，去声，音厦，俗語太甚曰殺。”

【不合】

忠曰：“本不欲如此，而遽如此也。”〇《敕修清規鈔》[3] 五（十九丈）《東漸》曰：“世話不謂之義。《湖心》曰：“不可也。”〇《碧嚴》二（八丈）：“長慶聞云：‘大夫合笑不合哭。’”〇《大慧武庫》（五丈）：“是某不合承受，為渠請偶[4]忘記。”〇《虚堂録》一（廿五丈）：“只是不合蹈步向前。”〇《杜詩千家》二（卅八丈）：“堂上不合生楓

① 餘冬序録：6卷，明代何孟春撰。

② “六丈”二字漫漶不清，這裏據輪廓推測。

③ 敕修清規鈔：即《勅修百丈清規抄》，15卷，日本室町時代雲章一慶述，桃源瑞仙編。

④ 偶：原文漫漶不清，此據《大正藏》第47冊《大慧普覺禪師宗門武庫》補。

樹。”忠曰：“點‘不合生’，非也。”〇《春渚紀聞》五（十丈）：“添不合字。”忠曰：“此時不可義也。”〇《北齊書·列傳》卌一（七丈左）《祖珽傳》。〇《横川録[1]·拈古》（二丈）：“無端不合與麼道。”

【不敢】

忠曰：“二義。一曰謙遜言不敢而實有之，然言不敢有之，反言也；二曰不敢有之，言不敢乃如字。”〇謙遜不敢，古德辯：左毛楚宇奴。〇《傳燈》八（十四丈）《亮座主章》曰：“馬祖問曰：‘見説座主大講得經論，是否？’亮云：‘不敢。’”〇《聯燈》二十（四丈）《韓愈章》曰：“公問：‘僧承聞講得《肇論》，是否？’云：‘不敢。’”〇《傳燈》五（卅五丈）：“忠国師問：‘大耳三藏，汝得通耶？’對曰：‘不敢。’”〇《永平眼藏》二十（廿八丈）：“宋土問：‘在已能欲言能？’亦云：‘不敢。’”

【待要】

忠曰：“蓋欲如此而待其期也。”〇《大惠書》（四十一丈）《答汪内翰書》曰：“儘公伎倆待要如何？”〇《普燈》九（十五丈）《眞歇了章》曰：“久默斯要，不務速説，釋迦老子待要款曲賣弄，争奈未出母胎已被人覰破。”云云。《正宗賛》三（廿八丈）《眞歇傳》。〇《續古宿録》二《隐山璨録》（一丈）曰：“擬待要追還舊觀。”〇《鳴道集説》二（九丈）曰：“明道曰：‘佛學。云云。其言待[2]要出世，出那裡去？’”〇《兩晉演義》[3]九（四丈）曰：“楊欽待要回時，已被楊安、張蚝佔定寨了。”

【赢得】

《正字通·酉·中》（四十四丈）曰：“赢，音盈，賈獲利多也。又輸

---

① 横川録：即《横川和尚語録》，又作《横川行珙禪師語録》，2卷，宋横川如珙撰，本光等編。

② 言待：原文二字漫漶不清，此據《大正藏》第49冊《佛祖歷代通載》補。

③ 兩晉演義：又名《東西兩晉演義》《東西兩晉志傳》《東西兩晉全志》《後三國東西晉演義》《三國演義續編》《後三國志演義》，12卷，不題撰人，據序知編者爲明代雉衡山人楊爾曾。

之對也，凡戰攻博簺[①]勝曰贏，負曰輸。" ○《虛堂·育王録》（十四丈）曰："贏得牙疎鬢白。" ○又《虛堂録·頌古》（十五丈）《趙州有佛處不得住頌》曰："趙州贏得口皮光，却是者僧知落處。" ○忠曰："惠毛乃弖阿留。"

【以至】

忠曰："畧中間語，同'乃至'。"

【無端】

忠曰："無端緒也，和語和計毛奈幾也。" ○《江湖紀聞·前集》六（九丈）曰："守大怒其無端。"

【打起】

《品字箋》壬（四丈）："打，又驚動也。唐詩：'打起黄鶯兒'。又振作也，俗以抖擻振作謂之打起精神。"

【那個】

忠曰："指物辞[②]。" ○《品字箋》壬（四丈）："那个猶言阿誰。"

【這個】

當作"者個"。一言"遮"處箋。○《丹鉛》七（四丈）："晉人云阿堵，猶唐人曰若個，今曰這個也。"

【者個】

《正字通·未·中》（八十三丈）曰："者，又此也。毛氏曰：'凡稱此個為者個，此回為者回，俗改用這，乃魚戰切，迎也。'" 郭忠恕《佩觿集》曰："迎這之這，為者回之者，其順非有如此。" 又《禪林語録》："只這個者是佛祖意，大家在者裏。即此個猶俗云這個也。"

---

① 簺：古代一種賭博性游戲，亦稱"格五"。

② 辞："辭"之異體。《字彙·舌部》云："辞，俗辭字。"《正字通·辛部》云："辞，俗辭字，誤，與亂作乱同。"

【要且】

忠曰："要，約也，樞要也。要且有畢竟意。"○《臨濟録》（四十三丈）："打即任打，要且無祖師意。"○《碧嚴》二（三十丈）○《續宿・五祖録》（七丈）："要且只説得老婆禪。"○《佛心才録》[①]（二丈）："要且家聲不墜。"○《木菴録》[②]（二丈）："要且不會隨高就下。"○《普燈》三（卅二丈）《芙蓉楷》："上堂云：'設使無舌人解語，無脚人能行，要且未能與那一人相應。'"○《虚堂》："要且無一點佛法道理污汝耳根。"○《虚堂・瑞嚴録》："大道只在目前，要且目前難覩。"

【大好】

忠曰："此語有如字者，有托上之抑下者，謂弄而美也，須臨文辨别之。"○《貞觀政要》三（四十三丈）曰："大好髭鬚。"蓋唐世話。○《臨濟録》（廿六丈）："大好善知識。"弄詞。○《趙州録》（《古宿》十三，廿四丈）："大好無根。"又（十九丈）："大好不會。"又（廿一丈、廿二丈）。弄詞。又（十八丈）："大好從頭起。"美詞。○《傳燈》二十（十二丈）："大好不鑑照。"又廿二（十七丈）："如何是一色？師曰：'青黄赤白曰大好一色。'"又廿三（十六丈）："大好不傷萬類。"皆弄詞。○《傳燈》廿二（十四丈）："大好風涼。"是美詞。○《廣燈》十二（六丈左）："大好各異。"又十三（十四丈左）。又十四（十七丈左）。○《聯燈》廿五（十五丈）："大好不鑑照。"又同（三十丈）。又廿九（五丈）："大好不説。"弄詞。○《雪竇録》三（四丈）《拈古》："稾樹云：'大好不見有人。'"○《碧嚴》五（七文右）無寒暑○《保寧録》（四十丈）："大好一場笑具。"美詞。○《大惠普説》三（卅三丈）："大好無如何。"○《石門録》（十九丈）："大好不施寸刃。"弄詞。○《斷橋・國清録》（十六丈）："大好無。"又《法語》（三丈）："大好一味禪。"弄詞。○《傳燈》七（十四丈）《惟寬章》："師云：'大好山。'"美詞。○《梁書》三十（五丈）《徐摛傳》："高祖曰：'大好新安山水。'"美詞。○《續酉陽雜俎》一（十一丈）："大好月色。"美

① 佛心才録：即《佛心才和尚語》，1卷，宋佛心才禪師撰。

② 木菴録：即《木菴永和尚語》，又作《木菴安永禪師語要》，1卷，宋木菴安永撰。

詞。○《雪峯録》下（廿三丈）“寸絲不掛弄”詞。○《痴絶①·雪峯録》（一丈左）。○律亦有此字。《毘奈耶雜事》十（八丈）曰：“諸苾芻往無草處便轉糞穢狼藉，時諸長者婆羅門見已共譏笑曰：‘沙門釋子大好儀式，共集一食亦一處便轉。’”忠曰：“此大好，弄詞，轉屙屎也。”又同卅五（一文左）：“大好使人能辦其事，亦令我身沈淪惡道。”此亦弄詞。

【大扺】

《事言要玄②·人》十（七十六丈）曰：“大氐，扺同，《唐書》作大底。”

【大小】

又三言“大小大”處。《傳燈》十六（三丈）曰：“大小德山猶未會末後句。”古德辯：“左波加利乃。”又《傳燈》十八（十七丈）《長慶章》：“長慶被汝一問，口似扁擔。”《普燈》廿六（十三丈）《湛堂拈古》曰：“拄杖卓一下曰：‘大小直截是多少意？’”

【都大】

《古宿録》二十（廿二丈）《五祖録》曰：“却爲老僧忘事，都大一時思量不出。”○又同（十丈）《五祖録》：“昨宵年暮夜，今朝是歲旦。都大尋常日，世人生異見。”

【恰好】

《碧嚴》七（十六丈）《傅大士講經話·評》曰：“恰好被誌公不識好惡，却云大士講經竟。”

【好生】

生。助語。又三言“好生觀”。○《傳燈》廿三（卅二丈）《慧廣

① 痴絶：即《癡絶道沖禪師語録》，20卷，宋癡絶道沖撰，智沂等編，宋淳祐十一年（1251）年序刊。

② 事言要玄：32卷，包括《天集》3卷、《地集》8卷、《人集》14卷、《事集》4卷、《物集》3卷，明陳懋學編纂。

章》曰："'如何是鳳山境？'歸曉曰：'好生看取。'"○《續古宿録·復菴封録》曰："好生聽取。"○《介石録[①]·小参》曰："諸人好生聽取。"○又同《崇恩録》曰："好生諦聽。"○《百丈清規》上一（七丈）："聖旨曰：'好生校正。'"

【怎生】

同"作麽生"。○《字彙》："怎，子沈切。俗語辭猶'何'也。"○《龐居士録》（五丈："怎生是嚬呻勢？"○《八方珠王》[②]上（五十二丈）舉之作"作麽生是"。○《虛堂·興聖録》曰："鶻眼鷹睛怎生啞嗽？"

【什麽】

《事苑》一（十丈）"恁麽"注曰："或作什麽，當作甚麽。甚麽，問辭也。什，雜也。非義。"

【甚麽】

見"什麽"注。

【恁麽】

《事苑》一（十丈）曰："恁麽，上當作與，麽，正从幺作麽。與麽，指辭也。或作恁麽。恁[③]，音稔，思也。恁麽，審辭也。或作什麽。"○《正字通·卯·上》（十七丈）。

【與麽】

見"恁麽"注。

---

① 介石録：即《介石智朋禪師語録》，1卷，宋代禪師介石智朋語録，參學正賢、宗坦、延輝，侍者智瑾、志諶、浄球編。

② 八方珠王：王：《説文解字》："王，朽玉也。"這裡同"玉"。《金石文字辨異》："漢西嶽華山廟碑：'王帛之贊。'案：'王'即'玉'。"八方珠玉，即《拈八方珠玉集》，全稱《佛鑒佛果正覺佛海拈八方珠玉集》，3卷，宋代僧祖慶重編，理宗寶祐五年（1257）刊行。

③ 恁：原文作"恁"，據《卍新續藏》第64冊《祖庭事苑》改。

【溜麼】

《事苑》一（十丈）曰："恁麼，或作溜麼。溜，音十，水貌。又音習，湁溜水貌，皆非義。"〇《雪峯録》上（廿一丈）："一等是溜麼時節？"〇《雪竇録》二（廿一丈）："恰溜麼？"又三（四丈左）。又（五丈左）。又《拈古》（九丈右）。〇《白雲録·頌古》（二丈右）。〇《應菴·明果録》（六丈）〇《南堂録·舉古》（廿三丈）。〇《廣燈》九（二丈、又三丈）。《古宿録》一（十四丈）作"與麼"。《廣燈》十二（七丈）。〇《字彙》："溜，席入切，音習。"《篇海》："音習，影也。又水皃。"《品字箋》《龍龕手鑑》并音習。未見與"恁"字、"與"字通義。〇《續古宿》二《法眼語》："但溜麼究好？"〇《智門祚録》[1]（二丈）："溜麼則學人退身三步。"又（三丈右）。

【溜地】

《統要續集》五（七丈）："魯祖。云云。南泉云：'溜地驢年去。'"《會元》三（五十丈）《魯祖章》作"他恁麼驢年去"。

【打底】

蓋與頭底義別。打頭義，最初也。〇《廣燈》十九（十二丈）："打底不遇作家参堂去。"

〇《續古宿·白雲録》（十七丈）："打底不遇作家参堂去。"〇《續古宿·白雲録》（十七丈）："打底不遇作家，到了翻成骨董。"《白雲·海會録》（十四丈）："到了作到底。"〇《圓悟心要》上（四十八丈）："打底不遇作家，到老只成骨董。"

【這底】

〇《傳燈》六（十三丈）《石鞏慧藏章》曰："問：'如何免得生死？'師云：'用免作什麼？'僧云：'如何免得？'師云：'這底不生死。'"

---

① 智門祚録：即《智門祚禪師語録》，1卷，宋智門光祚撰。

【些兒】

《詩格》六（六丈）："些兒心事無人會。"注："些兒，猶言些子。"○《羣談採餘》一《天女》（三丈）《盧多遜詩》："露出清光些子兒。"

【打頭】

《大川録·舉古》（一丈）："打頭不遇作家，到底翻成骨董。"○《偃溪録[①]·法語》（八丈）："打頭不遇作家。"○《虚堂録·納牌普説》（二廿丈）曰："亦有打頭不遇惡辣手段底宗匠。"解曰："最初義。"

【衹麼】

《證道歌》曰："不可得中衹麼得。"○《虚堂録》一《報恩》（十四丈）曰："我衹麼空過一夏。"○《江湖集》上《雪嚴號頌》："衹麼看来浮逼逼。"○《山谷詩集》十六（八丈）："衹麼情親魚鳥。"又九（十丈）："鳥喚花驚衹麽回。"《註》並引《證道歌》。○《貞和集》六（四丈）。○《正字通·丑·上》（三丈）曰："杜詩'衹想竹林眠'、'寒[②]花衹暫香'皆當讀作止也。"○《品字箋》丁（二丈）："衹，又俗音汁，止也。又猶但也。"

【衹管】

《字彙》"衹"注曰："俗讀作質者訛。"○《虚堂録》一《瑞嚴》（五丈）曰："今人衹管孟八郎，道：'総是五逆人聞雷。'"又《延福録》（七丈）曰："衹管依文解義。"

【但管】

同"衹管"。○《聯燈》廿二（五丈）《湧泉欣章》曰："渾崙底但管取信亂動舌頭。"○《南堂·本覺録》（廿五丈）曰："本覺者裡但管飢来喫飯，困来打眠。"

---

① 偃溪録：即《偃溪廣聞禪師語録》，2 卷，宋偃溪廣聞撰，侍者如珠、道隆等編。

② 寒：原文漫漶不清。

【匹似】

《山谷詩集》十五（九丈）："但管無田過一生。"注："樂天詩：'匹如元是九江人。'"

【則個】

○《大慧書・與劉通判書》。○《大慧普説》二（廿丈右、廿二丈右）。○《雪堂拾遺録》[1]（二丈）《俞道婆》。○《會元》十九《金陵俞道婆章》。○《宏智[2]・小參》上（十丈）。○《別峯雲録》[3]（九丈）。○《堯山》五十一（十丈）《王觀詞》。○《白玉蟾》[4] 十一（廿二丈）。○《燕居筆記》[5] 八。則個：《燕南[6]・後》上（卅三丈）。[7]

---

① 雪堂拾遺録：詳稱《雪堂行和尚拾遺録》，又作《禪門拾遺録》《雪堂行拾遺録》《雪堂道行禪師拾遺録》，1 卷，宋代僧雪堂道行編。

② 宏智：即《天童正覺禪師廣録》，又稱《宏智禪師廣録》《普照覺和尚語録》《宏智廣録》《宏智録》，9 卷，宋代正覺禪師之語録，宗法、集成等編。

③ 別峯雲録：《續古尊宿語要》辰集有《別峰雲和尚語》。

④ 白玉蟾：即《白玉蟾集》，南宋道士白玉蟾撰。

⑤ 燕居筆記：明代文言短篇傳奇小説選集，22 卷，題"明叟馮猶龍增編，書林餘公仁批補"。馮猶龍即馮夢龍，顯系書商假託；余公仁生平不詳。成書于明萬曆年間。

⑥ 燕南：即《燕南記譚》，6 卷，前集 3 卷，后集 3 卷，日本江户時代天嶺性空撰。

⑦ 原文"則個：《燕南後》上（卅三丈）"草書于行中。

《葛藤語箋》第五卷

二言（四）[1]

虛词（下）

【都盧】

《放光般若經》七（九丈）曰："我都盧不見有菩薩。"《音釋》："盧，落胡切。都盧，猶總也。"又廿一（三丈）。〇《般若鈔經》一（十九丈）："都盧，不可議計。"又四（十一丈）曰："今我觀視其法都盧皆空。"〇《傳燈》廿八（廿七丈）："無業上堂曰：'從前記持憶想見解智慧，都盧一時失却。'"〇《遊仙窟》[2]（卅四丈右）曰："遮三不得一覓兩都盧失。"注："都，大也。盧，空也。一云都盧者，総盡意也，是俗語也。"〇《文選》十二（十六丈）《海賦》曰："商摧涓澮。"注："良曰：商摧，猶都盧也，言都盧攝而納之。"

【團欒】

《虛堂録》四（六丈）《示李新恩法語》曰："鐵團欒是個清浄慈門，更無毫髪許欠少。"〇又作"檀欒"。《物初賸[3]語》七（三丈）："詩云'曉來竹徑遶檀欒'。"〇《宋祁筆記》[4]（二丈）："孫炎作反切，語本出於俚俗常言。云云。謂團曰突欒，謂精曰鯽令。云云。朝林逋詩云：'團欒空遶百千回。'是不曉俚人反語。逋雖變突爲團，亦其謬也。"

---

① 原文無"二言（四）"，此據無著道忠的目次補上。

② 遊仙窟：1卷，唐代張鷟所撰傳奇小説。

③ 賸：通"剩"。《新唐書》卷二〇一《文藝傳上·杜甫傳》："殘膏賸馥，沾丐後人多矣。"

④ 宋祁筆記：原名《景文筆録》，又稱《筆記》《宋景文筆記》，3卷，北宋宋祁撰。

【知道】

齊雲云："訓知道非也。道，助辞[①]，但是知之義耳。譬如修橋事請于朝，王命某官已告請者曰：'某知道。'言既命某官，某官可知此事也。"○《傳燈》十二（廿六丈）《虎谿菴主章》。○《睦州録》："僧云：'知道和尚有此一問。'"○《碧嚴》五（十八丈右）。又十（廿一丈）："天平云：'早知道錯了也。'"又九（五丈）："教人知道。"○又《大惠書》（卅三丈）曰："方知嬾融道。"此挾人名，故非"道"為助辞。○《断橋・浄慈録》（十三丈）："知道鉢盂無底。"又（十七丈）。○《無準録》四（十二丈）："教這老漢知道草裏也有大蟲。"○又《無準録》四（五丈）："普說曰：'忽然引手摸著鼻孔，便知道元来大頭向下。'"○《白玉蟾》十（卅二丈）云："方知道風清月白皆顕揚鉛汞之機。"○《堯山外紀》四十一（十二丈）《李佳明诗》云："知道君王合釣龍。"又十八三（十丈）："自有天知道。"又九十四（十六丈）。○《江湖紀聞・後》二（十四丈）曰："如何不與我知道。"○《詩林廣記・前集》六（十九丈）："無人知道荔枝来。"○《雅笑編》[②]一（十六丈）："可知道鑽不入也。"○《無怨公案》一（十八丈）："怕父母知道。"○《龍舒浄土文》[③]九（四丈）："古语云：'人人知道有来年，家家[④]盡種来年穀。'"○《鼓山録》[⑤]（三丈）："還知道十二分教唱不起麼？"○《圓悟録》十三（四丈）曰："作麼生知道有？"○《醉菩提》十一（四丈）："你且聞一聞，自然知道。"○《虚堂・瑞嚴録》（三丈）："教諸人知道十二輩頭，元有靈芝仙草。"○《普燈》十九（十五丈）《別峯印章》曰："南泉云：'爭知道老僧来排辨如此。'"○《中峯雜録》[⑥]上

---

① 辞："辭"之異體。《字彙・舌部》云："辞，俗辭字。"《正字通・辛部》云："辞，俗辭字，誤，與亂作乱同。"

② 雅笑編：即《雅笑編略》，1卷，明鄒枚撰。

③ 龍舒浄土文：12卷，南宋龍舒王日休撰。

④ 家家：原文第二個"家"作"〱"。

⑤ 鼓山録：即《鼓山神晏禪師語録》，全稱《鼓山先興聖國師和尚法堂玄要廣集》，又作《興聖國師玄要廣集》，1卷，唐末五代僧鼓山神晏撰。

⑥ 中峯雜録：又作《天目明本禪師雜録》《明本雜録》，由上、中、下3卷組成，卷上題為《天目中峰廣慧禪師語》，卷中和卷下則同題為《天目中峰和尚普應國師法語》。

(十四丈)：“示衆云：‘做得純熟時，知道純熟。’”〇李有《古杭雜記》[1]（六丈）曰：“可知道鑽不入也。”〇《堯山外紀》八十三（十丈）：“自有天知道。”〇《皇朝類苑》六十六（六丈）曰：“要官家知道我讀書来。”《玉壺清話》。〇此等皆但知義。〇又有知言之義者，二言《言詮》部箋。

【軒知】

〇《碧嚴》七《六十三則》曰：“軒知如此分明。”〇《圓悟心要》上（廿丈左）。〇《懶菴録》[2]（十六丈）曰：“軒知這一路子。”〇《或菴體録》[3]（一丈）曰：“擘破面皮軒知大瞻。”

【情知】

〇《碧嚴》十（十丈）《九十五則》曰：“情知你向第二頭道。”《古鈔》（廿三丈）：“情訓誠，又可用音識情也。”〇《誠齋·江東》四（十七丈）《聞竹雞诗》曰：“情知浪語也心驚。”

【叵耐】

又作“叵耐”。心不平也，心煩悶也，心不可忍也，或用憤事，或用可笑事。〇《遊仙窟》（六丈）：“一眉猶叵耐。”注：“叵耐，心中不平也，言見此美女之一眉，心中乃廻皇迷惑，未知何方而得，故不平也。叵，難也，音並可反。耐，忍也，音乃代反。”〇《事苑》四（廿五丈）曰：“叵耐，上正作叵，不可也。”〇《廣燈》十四（十五丈）：“叵耐守廓。”《聯燈》十一（十三丈）。〇《會元》十一（廿七丈）：“華嚴云：‘浙客叵耐。’”〇《大慧書》（十八丈）：“每每思量，直是叵耐。”〇《虛堂録》一（六丈）：“叵耐寒山子。”《鈔》：“鄉談不可忍也。”又六（廿九丈）。〇《揮麈後録》[4]七（五丈）：“此小鬼最叵耐。”〇李元綱《厚德録》二（六丈）“丁[5]崖州謂：真宗嘗怒一朝士，再三語及，輒稍退不答，上作色

① 古杭雜記：4卷，元李有（一説李東有）所撰文言軼事小説。

② 懶菴録：即《懶菴需禪師語》，1卷，宋懶菴需撰。

③ 或菴體録：即《或菴體禪師語》，1卷，宋或菴體撰。

④ 揮麈後録：原書6卷，后世版本则析为11卷，宋王明清撰。

⑤ 丁：原文作“十”。據《四庫全書·子部·嘉佑雜誌》改。

曰：‘如此叵耐問輒不應。’”〇《餘冬》四十八（九丈）曰：“《唾玉集》：‘俗語切脚字。勃籠蓬字。云云。不可，叵字，即《釋典》所謂二合字也。’”〇《正字通·醜·上》（六丈）：“叵音頗。叵耐，不可耐也。”

【等閒】

《千家詩》陳生高注：“等閒，尋常也。”〇《字海》[1] 曰：“等閑，疎畧意，又尋常也。”〇忠曰：“二義未親。今云‘等閒’，不要緊也。等閒，即同匹似閒。”《禪林寶訓音義》下（六丈）曰：“匹似閒，方語，不要緊也。”

【酌然】

《聯燈》二十（廿二丈）《洞山良价章》曰：“謁忠國師。師云：‘無情說法，該何典教？’忠云：‘酌然言不干典，非君子之所談，豈不見萃嚴云？’”云云。〇《斷橋·瑞嚴録》（十一丈）曰：“小姑摘葉飼蠶，公子揚鞭走馬，酌然無異。”〇《虛堂·延福録》（四丈）：“舉：雪竇。云云。酌然酌然。”〇又同《立僧納牌普說》（廿二丈）曰：“性敏者，多不得道；自高者，多恥下問。此酌然之理。”注云：“當作灼然，祇略切，昭灼也。酌，《說文》：盛酒行觴也，非義。”

【灼然】

《睦州録》（四丈）曰：“師云：‘灼然賊來須打，客來須看。’”新撰《古宿録》六（五丈）《睦州録》。〇《碧嚴録》一（廿九丈）《第八則》：“下語云：‘灼然是賊識賊。’”

【果然】

《圓悟録》十九（十六丈）《文殊普賢佛見法見話》：“師云：崇寧哜？只向他道：果然果然。”〇《碧嚴録·第四則》：“圓悟下語錯，果然點。”

【冷地】

《碧嚴録》四（六丈）《第三十二則》：“下語云：‘冷地裡有人覷破。’”《古鈔》云：“自坐處有煖氣，傍處有冷氣，故傍處言冷地。”

---

① 字海：100卷，唐武則天撰。

【特地】

《虛堂録》五《頌古》（十九丈）曰：“不須特地分疆界，萬里山河似掌平。”忠云：“無事上特生事也。”○《正字通・巳・下》（七丈）曰：“特，又挺立曰特。《詩・秦風》：‘百夫之特。’《禮・儒行》：‘特立獨行。’”

【取次】

《傳燈》十（廿三丈）：“學人取次發言。”○又《傳燈》五（卅八丈）：《神會章》曰：“祖曰：‘這沙彌爭合取次語？’”《鈔》：“一山曰：‘取次容易也。’”○《抱朴子・內篇》四（四十一丈）《袪惑篇》曰：“此兒當興卿門宗，四海將受其賜，不但卿家，不可取次也。”○《東坡詩集》五（卅一丈）《遊西菩提寺詩》曰：“莫遣兒曹取次知。”○《臨濟録（十丈左）。（取次）《燕南・前》中（廿五丈）。

【相次】

《碧巖録》五（十八丈）《評》曰：“若向雲門言句下諦當見得，相次到這境界。”又四（十四丈）《評》。○又《碧巖》六（十一丈）：“下語曰：‘闍梨相次著也。’”又同（廿五丈）：“下語云：‘相次到你頭上。’”○忠曰：“造次也，蓋相造音近，故濫用也。”

【驀劄】

○《古宿》卅八（四丈）《洞山初録》云：“驀劄地踏著正脉。”○《正法眼藏》一上（一丈）。○《如浄録》上（六丈）：“冬至上堂，短長驀劄斷，巧綉出鴛鴦。”○《恕中録》三（十四丈）。○《斷橋録・行狀》（三丈）。○《虛堂録・頌古》（卅八丈）：“驀劄歸來屋裏坐。”

【阿堵】

《晉書・列傳》六十二（廿五丈）《顧愷之傳》云：“傳神寫照正在阿堵中。”忠曰：“指眼睛也。”○《山堂肆考・徵》廿三（一丈）引《顧愷之》曰：“阿堵，猶言那個也。”○《容齋一筆》[1]（七丈）引《顧

---

① 容齋一筆：又作《容斋随笔》，16 卷 329 则，南宋洪邁撰史料筆記。

長康》曰："猶言此處也。" ○《事文·别集》六（廿六丈）引《容齋隨筆》。○《東齋纪事》[1]（十三丈）曰："《嬾真子》録：'古今之語大都相同，但其字各别耳。'古所語阿堵，乃今所語兀底也。王衍口不言錢，家人欲試之，以錢繞床不能，行因曰：'去阿堵物。'謂口不言去却錢，但云去却兀底耳。後人遂以為阿堵物，眼為阿堵中，皆非是。蓋此阿堵同一意也。予按晉人所稱不止此兩事而已，殷浩見佛經云：'理亦應在阿堵上。'桓温止新亭，大陳兵衙，呼謝安及王坦之，欲於坐害之。安舉目徧歷温左右衛士，謂温曰：'安聞諸侯有守在四隣，明公何须壁間著阿堵輩？'温笑曰：'正自不能不爾。'若更以二者為證，其義尤見分明。"《説郛》十八。○《野客叢書》四（七丈）曰："阿堵，晉人方言，猶言這介耳。" ○《説類》[2] 二十（二丈）。同《東齋》引《嬾眞子》。○《焦氏續筆乘》[3] 五（十四丈）云："云阿堵，自是當時諺語，如今所谓此物云耳。" ○《文海披沙》五（十二丈）。

【平白】

《虚堂》一《延福録》（五丈）："趙州訪茱萸。云云。殊不知趙州平白失却一條杖子。" ○《千百年眼》七（九丈）。○又《虚堂》二《宝林録》（廿二丈）："僧云：'仰山平白受屈。'" ○忠曰："平白者，明白之義。" ○《清拙禪居集》[4]（五十三丈）《無言號頌》曰："舌頭拖地，香嚴老平白将身掛樹枝。" ○程大昌《演繁露》[5]（卅一丈）曰："李太白《越女詞》曰：'东陽素足女，會晉[6]瞥素舸。郎相看月末墮，白地斷肝腸。'此東坡长短句所取，以為平白地為伊腸斷也。"《説郛》十三。○李白詞《李白集》廿五（廿九丈）。

【脱體】

《碧嚴録》五（十四丈）《雨滴聲話》云："鏡清云：'出身猶可易，

---

① 東齋紀事：5卷，補遺1卷，北宋範鎮撰。

② 説類：62卷，明葉向高輯。

③ 焦氏續筆乘：或作《焦氏筆乘續》，8卷，明焦竑撰。

④ 清拙禪居集：略稱《禪居集》，2卷，宋末元初渡日禪僧清拙正澄撰，永遐編。

⑤ 演繁露：正編16卷，續編6卷，宋程大昌撰。

⑥ 晉："稽"字之異體。字見《正字通·禾部》。

脱體道瘫難。’”

【怪底】

《空華集》五（十六丈）。又八（三十丈）。《天柱集》[①]（廿二丈）。○《杜工部集·千家》二（卅八丈）《畫山水障歌》云："堂上不合生楓樹，怪底江山起煙霧。"○《簡齋詩》[②]二（四丈）："怪底吾廬有林谷。"○《律髓》[③]二十（卅三丈）《楊誠齋詩》："怪底空山見早梅[④]。"

【様子】

《正字通·辰·中》（百五丈）曰："按：俗以可象者為樣子。"

【真誠】

《冬雲頌古》（廿丈）《德山托鉢雲門頌》曰："八十翁翁入場屋，真誠不是小兒戲。"《聯燈》廿二（十五丈）《雲居膺章》："八十翁翁入場屋，真誠不是小兒戲。一言若差，鄉開萬里。"

【索性】

《會元》十八（十五丈）《性空章》云："雪竇持禪師偈曰：‘咄哉！老性空剛要餧魚[⑤]鼈，去不去衹管嚮人說。’"○《天如録》一："索性放下山邊水邊，做一個萎萎隨隨無出豁漢。"又九："山僧為你從頭說破。"又："及乎出胎之後，索性認著喚作我身。"○忠曰："和語出精之義。"○《類書纂要》一"霧"注云："孔子曰：‘索性撥開雲霧，便觀青天；著力淘盡泥沙，便見清泉。’"○《西遊記》十（七丈）："劫時學的武藝，索性與他賭一賭。"○《燕南紀談·前》中（三十丈）曰："《五燈私考》：一山注：‘索性，盡情義。又盡底義。索，盡也。’"

① 天柱集：又作《竺仙和尚天柱集》，1卷，元代臨濟宗楊岐派僧竺仙梵僊撰。

② 簡齋詩：即《簡齋詩集》，20卷，宋陳與義撰。

③ 律髓：即《瀛奎律髓》，49卷，元方回編選。

④ 見早梅：原文"早"字漫漶不清，《四庫全書·集部·誠齋集》作"早見梅"。

⑤ 魚：原文為"龜"，行首改為"魚"。

【分外】

出分量之外也，謂勝絶也。○《虚堂録・偈頌》（十八丈）曰："年來分外惡情悰。"又（卅一丈）曰："見説年來分外霊。"○《困學紀聞》十九（六丈）曰："分外，出魏程曉上疏。"

【見在】

《困學》十九（七丈）："見在出槀[①]人注。"

【端的】

《品字箋》丁（六十六丈）"的"注曰："白也，明也。又端的，言其事之端倪的然可見也。"

【機前】

《注心賦》三（三丈右）。

【覿體】

《圓悟心要》下（十八丈）："雲門覿體全真。"○《續古宿》一《長霊卓録》（一丈）："即心即佛，日月堂堂；非心非佛，物物覿體。"○《續宿》三《月菴杲録》："覿體現成。"○《佛心才録》（二丈）："萬仞崖上覿體唱酬。"又（六丈）："賓主互換，覿體唱酬。"○《鉄鞭韶録》[②]（二丈）："窠臼迴脱，覿體無私。"○《退菴録》[③]（一丈）："覿體全露。"○《日本大明月菴録》[④]下（五十九丈）《頌》："祇緣覿體分明極，卻使當人見得難。"

---

① 槀："槁"之異體。《字彙・木部》："槀，苦老切，音考，木枯；又魚乾曰魚。"又云："槁：同上。"

② 鉄鞭韶録：即《鐵鞭韶和尚語》，或稱《鐵鞭允韶禪師語要》，1卷，宋鐵鞭允韶撰。

③ 退菴録：即《華藏退菴先和尚語》，1卷，宋退菴先和尚述。

④ 日本大明月菴録：又作《月菴禪師語録》《月菴光禪師語録》，2卷，日本室町時代禪僧月菴宗光撰。

【頭底】

《虛堂》一（十六丈）《興聖録》："驢㑊頭底。"龍溪云："究竟義。"忠曰："徹底義。"〇《白雲·法華録》（十丈）。又（十一丈右）。〇《大慧普説》一（七丈）："與生死做底。"又上（四十六丈）："直主張頭底。"〇《密菴録·小參》（二丈）："而今若要直截與生死作頭底，無非向一念欲起未起時，提起一刀兩斷。"〇《斷橋·浄慈録》（廿一丈）："一人語別別到頭，一人機橫橫頭底。"〇《恕中録》[①] 三（十七丈）《舉道者訪瑯邪頌》曰："一個執㑊㑊到天，一個放頑頑到底。"〇《白雲·海會録》（十四丈）："打底不遇作家，頭底飜成骨董。"又《法華録》（十一丈）："教諸人到底去。"〇《正宗贊》二（六十六丈）。〇《菊坡》[②] 二（五丈）《冦[③]萊公詩》："到底輸他林下客，無榮無辱自由身。"

【頭抵】

忠曰："與頭底義別，如'與生死頭底'，當作'頭抵'。"〇《大慧書》（十一丈）曰："須著立決定志，與之作頭抵。"

【到頭】

忠曰："徹頭也，畢竟義。"〇《神鼎[④]·示衆偈》："到頭不識主人公。"（《僧宝傳》作"到今"，《自像[⑤]神鼎章》不收）〇《正宗贊·偈》二《五祖賛》。〇《虛堂·偈頌》（五十一丈）："到頭曾不厭初心。"（又四十一丈）又四（廿二丈）。〇《歸元直指》[⑥] 下（八十一丈）："果報到頭無所逃矣。"〇《冷齋夜話》一（十丈）《東坡句》："萬事到頭終是夢。"〇《柳文》[⑦] 四十二（卅四丈）《六字詩》曰："一生盼却歸休，為著南冠到頭。"〇《東坡詩集》一（四十六丈）："暫著南冠不到頭。"

---

① 恕中録：即《恕中無慍禪師語録》，6卷，明恕中無慍撰，宗鬮等編。

② 菊坡：即《菊坡叢話》，26卷，明單宇輯。

③ 冦："寇"之異體。

④ 神鼎：《神鼎諲禪師語要》，1卷，北宋神鼎洪諲撰。

⑤ 像：此處漫漶不清，姑憑輪廓推測為"像"字。

⑥ 歸元直指：即《歸元直指集》，2卷，明宗本集。

⑦ 柳文：43卷，唐柳宗元詩文集。

○《四河入海》[①] 一之四（十丈）曰："《過嶺二首》：'暫著南冠不到頭，却隨北鴈與歸休。平生不作兔三窟，今古何殊貉一丘。' 脞云：'或云到頭，蓋恰好義。蓋坡言我向來暫著南冠，然終不恰好，故與北鴈共北征也。' 刻按羅隱詩：'六國英雄漫多事，到頭徐福是男兒。' 又云：'到頭稱意須年少，贏得時光向酒杯。' 又云：'浮生到頭須適性。' 又杜荀鶴詩：'到頭詩卷須藏却，各向漁樵混姓名。' 又鄭谷詩：'撩亂東風耐寒冷，到頭贏得杏花嬌。' 又賈島詩：'掘井須到流，結交須到頭。' 又吴融詩：'到頭一切皆身外，只覺關身是醉鄉。' 又劉叉詩：'報恩不到頭，徒作輕生子。' 由諸賢詩而見之，到頭畢竟義乎？或為恰好義，似未穩。所引柳子厚句，頗似恰好義，然亦為畢竟義，有何害哉？不到頭者，作事不到了畢也。三字本于劉叉乎？又見于《性理羣書》之詩，注：徹底之意也。芳云：次公曰：到頭，恰好也。到頭字，古今未詳，義有數說：見于脞，或云恰好義，或云畢竟、究竟義。然恰好義未穩，畢竟義是也。言暫住南冠，欲於南方終身，然却不到終，復被名還而北歸，故言不到頭也。又或云到頭，尼阿和奴義。此說亦非是。" ○《湖海新聞》[②] 前九（八丈）曰："今謀養子如何？僧曰：'亦不到頭。'" ○忠曰："此恰好義。" ○《江湖紀聞·后集》三（三丈）《馮守真詩》："前世修行不到頭，今生歲月復悠悠。" ○忠曰："徹頭義。"

【過頭】

四言數目"過頭九百"處。又《盌雲·語解》。

【埋頭】

○《寒山詩》[③]（廿五丈）曰："痴福暫時扶，埋頭作地獄。" 又（廿五丈左）曰："見好埋頭愛。" 又（卅三丈）："汝謂埋頭癡兀兀。" ○《白蓮集》[④] 二（十一丈）詩曰："埋頭逐小利，没脚拖長裾。"

---

① 四河入海：100 卷，日本室町末期五山禅僧笑雲清三編的蘇東坡詩的講義集録。

② 湖海新聞：即《湖海新聞夷堅續志》，4 卷，記録宋元時期民間故事的古代志怪小説集，作者佚名。

③ 寒山詩：3 卷，唐代寒山撰，唐代國清寺道翹編。

④ 白蓮集：10 卷，唐釋齊已撰。前 9 卷爲近體，後 1 卷爲古體。古體之後又有絶句 42 首，疑後人采輯附入。

○《大慧書》八（十四丈）《與張舍人書》："大似埋頭向東走，欲取西邊物。"○《圓悟心要》下（五十一丈）曰："埋頭向前。"○《古嚴璧録》[①]（《續古宿》二）曰："不用埋頭向外求。"○《癡絶録》[②] 下《法語》（廿七丈左）。○《元叟録》[③] 五（十三丈左）。○《恕中録》二（十七丈左）。○《歸元直指》上（卅六丈）《慈照宗主》曰："埋頭過日，自失善利。"又下（七十四丈）："或有埋頭喫飯，而空過一生。"○《事文[④]·後集》四十三（五丈左）："埋頭縮手。"蓋此縮頭義。

【勿量】

同"没量"。○《傳燈》九（九丈）《黄檗章》曰："南泉云：'長老身材勿量大，笠子大小生。'"

【没興】

《韻會·蒸韻》（卅五丈）曰："興，《證韻》：許應切。《增韻》：興，況意思也。"忠曰："没興，無意思也。"○《大慧録》八（十五丈）"示衆"舉洛浦"汝家爺死"因緣，"師云：'這僧没興死却爺，又被他人拊掌。'"○《虚堂》一（七十三丈）《瑞嚴録》曰："山僧没興也，撞入者保社。"○《鏡堂·建仁録》五丈。○《正宗賛》二（五十九丈）《應菴傳》云："虎丘忌拈香云：'平生没興，撞著者無意智老和尚。'"○《普燈》十九（十一丈）《應菴章》。

【且置】

《事苑》一（十三丈）："置，猶致也。"

【火急】

《説淵·庚集·聶隐娘傳》（六丈）："火急拋官歸洛。"

---

① 古嚴璧録：即《古巖璧禪師語録》，1卷，宋古巖璧禪師撰。

② 癡絶録：即《癡絶道沖禪師語録》，20卷，宋癡絶道沖撰，智沂等編，宋淳祐十一年（1251）年序刊。

③ 元叟録：即《元叟行端禪師語録》，又稱《徑山元叟端禪師語録》《慧文正辯佛日普照元叟端禪師語録》，8卷，宋元叟行端撰，門人法林等編。

④ 事文：即《事文類聚》，170卷，其中《前集》60卷、《後集》50卷、《續集》28卷、《别集》32卷，宋代祝穆撰。《新集》《外集》元富大用撰。《遺集》元祝淵撰。

【死急】

忠曰："死者，凡欲言極甚，多用死字，如死工夫、供死款、出死力(見一言'死'字之類)。今死，極急切也。或引《智度論》，非也。《智度論》謂生死之死也。又人死時顛倒義，又非也。"○《智度論》十三（十丈）曰："人有死急，不惜重寶，但以活命為先。"○《臨濟録》（卅四丈）曰："有甚死急？披他師子皮，却做野干鳴。"○《會元》十五（八丈）《雲門章》曰："有甚麼死？急行脚去。"○《虛堂録》一四十三丈報恩録小參曰："著甚死急。○《〈碧嚴〉古鈔》二（卅三丈）曰："人死时旁人騷動。又一義，人欲死時，其人七顛八倒。"○《碧嚴》二曰："雲門云：倒一說，有什麼死急？"○《碧嚴》十（廿一丈）曰："著甚死急？"

【抵死】

《句集》下（十四丈）："抵死難防毒爪牙。"○《臨濟録》（廿六丈）曰："抵死不放。"○《字彙》曰："抵，至也。又當也。"○忠曰："抵死者，至死猶不放捨也。又抵死者，與死相抵當，而及死放捨也。此亦極甚之詞。古點訓致，而字書無致也訓。"○《普燈》十一（十三丈）《佛眼章》："上堂，抵死要道墮坑落壍。"此抵當也。○《圓悟心要》上（四十三丈）："抵死謾生。"又（六十五丈）。○《竺原元録》[1]（三丈）："抵死謾生，與之廝崖。"○《此菴浄録》[2]（五丈）："無奈公文抵死催。"○《無準録》一（四十三丈）："諸人若抵死不信。"云云。○《虛堂録·佛主賛》（十丈）："抵死楊家醜。"○[3]○《柳文》二十（十六丈）："我愚抵死，公示之恩。"○《山谷外集》十四（十丈）："不用繁蟬抵死催。"○《夷堅志·戊集》一（四丈）《孫巨源詞》曰："樓頭尚有三通鼓，何須抵死催人去。"《堯山》四十九（十三丈）。○《菊坡叢話》四（廿七丈）："王荆公《梅花詩》：'向人自有無言意，傾國天教抵死香。'"○《松源録》下（廿八丈）《普說》："做工夫二十年，也不抵死我在衆時一日。"抵當也。○《前漢書》六十四上（十二丈）："抵法

① 竺原元録：即《竺原元菴主语》，1卷，宋竺原宗元撰。

② 此菴浄録：《續古尊宿語要》卷五有《此菴浄禪師語》。

③ 此行空白。

禁。”注：“抵觸也。”○《唐書·列傳》百一（五丈）《韓愈傳》曰：“《表》入，帝大怒，持示宰相，將抵以死。”

【伎死】

《會元》三（六十四丈）曰：“凌行婆曰：‘伎死禪和，如麻似粟。’”《大慧録》十（十八丈）作“猗死禪和”。○《大慧録》十（十八丈）《頌凌行婆姻緣》曰：“電光石火尚猶遲，猗死禪和那得知？”云云。

【聞早】

《正宗贊》三（廿八丈）《眞歇傳》：“直饒聞早便歸去，争似從來不出門？”又《會元》十四（五十一丈）《眞歇章》。○《六門集心經[①]·度一切苦戹頌》曰：“若要心無苦，聞早悟菩提。”○《普菴録》中（八十四丈）《偈》曰：“寄語東吳諸父老，不如聞早念彌陀。”○《續宿·真歇録》（一丈）：“直饒聞早便歸去。”

【聞健】

《潙山警策》（卅七丈）《注》：“退步反思，聞健進學。”○《白氏文集》卅三（三丈）：“聞健朝朝出，乘春處處尋。”又廿二（十八丈）：“聞健且相隨。”訓タメライテ，非也。○《簡齋詩集》[②]六（二丈）《至陳留詩》：“煙際亭亭塔，招人可得回。等聞為夢了，聞健出關來。”註：樂天詩：“聞健且閑行。”○《山谷詩集》十四（十一丈）：“今日岑公不能飲，吾儕聞健且頻傾。”註：“樂天詩：‘聞健偷閑且勤飲’又云：‘園林亦要聞閑置。’其義猶今人之言聞早也。”○《山谷外集》六（六丈）曰：“定知聞健休官去，酒户家園身自由。”○《歸園直指》[③]下（八十七丈）引《地藏經》曰：“吾勸善男女等，聞健自修。”按《地藏經》（五十三丈）作“及健”，蓋妄改。

【便了】

《傳燈》六（廿丈）《百丈海章》：“莫言有少分戒善，將爲便了。”

---

① 六門集心經：即《少室六門集》，又稱《小室六門》，1 卷，梁代菩提達摩作，編者不詳。
② 簡齋詩集：20 卷，宋陳與義撰。
③ 歸園直指：即《歸元直指集》，2 卷，明宗本集。

○《臨濟録》（卌一）。○《碧巖》二（廿四丈右）。又三（十五丈右）。○《白雲禅録·法華録》（三丈）。○《虛堂·寶林》（四十九丈）。○《大慧武庫》（廿四丈）。○《大慧書》（廿三丈右）《與陳少卿書》。○《人天宝鑑》[1]（五十六丈）。○《唐高僧傳》[2]二（十六丈）《彥琮傳》。○《宋高僧傳》[3]十一（四丈左）。○《梁書》卅八（二丈右）。○《太平廣記》三百四十（四丈）："李章武生而敏博，遇事便了。"○《堯山外紀》五（六丈）："王子淵買楊惠奴便了。"忠按："本俗諺能了事，故以爲名。"○《白眉故事》[4]二（卅五丈）載楊惠奴事。註云："便了幹事，方便了當也，故名便了。"○《春渚紀聞》五（十丈左）。○《水滸傳》廿一（一丈）。○《三國演義》七（三丈）："既不見歸去便了。"○《梁書》五十一（九丈）："陶弘景等心如明镜，遇物便了。"○《醉菩提》十四（三丈）："願得如此便了。"○《史鑑故事》[5]三（卅四丈）。○《却掃編》[6]中（五丈）："義祖書每幅不過数十字便了。"

【到了】

蓋畢竟之意。○《碧巖録》八（廿一丈）："到了依舊不奈投子老漢何。"○《堯山》四十四（五丈）《冠準詩》："到了輸他林下客，無榮無辱自由身。"○《斷橋·國清録》（十六丈）："到了衹在面門出入。"同《净慈録》（八丈右）。又同（十九丈左）。○《保寧録》（五十五丈）。又同（十八丈）。○《詩林廣記·前集》十（二丈）《白樂天詩》："多少朱門鎖空宅，主人到了不曾歸。"

【合下】

蓋直下之義。○《圓悟心要》上（七十五丈）曰："達摩到梁，見武帝，合下衹用頂𩕳上一著子。"又同下（四十九丈）。○《碧嚴録》八（二十丈）《第七十九則·評》曰："這僧知投子實頭，合下做個圈繢子，

---

① 人天宝鑑：宝，同"寳"，人天寳鑑，1卷，南宋曇秀撰。

② 唐高僧傳：又作《續高僧傳》，30卷，唐代道宣撰。

③ 宋高僧傳：又稱《大宋高僧傳》，30卷，宋代贊寧著。

④ 白眉故事：一名《故事白眉》，12卷（一作10卷），明鄧志謨撰。

⑤ 史鑑故事：又稱《新镌编类古今史鉴故事大全》，10卷，明叶向高辑。

⑥ 却掃編：3卷，南宋徐度撰。

教投子入来。”

時年

【劫壺】

空劫已前壺中別春也，正位也。《蒺藜苑・託事部》載。

【論劫】

《臨濟録》：“上堂云：有一個論劫在途中。”忠曰：“謂極久也，言其時節長遠，到論量十劫百劫之數，故云論劫。”〇《傳燈》十一（廿三丈）《國清奉禪師章》曰：“敲氷求火，論劫不逢。”〇《溈山警策》[①]（十三丈）曰：“如是受身非論劫數。”〇《圓悟心要》上（四十一丈）曰：“金色頭陁鶏足峰論劫打坐。”〇《諸祖偈頌[②]・洞山玄中銘》曰：“觸目荒林，論年放曠。”

【驢年】

忠曰：“謂無其期也，言雖有子丑寅卯等年，未有名驢之年，故無其期也。”〇《傳燈》九（十六丈）《古靈神贊章》曰：“鑽他故紙，驢年出得。”〇《正宗贊》四《芭蕉徹贊》曰：“且待驢年。”〇《江湖集》上。頑極號。

【適來】

《臨濟録》（四十九丈）曰：“適來已達書。”忠曰：“先來義。”〇《虚堂・報恩録》（十六丈）曰：“適來者僧有甚觸忤。”《韻會・陌韻》（六十二丈）曰：“適來，猶爾來也。”〇《國語》二《周語》（廿一丈）曰：“適來班貴。”注：“適，往也。”

【適間】

《虚堂・浄慈後録》（五丈左）曰：“汝適間見個甚麽，便禮拜？”

---

① 溈山警策：全稱《溈山大圓禪師警策》，1卷，唐代溈山靈祐撰。

② 諸祖偈頌：即《禪門諸祖師偈頌》，4卷，宋代子昇、如祐編。

【準前】

《圓悟録》十一（十六丈）曰：“準前只守窠窟。”〇《聯燈》廿六（十四丈）《洞山初章》曰：“準前打入骨董社裏，有甚麽出頭時?”〇《正法眼藏》二下（二丈）。〇《虚堂録・普説》（十三丈）曰：“香嚴禮三拜，準前問。”〇《論衡》[1] 十六（廿三丈）曰：“文章五色準前。”〇《堯山外紀》卅四（八丈）詩曰：“薛庶準前騎瘦馬，范鄭依舊蓋番氈。”

【下梢】

見“方處”部。

地載

【安南】

《廣輿記》[2] 廿四（七丈）：“安南（廣西云南界濱海）古南交地，秦屬象郡，漢武帝平南越，置交阯、九真、日南三郡。唐改交州，國朝初歸附，賜安南国王。印王姓陳氏，爲權臣黎季犛所篡。永樂初發兵進討，俘獲季犛父子。郡縣其地甫定，而黎利復叛。宣德間，遣使谢罪，因宥而封之。”

【牢關】

《傳燈》十六（廿二丈）《洛浦章》曰：“末後一句，始到牢關。”〇《聯燈》廿三（八丈）《洛浦章》。〇《杜工部集》（千家注）《夔州歌》曰：“白帝高爲三峡鎮，夔州險過百牢關。”注：“宋曰《十道志》，梁州有百牢關。”〇《隋史遺文》[3] 十二（五十八回）《秦王虎牢扼要》。備考。

---

① 論衡：85 篇（其中的《招致》僅存篇目，實存 84 篇），東漢思想家王充撰。

② 廣輿記：24 卷，明代陸應陽著。

③ 隋史遺文：12 卷，明袁于令撰。

【波斯】

○《佛祖統紀》[①] 卅三（十三丈）《世界名體志》曰："自信度國西南至阿默翅（西印鄰大海），西至狼揭羅（西印大海濱），西北至波斯（非印度境）。"○《西域記》十一（一丈）曰："波剌斯國雖非印度之國，路次附出，舊曰波斯。"又（廿一丈）曰："波剌斯國，周數萬里。云云。人户富饒。出金、鍮石、頗胝、水精、奇珍異寶，工織大錦、細褐、氍毹之類，多善馬、橐駝。貨用大銀錢。"云云。又《慈恩傳》四。○忠曰："禪録多云南海波斯，然其國在印度西北，蓋其來支那自南海，故云爾乎。"○《俱舍頌疏》[②] 十六（八丈）曰："波剌私作如是説，父母老病，殺得勝福，免困苦故。"又曰："波剌私讚於母等，行非梵行。"○《舊唐書·列傳》百四十八（十一丈左）曰："西天竺與罽賓波斯相接。"《新唐書》二百廿一下（十丈）。○《梁書》五十四（廿三丈右）。同（廿四丈左）。○《谷響集》五（四丈）。○《正宗贊》四《洞山初贊》。○《虛堂録》三（六十四丈）《徑山録》。又五（廿二丈）。○《杜氏通典》百九十三（十六丈）。○《南海寄歸傳》[③] 二（八丈）。○《文獻通考》三百卅九（四丈）。○《洛陽伽藍記》[④] 五（八丈）《必十集一》。○《空谷集》[⑤] 三（卅丈）考。○《華嚴音義》三（二丈）曰："北面縛芻河流入波斯，拂林便入北海。"○《玄應經音》廿五（十六丈）："波斯饒宝。"○《西嚴録[⑥]·偈》（一丈）。○《唐書·列傳》百四十六下（十丈）。○《通鑒》百九十九（廿八丈）。○《瑯邪代醉》三（一丈）。

【魔界】

○《華嚴普賀行願品》卅八（四丈）曰："入魔境界，自在無染，成

---

① 佛祖統紀：略稱《統紀》，54 卷，南宋志磐著。紀：原文作"記"，行首改為"紀"。

② 俱舍頌疏：又作《俱舍論頌疏論本》《俱舍論頌疏》《俱舍論頌釋》《頌疏》《俱舍論頌釋疏》《阿毘達摩俱舍論頌疏論本》，29 卷（或 30 卷），唐代圓暉撰。

③ 南海寄歸傳：又作《南海寄歸内法傳》《大唐南海寄歸内法傳》，4 卷，唐朝義浄撰。

④ 洛陽伽藍記：5 卷，東魏楊衒之撰。

⑤ 空谷集：全稱《林泉老人評唱投子青和尚頌古空谷集》，6 卷，宋投子義青頌古，元從倫評唱。

⑥ 西嚴録：即《西嚴了慧禪師語録》，2 卷，宋西嚴了慧禪師述，門人侍者修義、景元、宗清、繼㷶、宗應編。

就法身浄妙體故，一切煩惱不能欺誑。"

【安山】

【案山】

《圓悟録》十九（十一丈）曰："拈却門前大案山。"〇《西巖[①]·天童録》（三丈）曰："前是案山，後是主山。"〇《普燈》三（卅四丈）《大洪報恩章》曰："五五二十五，案山雷主山雨。"〇《傳燈》十七（七丈）《雲居道膺章》曰："面前桉山子也不會。"〇《偃溪[②]·顯應録》（三丈）。〇《竺仙·浄妙録》（六十八丈）："主山高，案山低。"〇《湖海新聞·前集》七九丈曰："朱文公甞云：'冀州好一風水，雲中諸山，來龍也；岱岳，青龍也；華山，白虎也；嵩山，案也；淮南諸山，案外山也。'"

【客山】

蓋案山也，對諸山故云客山。〇《虛堂·顯孝録》（三丈）曰："為甚么客山高，主山低？"

【窟籠】

《俗呼小録》[③]（一丈）曰："穴謂窟窿。"〇《溪蠻叢笑》[④]（二丈）曰："不闌者，班也，蓋反切語。俚俗謂團為突欒，孔曰為窟籠。亦此意也。"〇《大惠普説》二（四十二丈）曰："剳得一個窟窿兒。"

【窟宅】

《大惠書》（五丈）："在以思量計較謂窟宅。"

【孔竅】

肝要也。〇《慈受録·小參》曰："説禪全無孔竅。"（《諸祖偈頌》

① 西巖：即《西嚴了慧禪師語録》，2卷，宋西嚴了慧禪師述，門人侍者修義、景元、宗清、繼燡、宗應編。

② 偃溪：即《偃溪廣聞禪師語録》，2卷，宋偃溪廣聞撰，侍者如珠、道隆等編。

③ 俗呼小録：右旁有小字"《呼》六十七"。《俗呼小録》，1卷，明李翊著。

④ 溪蠻叢笑：1卷，宋朱輔撰。

上下，卅四丈）。○《虛堂・徑山後録》（四丈）曰："鴉作鴉鳴，鵲作鵲噪，盡大地人不知孔竅。"

【寰海】

《虛堂録・偈頌登祝融峯頌》曰："下睎寰海如秋毫。"○《事苑》二（十五丈）曰："上户關切，王者畿内縣，即寰中海内。"

【死水】

《碧巖》二（卅四丈）《頌》曰："死水何曾振古風。"○《大惠武庫》（廿八丈）曰："梁山云：'死水不藏龍。'"

【關棙】

見三言"關棙子"。

【保社】

忠曰："入其久美也。"○《傳燈》十二（廿四丈）《興化存獎章》曰："克賓曰：'不入這保社。'"《聯燈》十一（十一丈）同。○《山谷詩集》十七（三丈）曰："本與江鷗成保社。"注："保社，保伍同社。"○《舊唐書・志》廿三（七丈）《職官志》曰："四家為隣，伍隣為保，保有長，以相禁約。"○《正宗贊》二《興化傳》。○《敕修清規》下二（廿六丈）《崇寧清規序》。

【塲屋】

忠曰："及第塲屋也。"○《傳燈》十七（七丈）《雲居膺章》曰："八十老人出塲屋，不是小兒戲，一言參差，千里萬里，難為收攝。"○《虛堂録・普説》（一丈）曰："大似塲屋中論策一般。"《避暑録話》下（一丈）曰："程師孟與王荆公有塲屋之舊。"○《容齋四筆》三（八丈）曰："不幸潦倒塲屋。"○《源流至論續集》[①] 十（十九丈）曰："素知名於塲屋。"○《宋史・列傳》七十八（四丈）《歐陽脩傳》曰："嘉裕二年貢舉，時世子尚為憸怪奇澀之文，號大學體，修痛排抑之，凡如是

---

① 源流至論續集：即《古今源流至論續集》，10 卷，宋代林駉撰。

者輒黜。畢事，向之囂薄者，伺修出，聚譟於馬首，街邏不能制，然場屋之習從是遂變。”○《東雲頌古》（廿丈）：“八十翁翁入場屋。”見七言。

【草店】

○《廣燈》十四（五丈）《二代宝壽章》云：“老胡者裏不是草店。”《石溪録·小參》（十一丈）：“草店家風亦自殊。”

【屋裡】

稱他自家裡也。如今造疏者如云屋裡機緣。○《大惠普說》下（七十四丈）：“大惠向鄭尚明曰：‘我即就你屋裡説。’”此是即引儒家語。○屋裡販揚州，揚州多娼妓，故娼妓稱揚州，今言去他娼妓家賣娼妓也。○《石室聖福録》（二丈）。

【略彴】

《碧嚴》六（五丈）《本则》曰：“僧問趙州：‘久響趙州石橋，到來只見略彴。’”評云：“略彴者，即是獨木橋也。”《趙州録》中（十一丈）作“掠彴子”。○《虚堂録·佛祖贊》（十六丈）《郁山主贊》作“徚[1]彴”。○《徐氏筆精》二（十一丈）曰：“略彴，横木橋也。陸龜蒙詩：‘頭經略彴冠微亞，腰插苓箵帶矗頻。’”蘇子瞻詩：‘略彴横秋水，浮屠插暮烟。’”○《升菴外集》六（十七丈）曰：“《爾雅》：‘石杠亦曰略彴。’《說文》：‘水上横木所以渡者。徐鉉曰：即今所謂水彴橋也。’東坡‘略彴横秋水，浮屠插冥烟’，今俗謂商稅舡錢水彴。”○《説郛》六十一《廣志》（一丈）曰：“獨木之橋曰榷，亦曰彴。”○《潛確類書》四十（十丈）引《廣志》注曰：“彴，音灼，榷水上横一木為渡彴，今謂之略彴。”

【田地】

《虚堂録·新添》（七丈）：《答宣長老書》曰：“者般説話，大有田地。”

---

① 徚：“掠”字之異體。

【實地】

大地也。○《應諧録》[①]（一丈）曰：“有盲子道涸溪，橋上失墜，兩手攀楯，兢兢握固，自分失手，必墮深淵巳。過者告曰：‘毋怖！第放下，即實地也。’盲子不信，握楯長號。久之，力憊，失手墜地。乃自哂曰：‘嘻。蚤[②]知即實地，何久自苦耶！’夫大道甚夷，沈空守寂，執一隅以自矜者，視此省哉。”

【石笋】

○《杜工部集》（千家）七（七丈）《石笋行》曰：“君不見益州城西門，陌上石笋雙高蹲。古來相傳是海眼，苔蘚食盡波濤痕。”云云。注：“田[③]曰：‘按石笋在成都西門外，二株雙蹲，一南一北。北笋長一丈六尺，圍極於九尺五寸；南笋長一丈三尺，圍極於一丈二尺。蓋南笋公孫述時折，故長不逮北笋。’”○《老學菴筆記》五（十六丈）曰：“成都石筍，其狀與筍不類，乃累疊數石成之。所謂海眼亦非妄，瑟瑟至今有得之者。蜀食井鹽，如仙井大寧猶是大穴，若榮州則井絶小，僅容一竹筒，真海眼也。”云云。○《夢溪筆談》廿一（九丈）曰：“近歲延州永寧關大河岸崩，入地數十尺，土下得竹笋一林，凡數百莖，根幹相連，悉化為石。適有中人過，亦取數莖去，云欲進呈。延郡素無竹，此入在數十尺土下，不知其何代物。無乃曠古以前，地卑氣溼而宜竹耶？婺州金華山有松石，又如桃核、蘆根、蛇、蟹之類，皆有成石者。然皆其地本有之物，不足深怪。此深地中所無，又非本土所有之物，特可異耳。”○《唐詩鼓吹》[④]三（廿丈）陸龜蒙《和張處士詩》序云：“張祐，字承吉，知南海間罷職，載羅浮石笋還。”

【搕𢶍】

《傳燈》十九（十六丈）《雲門章》曰：“一堆一擔榼𢶍。”又廿二

① 應諧録：1卷，明安成劉元卿纂。

② 蚤：“蚤”字異體，通“早”。《一切經音義》卷五三：“蠅蚤，下遭老反，蜜齧人而跳也。”

③ 田：指杜田，宋代注杜甫詩代表人物之一，著《注杜詩補遺正謬集》12卷。

④ 唐詩鼓吹：10卷，傳為金代元好問編選唐代七言律詩選集。

(廿六丈)《大容謳章》曰："大海不容塵，小谿多榼𢶗。"《音義》："榼，口合切。𢶗，先盍切。"忠曰："《傳燈音義》又曰：'打也，破聲也。'(止此)恐非義。"○《傳燈鈔》："下才盍反。《廣韻》曰：'糞也。'"○《續燈》十二（十九丈）："翻成搕𢶗。"注："上音罨，下音靸。"忠曰："與《傳燈音義》之音異。"○《普燈》四（十五丈）："搕𢶗。"○《保寧録》（四十二丈）作"𢶗榼"。○《正宗贊》四《雲居舜章》。○《篇海》八（十六丈）："搕，遏合切，聲同曷。搕𢶗，糞也。"又（廿二丈）："𢶗，私盍切，聲同薩。搕𢶗，糞也。"○《松源録》下《普説》："無許多搕𢶗。"○《雲門録》上（九丈）："一堆一擔𢶗榼。"（止此）从木。《續古宿録・地集・雲門録》（三丈），从木。○《虚堂録》九（五十四丈）："坌埽堆頭更加搕𢶗。"

方處

【大方】

與宗乘"大方"義别。忠曰："大叢林諸人所歸嚮也。"《字典・卯・下》（卌四丈）曰："《詩・大雅》：'萬邦之方，下民之王。'《箋》：'方，猶嚮也。'《疏》：'諸言方者皆谓居在他所人嚮望之，故云方猶嚮也。'"○《虚堂・育王録》（四丈）曰："今日大方親捧敕。"○同《法語》（五丈）曰："大方老秃兵。"又：縱其波辯。○同《徑山後録》（卌六丈）曰："號令人天，獨步大方，為世眼目。"○《敕修清規》上一（廿丈左）曰："大方諸山住持。"又上二（六丈右）："大方西堂。"又（卌五丈）："大方遺書至。"又下一（廿丈左）："大方居衆千百。"又（卌三丈）："五山大方。"又（卌四丈）："大方多衆。"

【遼天】

○《虚堂録・秉炬》（二丈）曰："林過兩重關，放出遼天鶻。"

【可中】

○《虚堂録・偈頌》（卌一丈）曰："可中别有通神處。"

【個裡】

見愚滯部“潑賴”處。○《餘冬序録》[1] 四十八（十一丈）曰：“謂此曰個裡。個，音格。”

【者裡】

《事苑》二（十四丈）曰：“這裡，指事之辭也。”○《虛堂録》一（十四丈）曰：“惜乎坐在者裡。”

【那裡】

《暖姝由筆》（五丈）曰：“方言凡問物之在者曰在那裡。此官語也。”《續郛》十九。

【末上】

《古宿》十三（廿三丈）《趙州録》曰：“崔郎中问：‘大善知識還入地獄也無？’師云：‘老僧末上入。’”云云。○《虛堂》一（十一丈）《聖録》曰：“黄面老漢末上遭他。”云云。龍溪云：“末上，最初義。”○《介石·能録》曰：“末上稱尊，謾生誇赤土。”○《月江·育王録》（十一丈）曰：“石頭和尚有一片言語，喚作《參同契》。末上云：‘竺土大仙心。’”○最初義可證。

【末頭】

同“末上”，最初也。《續燈》六（廿三丈）《相國正覺章》曰：“問：‘如何是佛法大意？’師云：‘鹿野苑中談四諦。’僧曰：‘未審意旨如何？’師云：‘先度五俱輪。’”

【上梢】

同“末梢”“末上”義。○《圓悟心要》上（三十丈）曰：“推源窮本，蓋上梢不遇作家。”

---

① 餘冬序録：6卷，明代何孟春撰。

【下梢】

忠曰：“末後義。”〇《圓悟心要》下（廿四丈）曰：“下梢無合殺，遂滿肚懷疑。”又《心要》下（五十二丈）：“及至下梢。”〇《圓悟録》十六（十二丈）。〇《朱子語録》十二（一丈）曰：“下梢去仕宦，不可不知。”〇《南堂·本覺録》（四丈）曰：“直到下梢，分疏不下。”

【當陽】

《楞嚴》。為封向上面義。〇《傳燈》八（十五丈）《齊峯章》曰：“莫是當陽道麼？”一山曰：“當陽，分明也。”〇《普燈》四（三丈）《黄龍祖心章》曰：“若不當陽曉示，窮子無以知歸。”〇《禪林類聚》二（四十八丈）曰：“天寧諧禪師。云云。老僧人曰：‘若不當陽顯示，後学何以知歸？’”〇《正宗賛》二（六十六丈）《密菴傳》曰：“應菴以偈送曰：‘大徹投機句，當陽廓頂門。’”

【當堂】

《傳燈》十七（十六丈）《華嚴休静章》曰：“當堂不正坐，不赴两頭機。”〇《普燈》廿八（三丈）《佛性泰禪師野狐頌》曰：“當堂鏡破兩頭忘，掃影滅蹤無摸索。”〇《普菴録》上（七十七丈）：“當堂非自狂。”同下（四十八丈）：“古鏡當堂不動光。”〇《貞和集》五（十二丈）《希叟頌》：“快與當堂打破來。”〇眞歇《劫外録》[1]（九丈）曰：“僧問：‘影草不施，千途罷賞，未審其中事做麼生？’師云：‘當堂不正坐。’”〇《大休録·小参》（四十丈）曰：“當堂覿面露全機，語笑分明更是誰？”又《小参》（四十七丈）：“若是他主人翁，當堂無影像。”〇又《大休録·佛事》（四丈）：“安奉聖僧語曰：‘仰冀當堂正坐，慈陰後昆。’”〇又《大休録·道號》（三丈）曰：“當堂坐断須彌頂。”〇《清拙[2]·日本録·雜著》（十丈）：“當堂坐断兩頭機。”

---

① 劫外録：《真歇清了禪師語録》2卷，卷上原題為《劫外録》，全稱《真州長蘆了和尚劫録》，宋代僧清了撰，侍者德初、義初等編。

② 清拙：即《清拙和尚語録》，1卷，元代入日禪師釋正澄撰，釋永錤等輯。

【當頭】

《虛堂録・偈頌》（十丈）曰："當頭一諾未為親，大道難將語默分。"忠曰："末頭義。舊解最初義。"○《品字箋》巳（七十二丈）曰："當，又質也。俗語謂之當頭。"忠曰："是與'末頭''當頭'大別，即《隋史遺文》秦叔宝質金簡，其宅掛當字是也。"

【當下】

忠曰："晚時言晚下，然則當下亦當時也。"○《聯燈》廿七（廿六丈）《天平章》曰："師當下便行。"《大慧録》一（十七丈）曰："當下打破蔡州。"

【那下】

《雪巖録》下（十三丈）《野鴨子頌》曰："那下飛來水面浮。"

【地頭】

○《碧巖》三（十六丈）《評》曰："且道指什麼處為地頭？"

【在處】

○《碧巖》七（十丈）《評》曰："外道會四維陁典論，自云：'我是一切智人，在處索人論議。'"

【去處】

《無冤録》上（卅五丈）"去處"注曰："猶言處所也。"○《普燈》四（三丈）《黃龍慧南章》曰："直須明取自家一片田地，教伊去處分明。"○《無準録》四（一丈）《普説》曰："你若未得入手，纔到關津去處，心下未免不穩。"○同五（卅五丈）："入内陞座，曰：'本山乃高宗皇帝臨幸之地，朝廷第一祈禱去處。'"○《虛堂録》一（一丈）《嘉興府請疏》曰："者寺不是尋常，為孝宗聖跡去處。"○《朱子語録》九（十六丈）曰："宮中為設一去處。"○《大慧普説》四（四十三丈）。《西遊記》一（十丈）。《水滸傳》八回十丈。皆《虛堂犂耕》引。○《傳燈》十八（三丈）《玄沙章》："為有奇特去處。"

【下落】

《類書纂要》十一（卅五丈）曰："下落，完事也。"

生植

【荆棘】

《潙山警策》（四十三丈）："銘云：决擇身心，去其荆棘。"《注》："去其僞妄。" 又三言"荆棘林"。

器具

【碓觜】

忠曰："蓋碓承拽木之穴處隆起者。"○《朝野僉載》六（十二丈）曰："宋令文[1]以五指撮碓觜。"○《太平廣記》百九十一（六丈）引。

【金椎】

《玄應音義》[2] 二（五丈）曰："金椎，直追切。《蒼頡篇》：椎，打物也。案《説文》：鐵為黑金，故名金椎也。"

【白棒】

《虛堂録·佛祖讃》（八丈）《泉大道浴湫圖讃》曰："好將白棒劈脊摟。"○《佛祖通載》廿二（十九丈）《雲峯和上奏禪宗》中曰："德山自是據條白棒，佛來也打，祖來也打。"○《三才圖會[3]·器用》六（卅五丈）有圖。○《抱朴子》一（四十三丈）："賀將軍作白棒破賊。"

---

① 宋令文：唐虢州弘農（今河南盧氏）人，一作汾州（在今山西）人。宋之問之父。

② 玄應音義：即唐朝釋玄應所著的《一切經音義》，又稱《大唐衆經音義》，25卷。

③ 三才圖會：又名《三才圖説》，108卷，明朝王圻及其兒子王思義撰寫的百科式圖録類書。

【老棒】

《虚堂録・續輯》（八丈）曰："懵懂底，老棒打不回頭。"忠曰："古木棒也。"

【圈繢】

《碧嚴》一（十九丈）曰："透得他圈繢。"當作"繢"。○《事苑》一（十一丈）："綣繢，當做圈繢。上去圜切，屈木也。下丘媿切，紐也。綣繢，非義。"○《虚堂録・偈頌》（三十四丈）《錦鏡頌》曰："倚欄擬作機頭看，已墮阿師圈繢中。"○《斷橋・瑞巖録》（七丈）曰："古時若有，今時人不落他家綣繢裏。"當作"圈"。○《字典・申・下》（四十二丈）"繢"注曰："丘愧切，音饋，紐也。《增韻》：衣系也。又《集韻》：黄外切，音會，同繢。《類篇》：會五采繡也。"

【欛柄】

《正字通・辰・中》（百廿三丈）曰："欛，必架切，音霸，欛柄。釋宗杲謂張無垢云：門下既得此欛柄，可改頭换面，説向儒家。《丹鉛》[1]謂此語出無垢，非也。別作橎、杷竝[2]非。"

【蒺藜】

《正宗賛》三（卅五丈）《自得暉賛》曰："眼睛頭徧地蒺藜。"○《本草綱目》[3]十六（八十七丈）曰："蒺藜，弘景曰：多生道上及墻上，葉布地，子有刺，狀如菱而小。長安最饒，人行多著木履。今軍家乃鑄鐵作之，以布敵路，名鐵蒺藜。易云：據于蒺藜，言其凶傷。《詩》云：墻有茨，不可掃也。以刺梗穢方用甚稀。時珍曰：蒺，疾也；藜，利也；茨，刺也，刺傷人甚疾而利也。"

【氣毬】

《古宿》卅八《洞山初録》（十二丈右）曰："眼裏瞳築氣毬。"

① 丹鉛：即《丹鉛總録》，27卷，明楊慎撰。考辨群書异同之筆記彙編。

② 竝："並"之異體。字見《正字通・一部》。

③ 本草綱目：52卷，明李時珍著。

〇《應菴·歸宗録》（十丈）曰："三十天趯氣毬。"〇《普燈》廿九(廿八丈)《博山本禪師·示衆偈》曰："無用頑皮作氣毬，誰人趯得上高樓?"

【鐵鞋】

《虚堂録·偈頌》二丈《銷印頌》曰："鐵鞋無底飽風霜。"忠曰："鉄作鞋履，堅硬戰場著之曰軍場，著之防鉄蒺藜。(止此）未見本據。"

【行李】

《虚堂録·新添》(十一丈)《行狀》曰："'行李在甚麼處?'師云：'在旦過堂。'"忠曰："行李者，行裝袱子也。"〇李濟翁《資暇録》(一丈）曰："李字除菓名、地名、人姓之外，更無別訓義也。《左傳》：'行李之往來。'杜不研窮意理，遂注云：'行李，使人也。'遂俾今見遠行結束次第，謂之行李，而不悟是行使爾。按舊文'使'字作'㞜'，傳寫之，誤作'李'焉。注：舊文使字'山'下'人'，'人'下'子'。"〇《正字通·辰·中》(七丈）曰："馬永卿、彭乘曰，《左傳》注皆解行李為使，今人以行裝為行李，非也。云云。智按：不知行李本義為行理，使人行必有裝。鄭當時之治，行孟子之治任，是也。則相沿以行李為隨行之物，亦何不可?甚矣，馬彭之拘也！據此説，舊注引《資暇録》非。"〇李理相通。《左傳·僖三十年》："行李之往來。"又《昭十三年》十三（十四丈)[①]："行理之命。"杜預从解為"使人"。《杜注》左廿三(十四丈)[②]："行理，使人通聘問者。"〇《字典·辰·中》（六丈）"李"注曰："《博雅》：行李，關驛也。又與理通。《左傳·僖十三年》：行李之往來。《周語》：行李以節逆之。《泊宅編》[③]：李理義通，人將有行，必先治裝，如孟子之言治任。理亦治也。"〇《西溪叢語》[④]上（四十七丈）曰："唐李濟翁《資暇録》云：古使字作李。《左氏春秋傳》所言行李，乃是行使，後人誤爲李字。《春秋僖公三十年左氏傳》曰：'行

① "十三（十四丈）"為"昭十三年"右邊小字補。

② "左廿三（十四丈）"為"杜注"左邊小字補。

③ 泊宅編：10卷，宋代方勺編。

④ 西溪叢語：2卷，宋姚寬所撰筆記作品。

李之往來，供其困乏。’杜預注：‘李，使人也。’又曰：‘亦不使一介行李，告于寡君。’注：‘行李，行人也。’又曰：‘行理之命，無月不至。’注：‘行理，使人通聘問者。’或言李，或言理，皆謂行使也。但文其詞則謂之行李，亦作理耳，知非改古文爲李也。古文字多矣，李濟翁不言李字出何書。未可遽爾泛舉而改作也。劉孝威《結客少年場》云：‘少年李六郡，遨游遍五都。’李作使音。”〇宋楊伯嵒[1]《臆乘》[2]（十二丈）曰：“《左傳》：‘一介行李。’杜預曰：‘行李，使人通聘問者。’按古文使字從山从八從子，豈悮以使字為李字耶？”〇《遯齋閒覽》曰：“《左傳》云：君不使一介行李，告于寡人。注云：行李，謂行人也。今人乃謂行裝為行李，非是。”〇《餘冬序録》[3] 四十八（二丈）曰：“《左傳》行李之李本作𡴖，舊文使字。”〇周祈《名義攷》[4] 六（十四丈）曰：“李濟翁《資暇録》謂𡴖古文使字，誤以為李，行李當作行使。黄直翁謂行李本作行理，古文李與理通，皆謂使人。李說近奇，而黄說為是。《左傳·僖三十年》：‘行李之往來，共其乏困。’《襄八年》：‘亦不使一介行李，告於寡君。’用李字。《昭十三年》：‘行理之命，無月不至。’《國語》：‘行理以節逆之。’用理字。《管子》書大理，亦作李。可見理李通用。理，治也，行理行而治事者也。因謂行橐曰：‘行理。’”〇《群碎録》（十二丈）曰：“行李，《左傳》李本作𡴖。𡴖，古文使字。宋方勺云：‘按黄帝有李法一篇。’師古曰：‘李者，法官之號，則李與理通，人將行治裝也。’”〇《泊宅編》[5]（二丈）。〇《品字箋》戊（九十二丈）。〇《容齋四筆》二（十丈）。

【家私】

《正宗賛》二（十九丈）《葉縣賛》曰：“將臨濟家私盡狼藉。”忠曰：“家裏所蓄私財也，臨濟家私所，謂三要、三玄、四賓主、四料揀等。”〇《虛堂録·新添》（六丈）《送南浦語》曰：“聚頭説龍峯會裡家私。”忠曰：“虛堂屋裡因緣，比家裡私財也。”

---

① 嵒：同“巖”。

② 臆乘：乗，同“乘”，《臆乘》，1 卷，楊伯巖撰。

③ 餘冬序録：6 卷，明代何孟春撰。

④ 名義攷：攷，同“考”，《名義考》，12 卷，明周祈撰。

⑤ 泊宅編：10 卷，宋代方勺編。

【家事】

忠曰："家具也，鍋釜盔盌檻[①]器皿之類。"〇《傳燈》八（九丈）《南泉》曰："待到斋時做飯。云云。其僧自喫了，却一時打破家事就牀卧。"

【家生】

同"家事"。《正宗賛》一（十四丈）《南泉傳》作"一時打破家生"。〇《俗呼小録》（三丈）曰："器用曰家生。"

【寠籔】

《禪儀外文（傳疑）》[②] 二（十丈）《興和尚住天寧疏》曰："如煎鸞膠而續斷絃[③]，無鼠穴而銜寠數。"〇《前漢書》六十五（二丈）《東方朔傳》曰："覆樹上寄生，令朔射之。朔曰：'是寠數也。'"注："古曰寠數，戴器也，以盆盛物戴於頭者，則以寠數薦之。今賣白團餅人所用者是也。"又六十六（九丈）。〇《釋名》三（五丈）曰："寠數，猶局縮，皆小意也。"〇《史觽》二（廿二丈）《東方朔傳》："郭舍人覆樹上寄生，令朔射之。朔曰：'是寠數也。'舍人曰：'果知朔不能中也。'朔曰：'生肉爲膾，乾肉爲脯，著樹爲寄生，盆下爲寠數。'按寠數，注解不同。《楊惲傳》：'真人所謂鼠不容穴，銜寠數者也。'"〇《續博物志》九（六丈）曰："寠藪，王叡云：'東方朔以爲寄生賣餅人，结茅爲經以戴頭上，狀如環。'"〇《篇海》十（三十四丈）"藪"注曰："所矩切，音數。寠藪，宛童也。《韻會》：寠籔，戴器也。注以盆盛物於頭者，則以寠籔薦之。"

金寶

【滯貨】

《碧巖》二（六丈）《麻三斤評》曰："五祖先師頌云：賤賣擔板

---

① 檻："楪"字俗体，同"碟"。

② 禪儀外文（傳疑）：即《禪儀外文傳疑鈔》，6卷，日本江户時代卍室祖价註。《禪儀外文》，又作《禪儀外文集》，2卷，日本室町時代虎関師錬撰。

③ 絃：同"弦"。李商隱《錦瑟詩》："錦瑟無端五十絃，一絃一柱思華年。"

漢，貼秤麻三斤。千百年滯貨，無處著渾身。”〇《普燈》廿九（廿八丈）《卍菴颜達摩贊》曰：“断臂嗣芳，賤賣滯貨。”

食餌

【胡餅】

《碧嚴·七十七則》曰：“僧問雲門：‘如何是超佛越祖之談？’門云：‘餬餅。’”〇《事苑》一（十三丈）《雲門室中録部》曰：“餬餅：餬當作胡，胡虜之捴稱。用胡麻作餅，故曰胡餅。故《釋名》曰胡餅，言以胡麻著之也。《前趙録》云：‘石季龍諱胡，改為麻餅。’”〇《尋到源頭》[1]八（十八丈）曰：“胡餅者，入胡麻于餅中，即麻餅也，乃晉王長汉辟爲别駕不就，後于成都市作胡餅噉之。刺史知其不可屈，禮遣之。又王羲之坦腹東床啖胡餅。疑胡餅晉人始作也。”

【阿魏】

藥名。〇《正宗贊》二（卅七丈）《保寧勇贊》曰：“水銀無假，阿魏無真。”〇《中峯録》十二中（八丈）《信心銘闢義解》曰：“趙州勘破了也。水銀無假，雲門話墮了也。阿魏無真。冠注云：《和劑方本草圖》云：‘阿魏，味辛平，無毒，主殺諸小蠹，去臭氣，破癥積下悪氣，除邪鬼蠱毒。’”〇《本草》卅四（六十一丈）曰：“諺云：‘黄芩無假，阿魏無真。’以其多僞也。劉純詩云：‘阿魏無真却有真，臭而止臭乃爲珍。’”〇《酉陽雜俎》十八（十丈）曰：“阿魏出枷闍那國，即北天竺也。伽闍那呼为形虞。亦出波斯國，波斯國呼為阿虞截。樹長八九丈，皮色青黄，三月生葉，葉似鼠，無花實。斷其枝，汁出如飴，久乃堅凝，名阿魏。拂林國僧彎所説同。摩伽陁國僧提婆言，取其汁如米豆屑，合成阿魏。”〇《續博物志》十曰：“董蕖者，婆羅門云阿魏，苗根似白芷。”

【打飯】

《歸田録》曰：“役夫餉飯曰打飯。”見一言“打”。〇《江湖紀聞·

① 尋到源頭：即《菽林尋到源頭》，8 卷，明代余恒撰。

后》八（六丈）曰："行者每日打飯至室中。"

【藥忌】

《傳燈》十八（十一丈）《玄沙章》曰："長慶稜來師問：'除却藥忌作麼生？'道稜曰：'憨作麼？'" 〇《碧巖》五（二丈）《頌》曰："藥忌何須鑒作家？評云：趙州是活底人，故作死問驗取投子，如藥性所忌之物，故將去試驗相似。" 〇逸堂云："藥忌為言句非也，如地黄忌生大根也。" 〇《事苑》二（廿丈）《雪頌古解》曰："藥忌猶語言也。"

【家常】

《永平正法眼藏》[1] 五十七（三丈）《十五章》曰："家常：尋常也，如日本語言與乃都祢也。" 〇陶穀《清異録》二（十一丈）曰："膃肭臍不可常得，野雀久食積，功固亦峻緊，蓋家常膃肭臍也。" 〇又見四言"家常茶飯"。〇《古宿》卅七（廿四丈）《鼓山録》曰："师與長慶入佛殿，見佛前鉢盂，拈起云：'家常。'師云：'何得又更無厭？'"云云。〇《傳燈》十八（廿九丈）《鼓山神晏章》曰："师與拕[2]慶相遇，拕慶曰：'家常。'師曰：'無厭生。'" 〇《虛堂·報恩録》（十八丈）曰："臨際入京教化，云：'家常添鉢。'到一家門首，婆云：'太無厭生！'"云云。〇《西遊記》十（卅三丈）曰："祇可以家常相待。"

【羅齋】

予《象器箋》十六辨。

【點心】

予《象器箋》十七辨。

---

① 永平正法眼藏：又作《永平眼藏》，95 卷，日本曹洞宗創始人镰仓时代的道元編著。

② 拕："招"字異體。字見《隸辨·平聲·宵韻·字》引《衡方碑》《宋元以來俗字譜·手部》引《太平樂府》。

禽畜

【鐵馬】

鐵騎也。鎧甲之馬。故云鐵馬。非機語。○《碧巖》三（十三丈）《頌》曰："曾騎鐵馬入重城。"○《容齋續筆》[①]五（九丈）曰："《五代舊史》云：唐明宗問樞密使范延光内外馬數，對曰：三萬五千匹。帝嘆曰。云云。今有鐵馬如是，而不能使九州混一。"○《今五代史》[②]五十一（三丈）《范延光傳》舉[③]"鐵馬"二字。○《續説郛》卅四《閨秀詩評》（九丈）《鄭奎妻詩》曰："鐵馬聲嘯風力緊。"

【大蟲】

虎名大蟲。《傳燈》十（八丈）《長沙岑章》曰："因庭前向月，仰山云：'人人盡有這個事，只是用不得。'師云：'恰是倩汝用。'仰山云：'作麼生用?'師乃蹋倒仰山。仰山云：'直下似個大蟲。'自此諸方謂為岑大蟲。"○《本草綱目》五十一上（一丈）《虎・釋名》曰："大蟲。"○晉干寶《搜神記》二（四丈）曰："扶南王范尋養虎於山，有犯罪者，投與虎，不噬，乃宥之，故山名大蟲。"○《方輿勝覽》[④]四十（九丈）《梧州部》曰："大蟲山，在州東三里。"引范尋事。○李肇《國史補》[⑤]上（廿五丈）曰："陸長源以舊德為宣武軍行軍司馬，韓愈為巡視，同在使幕，或譏其年輩相遠，愈聞而答曰：'大蟲老鼠俱為十二相屬，何怪之有?'旬日，傳布于長安。"○《虛堂録・佛祖讃》（一丈）："大蟲無齒。"

【虎兕】

《虛堂・報恩》（十八丈）曰："擒虎兕機。"○《論語》八（十九丈）《季氏篇》曰："虎兕出於柙。"朱註："兕，徐履反，野牛也。"

---

① 容齋續筆：又作《容齋二筆》，16 卷 249 則，南宋洪邁撰史料筆記。

② 今五代史：即《新五代史》，原名《五代史記》，74 卷，宋歐陽修撰。

③ 舉：原文漫漶不清，據輪廓和文義推測。

④ 方輿勝覽：70 卷，宋祝穆撰。

⑤ 國史補：又稱《唐國史補》，3 卷，唐李肇撰。

○《爾雅》十一（七丈）《釋獸》曰："兕似牛。"注："一角青色，重千升。"疏：《説文》曰："兕如野牛，青毛其皮，堅厚可制鎧。"云云。○《正宗贊》一（十八丈）《百丈贊》曰："同奪生獰虎兕胎。"○《玄應經音》十八（廿一丈）曰："兕又作㣇𧰼，二形同徐里切。《山海經》[①]：'兕狀如牛，蒼黑色。'"

【鵓鳩】

《聯燈》十一（廿一丈）《首山念章》曰："風穴問：'做麼生是世尊不説説?'真園頭云：'鵓鳩樹頭啼，意在麻畲裏。'"○《虛堂・宝林録》（三十丈）。○周祈《名義考》[②] 十（二丈）曰："五鳩之外，如鴿而灰色者曰鵓鳩，天晴則呼其牝，雨則逐之，常聞其聲，又曰鳴鳩。"

【蠱毒】

《虛堂録・頌古》（十三丈）曰："見説閩山多蠱毒。"○《醫方大成論》（十九丈）曰："今古相傳多是閩廣深山之人，於端午日以蛇蚖、蜈蚣、蝦蟆三物同器貯之，聽其互相食啖，候一物獨存者，則謂之蠱。欲害其人，密取其毒於酒食中，啖之，若中其毒者，令人心腹絞痛，如有蟲咬，吐下血皆如爛肉。"云云。又三言："蠱毒鄉"處。

【蟭螟】

○《事苑》七十五丈曰："蟭螟，音焦冥，細蟲。江浦之間有麼蟲，曰蟭螟，集於蚊睫而弗相觸，栖宿往來而蚊未之覺。以言其細也。"本出《列子》。○《列子》下七丈《湯問篇》曰："江浦之間生麼蟲，其名曰焦螟，群飛而集於蚊睫，弗相觸也，栖宿去來蚊弗覺。"○《尋到源頭》七十三丈引《晏子》。

【龜哥】

《普燈》二（廿五丈）《法昌遇章》曰："及將化作偈曰：'今年七十七，出行須擇日，昨夜問龜哥，報道明朝吉。'"○《告龍圖徐禧》。

---

① 山海經：18 卷，作者和成書時間未定，一般認為是先秦古籍。

② 名義考：12 卷，明周祈撰。

○忠曰：“靈龜告吉凶於人，故自古以龜卜。《洪範·稽疑》有龜從莁從之説，《抱朴子》稱先知君（《内篇》二，四十二丈），故今擇日問龜哥也。哥，兄也，美稱之也。”○《燕南紀談·后》下（十六丈）：“數説予謂杜撰。”

【鼯鼠】

大梅常禪師臨終示徒云：“來莫可抑，往莫可追，從容間復聞鼯鼠聲。師云：‘即此物非他物，汝等諸人善護持之，吾今逝矣。’”《禪林類聚》十三（廿丈）。○《西溪叢語》下（三十八丈）曰：“《爾雅》：鼯鼠，名夷田。郭璞云：狀如小狐，似蝙蝠，肉翅，尾項脇毛紫赤色，背上蒼艾色，腹下黄，喙頷雜白，腳短，爪長三尺許，飛且乳，亦謂之飛生。聲如人呼，食龜烟，能從高赴下，不能從下上高。陶隱居：鼺是鼯鼠，一名飛生。産掃持之易生。”

【赤眼】

忠曰：“謂龜也。”○《虚堂·浄慈後録》十五丈：“赤眼撞著火柴頭。”彼注解。

《葛藤語箋》第六卷

三言（乾）[①]

宗乘

【法王法】

《碧巖》十（四丈）《第九十二則》曰："世尊一日陞座，文殊白槌云：'諦觀法王法，法王法如是。'世尊便下座。" ○《文殊師利問菩提經》[②] 説語言道斷滅法。六十二套。

垂接

【打之遶】

見二言"之遶"。動作部。○《續古宿》三《佛眼遠録》（一丈）曰："世尊拈花微笑，親切親切，省要省要。眼目定動，料料掉掉，為報先生，莫打之遶。何也？文不加點。" ○《石溪・報恩録》見"隨渡"處。動作部。

【新定機】

《碧巖》一（廿二丈）《第六則・評》曰："雪竇道：'我愛韶陽新定機，一生與人抽釘拔楔。'" ○《古鈔》一（六十丈）："者雲門言句新吐出也。" ○《夾山鈔》一（四十八丈）曰："雲門新定法令，改古人舊途轍，新出决定機語。" ○《廣燈》廿一（廿一丈）《雙泉禪師章》：

---

① 原文無"乾"，此據無著道忠的目次補上。

② 文殊師利問菩提經：又作《伽耶山頂經》，1卷，姚秦鳩摩羅什譯。

"《冬月雪下夜智門和尚頌》中曰：'余愛韶陽新定機，一生與釘楔。'"〇本《雙泉頌》雪竇用之也。

【建法幢】

《大乘頂王經》（廿四丈）《偈》曰："善哉！無上尊所説甚微妙，建此大法幢，不思議，能以四句偈為衆生解説。"

學修

【飽叢林】

忠曰："蓋謂舊參，即少叢林之反也。"〇《古尊宿》卅九（四丈）《智門祚録》曰："所以趙州八十尚自行脚，衹是要飽叢林，又且不擔板。"〇《廣燈》廿八（十五丈）《大寧璁章》曰："僧問：'不因衆請，無由得見；不因師説，無由得聞；既見既聞，又成聲色。學人上來，師意如何？'師云：'飽叢林。'"〇又同廿九（九丈）《仁壽宿禪師章》曰："問：'談真則逆俗。'云云。師云：'飽叢林'。"〇《續燈》廿八《慧林佛陁頌·不起一念》曰："問答隨機或淺深，雲門終是飽藂林。"〇又同十一（十一丈）。〇《續古宿·宏智竟録頌》曰："禾黍十分秋可望，飽叢林漢著精神。"

【死對頭】

《永覺·續寱言》（四丈）曰："今真有志參禪者，必須坐斷此等惡知惡習，單單向無縫罅處鑽研，憤然如遇著個死對頭，直須滅此而後朝食。"〇忠曰："死，極痛切之詞。對，怨對也。頭，助辞[①]。"對：《大日經一行疏》七（卅二丈）曰："拏字門一切諸法怨對不可得故者，梵音云拏麽囉是怨對義，如世間仇讐更相報復故名為對。"〇《虚堂録·偈頌》有《緣對頌》。

---

① 辞："辭"之異體。《字彙·舌部》云："辞，俗辭字。"《正字通·辛部》云："辞，俗辭字，誤，與亂作乱同。"

【死功夫】

忠曰："死，痛切義，如死力死款之死也。"《大慧書》（八十二丈）《答孫知縣書》曰："著死功夫斷崖。"〇《虚堂録·偈頌》（十二丈）《西蜀道士同夏頌》曰："不拜星壇不步虚，裂冠來下死功夫。"

【著精彩】

《大惠書》（十九丈）："願左右快著精彩。"〇《小補韻會·庚韻》（五十九丈）曰："精，凡物之純至曰精。《增韻》：專一也。又同《賄韻》（十四丈）曰：彩，《增韻》：精光也。"〇忠曰："著精彩，蓋俗語也。專一作事，令有光彩也。又曰：彩者，双六之彩也。《傳燈》八（八丈）《南泉章》曰：'陸大夫與師見人雙陸，拈起骰子云：恁麽不恁麽，只恁麽信彩去時如何？'云云。蓋擲彩者，著力專一振掉骰子也。然此義無據。"

【蟲禦木】

《聯燈》七（三丈）《大潙霊祐章》曰："師一日侍百丈行次，丈云：'還将得火来麽？'師云：'将得來。'丈云：'在甚麽處？'師拈一莖柴，吹三吹，度与丈。丈云：'如蟲禦木。'"〇《事苑》二（九丈）曰："禦木：上者語，蝕也。"〇忠按："《字彙》《續字彙》《正字通》《字典》無蝕訓。"〇《事苑》一（十二丈）"蝕木"注曰："《智度論》二云：佛言：'善説無失，無過佛語，諸外道中，設有好語，如蟲食木，偶得成文。'"

【放慕顧】

《〈碧嚴〉不二鈔》六（九丈）曰："西嚴浴佛上堂尾書曰：'景定（宋理宗）庚申（元年）九月末，璉藏主放慕顧，以此紙乞書，西嚴老漢亦從，而不識羞也。時寓芝峯。'"〇忠曰："西嚴浴佛上堂，七步周行，行不到。云云。《西巖開善録》（六丈）載此跋語，蓋不二觀其真筆而寫而已，此尾語《西嚴録》不載。"〇希叟《正宗賛·白雲賛》曰："拋金鈎九江曲，可憐生認鱉為鯨。開飯店白雲深，放慕顧和麸糶麵。"〇《空谷集》五（四丈）《第七十一則·評》曰："可惜這僧慕顧茅廣逼拶。"

云云。忠曰："茅廣，迂濶義。"〇《退菴奇録》[①]（三丈）曰："百丈踞坐，黄檗慕顧。"〇又作"放暮顧"。〇《希叟録[②]·法語·示希革侍者省親語》曰："豈不思大義渡，放慕顧一著子，日月星辰，為之撲落。"又作"暮故"。〇《從容録》[③] 四《第五十七則》曰："僧問報慈：'情生智隔，相變體殊，情未生時如何？'慈云：'隔。暮故底。道情也未生，隔個甚麼？'"〇《萬松請益録》[④] 上"花藥欄"天童拈云："切忌撞頭磕額。"下語曰："暮故瞎茅廣。"又作"慕固"。〇《雲臥紀談》下《書》（六丈）曰："雲蓋古和尚，叢林謂'古慕固'者。"〇《碧嚴》六《第五十三則》下語曰："驀顧作什麼？"〇《不二鈔》六作"暮故"曰："上或作驀，或作慕。下或作顧。"〇忠曰："慕顧訛作驀顧耳。"〇忠曰："放慕顧，自古無解釋者，予竊謂放從也。慕顧或作暮顧、暮故、慕固，蓋与模糊音近借用。模糊，漫貌（句會），分曉也。"

人倫

【老臊胡】

達摩也。《聯燈》二十（九丈）《德山章》曰："這裡佛也無，祖也無。達摩老臊胡，十地菩薩是擔屎漢。"〇《應菴·宝林録》（二丈）曰："達摩西來，直指人心，見性成佛者，老臊胡。當時若知有轉身句，是你諸人未免横屍露骨。"〇《虚堂録·告香普說》曰："達摩元是老臊鬍，釋迦老子乾屎橛。"云云。〇忠曰："鬍字，韻書無之，當作胡。胡，頷須也。《篇海》六（卅一丈）。臊：《韻會·豪韻》曰：臊蘓曹切。《説文》豕膏臭也。一曰犬臊也。又《尤韻》：叶，先侫切。腥，臊也。《易林》：東家殺牛，汗臭腥臊。"

---

① 退菴奇録：即《金山退菴奇禪師語録》，1卷，宋退菴道奇撰。

② 希叟録：即《希叟紹曇禪師廣録》，又作《希叟和尚廣録》，7卷，宋代僧希叟紹曇撰，侍者法澄等編。

③ 從容録：又稱《萬松老人評唱天童和尚頌古從容菴録》《天童覺和尚頌古從容菴録》，6卷，南宋萬松行秀撰。

④ 萬松請益録：又作《請益録》《松老人評唱天童覺和尚拈古請益録》，2卷，宋代正覺拈古，元代行秀評唱。

【胡種族】

佛種族也。《事苑》一（五丈）曰："稱西竺為胡，自秦晉沿襲而來，卒難變革，故有名佛為老胡，經為胡語，祖為碧眼胡，裔其後者為胡種。為釋氏子，而名胡種，得不撫膺自愧？所謂必也正名。云云。且胡之雜戎，乃是西方邊俗，類此土有羌狄變夷之屬，何得經書乃為胡語？佛生天竺，彼土士族婆羅門總稱為梵。梵者，清净也。承胤光音天，劫初來此，食地肥，身重不去，因即為人，仍其本名，故稱為梵。但有胡言處，以梵替之，庶後哲善談得其真正者矣。"○《唐高僧傳》二（廿三丈）《彦琮傳》曰："舊喚彼方總名. 胡國安（道安）雖遠識未變常語，胡本雜戎之胤，梵惟真聖之苗，根既懸殊，理無相濫，不善諳悉多致雷同，見有胡貌即云梵種，實是梵人漫云胡族。莫分真偽，良可哀哉。"○《宋高僧傳》三（十四丈）曰："此方始從東漢傳譯至于隋朝，皆指西天以為胡國，且失梵天之苗裔，遂言胡地之經書，彦琮法師獨明斯致，唯徵造録痛責。"○《翻譯集》[①] 一（一丈）："分胡梵。"○《雪峯録》上（廿三丈）："上堂曰：'受他釋迦麻麿，把佗聖種滅却，是什麼心行？大唐國内胡種看看是滅，莫當等閒。我今在者裏坐，不見有一個是從上宗旨中苗稼，衹是一場亂統，盡是一隊滅胡種族，古人喚作謗般若輩。"○又四言"滅胡種族"下。

【善知識】

○《止觀》四之二（十二丈）曰："知識有三種：一外護，二同行，三教授。（末）初言外護者，自己身心為内，望他身心為外。為外所護，故名外護。言同行者，己他互同，遞相策發，人異行同，故名同行。言教授者，宣傳聖言，名之為教。訓誨於我，名之為授。又上言被下名之為教，教於所受名之為授。通言知識者，《法華疏》云：聞名為知，見形為識。是人益我菩提之道名善知識。"○《法華文句》十之二（四十六丈）。○《要覽》上（十丈）。○《起信筆削記》[②] 六（三十四丈）。○《事苑》七（廿三丈）。○《僧宝傳》一（廿五丈）。○《舍利弗阿毘曇》[③] 十七

① 翻譯集：即《翻譯名義集》，7 卷，南宋法雲著。

② 起信筆削記：即《起信論筆削記》，又作《大乘起信論筆削記》，20 卷。宋代子璿撰。

③ 舍利弗阿毘曇：又稱《舍利弗阿毘曇論》，30 卷，姚秦曇摩耶舍、曇摩崛多等合譯。

(三丈)。○《智度論》八十五(廿五丈)。○《大品》三十(一丈)。○《南本涅槃經》廿四(十七丈)《全梵行》。○《大惠書》(一丈)。○《圓覚經》[①] 下《善覚章》。

【廣南蠻】

○《補僧宝傳》六(卅五丈)[②]《雲巖新禪師傳》曰:"禪師諱悟新,王氏,韶州曲江人。云云。初謁棲賢秀鐵面,秀問:'上座甚處人?'對曰:'廣南韶州。'又問:'曾到雲門否?'對曰:'曾到。'又問:'曾到靈樹否?'對曰:'曾到。'秀曰:'如何是靈樹枝條?'對曰:'長底自長,短底自短。'秀曰:'廣南蠻,莫亂説。'新曰:'向北驢,只恁麼。'拂袖而出。秀器之。"○《通載》十九(四十五丈)。○韶州屬廣東路,故貶稱廣南蠻。○《方輿勝覽》卅四(三丈)《廣東路廣州》曰:"許致撰《魏[③]公遺愛碑》:'北逖彼番禺去都萬里,境接羣蠻,地居海涘。'"○《一統志》七十九(六丈)《廣東韶州府》。○《虎丘録》[④](廿一丈)《塔銘》曰:"謁死心於黄龍。心問曰:'是甚麼僧?'師曰:'行脚僧。'心曰:'是何村僧?行甚驢脚馬脚?'師曰:'廣南蠻道甚麼?何不高聲道?'心喜曰:'却有衲僧氣息。'師乃喝。"○《虚堂録·頌古》(廿六丈)頌此。○《虚堂録·頌古》(二十丈)《雲門析半裂三話》曰:"語言渾似廣南蠻。"

【川藞苴】

《補僧宝傳》(六之廿三丈)《五祖演傳》曰:"演造白雲端曰:'川藞苴,汝來耶?'演拜而就列。"○《西巘天童録》(十三丈)曰:"川僧藞苴,浙僧蕭洒。"○《涪翁雜説》[⑤](四丈)曰:"藞(郎假反)苴〈音鮓〉泥不熟也。中州人謂蜀人放誕不遵軌轍曰川藞苴。"(《郛》十九)。

---

① 圓覚經:覚,同"覺"。《圓覺經》,又作《大方廣圓覺經》《大方廣圓覺修多羅了義經》《圓覺了義經》,1卷,唐代佛陀多羅譯。

② "六(卅五丈)"為右旁小字補。

③ 魏:原文作"口",據《古今图书集成·方舆汇编》改。

④ 虎丘録:即《虎丘紹隆禪師語録》,又作《虎丘隆和尚語録》,1卷,宋代臨濟宗僧虎丘紹隆撰,嗣端等編。

⑤ 涪翁雜説:1卷,宋黄庭堅撰。

〇《品字箋假》（五丈）曰："藞，力瓦切。藞磋（鮓），不中貌。又藞磋，泥不熟貌。"〇《名義考》八（五丈）曰："《山谷集》：'藞苴，泥不熟也，中州人謂蜀人不遵軌轍曰川藞苴。'藞，郎假切。苴，音鮓。考《韻書》無藞苴，有藞磋。藞，廬下切，讀若喇。磋，除瓦切，讀若鮓。當作藞磋為是。山谷亦未深考也。"

【主人公】

〇《困學紀聞》十九（七丈）曰："主人公出《史記·范睢傳》。"〇《楞嚴經》九上（廿丈）曰："成就破亂，由汝心中五陰主人。主人若迷，客得其便。"

【大丈夫】

《禪儀外文詮》無言住楓橋疏考。〇《虛堂·顯孝録》（三丈）："拄杖子出來冷笑道：'大丈夫漢等是為人。'"〇王充《論衡》一（十五丈）《氣壽篇》曰："人形一丈，正形也，名男子為丈夫，尊公嫗為丈人。不滿丈者，失其正也。"〇陳繼儒《枕譚》（十丈）曰："丈夫，按《禮》十尺曰丈，男子成人之極也。夫者，膚也，其智膚敏，弘教也。"〇《群談採餘》十《考證部》曰："丈人者，《淮南子》有'老而杖於人'之説，而王充《論衡》有曰：'人身以一丈為正，故名男子為丈夫。'"〇《徐氏筆精》一（五丈）曰："丈人，黃氏曰：程云尊嚴之稱，朱云長老之稱。丈者，黍龠尺引之積。王充《論衡》：云云。'尊翁嫗為丈人。'此説亦可補諸説。《淮南子》謂：'老者杖於人為丈人。'"〇《行事鈔》[1] 上三（之二七丈）有"丈夫"解。〇《止觀輔行》二之二（十六丈）曰："言丈夫者，人長一丈，故曰丈夫。此則指人中最勝者，方名丈夫。"〇孟子三（三十丈）《滕文》下曰："居天下之廣居，立天下之正位，行天下之大道；得志與民由之，不得志獨行其道；富貴不能淫，貧賤不能移，威武不能屈；此之謂大丈夫！"

【野盤僧】

《事苑》六（三丈）曰："野盤，方言草宿也。"〇《傳燈》十三

① 行事鈔：即《四分律刪繁補闕行事鈔》，又稱《六卷鈔》《四分律行事鈔》，12 卷，唐代道宣撰。

(八丈)《風穴章》曰:"一句不違無著問,迄今猶作野盤僧。"《鈔》:"山曰:'閑走之僧也。'"○《廣燈》十五(四丈)《風穴章》同。《碧嚴》四(十三丈)。○忠曰:"蓋盤旋草野之村僧也。"○《正宗賛》二《南堂賛》。

【老古錐】

○《古宿》廿一《五祖演録》(四丈):"上堂。云云。呼兄喚弟長如此,且作隈崔老古錐。"○《虚堂·柏嚴録》(三丈)曰:"版齒生毛老古錐,夜深聽水爐邊坐。"○忠曰:"錐元鋭利,而古錐則尖退鋒禿無復穎脱之能,以比老來無聰敏之機制也。"○《大慧普説》二(十八九丈)曰:"這老子古錐。"云云。

【骨律錐】

《圓悟心要》上(二丈)曰:"但只韜名晦跡守本分,作個骨律錐老衲。"○《光明藏》下(卅七丈)曰:"洞山骨律至是益老且盛矣。"

【老擂槌】

《東山外集》上(三十丈)偈曰:"住菴人老雷堆,行脚士心孔開。"古解曰:"雷堆,猶郎當也。"○忠曰:"椎,訛作堆。古解郎當義,臆解無據,余謂擂椎者,擂盆研物之椎。老擂槌,罵僧語,言僧頭圓似雷槌也。"○《中巖[1]·萬壽録》(八丈)曰:"貓兒尾拽鐵雷槌。"○《羣談採餘》四《幼聰類》曰:"于謙幼時,僧人蘭古春過學堂,見于梳三角髻,戲曰:'三角如鼓架。'于對曰:'一禿似雷槌。'"○《康熙字典》:"擂,《玉篇》:力堆切,音雷。研物也。《集韻》作攂。" 又曰:"槌,直追切,或作椎。《韻會》《正韻》並都回切,音堆。"○《桃隱偈頌[2]·趙州臥雪話頌》曰:"苦哉!古佛老雷椎。"予《盌雲》訂訛部載。

【老骨椎】

○《續燈》九(十三丈)《棲賢智遷章》曰:"你諸人被諸方老榾檛

① 中巖:即《中巖語録》,1卷,日本入元禪僧中巖圓月撰。

② 桃隱偈頌:即《桃隱禪師語録》,1卷,日本室町時代桃隱玄朔撰。

教壞了也。”〇《聯燈》廿一（十六丈）《嚴頭章》曰：“兄弟。亦不要信他繩床上老榾檛。屙轆地地。”〇又《聯燈》廿八（十六丈）《雲居舜章》曰：“你諸人被諸方老搰檛教壞了也。”〇《或菴體録》（七丈）《達摩賛》曰：“萬福西來老榾檛。”〇《雪嚴録》上（六十六丈）曰：“禪床角頭老骨檛。”〇《字典》：“檛，張瓜切，音檛。又莊萃切，音鬉，箠也。”〇《燕南紀談・后》下（四丈）曰：“骨棎、骨丫、骨檛、骨朶、骨剉皆同義。《宋景文公笔録》：骨朶，骨檛也。檛，馬鞭也，因衛士執檛扈從者名骨朶子。”云云。

【老骨錐】

《虚堂録・佛祖賛》（十三丈）《石窓賛》曰：“芝峯老骨錐，不在明白裏。”

【閑古錐】

《祖英集・革轍二門頌》曰：“德雲閑古錐。”〇《圓悟録》六（七丈）曰：“善財参處眞消息，誰識德雲閑古錐。”〇《石溪録・偈頌》（三丈）曰：“不見德雲閑古錐。”

【老凍膿】

《虚堂・報恩録》（卌四丈）：“舉定上座云：若不看者兩個老凍膿，面堲殺爾者尿床鬼子。”忠曰：“膿，當做齈。龍溪云：‘膿，腫血，老人面有垢，似凍膿色。’（止此）此謬解以《爾雅》‘凍，梨浮垢’強作凍膿解，凍膿豈如浮垢耶？可笑。”〇《爾雅・釋詁》云：“黃髮、齯齒、鮐背、耉老、壽也。”《疏》：“孫炎曰：‘耉，面如凍梨色，如浮垢老人壽徵也。’”〇《松源録》（二丈）〇《竹菴畦録》（四丈）。

【老凍齈】

《傳燈》廿四（廿六丈）《連州寶華章》。《會元》十五。〇《傳燈鈔》：“一山曰：‘老凍齈，形卑也。’”〇《字彙》：“齈，奴凍切，農去聲，多涕鼻疾。”〇《篇海》七（一丈）：“齈，奴冬切，音濃，鼻齈。一曰鼻病。又去奴凍切，多鼻涕。〇忠曰：“老凍齈，罵老人詞。凍齈老人垂寒涕也。故一山曰：‘形卑也。’《廣益略韻》收平冬，非也。”〇《廣燈》十三（十六丈）："兩個老凍齈。"

【無賴查】

《枯崖漫録》中（三丈）《北磵賛霊照女》："娘爺養好兒女，也有許多無賴查。" 無賴 《史記》八（廿九丈）《高祖紀》曰："大人常以臣無賴。"注："賴，利也，無利入於家也。或曰江湖之門謂小兒多詐狡猾為無賴。" 查 ○唐溫庭筠《乾𦠆子》曰："明皇自稱阿瞞，呼人為查，歧、薛諸王不諭，或曰查者，士大夫混淆之稱，以其不居清顕，不慎形藏，解衣美食傲誕少文好色遠賢奉身而已。黄幡綽曰：'不然。查，本仙查，無主角，乘流順變，升天入地，浮雲漢而泛洪河，犯牛斗而同仙客，能處清濁，有似賢人。'上曰：'正合朕意。'" ○《正字通》曰："查，詐，平聲，水上浮木也。《博物志》：'仙查犯斗牛。'《拾遺記》：'堯時巨查浮西海上，十二年一周天，名贯月查。'" ○忠曰："今無賴查，貶稱，須用《乾𦠆》初説。" ○《杜律・五言》三（卅三丈）詩曰："浮查並坐得，仙老暂相將。"

【死馬醫】

○《雪峯録》上（廿四丈）曰："如未通徹也，須初中後夜純靜去好，閑卻心識，時中莫駐著事，者個喚作死馬醫，若是大丈夫漢，用如許多辛苦作麼？" ○《雲門録》上（五丈）曰："三乘十二分教，横説豎説，天下老和尚縱横十字説，與我拈針鋒許説底道理將來看，與麼道，早是死馬醫，雖然如此，且有幾個到此境界？"《傳燈》十九（十五丈）收。○《傳燈》十九《鈔》："一山曰：'罵既死了且醫看，活也得，死也得。'" ○又《雲門録》上（卅三丈）曰："上堂云：'不得已且作死馬醫，向汝道，是個什麼，是東是西，是南是北，是有是無，是見是聞，是向上是向下，是與麼是不與麼，這個喚作三家村裏老婆説話。'"云云。○《聯燈》廿四（廿七丈）《鼓山神宴章》曰："諸和尚，必若大事未辦，不如休去歇去，身心純靜去好。時中莫駐著事，却易得露這個，是事不得已，相勸之言，古人喚作死馬醫。若是個漢，向他與麼道，如同寱語一般。"又《古宿》卅七（三丈）《鼓山録》。○《續古宿・月集・應菴録》（十一丈）："大慧至上堂曰：'黒漆竹篦掀翻海，從頭打過，雖是死馬醫，就中要妙。’”同（十八丈）《示徽禪人語》曰：“達摩西來，直指人心，見性成佛，不妨直截省要，正眼看來，已是七錯八錯了也，事不獲已，且作死馬醫。”○《虛堂》一《延福録》（四丈右）曰：“未免東拏西撮一上子，且作死馬醫。”○《虛堂録龍溪解》曰：“死者罵辱詞，若死郎當之死也，馬醫賤術者，人醫尚可鄙也，况馬醫乎！宗師家療學者，妄病自謙稱死馬醫也。”○景聡曰：“死馬醫，無益義，謂馬已死了，施醫術何驗？”馬醫賤術《列子》（林注）上（十四丈）《黄帝篇》曰：“自此之後，范氏門徒路遇乞馬醫，弗敢辱也。”又《列子》下（二十九丈）《説符篇》曰：“齊有貧者常乞於城市，城市患其亟也，衆莫之與，遂適田氏之廏，從馬醫作役而假食。郭中戲之曰：‘從馬醫而食，不以辱乎？’乞兒曰：‘天下之辱，莫過於乞。乞猶不辱，豈辱馬醫哉？’”○《史記》百廿九（十八丈）《貨殖傳》曰：“馬醫淺方，張里擊鐘，此皆誠壹之所致。”○《柳河東集》[1]三十（四丈）《寄許京兆孟容書》曰：“馬醫夏畦之鬼，無不受子孫追養者。”注引《列子》。○《春渚紀聞》四（五丈）曰：“有名士為泗倅者，臥病既久，其子不慧。郡有太醫生陽介，名醫也，適自都下還，衆令其子謁之，且約介就居第診視，介亦謙退，謂之曰：‘聞尊君服藥，且更數醫矣，豈小人能盡其藝耶？’其子曰：‘大人疾勢雖淹久，幸左右一顧，且作死馬醫也。’聞者無不絶倒。”○劉向《列仙傳》（一丈）曰：“馬師皇者，黄帝時馬醫也。知馬形生死之診，治之輒愈。後有竜下向之，垂耳張口。皇曰：‘此竜[2]有病，知我能治。’乃鍼脣下口中，以甘草湯飲之而愈。後數數有疾，龍出其波，告而求治之。一旦，竜負皇而去。”○干寶《搜神記》二（七丈）曰：“夏侯弘自云見鬼，与其言語。鎮西謝尚所乘馬忽死，憂惱甚至，謝曰：‘卿若能令此馬生者，卿真為見鬼也。’弘去良久，還曰：‘廟神樂君馬，故取之。今當活。’尚對死馬坐，須臾，馬忽自門外走還，至馬尸間，便滅，應時能動起行。”又《説郛》百十七《志怪録》。○又《搜神記》三（八丈）曰：“趙固所乘馬忽死，甚悲惜之，以問郭璞。璞曰：‘可遣數十人持竹竿，東行三十里，有山林陵樹，便攪打之。當有一物出，急宜持歸。’於是如

① 柳河東集：原名《柳先生文集》，又稱《河東先生集》，45 卷，外集 2 卷，唐代柳宗元作品集，劉禹錫編。

② 竜：“龍”之異體。《正字通．立部》云：“竜，俗作龍字。”

言，果得一物，似猿。持歸，入門，見死馬，跳梁走往死馬頭，噓吸其鼻。頃之，馬即能起。奮迅嘶鳴，飲食如常。亦不復見向物。固奇之，厚加資給。”〇《貞和集》二（三丈）《無準維摩讚》曰：“文殊縱有單方妙，活馬如何作死醫？”〇又同十（十五丈）清溪侍者頌曰：“侍者參得禪。了也死馬將為活馬醫。”〇《前漢書》九十一（八丈）《貨殖傳》曰：“張里以馬醫而擊鐘。”

【窮措大】

“措大”見二言。《尺牘奇賞》四（二丈）《屠隆與王百穀書》曰：“顧君（人名）飲酒盡，不侫一石，猶言不侫窮措大，無酒醉客也。此真豪傑友。”注：“措大，秀才也。”

【措大家】

《祖庭事苑》[1] 卷六（廿三丈）曰：“措，倉故切，置也，言措置天下之大者。”

【好大哥】

忠曰：“凡‘好諸禪德’、‘好大衆’類，猶如‘善男子’之‘善’字。”《石溪録·善說》（十一丈）：“好大哥正好著眼看。”《學寶録》一（六丈）：“好諸禪德。”又《圓照別録》（八丈）。又《東明再住圓覺録》（二丈）“好諸禪德。”《虛堂報恩録》（二十丈）“好大衆。”

【盤大兒】

《無孔笛》一（廿三丈）《米山録》：“盤大兒繡紋添線。”〇《竺仙·建長録》（十五丈）問答：“師云：‘如般大子。’”又同（四十三丈）曰：“擊拂子云：‘海水知天寒，白日照地底。千劫佛耶產下般大子。’”《楞伽經》二（卅一丈）：“偈曰：如虛空兔角，及與槃大子。”《集註》：“流支實叉並作石女兒。”《楞伽通義》三（七丈）。《參訂》二上（卅七丈）。《註解》二（廿三丈）。《心論》九（廿七丈）。《會譯》二上（五十九丈）。

---

① 祖庭事苑：8卷，北宋睦菴善卿編。

【風頭漢】

《臨濟録》（四十丈）《行録》："這風頭漢。"

【擔板漢】

方語，但見一邊。○《傳燈》十二（十丈）《陳尊宿章》曰："見講僧召云：'座主！'其僧應諾。師云：'擔板漢。'"○《虛堂·徑山録》（十丈）曰："他是擔板漢。"

【少叢林】

《古宿録》十一《慈明録》（一丈）曰："師忽繩墨，所至為老宿所呵，以為少叢林。師笑曰：'龍象蹴踏，非驢所堪。'"《僧寶傳》廿二（一丈）《黃龍南傳》："聞慈明不事事，慢侮少叢林，乃悔欲無行。"○又《僧寶傳》十九（廿七丈）《西余端傳》："贊曰：'如政黃牛端師子輩，皆三十年前少叢林者。'"○又同廿八（十二丈）《杨岐傳》曰："慈明遽還，怒數曰：'少叢林！暮而陞座，何從得此規繩。'"○《普燈》三（九丈）。○忠曰："此罵楊岐為不熟叢規漢也，非謂吾叢林細少也，凡少叢林者于規繩未熟也。"○《北磵文集》[1]十（卅一丈）："哀辭引曰：老叢林有從上爪牙。（止此）今少字反老可解。"○《普燈》廿三（五丈）《楊億居士章》曰："因微恙，環大師煎藥。云云。公瞠目眎[2]之曰：'少叢林漢！'"○《冷齋夜話》一（二丈）曰："禪月畫十八應真失第五軸，予口占嘲之曰：'十八声闻解埵根，少叢林漢亂山門。不知何處邏齋去，不見雲堂第五尊。'"○《續燈》十三（十五丈）。○《普燈》四（十六丈）《法宗章》："師曰：'你且莫少業林。'"○《古宿録》四十三（十七丈）《真净録》。○《通載》十八（二十九丈）。○《續公論》[3]（五十三丈）："或志慮下劣，猥見小刹，既少業林，又無威德。"○蓋對大之少義。

【田厙奴】

《碧巖》六（十九丈）《評》曰："乃福唐人鄉語。罵人似無意智相

---

① 北磵文集：10卷，南宋禪宗僧人居簡傳世詩文合集。

② 眎："視"之異體。《集韻·去聲·至韻》："視，古作眎。"

③ 續公論：即《續叢林公論》，2卷，入日元僧竺仙梵僊撰。

似。”○齊雲師云：“《唐詩類苑》有之，唐時俗話。”○《太平廣記》百七十六（二丈左）李昭德罵婁師德云“田舍漢”。○《雅笑編》七（一丈）作“田舍子”。

【特庫家】

《雲門録》中（九丈）曰：“日本國裏説禪，三十三天有個人出來喚云：‘吽！吽！特庫兒。’擔枷過狀。”○《聯燈》廿四（六丈）《雲門章》作“特舍兒”。

【生寃家】

《傳燈》十七（十四丈）《龍牙遁章》曰：“夫參學人，須透過祖佛始得。新豐和尚云：‘祖教、佛教似生寃家，始有參學分。’”新豐，洞山也。○《碧嚴》四（四丈）《评》曰：“新豐和尚道：‘見祖佛言教，如生寃家，始有參學分。’”《鈔》四（八丈）。○《大惠書》（七十一丈）《徐顯謨書》曰：“見佛見祖，如生寃家。”○忠曰：“如生寃家者，深趨向個事不顧他之義。生者，熟之對，新義也。如舊寃則怨害亦可稍薄也，新結之寃家，憎恨固淡矣。”

【破凡夫】

《雲門録》中（九丈）曰：“若言見，是破凡夫；若言不見，有一雙眼在。”○《祖庭事苑》一（十三丈）曰：“破凡，上破音潑。”○《大慧書》（八十一丈）《孫知縣書》曰：“破凡夫臊臭漢。”○忠曰：“世皆見《事苑》讀破如潑音，然潑字，方言音派，故讀如發却非也。”○《餘冬敘録》[1] 四十八（十一丈）曰：“《雲間志·方言》：‘云云。謂醜惡曰潑賴。注：潑音如派。’”○忠曰：“破凡夫者，潑賴凡夫也。破潑音通，故潑作破，方言假音如此者不一。”

【孟八郎】

《傳燈》八（五丈）《南泉章》曰：“師云：‘又恁麼去也。’”《鈔》（二丈）：“一山曰：‘強梁猛烈之漢也。’”○《方語集》：“不由道理作

① 餘冬敘録：即《餘冬序録》，6卷，明代何孟春撰。

事曰孟八郎。”〇《碧嚴》三（廿三丈）《廿八則》下語曰：“孟八郎作什麽？”《古鈔》三（五十三丈）：“孟八郎始似是，後非者。”〇《虚堂・瑞嚴録》（五丈）曰：“今人只管孟八郎道，総是五逆人聞雷。”〇《玄沙録》[①] 下（十七丈）曰：“僧問：‘雪峯如何是迦葉門？’峯云：‘不見絲毫始得。’後師聞云：‘不與麽去也。’僧問師：‘如何是迦葉門？’師云：‘但從迦葉門入。’”〇忠曰：“孟，孟浪也。八郎，行第。如徐六、竇八之類，不必求義。”〇《莊子》（郭注，六十二丈）《齊物論》曰：“孟浪之言。”注：“孟，如字，徐武黨反，或武莽反。浪，如字，徐力蕩反。向云孟浪，音漫瀾，無所趣舍之謂。李云：猶較畧也。崔云：不精要之貌。”〇或谓忘八義。〇《五雜組》八（三十丈）曰：“忘八，以其孝、弟、忠、信、禮、義、廉、恥八者俱忘也。”〇《類書纂要》七（廿二丈）曰：“忘八，言人入于花柳之葉者，其心已忘却孝、弟、忠、信、禮、義、廉、恥之八字矣。”又《萬宝全書》[②] 卅四（一丈）同《纂要》。〇忠曰：“解孟八郎，不可用忘八義。”

【飯袋子】

〇《天中記》卅九（六十一丈）曰：《江湖近事》[③]：“馬氏奢僭，諸院王子僕從烜赫，文武之道，未嘗留意。時謂之酒囊飯袋。”〇《六度集經》[④] 七（十丈）：“身五穀盛囊。”

【第二人】

《大慧書》（廿二丈）曰：“若能返照，無第二人。”忠曰：“言當人即是也，非别有餘人成佛也。”〇又《第二人及第詞》。〇《邵氏聞見前

① 玄沙録：即《玄沙師備禪師廣録》，詳稱《福州玄沙宗一大師廣録》，3卷，唐代玄沙師備撰，智嚴編。

② 萬宝全書：1卷，明末清初煙水山人編。

③ 江湖近事：10卷，宋陶岳撰。宋曾慥《類説》卷二十二引作《荆湖近事》，《通志略》又作《荆湖故事》。

④ 六度集經：又作《六度無極經》《六度無極集》《六度集》《雜無極經》，8卷，三國時代康僧會譯。

録》[1] 十三（十三丈）曰："李承之白韓魏公。云云。若欲求官，稍識字，第二人及第固不難。魏公，王堯臣榜第二人登科，承之故云，公聞其語矍然。" 〇《羣談採餘》四《矜急類》（九丈）載之作"李誠之"。〇《羣談採餘》四《科第類》（五丈）曰："胡旦云：'待我明年第二人及第，輸君一籌。'" 又（十二丈）："是榜得蘇子瞻為第二人。"

【小厮兒】

《臨濟録》（卅三丈）《勘辨》曰："臨濟小厮兒却具一雙眼。" 〇《事苑》七（十八丈）曰："厮兒，上音斯，從使者也。方言入聲呼。" 〇《正宗賛》一《黄檗賛》考。〇《通鑒綱目》二下（九十七丈）《集覽》曰："《公羊傳·宣十二年》：厮養，何休學云：艾草為防者曰厮，炊烹者曰養。厮，息移反。養，餘亮反。" 〇《韻會·支韻》（四十七丈）曰："厮，相支切。養馬者，蘇林曰厮；取薪者，《廣韻》役也。《張耳傳》：厮養卒。韋昭曰：折薪為厮，炊烹為養。"

【屢生子】

《虚堂·宝林録》（廿二丈）："問答。云云。師云：'屢生子。'" 又《頌古》（九丈）《夾山無義語話頌》曰："非惟按劍屢生子，瞎眼波斯滿大唐。" 〇《事苑》："屢當作婁，愚也。" 〇《臨濟録》（七丈）曰："瞎屢生！索飯錢有日在。" 〇《韻會·遇韻》（廿二丈）曰："屢或作婁。" 又《尤韻》（七十五丈）曰："婁，《虞韻》：龍珠切，一曰愚也。蘇氏《演義》云：時人以無分别者為邾婁，不辨邾婁小國，微小人不能分别也。《公羊傳》：邾婁，邾人語聲後曰婁，故曰邾婁。一曰豬僂。又曰猪驢，謂人不辨猪驢，懵然之極也。"

【秃屢生】

《臨濟録》（廿九丈）："示衆曰：'秃屢生！有甚死急？披他師子皮，却作野干鳴。'"

---

① 邵氏聞見前録：即《邵氏聞見録》，又名《河南邵氏聞見録》，為别于邵博所撰《邵氏聞見後録》，后人加一"前"字，20卷，北宋邵伯溫撰。

【瞎屢生】

《臨濟録》（廿五丈）："示衆曰：'瞎屢生！你向枯骨上覓什麼汁？'"

【鈍屢生】

《古宿》卌六》《投子録》（四丈）："問答。云云。師云：'鈍屢生。'"

【梢郎子】

《聯燈》廿五（丈十八）《報慈與章》曰："問：'承古有言，情生智隔，想變體殊，只如情未生時如何？'師云：'隔。'云：'情既未生，隔個甚麽？'師云：'這梢郎子，未遇人在。'"

【鐵崑崙】

見二言"崑崙"處。"金香爐下鐵崑崙。"

【崑崙奴】

《燕南紀談》後上（四十丈）。

【魔王腳】

《正宗贊》二《南堂傳》曰："《回石頭呈頌》曰：'三軍不動旗閃爍，老婆正是魔王脚。趙州無柄鐵掃帚，掃蕩煙塵空索索。'"〇忠曰："魔王手腳也，言可畏也。"〇舊解曰："或説腳者如燒香侍者名曰藏王腳。柳公權書曰元和腳，山谷書曰元祐脚。稍欲到其位也。忠不用此義。"〇《無明性禪師尊祖録》[①]（十九丈）："舊住至，上堂曰：'春雨如膏，春雲如鶴。客從天外來，正是魔王脚。'"

【好頭對】

《宗門統要續集》八（四丈）曰："昭覺勤云：'力敵勢均，不妨好

① 無明性禪師尊祖録：即《大宋無明慧性禪師語録》，1卷，宋無明慧性禪師述，侍者圓澄、妙儼等編。

頭對。’”

名姓

【威音王】

忠曰：禪録言“威音王”謂極遠也。又指本分也。〇《法華經》（註釋）七（一丈）《常不輕品》曰：“往古有佛名威音王。”〇《壇經》四（十丈）《永嘉章》曰：“玄策云：‘威音王已前即得，威音王已後無師自悟，盡是天然外道。’”〇忠曰：“威音王已前，是佛祖頂顊上事，絶修絶證，無佛、無衆生、无師家、无學者。威音王已後者，建化門中事，修證生佛師學，儼然若無師印學，受則為天然自然外道也。”〇《聯燈》七（十五丈）《黄檗運章》曰：“師在南泉為首座，一日，捧鉢向泉位上坐，泉入堂見，乃問：‘長老甚年中行道？’師云：‘威音王已前。’泉云：‘猶是王老師兒孫在，下去！’師便過第二位坐，泉休去。”〇《虚堂·徑山后録》（五十三丈）舉之。〇《祖庭事苑》五（十四丈）《池陽問》中：“威音王佛，解曰：禪宗不立文字，謂之教外別傳，今宗匠引經所以明道。且威音王佛已前，蓋明實際理地；威音已後，即佛事門中。此借喻以顯道，庶知不從人得。後人謂音王實有此緣，蓋由看閲乘教之不審，各本師承，沿[1]襲而為此言。今觀威王之問，豈不然乎？”

【曹家女】

《傳燈》十七（廿二丈）《踈[2]山光仁章》曰：“師手握木虵，有僧問：‘手中是什麽？’師提起曰：‘曹家女。’”〇《鈔》一山曰：“解説不得，或引《曹娥碑》，無據也。”〇《日工集》二（四十六丈）曰：“世宗遠説踈山木虵，則人面而翼鱗之狀，蓋踈檀那曹氏女為虵欤[3]？踈山有曹家廟，為土地神，余問木虵狀，則宗索紙筆畫作其狀。”

---

① 沿：“沿”之異體。《玉篇·水部》：“沿，余穿切，從流而下，亦作沿。”

② 踈：“疏”之異體。《正字通·足部》，云：“踈，同疏。”

③ 欤：“歟”字異體。《集韻·平聲·魚韻》：“歟，或書作欤。”

【鄧師波】

《虚堂・育王録》（十九丈）："冬至小參曰：'直饒向葭灰未動已前，會得西川鄧師波，東山下左邊底也，未是枯木開花底時節。'"○西川鄧師波，稱五祖演。東山下左邊底，亦是稱五祖家風。《補僧宝傳》（一丈）：'五祖法演，綿州巴西鄭氏。'" 師波：《宋葉愛日齋叢鈔》（廿八丈）曰："林謙之詩：驚起何波理殘夢。自注：述夢中所見何使君，蜀人以波呼之，猶丈人也。范氏《吴船録》云：'蜀中稱尊老者爲波。'宋景文嘗辨之，謂當作皤字。魯直貶涪州别駕，自号[1]涪皤，或其俗云。按景文所記云：蜀人謂老爲皤，音波，取'皤皤黄髮'義。"

【王大伯】

《中峯録》十二上（三丈）《鬪義解》曰："昨夜南海波斯，捉著西天正賊。待到天明點火看，却是東村王大伯。"○《續古宿・誰菴録》（一丈）："拈拄杖云：'拄杖子踍跳，驚起須彌山，走過他方世界。云云。直得東村王大伯，街頭李胡子，夢中驚覺起來，拍手呵呵大笑。"云云。○又同《空叟録》（二丈）曰："鐵崑崙兒喫一攧，南海波斯舞不徹。夜半失却攔腰帛，笑倒東村王大伯。"○《普燈》廿七（廿六丈）《竹菴珪頌》："《趙州七斤衫》云：'夜半墨漆黑，提得一個賊。點火照來看，元是王大伯。'"○又五言"東村王大翁"。王大公《水滸傳》卅五（十六丈）："午時前後，和東村王大公在這裡喫酒了去。"王大姉《無準録》一（十九丈）："笑倒東村王大姉。"

【王大姐】

《大惠武庫》（六丈）曰："《湛堂準洗鉢頌》云：'之乎者也，衲僧鼻孔，大頭向下，若也不會，問取東村王大姐。'"○《普燈》廿七（十一丈）載之題曰："洗鉢盂。"

【王蠻子】

《禪林宝訓》上（六十五丈）："叢林典刑幾至掃地，縱有扶救之者，

---

① 号：同"號"，《宋元以來俗字譜・虍部》"號"下録《列女傳》以下十部書均作"号"。

返以為王鑾子也。”《宝訓音義》上二（三十五丈）曰：“王鑾子，乃方語，是法門中奴僕也。”

【廖胡子】

《續古宿》二《真浄大録》（三丈）曰：“天地与[1]我同根。云云。直得傾湫倒嶽。雲黯長空，十字街頭廖胡子。醉中驚覺起來，拊掌大笑云：‘筠陽城裹，近來少賊。’乃拈拄杖云：‘賊！賊！’”〇《普燈》十九（十六丈）《别峯印章》曰：“六月初一燒空赤日，十字街頭雪深一尺。掃除不暇回避不及，凍得東村廖胡子，半夜著靴水上立。”〇《方語集》：“十字街頭廖胡子，千人萬人見。”

【張打油】

《月江録》下《佛祖贊》（八丈）《寒山拾得贊》曰：“拈來一片芭蕉葉，寫出百篇張打油。”〇《釋氏資鑑》十一（十六丈）曰：“陳俊卿知建康日，大會諸禪衲，勘問有句無句之話。諸山一時向對，未免太涉途程。末上保寧真道者云：‘張打油，李打油，不打渾身只打頭。’公大悦。”〇《普燈》三十（十七丈）《冶父川参玄歌》曰：“不獨張三會打油，細觀李四能推磨。”〇《日本洞家通幻靈録》[2]上（六丈）曰：“西天法輪張來張打油，東土法輪李來李打油。”〇愚中《丱餘集》[3]四《法語》（十五丈）《答覺傳知藏問語》曰：“若不顧不中，而敢事張打油，則何愚中之有？”〇又同《法語》（十五丈）“張打油一章示梵秀監寺。”〇《丹鉛総録》十二（九丈）曰：“進士不通古今，如許渾謂宋祖劉裕有三千歌舞，至於張打油、胡釘鉸極矣。”〇《堯山外紀》七十一（十二丈）曰：“吉安龍泉縣水滰米倉，有于志號無心者，欲縣官利寒其口，作《水僊子》示人，自謂得意句云：‘早難道水米無交。’周德清笑曰：‘此

---

① 与：“與”之異體。《玉篇・勹部・与字》：“与，亦作與。”

② 日本洞家通幻靈録：即《通幻霊禅師漫録》，2 卷，日本室町時代通幻寂霊撰，嗣法門人善救普濟編録。

③ 丱餘集：又作《佛德大通禪師愚中和尚語録》《大通禅師語録丱餘集》《大通禅師語録》《愚中禅師語録》，5 卷，日本室町時代禪僧愚中周及撰。

張打油乞化出門語也，敢云樂府?’志能深恥之。”○《事言要玄[①]·事集》一（百四丈）曰：“《太平廣記》有仙人伊周昌，有《題茶陵縣詩》，時謂之覆窠體。江南呼淺俗之詞曰覆窠，猶今云打油也。杜公謂之俳諧体。唐人有張打油作雪詩，《北牕瑣言》有胡釘鉸話。”○《洪武正韻補箋[②]·董韻》（五丈）“寵”注曰：“隴名。用修《詩品》云：‘張打油作雪詩：江山一籠統，井上黑窟窿，黄狗身上白，白狗身上腫。’愚案此本俳諧，俗稱俚鄙，而用修、元美以為詩人之戒。”○《丹鈆總録》[③]十八（十三丈）曰：“詩話稱韋蘇州《郡齋燕集》。云云。為一代絶倡。余讀其全篇，每恨其結句云：‘吴中盛文史，群彦今汪洋。方知大籓地，豈曰財賦強。’乃類張打油胡釘鉸之語。云云。後四句乃吴中淺學所增，以美其風土，而不知釋迦佛腳下不可著糞也。”○《燕南·后》上（十二丈）《断江拾得贊》：“拈來一片芭蕉葉，寫出百篇張打油。”○《東山外集抄》[④]三（三十丈）：“油澆神国清寺土地神也，土地堂諷經之時，以熱油澆之，故云油澆神。神姓張，或曰張打油。”

【秦国太】

秦国太夫人也。○《大惠書》（三十五丈）《答秦國太夫人書》曰：“山野為國太歡喜。”

心肢

【大人相】

《禪類》[⑤]十（五十三丈）《報本利禪師》：“僧問：‘如何是大人相?’師云：‘披毛戴角。’云：‘學人不會。’師云：‘紫磨金容。’”○《華嚴經鈔録》四十八（六丈）《如來十身相海品》曰：“佛子。如來

① 事言要玄：32卷，包括《天集》3卷、《地集》8卷、《人集》14卷、《事集》4卷、《物集》3卷，明陳懋學編纂。

② 洪武正韻補箋：即《洪武正韻牋》，4卷，明代楊時偉編纂的一部韻書

③ 丹鈆總録：鈆，同“鉛”。《丹鉛總録》又作《丹鉛》，27卷，明楊慎撰。

④ 東山外集鈔：4卷，日本室町时代釋周信撰。

⑤ 禅類：即《禪林類聚》，20卷，元代道泰、智境編。

頂上有三十二寶莊嚴大人相。”疏：“大人相者，大人之相故。”○忠曰：“言依主釋也。”

【殼漏子】

《傳燈》十五（廿五丈）《洞山良价章》曰：“師將圓寂，謂衆曰：‘離此殼漏子，向什麽處興吾相見？’衆無對。”○《會元》十三（十三丈）亦載。○又《傳燈》十四（廿一丈）○《碧嚴》十（廿三丈）：“皮殼漏子禪。”○《大惠書》下（四十六丈）《吕浪中》考。○《別峯珍録》[1]（九丈）。○《傳燈》廿八（四丈）《南陽忠語》。又同十八（十八丈）《長慶章》。○《故事掌珠》[2] 四（廿一丈）《仙佛集》引“洞山事”註曰：“殼漏子，身尸也。”○《敕修清規鈔》六（一丈）曰：“可漏又曰殼漏。”

【惡脚手】

《碧嚴》二（四丈左）曰：“黄檗豈是如今惡腳手？從來如此。”

【眼搭眵】

見二言。

【㸗盧都】

《大惠書》（七十五丈）《答曹大尉書》：“㸗盧都地。”○《石溪録·蔣山香普説》（二丈）曰：“綿綿密密著工夫，見處渾無證亦無。就口一呼隨應喏，眼横鼻直㸗盧都。”○《人天眼目》[3] 五《宗問答頌》曰：“草堂睡起㸗盧都，寂子要須原夢破。”《鈔》：“㸗盧都，不言皃，言睡起不言，如柘榴實緘口也。”○《普燈》廿九（十七丈）。○《正宗賛》二（十七丈）《風穴傳》曰：“遠村梅樹㸗盧都。”冠注：“湘絶岸云：坐守鼻頭皃，又都暮武皃，又鳥緘㸗不啼也。”《普燈鈔》曰：“鄉談也，閉口不言也。”○《雪嚴録》上（廿七丈）：“各自㸗盧都。”又同（三十五

① 別峯珍録：即《別峯珍禪師語録》，1卷，宋別峯珍禪師撰。

② 故事掌珠：又稱《掌珠故事》，8卷，明陳繼儒編。

③ 人天眼目：6卷，宋朝晦巖智昭編著。

丈)：“大家兀坐嘴盧都。”

【太瘦生】

《牕餘》五（四十一丈）曰：“歐陽修云：‘李白戲杜甫云：借問别來太廋生，總為從前作詩苦。’太廋生，唐人語也，至今猶以生為語助，如作麼生是也。”○《詩人玉屑》[①] 十二（九丈）：“詩中助語。”

【赤骨歷】

《或菴體録》（四丈）《小參》曰：“赤骨歷窮擔片板顛。”

【赤骨律】

《增集續傳燈》四《妙峯善》：“上堂云：‘赤骨律窮挨得人，潑浪潑賴氏生涯。’”○《西嚴録[②]·佛事》（一丈）。○《如浄録》上（六丈）：“衲僧赤骨律，通身是劍樹。”○《丹鉛総録》十八（八丈）《北澗偈》：“無位真人赤骨律。”忠曰：“《北磵居簡録》無此語。”

【赤骨力】

《傳燈》十（十一丈）曰：“夏天赤骴䯁。”《鈔》：“一本作赤骨力。一山曰：‘赤裸裸之皃也。又曰應機問答無他事也。’”○《文字禪》十五（廿六丈）作赤吉力云露出法身赤吉力。

【赤骴䯁】

見“赤骨力”下。○《應菴·妙嚴録》（三丈）曰：“天下衲僧赤骴䯁。”○《清拙録[③]·小佛事》（八丈）：“無位真人赤骴䯁。”○《普燈》十六（五丈）南華知昺章》曰：“变[④]大地作黄金，窮漢依前赤骴䯁。”○《白玉蟾》六（六丈）《雲遊歌》曰：“與君雲遊今待春，蓬頭赤骴䯁，那肯教人識。”○骴，余《虚堂·浄慈後録》六丈考。

---

① 詩人玉屑：20卷，南宋魏慶之撰。

② 西嚴録：即《西嚴了慧禪師語録》，2卷，宋西嚴了慧禪師述，門人侍者修義、景元、宗清、繼燐、宗應編。

③ 清拙録：即《清拙和尚語録》，1卷，元代入日禪師釋正澄撰，釋永鎮等輯。

④ 变：“變”之異體。字見於《宋元以來俗字譜·言部》引《列女傳》等。

【惡情悰】

和語胸留幾也。○《大慧武庫》（四十五丈）曰："圓悟在五祖時，祖云：'你也儘好，只是有些病。'云云。'只是禪忒多。'云云。時有僧便問：'因甚嫌人説禪？'祖云：'惡情悰。'"○《正宗贊》二（十九丈）《葉縣贊》曰："没巴鼻弄出惡情悰。"○又同三（十四丈）《曹山贊》曰："示五圓相，潑家生拈出惡情悰。"○又同三（五丈）《梁山贊》曰："一語許大陽上碑，令人惡心不少。"此"惡心"同義。○《虛堂録》七《偈頌》（十八丈）《元藏遊方頌》曰："罵詈瞿曇説脱空，年來分外惡情悰。"○忠曰："此和語意波惠惡也。"○《正字通·卯·上》（廿七丈）："悰，音叢，情绪也。"

【烏律律】

《西嚴[①]·開善録》（七丈）曰："拄丈子機不密，通身烏律律。"○《江湖集》上："一對眼镜烏律律。"○《虛堂·報恩録》（十九丈）除夜小參。直饒輥到结交頭，依舊眼镜烏律律。"忠曰："烏律律，黑也，猶言眼如漆突也。"○龍溪引《詩·小雅·蓼莪篇》云："'南山律律'注：律律，猶烈烈也。又曰：'烈烈高大貌。'"忠曰："禪録又有'黑律漆''烏律漆'等語，蓋俗語黑義。俗語，故韻書無訓，或欲以高大貌，成眼镜突出義，然見《西嚴録》'通身烏律律'語，但黑耳，無高大義。"

【烏律卒】

《虛堂·宝林録》（三十八丈）曰："眼镜烏律卒，面子黑鳞皴。"○《希叟廣録·開善録》（一丈）。

【黑律漆】

《清拙雜著》[②]（十五丈）曰："半烏雞黑律漆。"○又作烏律漆。《清拙雜著》（四丈）曰："南北東西信步行，踢著分明烏律漆。"

---

① 西嚴：即《西嚴了慧禪師語録》，2卷，宋西嚴了慧禪師述，門人侍者修義、景元、宗清、繼㷀、宗應編。

② 清拙雜著：1卷，宋末元初渡日禪僧清拙正澄撰。

【黑粼皴】

又作“鱗皴”。《虛堂・宝林録》。前“烏律卒”引。〇又作“黑輪皴”。《破菴①・秀峯録》（八丈）曰：“惟有拄杖子黑輪皴。”

【活鱍鱍】

《正字通・亥・中》（廿九丈）“鱍”注曰：“俗鮁字。”又（六丈）“鮁”注曰：“北末切，音撥，魚跳也，通作發。《詩・衛風》：鱣鮪發發。音撥。註：發發，盛貌。《説文》‘鮁’引詩作‘鮁’。《長箋》②曰：‘韓詩改作鱍，石經作撥。’”〇《臨濟録》（十一丈）曰：“師識取聽法底人：無形、無相、無根、無本、無住處，活鱍鱍地。”〇古本《臨濟録》作“撥”。〇《四家録》六（十八丈）《臨濟録》作“潑”。《摘葉》四（廿五丈）引《中庸大全》。〇《虛堂録・佛事》（二丈）《跛腳碣上座起龕》：“語曰：‘轉處自然活鱍鱍。’”

【頑皮靼】

《證道歌》曰：“深嗟懞懂頑皮靼。”竺原注（卅九丈）曰：“頑皮靼者，即牛領粗厚皮也，此喻小乗鈍根聞大不悟。”〇《正字通》：“靼，之列切，音浙。《説文》：柔革也。”〇《事苑》七（廿六丈）曰：“靼，之列切，柔熟皮也。《智論》云：‘譬如牛皮，未柔不可屈折，無信人亦如是；譬如牛皮，已柔隨用可作，有信人亦如是。’”

【鬼眼睛】

《正宗贊》二（卅六丈）《保寧勇禪師傳》曰：“愛弄千年鬼眼睛。”忠曰：“古怪物也。”〇《碧巖録》一（十七丈）《第五則》：“下語曰：‘山僧從來不弄鬼眼睛。’”又六（一丈）《第五十一則》：“雪峯放身出云：‘是什麽？’”下語曰：“鬼眼睛。”〇《不二解》③六（一丈）曰：

---

① 破菴：即《破菴祖先禪師語録》，又作《破菴和尚語録》，1卷，南宋僧破菴祖先撰，圓照等編。

② 長箋：即《説文長箋》，104卷，明趙宧光撰。箋，原文漫漶不清，此據《正字通》補。

③ 不二解：即《〈碧巖録〉不二解》，《碧巖録》早期註解書。

“鬼眼睛，烏律律，圓活活，可畏也。”〇《虚堂録》五（十五丈）《頌古》曰：“抛來撒去互施呈，地獄門前鬼眼睛。”〇《搜神記》十七（五丈）曰：“魏，黄初中，頓邱界，有人騎馬夜行，見道中有一物，大如兔，兩眼如鏡，跳躍馬前，令不得前。人遂驚懼，墮馬。魅便就地捉之。驚怖，暴死。良久得甦。甦，已失魅，不知所在。乃更上馬前行。數里，逢一人，相問訊已，因説向者事變如此，今相得為伴，甚歡。人曰：‘我獨行，得君為伴，快不可言。君馬行疾，且前，我在後相隨也。’遂共行。語曰：‘向者物何如，乃令君怖懼耶？’對曰：‘其身如兔，兩眼如鏡，形甚可惡。’伴曰：‘試顧視我耶？’人顧視之，猶復是也。魅便跳上馬。人遂墜地，怖死。家人怪馬獨歸，即行推索，乃於道邊得之。宿昔乃蘇，説狀如是。”

愚滯

【詐明頭】

《傳燈》廿四（十五丈）《龍濟修章》曰：“問：‘見色便見心，露柱是色，如何是心？’師曰：‘幸然未會，且莫詐明頭。’”〇《普燈》十七（七丈）《南嚴勝章》曰：“自古自今，同生同死時如何？云云。師曰：‘切忌詐明頭。’”〇《圓悟録》二（八丈）曰：“師云：‘且莫詐明頭。’”又同四（八丈左）。又六（八丈左）。

【憨抹撻】

《西嚴[①]·天童録》（九丈）曰：“十分憨抹撻，半是掣風顛。”〇《傳燈》廿二（廿三丈）《龍境倫章》曰：“師問：‘僧什麼處來？’曰：‘黄雲來。’師曰：‘作麼生是黄雲郎當媚癡抹躂為人一句？’僧無對。”《鈔》曰：“山曰：‘郎當，不好又狼藉之甚也。媚痴，不伶利人。抹撻，悠悠深深人。又狼藉也。’”〇又《傳燈》三十（廿一丈）《杯渡禪師·一鉢歌》：“遏喇喇，鬧聒聒，總是悠悠造休㨁。”《鈔》曰：“休

① 西嚴：即《西嚴了慧禪師語録》，2卷，宋西嚴了慧禪師述，門人侍者修義、景元、宗清、繼㷍、宗應編。

倢，或曰急速也。山曰：‘放憨癡也。’或曰抹撻。佅，音末。倢，音達。《廣韻》曰：佅倢，肥皃。玉篇曰：事濟也。”〇《中峯録》一下（十三丈）開爐示衆曰：“諸禅[1]流，休抹撻，燎却眉毛莫便休。”《鈔》曰：“舊鈔‘休抹撻’，猶言休安排。古語曰：‘十分憨抹撻，半是掣風顛。’《玉篇》：佅，摩葛切。佅倢，事濟也。”〇《品字箋》乙（百卅一丈）曰：“㒓（抹）傄，健貌。又無憚也。”

【訝郎當】

《碧巖》四（五丈）《第卅二則》下語曰：“訝郎當什麼？”謂疑惑也。〇又同七（十三丈）《第六十六則》評曰：“這僧砑郎當却道收得。”作“砑”。牽強也。

【死忔怛】

《明極語要》上（二丈）《示祥上人語》曰：“學道先須有悟由，還如争鬪快龍舟。雖然舊閣閒田地，一度贏來方始休。這個是人参禪底様子，若只死忔怛坐，無些子悟入處，欲求了此大事，終不可得。”

【無向當】

《碧巖》一（廿九丈）評曰：“白日青天説無向當話，無事生事。”〇性天《虛堂頌古折衷鈔》[2] 下（三十七丈）引《碧巖》作“無勾當”。〇《北磵録·小参》云：“法昌云：‘我要向個裡建法堂，未審作得什麼向當？’”忠曰：“又作‘向’，不可妄改‘勾’。”

【無碑記】

《虛堂録·頌古》（七丈）《寒山拾得預知溈山來國清受戒頌》曰：“靈山一別無碑記，三度親曾作國王。”忠曰：“和語性根無也。”〇《南堂録·擧古》（四十丈）曰：“投子云：‘出家兒得與麼没碑記。’”

【無出豁】

《大川録·賛佛祖》（三丈）《寒山賛》曰：“個般無出豁，七佛不曾

---

① 禅：“禪”之異體。字見《宋元以來俗字譜·示部》引《通俗小説》等。

② 虛堂頌古折衷鈔：又作《虛堂和尚頌古評唱折中録》，2 卷，日本江户時代含虛叟編。

師。”忠曰：“無活機也。”〇《燕南紀談·后》上（十一丈）。

【無分曉】

《類書纂要》十（十五丈）曰：“分曉，曉明其事。”

【那斯祈】

《傳燈》八（十六丈）《紅螺和尚章》云：“頌曰：‘共語問疇全不會，可憐衹解那斯祈。’”《鈔》：“一山曰：‘言不知也，或言福州鄉談無分曉之謂也。’”〇《希叟録[①]·偈頌》（三丈）《示日本玄志禪人偈》云：“滿口鄉談學唐語，帝都丁喚那斯祈。”〇《希叟廣録》[②]二《小參》（十二丈）：“那斯祈力囬希。”〇《松源録》上（廿五丈）：“上堂云：‘問汝問余都不會，可怜[③]衹解那斯祈。’”〇《無明録》[④]（十五丈）：“上堂云：‘相逢衹解那斯祈，明眼衲僧休卜度。’”〇《大燈録[⑤]·頌古》（十一丈）云：“時人喚作那斯祈。”〇《鏡堂圓覺録》[⑥]（三丈）。〇《無準録》三（二丈）。〇《方語集》。〇《燕南紀談·后[⑦]》中（廿一丈）。

【軟廁禁】

《中峯録》三（九丈）《世尊初生頌》曰：“無明滿肚惡纏身，纔出娘胎軟廁禁。”〇天嶺《燕南紀談》中（廿一丈）曰：“軟廁禁是那斯祈舌音轉誤也。那斯祈，福州鄉談無分曉也。”〇阿州慈光寺南山講《中峯

① 希叟録：即《希叟紹曇禪師廣録》，又作《希叟和尚廣録》，7卷，宋代僧希叟紹曇撰，侍者法澄等編。

② 希叟廣録：即《希叟紹曇禪師廣録》，又作《希叟和尚廣録》，7卷，宋代僧希叟紹曇撰，侍者法澄等編。

③ 怜：“憐”之異體。字見《偏類碑別字·心部·憐字》引《隋董美人墓誌銘》。

④ 無明録：即《大宋無明慧性禪師語録》，1卷，宋無明慧性禪師述，侍者圓澄、妙儼等編。

⑤ 大燈録：即《大燈國師語録》，全稱《龍寶開山特賜興禪大燈高照正燈國師語録》，又作《大燈語録》，3卷，日本鎌倉時代臨濟宗僧宗峰妙超撰，性智等編。

⑥ 鏡堂圓覺録：即《鏡堂和尚語録》，又稱《鏡堂録》，南宋入日禪師日本臨濟禪鏡堂派之祖鏡堂覺圓撰。

⑦ 后：“後”之俗字。字見《宋元以來俗字譜·彳部》引《通俗小說》等。

録》云："軟廁禁，初生子體軟弱也，亦是杜撰。"

【不才浄】

《臨濟録》（廿七丈右）曰："山僧今時事不獲已，話度説出許多不才浄，你且莫錯。"《古鈔》曰："不浄義。"〇《大惠普説》上（一丈）曰："將遮般不材不浄，蘊在胸襟，輕薄好人，作地獄業。"〇《臥雲日件録》① 下（廿五丈）《臨濟録》："不才浄語，傳説絶海曰不乾浄之義。才字恐誤矣。又岐陽以自作文示天倫倫美之曰乾浄。《東漸講此録》曰：不才浄，蓋不好事之義。"〇忠曰："才字恐誤，何不看大惠普説耶？不才不浄，其義自明。又干浄乾浄也。"

【不濟事】

《廣燈》廿六（十一丈）《天童新章》曰："如今人衹要言語多，多得不濟事，但增憶想，不入真智。"〇《大慧書》（六十丈）《答王教授書》曰："心思意想處得滋味，都不濟事。若要直下休歇，應是從前得滋味處都莫管他，却去没撈摸處没滋味處，試著意看。"〇《篇海》二（廿六丈）曰："濟，音祭。又事遂也。"忠曰："不遂成事也。"〇《老子經》② 下（十八丈）："開其兑，濟其事。"希逸注："濟，益也。"

【破落户】

《增續傳燈》一（十一丈）《肯堂彦充章》曰："元菴受智者請引座。云云。雲黄山畔，与松頭陁傅大士，一火破落户，依舊孟八郎。"〇《會元》二十（九十二丈）《肯堂章》同。〇《普燈》廿五（十三丈）《死心新小参》曰："有一般破落户長老，馳書達信，這邊討院住，那邊討院住。"〇《續古宿》一《死心録》（三丈）同。《緇門警訓》下（九丈）同。〇《水滸傳》二（二丈）曰："東京開封府汴梁宣武軍一個浮浪破落户子弟，姓高，排行第二，自小不成家業。"云云。〇《續説郛》十八《委巷談叢談》（十一丈）曰："撒潑無賴者謂之破落户。"

---

① 臥雲日件録：74 卷，日本室町時代禪僧瑞溪周鳳所撰日記。

② 老子經：即《老子》，又名《道德經》《道德真經》，春秋時期老子著。

【不唧嚁】

《趙州録》下（十四丈）《十二時歌》曰："雞鳴醜，愁見起來還漏逗。云云。北望修行利濟人，誰知變作不唧溜。"作"唧溜"〇《古尊宿》八首《山念録》（九丈）曰："問牛頭來見四祖時如何？師云：'不唧嚁。'云：'見後如何？'師云：'不唧嚁。'"作"唧嚁"。〇《碧嚴》一（一丈）《第一則》下語曰："説這不唧嚁漢。"〇《中峯録》一下（十五丈）："除夜示衆曰：'不如念一道真言，消遣殘年不唧嚁。'"《不二鈔》一（七十六丈）。〇《會元》十七《泐潭英》。〇《虛堂·宝林録》（廿一丈）《舉趙州歌》。〇《雲門録》下（三丈）曰："近日不唧嚁，秖擔得一斗米。"〇宋祁作"不鯽溜"。〇《正説郛》[1] 十六。〇《正百川》[2] 四《宋祁筆記》（二丈）曰："孫炎作反切語，本出於俚俗常言，尚数百種。故謂'就'爲'鯽溜'，凡人不慧者即曰'不鯽溜'，謂'團'曰'突欒'，謂'精'曰'鯽令'，謂'孔'曰'窟籠'，不可騰舉。而唐盧仝诗云：'不鯽溜鈍漢。'国朝林逋詩云：'團欒空遶百千回。'是不暁俚人反語。逋雖变'突'爲'團'，亦其謬也。"〇《代醉》十二（廿八丈）引《筆記》。《餘冬》[3] 四十八（九丈）引。〇忠曰："鯽溜，反音'就'即不鯽溜，不就也。"〇《文献通考》百七十六（十一丈）曰："《麻衣易》是戴師愈所作。云云。乃不唧嚁底禅，不唧嚁底修養法，不唧嚁底時日法。"云云。〇《委巷叢談》[4]（十四丈）曰："杭人有以二字反切以成聲者，如以'秀'爲'鯽溜'，以'團'爲'突欒'。"《續郛》十八。〇《類書纂要》十（十五丈）曰："鯽溜，杭人以'秀'爲'鯽溜'。"〇《燕南紀談·前》中（廿六丈）。〇《漁隱叢話》[5]。〇《字典》："鯽，音積。又音即。"〇《俗呼小録》曰："説人之不慧曰不鯽溜。"〇《中山詩話》[6]（三丈）："不即溜鈍漢。"《秘書五集》。

---

① 正説郛：即《正説郛採聚》，20卷，宋元之屬雜叢類叢書，日本鈔本。

② 正百川：即《百川學海》，10集177卷。中國刻印最早的叢書。宋度宗鹹淳九年（1273）左圭輯刊。

③ 餘冬：即《餘冬序録》，6卷，明代何孟春撰。

④ 委巷叢談：1卷，明田汝成撰。

⑤ 漁隱叢話：即《苕溪漁隱叢話》，100卷，南宋胡仔所撰詩話集。

⑥ 中山詩話：1卷，北宋時劉攽撰。

【没巴鼻】

《後山詩話》（五丈）曰："熙寧初，有人自常調上書，迎合宰相意，遂丞御史。蘇長公戲之曰：'有甚意頭求富貴，没些巴鼻便奸邪。''有甚意頭''没些巴鼻'，皆俗語也。"○"巴鼻"又見二言。○《説郛》[①]八十二。○《類書纂要》十二（七丈）曰："没巴臂，作事無根據也。"○《蕘山外紀》四十八（十三丈）曰："熙寧未改科前，有吳儔賢良為廬州教授，嘗誨諸生，作文須用倒語，如'名重燕然之勒'之類，則文勢自然有力。廬州士子遂作賦嘲之云：'教授于盧，名儔姓吴。大段意頭之没，全然巴鼻之無。'"注："'没意頭''無巴鼻'，皆當俗語。"○《菊坡叢話》二十（七丈）引。

【没意智】

《六祖壇经》（五丈）曰："下下人有上智，上上人有没意智。"○《虚堂·浄慈後録》（十一丈）："上堂曰：'晷運推移。日南長至。云云。唯有趙州老兒没意智，拖個破席日裹眠。"云云。○忠曰："無思量之慧而行事也。"○《困學紀聞》十九（六丈）曰："意智，出《鮮卑傳》。"○《正宗賛》二（四十七丈）《南堂賛》曰："出格野盤僧，天生没意智。"○《中峯録》四上（二丈）曰："捱到途窮路極處，撞個没意智漢，向他痛處一錐。"○《普燈》廿八（二十丈）《開善謙禅師女子出定頌》曰："四個没意智漢做處總無畔岸。"云云。○又"無意智"見"田厙奴"處。

【拔茄樹】

《虚堂·宝林録》（廿九丈）《華藏和尚》："至上堂。云云。僧問：'人人有個生緣，如何是學人生緣？'師云：'懶向人前拔茄樹，要去南川作化主。'"○《舊鈔》："一山云：'唐土問禅問話僧謂拔茄樹。'一説唐土嘲人話也。"○逸堂曰："拔茄樹，未詳。蓋交世問謔浪笑舞之義乎。"○忠曰："唐土俗話而已。一山已解，不可別求。茄樹，晉嵇含《南方草木狀》[②]

---

① 説郛：100卷，元末明初陶宗儀編纂，多選録漢魏至宋元的各種筆記彙集而成。

② 南方草木狀：3卷，晉代嵇含編撰，記載生長在我國廣東、廣西等地以及越南的植物。是我國現存最早的植物志。

上（七丈）曰：茄樹，交廣草木，經冬不衰，故蔬圃之中種茄，宿根有三五年者。漸長，枝幹乃成大樹。每夏秋盛熟，則梯樹採之。五年後樹老子稀，即伐去之，別栽嫩者。”〇《本草綱目》廿八（一丈）曰：“劉珣《嶺表録》[①] 云：‘交廣茄樹經冬不凋，有二三年漸成大樹者，其實如瓜也。’”〇《酉陽雜俎》十九（六丈）曰：“嶺南茄子，宿根，成樹高五六尺，姚向曾為南選使，親見之。”〇《真臘風土記》[②]（十八丈）曰：“茄樹有經數年不除者。”〇《事言要玄[③]·地集》八（十二丈）曰：“蘇門答剌國大茄，樹高經三四年不瘁，子大如西瓜，重十餘斤，以梯摘之。”

【小當仁】

《正宗賛》一（三十丈）《德山賛》曰：“看小當仁啞無一語。”〇舊解曰：“小當仁，閩鄉談也，言有人問事當不讓於他而答之，然不能自答之，此曰‘小當仁’也。”〇《論語》八（十六丈）《衛靈公篇》曰：“子曰：‘當仁不讓於師。’”註：“當仁，以仁為己任也，雖師亦無所遜。言當勇往而必為也。蓋仁者，人所自有，而自為之，非有争也。何遜之有？”

動作

【丈夫拜】

《雪峯存録》下（十丈）曰：“黄涅槃云：‘曾郎萬福。’師遽展丈夫拜，槃亦作女人拜答。”〇《會元》七。

【女人拜】

《傳燈》八（七丈）《南泉願章》曰：“師与師宗麻谷同去參礼[④]南陽

① 嶺表録：又稱《嶺表録异》《嶺表録异記》《嶺表記》《嶺南録异》，3卷，唐代劉恂著。多記載嶺表（兩廣）地區物産和少數民族社會生活、風土人情。

② 真臘風土記：1卷，元周達觀撰。達觀温州人。真臘本南海中小國，為扶南之屬。

③ 事言要玄：32卷，包括《天集》3卷、《地集》8卷、《人集》14卷、《事集》4卷、《物集》3卷，明陳懋學編纂。

④ 礼："禮"的俗體。《金石文字辨異·上聲·薺韻》："禮、礼。《漢鄭固碑》：‘導我礼則。’《唐兖公頌》：‘礼經雲委。’"《干禄字書·上聲》："禮、礼。並正。多行上字。"《增廣字學舉隅》卷二《古文字略》："礼，古禮字。"

國師，師先於路上書一圓相云：‘道得即去。’師宗便於圓相中坐，麻谷作女人拜。”○《文公家禮》[1]一（十八丈）曰：“問：‘古者婦人以肅拜為正，何謂肅拜？’朱子曰：‘兩膝齊跪，手至地，頭不下，為肅拜。手拜亦然。’”○《鶴林玉露》四（十一丈）。○《説郛》十七宋葉《愛日齋叢鈔》：“論婦拜禮到三四張。”○《事物紀原》九（十六丈）。○《傳燈鈔》八（五丈）：“一山曰：‘女人拜，女人立拜屈膝而已。’”又曰：“以兩手當胸前些子鞠躬。”

【傳口令】

《臨濟録》（廿五丈）曰：“猶如俗人打傳口令相似。”○《大慧普説》下（三十九丈）曰：“問一段未了，又問一段，恰如村人打傳口令相似。”○《大惠·法語》中（三丈）曰：“如三家村裏傳口令，口耳傳授。”○忠曰：“如村裏令事展轉相傳，無別掌者。”

【乾打閧】

《僧宝傳》十九（四卷廿七丈）《西余端傳》曰：“圓照見端於甘露曰：‘汝非端師子乎？’曰：‘是。’圓照戲之曰：‘村裏師子耳。’端應聲曰：‘村裏師子村裏弄，眉毛与眼一齊動。開却口，肚裏直，籠統不愛人取奉。直饒弄到帝王宮，也是一場乾打閧。’”○《林間録》上（五十三丈）載之。○《頌古聯珠》廿四（廿三丈）《徑山杲頌》：“夾山目前無法話。云云。明明説與却佯聾，只管外邊閒打哄。”○《古尊宿》四十七（三十三丈）《東林雲門頌古》載之。○《應菴·宝林録》（四丈）曰：“師云。云云。如何是般若体？相见便無禮？如何是般若用？從來愛打閧。”○《密菴録·賛》（四丈）《禅人請讃》曰：“在家不讀書，行脚不？參禅隋流閒打閧，掘地覓青天。”○《恕中録》四（六丈）《應菴和尚讃》曰：“咄哉！老古錐平生愛打閧。”○《歸源直指》[2]下（五十一丈）曰：“作隊成羣打閧過日。○《字典·亥集》曰：“閧，鬬聲也。”

【打野榸】

見器具部“撈波子”注。○《雲門録》中（廿一丈）曰：“横擔拄

---

① 文公家禮：2卷，相傳為朱熹所撰。

② 歸源直指：即《歸元直指集》，2卷，明宗本集。

杖，南北東西打野榸。”又同下（六丈）曰：“師拈起餕餡，僧云：‘爲什麽不分?’師云：‘為你打野榸。’又上（十三丈）。同（十五丈）。○《傳燈》十九（十八丈）《雲門偃章》曰：“這打野榸漢有什麽死急行脚?”○《聯燈》十九（十六丈）《太傅王公颜彬章》曰：“公到招慶煎茶。云云。招云：‘朗上座喫却招慶飯了，却向江外打野榸。’”云云。《碧嚴》五（十九丈）《第四十八則》。○古撰《古尊宿》一《睦州録》（十三丈）曰：“什麽處得這一隊打野榸漢出去?”○《字典・戌・下》（十七丈）曰：“頞，憧乖切，音𩪈[①]。《廣韻》：頭胅也。出《聲類》。”

【討便宜】

《大惠書》（十五丈）《答江給事書》曰：“回心向道，學出世間脱生死法，又是世間第一等討便宜底人。”○忠曰：“便岁猶如和語云仕合也。○[②]

【著手脚】

《大惠書》（十五丈）《答江給事書》曰：“須是急著手脚，冷却面皮，不得受人差排，自家理會本命元辰教去處分明。”○《羅湖》[③]下《李遵勗偈》：“學道須是鉄[④]漢，著手心頭便判。”○又如著鞋襪也。《俗呼小録》（三丈）曰：“首飾曰頭面，鞋襪曰脚手。”

【連架打】

《臨濟録》（卅三丈）《勘辨》曰：“普化常於街市摇鈴云：‘明頭來明頭打，暗頭來暗頭打，四方八面來旋風打，虚空來連架打。”○《和名類聚》[⑤]十五（八丈）曰：“陸詞《切韻》云：‘連枷（音加，和名加良佐乎），打穀具也。’《釋名》云：‘伽，加也，枷於柄頭所以撾穗出穀也。’或曰：‘羅枷三丈而用之。’”○《餘冬序録》[⑥]五十（十三丈）

① 𩪈：“𩪈”之異體。字見《集韻》《重訂直音篇》。
② 此行原文空白，只有“○”號。
③ 羅湖：即《羅湖野録》，4卷，宋禪僧曉瑩撰。
④ 鉄：“鐵”之異體。字見《宋元以來俗字譜・金部》引《三國志平話》等。
⑤ 和名類聚：20卷，日本江户時代村上勘兵衛撰。
⑥ 餘冬序録：6卷，明代何孟春撰。

曰："打稻具，古謂之拂，今吳人謂之連枷，楚人謂之掉花。"〇《事苑》二（十二丈）曰："架，當作枷，音加，拂也。"《説文》："擊禾連枷也。"〇《癸辛雜識》[①] 後集（四十丈）曰："今農家打稻之連枷，古之所謂拂也。《王莽傳》：'東巡載耒，南載耨。'注：鉏也，薅去草。'西載銍，北載拂。'注：音佛，以擊治禾，今謂之拂。慶曆初，知并州楊偕伏所製鉟連枷，鉟簡藏秘府。狄武襄以鉟連枷破儂智高，非特治禾也。"〇《三才圖會》有圖。

【斫牌勢】

《聡燈》廿一（廿九丈）《雪存章》曰："玄沙問：'某甲如今大用去和尚麼生？'師將三木毬一時輥出，沙作斫牌勢。師云：'你親在靈山來方得如此。'沙云：'也即是自家底。'"〇《正宗賛》一《雪峯傳》載之。〇《〈碧嚴〉古鈔》五（廿五丈）曰："玉浦《臆断》云：戰場有斫牌遮弩矢，今斫牌障毬也。"忠曰："無據不足信。"〇忠曰："《丸經》上（八丈）《運筹章》曰："復有爭先，滿三竭五（注）。每人五牌，三番勝方得一牌，如此五番他牌盡。"忠曰："捶丸用牌明見于《丸經》，今斫牌者，斫木作牌也，故後賛曰玄沙火急作牌，謂玄沙見雪峯輥三丸，即爲知言作斫木造捶丸，所合用之木牌之勢也。"

【隨婁溲】

《石溪・報恩録》（十八丈）："上堂曰：'佛在母胎中一轉語，幸自可憐生，出母胎來，一向隨婁溲打之遶，輥一身泥水，累及後人。'"〇《大休録》三《小参》（廿六丈）："黄面老瞿曇隨婁溲道。"云云。又作"隨婁漱"。〇《圓悟録》十七（十丈）曰："大小竇隨婁漱，不能截断誵訛。"又作"隨锼毸。〇《石溪録・秉拂》（四丈）曰："二千年間総是隨毽毸底。"〇《希叟[②]・佛隴録》（十三丈）曰："一點氣用不著，未免隨毽毸。"〇《元叟録・徑山録》四（四丈）曰："徑山隨毽毸也有一頌。"又作"隨婁楸"。〇《八方珠玉》上（廿三丈）："佛海云：'隨

① 癸辛雜識：6卷，宋末元初周密撰。

② 希叟：即《希叟紹曇禪師廣録》，又作《希叟和尚廣録》，7卷，宋代僧希叟紹曇撰，侍者法澄等編。

婁楸處，天仙也是好心，倒靠將來，洛餅似非好報。'" 又作"摟揪"。〇《破菴録》[①]（七丈）曰："更得招慶隨後打摟揪。" 〇《密菴録·法語》（十二丈）曰："若是隨摟揪，驢[②]年也未夢見。" 又作"隨摟搜"。〇《破菴録》（三十大丈）《法語》曰："却只隨摟搜，道個誰知吾正法眼藏，向這瞎驢邊滅却。" 〇《断橋·国清録》（五丈）曰："住山老漢，贏得斷淈溍，隨摟搜。" 〇《竺仙·南禅録》（五十九丈）《普說》曰："兜率謂其深悟說偈證之，也是隨摟搜。" 又《法語》（八丈）。

【横點頭】

《虛堂·報恩録》（九丈）曰："報恩未必横點頭。" 〇忠曰："許人則豎點頭，不許則横點頭。今則豎不在言，雖横亦不作，極不許也。" 〇又《虛堂·育王録》（七丈）。又《普說》（十四丈）。〇《正宗贊》一（三十四丈）《嚴頭贊》曰："横點頭三十載，謂洞山佛無光。"

【熱不采】

《圓悟心要》下（六十四丈）曰："行棒行喝，雷奔電激，不消個熱不采。" 〇《八方珠玉集》[③] 中（五十九丈）曰："趙州問南泉：'离四句，絶百非，請師道。' 泉歸方丈，州云：'這老漢尋常口吧吧地。今日被我一問，直得無言可對。' 侍者云：'莫道和尚無語好。' 被州打一摑，云：'這一摑合是王老師喫。'" 正竟[④]云：'南泉似個鉄山，針鑽不入，趙州幾乎一場懡㦬，却借侍者鼻孔出氣，當時侍者熱不采，伊看他作甚折合?" 〇《碧嚴》七（廿三丈）《第七十則》評曰："却不采他。" 〇《虛堂·宝林録》（廿四丈）曰："後代兒孫誰采你。" 〇忠曰："和語利阿和奴。" 〇《傳燈》廿九（十一丈）《誌公十四科頌》："我自安然不采。" 〇《大惠普說》下（六十五丈）："更不采他。" 〇竺源《證道歌注》[⑤]

---

① 破菴録：即《破菴祖先禪師語録》，又作《破菴和尚語録》，1卷，南宋僧破菴祖先撰，圓照等編。

② 驢："驢"字俗字。《四聲篇海·馬部》："驴，力居切，與驢同，俗用。"

③ 八方珠玉集：即《拈八方珠玉集》，全稱《佛鑒佛果正覺佛海拈八方珠玉集》，3卷，宋代僧祖慶重編，理宗寶祐五年（1257）刊行。

④ 竟："覺"之異體。字見《宋元以來俗字譜·見部》引《列女傳》《取經詩話》等。

⑤ 證道歌注：又作《證道歌註頌》，1卷，元代僧竺原永盛撰，德弘編。

(十一丈)。○《西遊記》一(五十七丈):“莫採他。詩酒且圖。”熱忠曰:“甚之義。《華嚴疏》廿一(七十四丈)解熱惱曰熱者,熾盛爲義。”

【兜一喝】

《破菴録》(廿七丈):“秉佛曰:‘起來兜一喝。’”○一言“兜”字并看。

【去不得】

《碧嚴》五(廿二丈)《四十九則》評曰:“若不是三垩①,只此一句便去不得。”○《大惠普説》四(四十二丈):“每來室中問一句,答得儘是,却到緩緩地編逼將來,又去不得。”○《正宗贊》二(六丈)《興化章》:“師見同参來。云云。師云:‘是伊適來也有權,也有實,也有照。也有用,及乎將手向伊面前横兩横,便去不得。似者般漢,不打更待何時。”《聯燈》十(廿丈)《興化章》。○忠曰:“去不得者猶言支遣不得也。”○又同二(四十四丈)《圓悟傳》:“慧上方丈辭去。師云:‘首座,昨夜三世諸佛被汝罵,六代祖師被汝罵,我只輕夾鼻,你便去不得。’”

【少去就】

昔有一行者,隨法師入佛殿。行者向佛吐唾。法師云:‘行者少去就,何以唾佛?’者云:‘將無佛處來,與某甲唾。’法師無對。”○“去就”見二言。

【弄精魂】

《永平眼藏》六十五(三丈)《優曇華章》:“弄精魂者,祇管打坐,脱落身心也。成佛作祖謂弄精魂,著衣喫飯謂弄精魂,凡佛祖極則事必弄精魂也。”○《湖海新聞·後集》一(三丈):“賈平章母,兩國夫人,設雲水道人齋。忽有群道人拱一孕婦將產而來,齋未罷,產嬰在地。群道人即扶女子而去,只留嬰兒在地。衆人扶起嬰兒,乃一劍袭也,始知吕祖為此,以戲凡俗云。”

---

① 垩:“聖”之異體。《宋元以來俗字譜·耳部》引《古今雜劇》《三國志平話》“聖”皆作“垩”。

【拈了也】

《碧嚴》二（廿三丈）《無縫塔話》曰："瑠璃殿上無知識。"雪竇著語云："拈了也。"〇又同（卅五丈）《翠微禪板話頌》云："盧公付了亦何憑？座倚休將继祖燈。"评曰："雪竇一時拈了也。"〇忠曰："拈去也，非拈起義。逸堂辨云：知也，津土取捨多。"

【好生觀】

生，助辞[1]。二言"好生"。〇《諸祖偈頌》上（之上三十丈）《法燈擬寒山詩》曰："頭頭垂示處，子細好生觀。"〇《圓悟録》五（七丈）曰："分明垂手處，子細好生觀。"〇《石溪·報恩録》（十四丈）曰："一夏三個月，已過兩個月，子細好生觀，只餘一個月。"〇《介石[2]·崇恩録》曰："頂門具眼好生觀。"〇《大休録·小參》（廿六丈）曰："日日著眼好生觀，莫待臘月三十日。"

【好生看】

《通玄百問》（十一丈）曰："永字八法好生看。"〇又同（十三丈）曰："止啼黄葉好生看。"

【好生聽】

《太安遺語》四（廿二丈）曰："大丈夫好生聽。"

歌曲

【雲門曲】

《雲門録》上（三丈）曰："問：'如何是雲門一曲？'師云：'臘月

---

① 辞："辭"之異體。《字彙·舌部》云："辞，俗辭字。"《正字通·辛部》云："辞，俗辭字，誤，與亂作乱同。"

② 介石：即《介石智朋禪師語録》，1卷，宋代禪師介石智朋語録，參學正賢、宗坦、延輝，侍者智璉、志諶、浄球編。

二十五。’進云：‘唱者如何？’師云：‘且緩緩。’”○《禪林類聚》[①]歲時部。○忠曰：“有雲門曲調，此僧借曲名問家風也。”○《山谷詩集》八曰：“高詞欲奏雲門曲。”○《周禮》廿二（十一丈）《大司樂》註曰：“雲門，黄帝之樂。”○又同《大司樂》（廿三丈）曰：“雲和之琴瑟，雲門之舞。”○《文献通考》百四十四（一丈）《樂考·樂舞部》曰：“‘雲門、大卷’注：‘大司樂，以樂舞教國子舞雲門、大卷。’鄭注：黄帝樂曰雲門、大卷。黄帝能成名萬物，以明人共財，言其德如雲之所出，民得以有族類也。陳氏《樂書》曰：周官大司樂，舞雲門，以祀天神。《傳》曰：‘雲出天氣，雨出地氣，則堯之樂以雲門名之，以天氣所由出入故也。’世之論者，以黄帝之樂為咸池，亦曰雲門大卷。然雲門、大卷，取諸天；咸池，取諸地，其可合而一之乎？”云云。○《通鑑綱目[②]·前編》一（十五丈）《黄帝有熊氏紀》曰：“命大容作咸池之樂。”《外紀》曰：“帝命大容作承雲之樂，是為雲門、大卷。著之椌楬以道其和，中春之月，乙卯之辰日，在奎始奏之，命曰咸池。”○《事林廣記[③]·戊集》十卷：“古代樂舞部全引文献之説。”○《小学紺珠》[④]四（廿一丈）曰：“《易通卦驗》：‘舞八樂。’八樂：雲門、五英、六莖、大卷、韶護、夏武。”

【牧護歌】

《傳燈》三十（廿四丈）載《蘇谿和尚牧護歌》。注曰：“師五洩小師也。”○五洩靈然嗣馬祖。《傳燈》七（十一丈）有章。○蘓溪（失名），《傳燈》等不載，但《會元》四（卌九丈）有章。《虛堂録·礼[⑤]祖塔》（二丈）称“牧護和尚依作《牧護歌》”。○《山谷文集》[⑥]廿五

---

① 禪林類聚：20 卷，元代道泰、智境編。禅，同“禪”。

② 通鑑綱目：即《資治通鑒綱目》，59 卷，南宋朱熹生前未能定稿，其門人趙師淵于樊川書院續編完成的史書。

③ 事林廣記：全名《新編纂圖增類群書類要事林廣記》，42 卷，南宋末陳元靚撰。

④ 小学紺珠：10 卷，南宋 王應麟所編類書。

⑤ 礼：“禮”的俗體。《金石文字辨異·上聲·薺韻》：“禮、礼。《漢鄭固碑》：‘導我礼則。’《唐兗公頌》：‘礼經雲委。’”《干禄字書·上聲》：“禮、礼。並正。多行上字。”《增廣字學舉隅》卷二《古文字略》：“礼，古禮字。”

⑥ 山谷文集：30 卷，宋黄庭堅撰。

(十丈)《題牧護歌後》曰："鼺嘗問南方衲子云，《牧護歌》是何等語，皆不能説。後聞劉夢得作夔州刺史時，樂府有《牧護歌》，似是賽神曲，然不可解。及在黔中聞賽神者夜歌，乃云：'聽説儂家牧護，末云奠酒燒錢歸去。'雖長短不同，要皆自敘致五七十語，乃知蘇溪嘉州人，故作此歌，學巴人曲，猶石頭學魏伯陽作《參同契》也。"〇《編年通論》[①]十九（十丈）引之。〇《容齋四筆》八（四丈）曰："郭茂倩編次樂府詩《穆護歌》一篇，引歷代歌辭曰：'曲犯角。'其語曰：'玉管朝朝弄，清歌日日新。折花當驛路，寄與隴頭人。'黄魯直《題牧護歌後》云：'予嘗問人此歌，皆莫能説牧護之義。昔在巴、僰間六年，問諸道人，亦莫能説。他日，舩宿雲安野次，會其人祭神罷而飲福，坐客更起舞，而歌木瓠。其詞有云："聽説商人木瓠，四海五湖曾去。"中有數十句，皆敍賈人之樂，末云："一言為報諸人，倒盡百瓶歸去。"繼有數人起舞，皆陳述己事，而始末略同。問其所以為木瓠，蓋刳曲木狀如瓠，擊之以為歌舞之節耳。乃悟穆護蓋木瓠也。'據此説，則茂倩所序，為不知本原云。且四句律詩，如何便差排為犯角曲，殊無无[②]意義。"〇又《西溪叢語》上（廿五、六、七、八丈）別有義。〇《虚堂録・六禮祖塔》（二丈）《牧護和尚定身頌》。

【烏樾角】

《正宗賛》二（四十二丈）《五祖演賛》曰："烏樾角聲傳梅引，暗損愁腸。"〇《翰府名談》[③]曰："教坊家市塩[④]，偶於紙角中得一曲譜，看之，乃歐陽永叔所作，其詞艷麗可取，因以塩角兒名之，其聲遂傳於世。"《不二鈔》引。〇《丹鉛総録》十九（十二丈）曰："曲名有烏鹽角，《江鄰幾雜志》[⑤]云：'始教坊家人市監，得一曲譜子角中，翻之，遂以名焉。戴石屏有烏鹽角行，元人月泉吟社詩：山歌聒耳烏鹽角，村酒柔情玉練

① 編年通論：即《隆興佛教編年通論》，又作《隆興編年通論》，29卷，南宋祖琇撰于隆興二年（1164）。

② 无："無"之異體。《字彙・无部》云："无，古無字，易多用之。《六書正譌》天屈西北，從天而屈其西北會意。"《正字通・无部》亦云："无，古文無。《周易》無皆作无。"

③ 翰府名談：不知卷數，原書久佚，亦不見諸家著録。

④ 塩："鹽"之異體。《正字通》："鹽，俗省作塩。"

⑤ 江鄰幾雜志：宋江休複撰。江休複，字鄰幾，宋開封陳留人。

槌。’ ” ○《續説郛》卅三《升菴辞[①]品》（二丈）全同，但“子角”作“角子”。○《如净録》下（十六丈）《示祖清法語》曰：“老僧少年臥牛背上吹烏塩角，調入梅花引，忽然轉嗚噎，不知所以，乃其角破而氣絶。天地豁空吾心忘矣。” ○《橘洲文集》[②]四（十五丈）《郊外即事詩》曰：“一聲牛背烏塩角，鉄作行人也斷魂。”右皆作“鹽”。又作“欄”。○《物祖賸語》[③]十五（八丈）《净和尚法語跋》曰：“牛背上烏欄角，無師自悟底消息。” ○《無文印》十（八丈）《持宗主書烏欄角行跋》曰：“肥牛在田，帶雨深耕，尚記兒時聽春風桐角於東阡西陌間，青山入手流轉四方下，復知有田家樂矣。” ○忠曰：“見右数語‘烏檻角似牧童村樂’也。”

【舞三臺】

《普燈》十二（七丈）。○《中峯録》一下（十六丈）：“弁山示衆曰：生從何處來？崑崙騎象舞三臺，這裡見得便見。” ○《天中記》四十四（卅九丈）《酒部》曰：“北齊高洋毀銅雀臺，宮人拍手呼上臺，因以送酒。（《刘賓客嘉話》）今之催酒三臺，或云鄴中有三臺，石崇遊一之地，樂工以促飲。又云蔡邕三日之間，周歷三臺，樂府以邕諳音律，製此曲。希其厚遇。（資集暇）”

【囉囉哩】

《虚堂・興聖録》（十六丈）：“上堂，舉楊岐示衆：薄福住楊岐，年來氣力衰。寒風凋敗葉，猶喜故人帰。囉囉哩，拈起死柴頭，且向無煙火。” ○《古宿》十九《楊岐録》（三丈）作“囉唻哩”。○《正字通・丑・上》（六十四丈）“嗊”註曰：“嗊，呼孔切，洪上聲。囉嗊歌也。《通雅》曰羅嗊猶來羅。《雲溪友議》曰：元公贈刘采春曰：選詞能唱望夫歌。即羅嗊曲也。金陵有羅嗊樓，陳後主建。宋以後俗曲有來羅詞。又言：采春女周德華，羅嗊之歌不及其母。晉庚楷鎮歷楊，人歌曰：重羅黎，重羅黎。即來羅之聲也。”

---

① 辞：“辭”之異體。《字彙・舌部》云：“辞，俗辭字。”《正字通・辛部》云：“辞，俗辭字，誤，與亂作乱同。”

② 橘洲文集：10卷，宋釋寶曇撰。

③ 物祖賸語：25卷，南宋禅僧、詩僧物初大觀的詩文集。

《葛藤語箋》第七卷

三言（坤）[1]

言詮

【驗主問】

亦謂“探拔問”。見數目“十八問”處。〇《大毘婆沙論》[2] 百十八（十二丈）曰：“以問非理，是故隨彼作非理答。何故須作非理問耶？欲試驗他故為此問。”

【無義語】

《聯燈》廿一（五丈）《夾山會章》曰：“我二十年住此山，未嘗舉著宗門中事。云云。喚昨日問話僧來，云：老僧二十年只説無義語。云云。”《虚堂・頌古》（九丈）《頌》。〇忠曰：“無義理之語，今不必用筆注意。”〇《維摩經》八（廿一丈）《香積佛品》曰：“是無義語，是無義語報。”注：“肇曰：華飾美言，苟悦人意，名無義語。”

【合頭語】

船子語。見“繫驢橛”處。忠曰：“合理也，墮理味也。”〇《虚堂録》四（四十三丈）《普説》〇《續原教論》[3]。

【隔身句】

《碧嚴》三（十三丈）曰：“乾峯示衆云：‘舉一不得舉二，放過一

---

① 原文無“三言（坤）”，此據無著道忠的目次補上。

② 大毘婆沙論：又作《阿毘達摩大毘婆沙論》《婆沙論》《婆沙》，200 卷，唐玄奘譯。

③ 續原教論：2 卷，明沈士榮撰。

著，落在第二。’雲門出衆云：‘昨日有一僧從天台來，却往南岳去。’乾峯云：‘典座今日不得普請，看他兩人放則双放，收則双收。為仰下謂之境致，風塵草動，悉究端倪，亦謂之隔身句，意通而語隔。’”忠曰：“与‘隔手句’意同。”

【隔手句】

《虚堂·報恩録》（十九丈）曰：“正旦上堂：‘年年是好年，日日是好日。’為甚有新有舊？若道得個隔手句子，許你鉄輪峯頂翹足，大洋海底筭沙。”○忠曰：“蓋與‘隔身句’同。意通而語隔者也。謂年年好、日日好，是平常底，今於新舊不变，平常底，却要道得新舊轉換底，是乃隔手句也。”

【出格詞】

《玄沙録》中（八丈）曰：“三天下銅銀二輪齊位。十信、十住、十迴向、十地、五位、六位，同證生殺之機，互換自在自由，處處通透。若如此理論，方始喚作出格之詞。”

【上大人】

《雲門録》上（卅一丈）曰：“問：‘乞師指示。’師云：‘上大人丘乙己。’進云：‘學人不會。’師云。‘化三千七十士。’”○同中（卅五丈）曰：“你若道不得，且念上大人。”○《白雲·海會録》（二丈）：“郭功甫入山，上堂。云云。乃云：‘上大人丘乙已，化三千七十士。爾小生八九子，佳作仁可知禮也。’”○《正宗贊》二《白雲傳》舉。○《癡絶録》下《法語》（三丈）《示悟開首座語》曰：“楊岐栗棘蓬，白雲上大人，東山暗號子。”○《雪嚴録》上（五十六丈）曰：“那裏似世間村秀才教小學，自上大人讀到《論語》《孟子》《毛詩》《周易》一般。”○祝允明《猥譚》（二丈）曰《上父書》：“上大人丘乙已，化三千七十士。尔[①]小生八九子，佳作仁可知礼[②]。右八句末曳也，字不知何起，今小兒學書必首，此

① 尔：“爾”之異體。《宋元以來俗字譜·十四畫》“爾”引《通俗小説》《古今雜劇》《三國志平話》等皆作“尔”。

② 礼：“禮”的俗體。《金石文字辨異·上聲·薺韻》：“禮、礼。《漢鄭固碑》：‘導我礼則。’《唐兖公頌》：‘礼經雲委。’”《干禄字書·上聲》：“禮、礼。並正。多行上字。”《增廣字學舉隅》卷二《古文字略》：“礼，古禮字。”

天下同，然書坊有解，胡説耳。《水東日記》言，宋學士晚年寫，此必知所自。又《説郛》中曾記之，亦未暇檢。向一友謂予：‘此孔子上其父書也。上大人（句上上書大人謂叔梁紇），丘（句聖人名）乙已，化三千七十士，尒[①]（句乙一通言一身所化士如許）小生八九子，佳（句八九七十二也，言弟子三千中，七十二人更佳）作仁（句作猶為也）可知禮也（仁禮相為用，言七十子善為仁，其於禮可知）。大槩取筆畫稀少，開童子稍附會理也。’”○《廣百川斈海》[②] 四。《續説郛》四十六載。

【元字脚】

《僧宝傳》（十九丈）《首山念傳》曰：“若論此事，寔不掛一元字脚。”○《正宗賛》二（二丈）《首山傳》。○《廣燈》十六（四丈）《首山念録章》曰：“若論此事，不掛字腳。”○《古宿録》八（八丈）《首山念録》曰：“若论此事，實不掛一個元字脚。”○《會元》十一（四十五丈）《首山章》全同。○《正宗賛舊解》曰：“元字之脚，乙字也。乙者，一也，言一切文字自一始。不掛元字脚者，謂不掛一字也。”○忠曰：“舊解迂曲也。予謂元字之脚者，丿乚也，皆筆畫稀少也。脚者，和語引捨也，不必作一字而解矣。”[脚]《古今印史》（廿九丈）曰：“米元章曰：‘畫可摹，書可臨而不可摹，惟印不可偽作，作者必異。王詵刻勾德元圖書記，乱印書畫，予辨出元字脚，遂伏其偽。木印銅印自不同，皆可辨。’”○《續説郛》卅六。○《楊升菴集》[③] 六十三（廿四丈）曰：“柳宗元詩：柳家新様元和脚。言字變新様，而脚则元和也。脚，蓋懸針垂露之體耳。”○忠曰：“刘夢得句，非柳宗元。”○《菊坡叢話》廿三（五丈）：“劉夢得《答柳子厚詩》云：‘日日臨池弄小雛，還思寫字付官奴。柳家新様元和脚，且盡薑芽斂手徒。’”○《北礀詩集》[④] 八（廿五丈）用。○《東坡詩集》十一（廿四丈）：“《柳氏二外甥求筆迹詩》曰：‘君家自有元和脚，莫厭家雞更問人。’”○《書史會要》[⑤]

---

① 尒：為“爾”之異體。《金石文字辨異・上聲・紙韻・爾字》引《漢校官碑》作“尒”。

② 廣百川斈海：10集，以十幹標目，明代馮可賓編。斈，“學”之俗體。

③ 楊升菴集：81卷，明楊慎撰。

④ 北礀詩集：9卷，宋釋居簡撰。

⑤ 書史會要：9卷，元末明初陶宗儀所編中國第一部書學史傳著作。

六（卅六丈）曰："《徐氏清書效黄庭堅陳無己詩》云：'肯學黄家元祐脚。'"〇《祖庭録》[1]云："不留個原子脚。"〇《大藏一覽[2]·序》曰："此一大事，本無字脚。"〇《聯燈》廿七（廿七丈）《北塔恩廣章》曰："問：'如何是和尚家風？'師云：'左手書右字。'云：'學人不會。'師云：'歐頭柳脚。'"〇《碧嚴》三（廿四丈）《廿八則·頌》："下語曰：'記得個元字脚在心，入地獄如箭。'"〇《大顛心經注》[3]（廿二丈）曰："覓元字脚，亦不可得。"〇《燕南紀談·后集》下（十五丈）。〇《中峯録》十一上《不二鈔》（六丈）曰："趙州曰：'若記一個元字脚在心，永劫作野狐精。'"〇《趙州録》无此話。《聯燈》六《會元》四《趙州章》無此話。

【閑絡索】

《虚堂·徑山後録》（九丈）曰："也是什麽閑絡索。"忠曰："絡索，猶言一段也，如繩索一絡結也。閒者，無用義。"又數目部"一絡索"。

【結交頭】

《虚堂·報恩録》（十九丈）《除夜小参》曰："直饒輥到結交頭，依舊眼睛烏律律。"〇忠曰："結交者，舊歲之尾，新歲之首交結處也。日月氣候圓轉到新歲相交嘌緊之處也。"

【話墮也】

《雲門録》中（十七丈）曰："舉光明寂照徧河沙。問僧：'豈不是張拙秀才語？'僧云：'是。'師云：'話墮也。'"〇《傳心法要》（十六丈）曰："問：'纔向和尚家發言，為什麽便言話墮？'師云：'汝自是不解語，人有什麽墮負？'"

【説大話】

《普燈》廿五（卅五丈）《諸方廣語部·別峯印》："示衆。云云。莫

---

① 祖庭録：即《祖庭鉗錘録》，2卷，明代僧費隱通容著。

② 大藏一覽：即《大藏一覽集》，10卷，别有目録1卷，明代陳實撰。

③ 大顛心經注：又作《大顛菴主注解般若心經》《大顛注解心經》《般若心經注解》，1卷，唐大顛寶通撰。

道會盡古今，會盡差别。云云。只個裏一點不明，則許多皆没交涉，更説甚麼大話。”

【大脱空】

《古宿》二十（十三丈）《五祖廣太平録》云：“十方諸佛、六代祖師、天下善知識，皆同者個舌頭。若識得者個舌頭，始解大脱空，便道山河大地是佛，草木叢林是佛。若也未識得者個舌頭，只成小脱空自謾去。明朝後日大有事在。太平恁麼説話，還有實頭處也無？自云：有。如何是實頭處？歸堂喫茶去。”〇《應菴録・法語》（三十丈）《示屼禪人語》曰：“道既達，即無累生之患，是可得而名狀耶，便能顯示七佛已前，威音那畔一個大脱空。五祖謂一切妄言綺語，小脱空是也；覷見本來面目，大脱空是也。且小脱空與大脱空，是一義二義？思之！”〇《石溪・虎丘録》（八丈）：“上堂。虎丘家風，内空外空，十分富貴，十分貧窮。有時揚聲止響，有時詐啞佯聾。猶是平常小脱空，且如何是大脱空？良久云：六耳不同謀。”〇又二言“脱空”處。〇《舊唐書・本紀》十一（廿七丈）《代宗永泰十三年紀》曰：“二月甲辰，太仆寺佛堂有小脱空金剛，右臂忽有黑汁滴下，以紙承之，色類血。”

【投機頌】

《碧嚴》五《第四十二則評》曰：“龐居士参馬祖。問：‘不與萬法為侶，是什麼人？’祖云：‘待你一口吸盡西江水，即向汝道。’士豁然大悟，作頌云：‘十方同聚會，個個學無為。此是選佛場，心空及第歸。’”〇《古鈔》五（九丈）曰：“此頌諸方為呈見解非也。此是頌師家、學者同用處也，此名投機頌也。”

【黑豆法】

《虚堂・浄慈後録》（二十丈）曰：“松源師祖臨示寂告衆云：‘久参兄弟，正路上行者有只不能用黑豆法。臨濟之道將泯絶無聞，傷哉！”〇予《蒺藜苑》一詳箋。

【阿剌剌】

《傳燈》十二（九丈）《宝應章》曰：“思門到參。云云。明拂袖而去。師云：'阿剌剌。'"〇《禪類聚》十七（廿四丈）曰："西院明聞南院出世相訪。云云。師以衣袖拂一拂便行。院云：'阿剌剌。阿剌剌。'"〇《字典·子·下》(四十五丈)："郎達切，音辣。《説文》：戾也。師古曰：謚法，暴戾無親曰剌。《韻會》：从約束之束，从刀。與刺字不同。"〇《正字通·申·上》（七十四丈）曰："莿，同蘱與莿別。"又（百卅三丈）曰："蘱，音賴蘱，篙初生可食，非今義。"又同（四十八丈)："莿，同茦。"又（三十丈）曰："茦，音册，艸刺針也。"〇忠曰："《廣燈》莿，當作剌。或剌，郎達切，音辣。凡音字與本字義通，辣音剌，味辛也。"〇《虛堂録·六代别》（廿七丈)："思明因緣"作"阿喇喇"。〇《正字通·丑·上》（五十四丈）曰："喇，落運切，音辣，喝喇言急也。"〇忠曰："言急非今義。《傳燈》作剌音通，故訛作喇而已。俗語此煩不一。"

數目

【十八問】

《碧巖》一（卅二丈)《第九則評》曰："汾陽十八問中，此問謂之驗主問，亦謂之探拔問。"〇僧問趙州："如何是趙州?"（此止）此問也。〇《人天眼目》二（三丈）載："請益、呈解、察辨、投機、偏僻、心行、探拔、不會、擎擔、置、故、借、實、假、審、徵、明、默。"詳如彼。

【十八上】

《南泉録》(三丈）曰："老僧十八上解作活計。"〇《正宗贊》一(十四丈)《南泉傳》。〇《聯燈》四（八丈)《南泉章》。〇《禪類聚》六（二丈）曰："趙州云：'我十八便會破家散宅。'"〇《傳燈》《會元》及《趙州録》不載，但《神鼎》舉之。〇《聯燈》十二（十二丈）《神鼎章》曰："趙州道：'我十八上便會破家散宅。'"〇《博山禪警語》[1]上（廿一丈）曰："趙州云：'老僧十八歲便解破家蕩產。'"〇忠

---

① 博山禪警語：2卷，明代元來撰，成正集。

曰："可知上是歲義。或為十八度義，非。"《石溪録・普説》（九丈）曰："他（趙州）十八上謁南泉。"〇《廣燈》廿六（六丈）《從曉章》："老僧二十五離雪峯。"〇《大惠普説》一（十四丈）曰："子由十四上便得解。"〇又同二（卅五丈）曰："山僧十七歲上便知有此事。"〇《北礀録・普説》（二丈）。〇《破菴録》（卅一丈）《普説》曰："山僧十九上，經過大湖水。今年五十二，此水尚宛爾（引古人）。"〇《清拙録》[1]三《晚参》（三丈）"十七上"。同（四丈）："十九上。云云。二十三上出閩入浙。"〇《古林録・小参》（五丈）："山僧十三上。"〇又同《普説》（卅七丈）。〇《江湖紀聞・前》九（二丈）："四十五歲上。云云。"

【十三棒】

《雲門録》上（卅六丈）曰："七棒對十三。"〇《瑯琊代醉》[2]卅六（十六丈）曰："古人笞法十三為最輕者。"〇《夢溪筆談》廿二（五丈）曰："李獻臣問孫次公使曰：'餐來未？'使臣誤意'餐'者謂次公也，遽對曰：'離長安日，都運待制已治裝。'獻臣曰：'不問孫待制，官人餐來未？'其人慙沮而言曰：'不敢仰昧，為三司軍將日，曾吃却十三。'蓋鄙語謂遭杖為餐。獻臣掩口曰：'官人誤也。問曾與未曾餐飯，欲奉留一食耳。'"〇《春渚紀聞》四（十一丈）。〇《事言要玄[3]・人集》十一（九十丈）曰："今人戲言打十三，初不知其所謂，偶得一書言，古人笞法十三為最輕者，此言似矣。"

【六十棒】

臨濟三頓棒為六十棒。〇《碧嚴》十（廿五丈）《第九十九則評》曰："看他黃檗老善能接人，遇著臨濟，三回便痛施六十棒。"〇《雪竇録》三（三丈）曰："舉臨濟示衆云：'我於先師處，三度喫六十棒，如蒿枝子拂相似。"云云。〇《臨濟録》（三丈）作"三度蒙他賜杖"。〇又《臨濟録》（四十丈）曰："黃檗云：雖然如是，子已喫吾三十棒了

---

① 清拙録：即《清拙和尚語録》，1卷，元代入日禪師釋正澄撰，釋永鎮等輯。

② 瑯琊代醉：即《琅邪代醉編》，40卷，明张鼎思撰。

③ 事言要玄：32卷，包括《天集》3卷、《地集》8卷、《人集》14卷、《事集》4卷、《物集》3卷，明陳懋學編纂。玄，原文作"言"，字右加圈標記，行首改為"玄"。

也。”〇《碧巖》四（廿一丈）《評》引之作“二十棒”。〇《大慧録》九（十三丈）：“秉拂曰：‘臨濟三度問佛法大意，三度打六十棒，便與三日耳聾出氣。’”〇《正宗賛》二（三丈）《臨濟賛》：“報冤六十棒，向大愚肋下築拳。”〇忠曰：“依三頓為六十棒之語，有一頓為二十棒之説，一棒之痛當二十棒也。”

【三寸舌】

《虚堂·宝林録》（卅一丈）：“明明道不在言語上，何必用三寸舌頭帶將出來。”〇又同《偈頌》（二丈）《閲宗鏡録·頌》曰：“老胡三寸舌，鏡主幾生心。”〇《史記》七十六（三丈）《平原君傳》曰：“毛先生以三寸之舌，彊於百萬之師。”

【七寸上】

《碧巖》三（八丈）《頌·評》曰：“五祖先師道：‘此鼈鼻虵，須是有不傷犯手脚底機，於他七寸上，一捏捏住，便與老僧把手共行。”〇《不二鈔》三（十九丈）曰：《楞伽》（竺仙）云：‘凡虵自頭至頸七寸是其至命之處，人言凡打虵者，但於七寸上打，若打他處不死，言七寸者，最要緊處也。”〇《石溪録·小参》（六丈）曰：“向七寸上一掐掐定。”

【遲八刻】

〇晝夜十二辰，每辰八刻二十分，通十二辰為百刻。《蠡海集》（卅二丈）詳説。今“遲八刻”，言一辰遲也。

【打一遭】

《大慧書》（四十六丈）《答吕郎中書》曰：“空來世上打一遭。”又（八十五丈）。〇《虚堂·徑山後録》（廿二丈）曰：“繞四天下打一遭。”〇忠曰：“一遭，一周義。遭者，拕之一周，了則復迴。初拕出之處，是再遇初處，故言一遭也。”

【一星兒】

《圓悟録》七（廿六丈）：“上堂曰：‘大衆幸自無一星兒事，然平地起骨堆。’”○《碧嚴》一（卅三丈）《評》曰：“有般底人道：本來無一星兒，但只遇茶喫茶，遇飯喫飯。此是太妄語。”○又同四（五丈）。五（十五丈）。○《大慧書》（六十一丈）曰：“都不干我一星兒。”○又同（六十九丈）曰：“著一星兒外料不得。”○《密菴・霊隐録》（五丈）：“上堂曰：‘直饒千佛出現，各各放大宝光也，侵占一星兒不得。’”○《虛堂録》六《佛祖讚》（十三丈）《大慧賛》曰：“元來一星子不曾改過。”○忠曰：“謂少分也。”

【一星事】

【一絡索】

《大慧書》（三丈）曰：“如上這一絡索，只在當人末後一念真實而已。”○忠曰：“猶言一段也，如繩索一絡結也。”○《碧嚴》五（十丈）《第四十四則評》曰：“雪竇後面引一落索。”《鈔》曰：“猶言一結也。”○絡，俗作“落”。《正字通・申・上》（六十九丈）“落”注曰：“舊注与籠絡之絡同。云云。按籠絡、經絡當从絡。俗本譌作落，非。”○《虛堂・宝林録》（廿五丈）：“上堂。僧問：云云。者一絡索到虛堂面前時如何?”云云。

【一火絡】

《虛堂録・新添》（三丈）《龎居士闔家都去頌》曰：“神出鬼没，接響承虛，這一火絡邪法難扶。”○忠曰：“一聚人之所為絡索也。”○《唐書・兵志》曰：“五十人為隊，隊有正；十人為火，火有長。”○《西嚴録①・賛佛祖》（五丈）《四睡賛》曰：“是四憨痴，成一火落。”忠曰：“作落非如絡索。下辨。”○《石溪録・小参》（六丈）《雪峯南山鼈鼻虵话》云：“看他一火落作麽生?”○《古林②・永福録》（廿四丈）曰：“這一火落鼻孔揔被穿了也。”

---

① 西嚴録：即《西嚴了慧禪師語録》，2卷，宋西嚴了慧禪師述，門人侍者修義、景元、宗清、繼㷂、宗應編。

② 古林：即《古林清茂禪師語録》，又名《扶宗普覺佛覺佛性禪師語録》，5卷，宋古林清茂撰，元浩等編。

【一轉語】

《臨濟録》（卅二丈）《勘辨》曰："師云：'飯頭不會，請和尚代一轉語。'"○忠曰："蓋撥轉一語也。"○《續説郛》廿一（三丈）曰："杭州柴四圓箍為一轉。"忠曰："不涉一轉語義。"

【月十日】

《大慧書》（十六丈）曰："試如此做工夫看，月十日便自見得也。"○忠曰："俗話説言太速成功也，謂一月中但十日内外可成就也。"○《歐陽文忠公集》[①]六十九（七丈）《與社訢書》曰："葬期未有日，可待，即九好也，然亦只月十日可了。"○《江湖紀聞·後集》二（八丈）曰："只月十日事。"

虛詞

【勿交涉】

《臨濟録》（一丈）曰："你纔開口，早勿交涉也。"○忠曰："又作没交涉，俗話於某事不相涉，不相及也。"

【無交涉】

《碧巖》一（十四丈）《第四則評》曰："人多錯會，用作建立，直是無交涉。"

【没克把】

《大惠書》（五丈）《曾侍郎第二書》曰："當人脚下，浄倮倮，赤灑灑，没克把，豈不快哉？豈不暢哉？"○忠曰："無可撈模處也。此不可為有無，不可為言默也。"

【在那裏】

《續郛》十九《暖姝由筆》（五丈）曰："方言凡問物之在者，則曰

---

① 歐陽文忠公集：153 卷，宋歐陽修撰。

在那裏，此官語也。”

【暗地裏】

《虛堂・柏嚴録》（三丈）曰：“暗地裏勝他一籌。“〇又同《徑山録》（八丈）曰：“自謂暗地裏得便宜。”忠曰：“潛也。和比登志礼須。”

【譬如閒】

《雲門録》下（十七丈）曰：“鋳鍾。云云。問僧：‘打鐘圖什麼?’僧云：‘喚和尚喫飯。’師不肯。代云：‘譬如閑。’”〇《圓悟心要》上（廿九丈）曰：“祖師宗匠語句機鋒，一刀截断①，更不顧藉。自餘諸雜，甚譬如閒，方可攀上流，少分相應也。”〇又同下（五十一丈）曰：“養来養去觀生死，甚譬如閒。”〇《續燈》九（十四丈）《山谷會書》曰：“問：‘生也猶如著衫，死也還同脱袴。未審意旨如何?’師云：‘譬如閑。’僧曰：‘爲什麼如此?’師云：‘因行不妨掉臂。’”〇《會元》十六（廿一丈）《山谷三祖冲會章》同此。〇《月江録・偈頌》（十五丈）《和古林頌》曰：“爐炭鑊湯成正覔，刀山劍樹只如閑。”〇《白玉蟾》七（五丈）：“要做神仙去，工夫譬似閒。”〇又同七（六丈）曰：“要做神仙煉丹，工夫譬之似閒。”又十一（三十丈）。〇《燕南記談②・后》上（廿一丈）。

【匹似閒】

《碧嚴》五（廿二丈）《第四十九則》曰：“匹似閒只以一二分酬他。”〇《圓悟録》八（四丈）曰：“有個頌子：‘須弥③納芥不容易，芥納須弥匹似閑。’”云云。〇《禅林宝訓》④下（七丈）曰：“雪堂仁慈。云云今之學者，做盡伎倆，终不奈何其故，何哉?志不堅，事不一，把作匹似閒耳。”〇《宝訓音義》下一（六丈）曰：“匹似閒，方语不要緊

① 断：“斷”之異體。字見《偏類碑别字・斤部・斷字》引《唐柳君太夫人杜氏墓誌》。

② 燕南記談：即《燕南記譚》，6卷，前集3卷，后集3卷，日本江户時代天嶺性空撰。

③ 弥：“彌”之異體。《隸辨・平聲・支韻》引《張納碑》作“弥”。

④ 禅林宝訓：禅，同“禪”；宝，同“寶”。《禪林寶訓》，又稱《禪門寶訓》《禪門寶訓集》，4卷，南宋浄善重編。

也。”〇《誠齋·南海集》一（六丈）詩曰：“管領社公須竹葉，在家在外匹如閑。”〇《山谷詩集》十五（九丈）詩曰：“田多穀少無人會，匹似無田過一生。”〇《餘冬敘録》[1] 四十八（六丈）曰：“匹，讀如譬如。匹如，元是九江人等句。”〇忠曰：“和语那計耶俚左摩也。匹似閒者，似等閒也。”

【匹如閒】

《方秋崖後集》[2] 一（十四丈）《山行詩》曰：“長短百年誰是主，死空一槩匹如閒。”

【閒不徹】

忠曰：“極閒徹也。”〇《古宿》卅四（二丈）《佛眼録頌》：“云云。雲在嶺頭閒不徹，水流澗下太忙生。”《虚堂·報恩録》（廿丈）同。〇忠曰：“已言在，豈言不閒之態耶?”《杜工部集》（千家）七（廿八丈）《絶句》曰：“江上被花惱不徹，無處告訴只顛狂。”（止此）此語例也，言極被惱也。

【大小大】

《碧嚴》二（廿四丈）《第十八則評》曰：“大小大國師，被他一拶，直得口似匾擔。”〇《〈碧嚴〉不二鈔》二（六十五丈）曰：“楞伽（竺仙）云：北方人欲議人之長短，詞端先言大小二字，於下必有譏謗之語也。或言大小大底人，意謂汝是大大底人，却作者般瑣細小小底無伎倆事也。”〇又同三（十丈）曰：“大小大怪事，言大而大底怪事也。”〇又《〈碧〉古鈔》二（六十三丈）。又三（八丈）。〇《虚堂·宝林録》（十二丈）：“上堂，僧問：‘雪覆千山，因甚孤峯不白。’師云：‘消得龍王多少風。’僧云：‘大小大虚堂今日失利。’”云云。〇忠曰：“大小及大小大，並古德。和辯左婆加利。”又忠按：“凡二字語有意在一字。誹謗人云生滅，急迫事云有急緩之類不一。今大小亦可言，但大無意于小字

---

① 餘冬敘録：即《餘冬序録》，6卷，明代何孟春撰。

② 方秋崖後集：日本今存《分類秋崖先生詩藁大全後集》9卷，宋方岳著，日本室町時期寫本。

也。”〇《晁氏客語》（四十六丈）曰：“朝聞道夕死可矣。将做一件大小大事，斬却生根，自無死蔓。”〇忠曰：“依此不必被罵人語，但是大。”〇《傳燈》十六（三丈）《嚴頭章》曰：“大小德山猶未會末後句。”〇《正宗贊》一（廿九丈）《德山傳》。〇《普燈》三（三十丈）《大中德隆章》曰：“上堂。云云。時時逢見釋迦，處處撞著遠磨。放步即交肩，開口即齩破，不齩破大小大。”〇又同七（六丈）《真浄克文章》曰：“小大傅大士，只會抱橋柱澡洗，把纜放舩。”〇又同六（九丈）《拈古部》曰：“五祖演曰：‘大小大祖師問著底，便是不識不會。’”云云。〇《續古宿》五《退菴先録》（二丈）：“大小大祖師，只知渡水，不竟腰深。”〇又同六《雪堂行録》[1]（二丈）曰：“大小大雲門境上縛殺。”〇《燕南紀談·前》中（卅九丈）。

【可憐生】

《傳燈》五（卅八丈）《慧忠章》曰：“耽源問：‘百年後有人問極則事，作麼生？’師曰：‘幸自可憐生，须要個護身符子作麼？’”〇《源流至論·前》三（七丈）《方言篇》曰：“一憐字而為愛為哀。”注：“楊子雲《方言》憮[2]者，憐愛也。又云撫[3]矜憐者，憐衷也。”

【作麼生】

《臨濟録》（三十二丈）《勘辨》曰：“後溈山問仰山：‘此二尊宿意作麼生？’”〇《歐陽文忠公全集》[4]百廿八（七丈）《詩話》曰：“李白戲杜甫云：‘借問別來太瘦生，総為從前作詩苦。’太瘦生，唐人語也，至今猶以生為語助，如作麼生、何似生之類是也。”

【做麼生】

《雪嚴録》上（卅八丈）。

---

① 雪堂行録：詳稱《雪堂行和尚拾遺録》，又作《禪門拾遺録》《雪堂行拾遺録》《雪堂道行禪師拾遺録》，1卷，宋代僧雪堂道行編。

② 憮：原文作“無”，行首補註“憮，《方言》”。

③ 撫：行首補註“憮，同。”

④ 歐陽文忠公全集：153卷，宋歐陽修撰。

【似麽生】

《誠齋[①]·朝天集》三（十丈）《和吴監丞雪中湖上訪梅詩》曰：“君詩妙絶端何似，不似梅花作麽生。”

【那希罕[②]】

《梅山普説》（七丈）：“天童謂。云云。無夢見老僧底頌意，乃反謂又那希罕。天童從新頌個無二主人公，非他物現全容。”

地載

【無盡藏】

《華嚴經》十八（廿丈）：“説十锺無盡藏。”又同二十（卅八丈）：“得義身，文身無盡藏。”〇又同廿一（一丈）《十無盡藏品》疏曰：“釋名者，藏是出生蕴積之義，謂一藏内體含法界，故攝德出用一一無盡，寄圅顕[③]十即带数釋也。”〇《瑜伽論》七十四（六丈）曰：“問：‘圓成實自性以何爲喻？’答：‘譬如無盡大寶伏藏。’”

【蠱毒鄉】

謂闊廣之地。〇《傳燈》十七（十丈）《曹山章》曰：“問：‘學人十二時中，如何保任？’師曰：‘如經蠱毒之鄉，水不得霑著一滴。”〇《正宗贊》一《雪峯贊》曰：“生蠱毒鄉，寗無少遇。”〇《中峯録》二十（十二丈）《東語西話》下曰：“吐詞出令，或如蠱毒之不可沾脣，或如鉄壁之不容措足。”〇《焦氏筆乘·續集》六（廿六丈）曰：“《隋書志》云：‘江南之地多蠱，以五月五日取百種蟲，大者至蛇，小者至虱，合置器中，令自相啖，餘一種存之，蛇則曰蛇毒，虱則曰虱毒。欲以殺人，因入人腹中，食其

① 誠齋：即《誠齋集》，233 卷，其中詩 42 卷、賦 3 卷、文 87 卷、附録 1 卷，詩歌部分，依年代分編為《江湖集》《荊溪集》《西歸集》《南海集》《朝天集》《江西道院集》《朝天續集》《江東集》《退休集》，共存詩 4200 餘首，宋楊萬里撰。

② 罕：“罕”之異體。《正字通》：“罕，同罕。”

③ 顕：“顯”之異體。《中文大辭典·頁部》。

五臟，死則其產移蠱主之家。若盈月不殺人，則蠱者自踵其害，累世相傳不絕。自侯景之亂，殺僇殆盡，蠱家多絶，飛遊道路之中則殞焉。’每亥夜飛出飲水，其光如星。鮑照詩‘吹蠱痛行暉’是也。《范石湖集》云：‘蠱毒在上，則服升麻吐之；在腹，則服鬱金下之。或合升麻、鬱金服之，不吐則下。李巽巖侍郎燾爲雷郡推官，鞠獄得此方，活人甚多。’”○又同卷（廿四丈）《竹林寺僧治蟲藥法》。○《醫方大成論》（十九丈）曰：“蠱之爲毒，醫書所載，雖有数種，而中土少見之，今古相傳多是閩廣深山之人，於端午日以蛇虺、蜈蚣、蝦蟆三物同器貯之，聽其互相食啖，候一物獨存者，則謂之蠱。欲害其人，密取其毒於酒食中，啖之，若中其毒者，令人心腹絞痛，如有蟲咬，吐下血皆如爛肉。若不即治，食人五臟即死。然此毒中人，有緩有急。急則十數日便死，緩者待以歲月，氣力羸敗，食盡五藏而後死。死則其毒流注於傍人，亦成蠱注。大抵試驗蠱毒之法，令病人咳唾水中，沈者是毒，浮者非也。或含一大豆，其豆脹皮脱者，蠱也；豆不脹皮不脱者，又非也。又以鵠皮至病人臥下，勿令知覺。病甚者是也，否則非也。治療之法，必須審而後行，試而後可。今人凡有積聚脹滿之病，類乎蠱者，便以為蠱，尤為非也。世説閩廣深山之人，專有以蠱行於毒人者，若欲知其姓名，以敗鼓皮燒灰米，飲服方寸匕，須臾自呼蠱家姓名，令（已上二十一字，以《済生方》加之）呼喚將去，其病自愈。又一説：病者善能知元中毒於何物中，終身不服此物，其毒亦不復作。雖相傳如此，俱未之見。謹用載之，以備搜覽。”○《本草綱目》四十二（卌一丈）曰：“蠱蟲，藏器曰：古人愚質，造蠱圖富，皆取百蟲入甕中，經年開之，必有一蟲盡食諸蟲，即此名為蠱，能隱形似鬼神與人作禍。”○《濟北集》[①] 十六（十一丈）《僧祇律》。○《韻會・麌韻》（廿八丈）。

【眞金鋪】

《傳燈》十一（六丈）《仰山慧寂章》曰：“示衆曰：‘汝等諸人，各自回光返顧。云云。所以假設方便，奪汝麁識，如將黄葉止啼，有什麼是處？亦如人將百種貨物與金玉作一鋪貨賣，祇擬輕重來機。所以道：石頭是真金鋪，我遮裏是雜貨鋪。有人來覓鼠糞，我亦拈與他；來覓真金，我亦拈與他。’”○《會元》九（十五丈）《仰山章》。○《正字通・戌・

① 濟北集：20卷，目録1卷，日本室町時代虎関師錬撰。

上》(廿三丈) 曰："鋪，暮韻。鋪，去聲，賈肆，俗作鋪。《資暇集》：市肆中筐筥等鱗次其物以粥者曰星貨鋪，言羅列繁密如星。"

【雜貨鋪】

見"眞金鋪"下。

【關棙子】

《傳燈》九（十丈)《黄檗希運章》曰："師云：'夫出家人，須知有從上來事分，且如四祖下牛頭融大師横説堅説，猶未知向上關棙子，有此眼腦，方辨得邪正宗黨。'" ○《大慧書》(四十五丈)《夏運使書》曰："左右能自調伏，不為逆順關棙子所轉。" ○《正宗賛》二（四十九丈)《佛鑑傳》曰："不透祖師關棙子，錯認山河作眼睛。" ○《事苑》一（七丈) 曰："關捩，下正作棙，音戾，可撥物也。" ○《正字通・辰・中》(六十三丈) 曰："棙，力地切，音利，木名。又關棙，機棙也。《通雅》曰：羅隐《妖亂志》言張守一刻木鶴中設機棙。又禪録[1]黄檗言，牛頭尚不知向上關棙子。" ○忠曰："造機關多製小車而順轉，逆轉謂之關棙也。舊解云關木也，非也。" ○《大惠武庫》（四十一丈)《湛堂水磨記》曰："規模法則，総有開棙，消息既通，皆不撥而自轉。" ○忠曰："水磨豈用關木耶？舊解謬，明矣。" ○《宗鏡録》六十六（十六丈) 曰："譬如人牽關棙，即影技種種所作，棙繩若断，手無所牽。"

【磐陀石】

《普燈》廿九（廿八丈)《卍菴颜示衆》："盤陀石上共安居，水遠山高一事無。" 云云。○《中峯録》廿四（七丈)《觀音補陁示現偈》曰："磐陁石上吉祥草。" ○《寒山詩》（廿八丈) 曰："盤陁石上坐，谿磵冷凄凄。" ○《福建名勝志》[2] 九（七丈)："延平府南平縣有磐陀石。" ○忠按："陀，蓋助辞也。《類書纂要》十二曰：'窟陁，杭州人，以窠爲窟陁。出《西湖一覽》。又《冷齋夜話》有泥陁佛，但是泥佛耳。'"

---

① 録：原文作"鉢"，行首補注"録"。

② 福建名勝志：10 卷，明曹學佺撰。

【榼㨶堆】

《大惠武庫》（八丈）曰："舜老夫學鹽官扇子話。云云。'便向道：已颺在榼㨶堆頭了也。'"〇《續古宿》六《東山空録》（九丈）《小參》曰："凡有言説無言説，皆是喚狗與食，向榼㨶頭埋却你。"〇《正宗贊》四（十六丈）《雲居舜傳》"拈鹽官扇子"與《武庫》同。〇《碧巖》作"拉圾堆"。〇《碧巖》五（八丈）《解打鼓話》："下語曰：'這個垃圾堆三段不同。'"《鈔》曰："同榼㨶塵塚也。"〇《碧巖·跋》作"拉㨶堆"。〇《碧巖》十（卅六丈）《海粟跋》曰："併付烈焰煙而颺之垃㨶堆。"榼，《正字通》曰："酒器。"不涉今義。㨶，《正字通·木部》不載。搕，《正字通》是手部搕，克合切，堪入聲，擊也。又取也。㨶，《正字通》是手部㨶，俗字。《字典·卯·中》（百九丈）曰："㨶，才盍切，音雜，讀若慙入聲。搕㨶，糞色。"垃字書無此字。圾《字典·丑·中》（四丈）曰："圾曰岌危也。"不涉今義。

【黄鶴樓】

《碧巖》四（十六丈）《三十六則評》曰："長沙云：'黄鶴樓崔顥題詩後，秀才曾題也未？'"〇《唐詩鼓吹》四（廿二丈）崔顥《黄鶴樓詩》曰："昔人已乘白雲去，此地空餘黄鶴樓。黄鶴一去不復返，白雲千載空悠悠。晴川歷歷漢陽樹，芳草萋萋鸚鵡洲。日暮鄉關何處是？烟波江上使人愁。"評註文繁。〇《廣燈》廿三（三丈）《洞山聰章》曰："問：'古鏡未磨時如何？'師云：'此去漢陽不遠。'學云：'磨後如何？'師云：'黄鶴樓前鸚鵡洲。'"〇又《僧宝傳》十一（一丈）《洞山聰傳》同。〇《正宗賛》四《洞山职聪傳》。又《白雲端傳》。〇《正字通·亥·中》（五十八丈）引《黄氏日抄》。〇《一統志》五十九（九丈）。又（十二丈）。〇《耳談》十（十三丈）《黄鶴重災》。

【鸚鵡洲】

見"黄鶴樓下""黄祖殺禰衡"處。〇《三國演義》四。

生植

【無根樹】

《傳燈》廿三（卅三丈）《石門慧徹章》曰：“問：‘如何是和尚家風？’師曰：‘解接無根樹，能挑海底燈。’”○《廣燈》廿四（八丈）。○《續燈》十八（廿二丈）。○《古尊宿》廿四（廿一丈）。○《白雲·法華録》（六丈）。○《華嚴經》七十八（七丈）曰：“有樹名曰無根，不從根生，而枝葉華果皆繁茂。”《喻林》廿七（廿四丈）引。○《普賢行願品》[1] 卅六（十五丈）曰：“有樹名曰無根，所依住處竟不可得，而其一切枝葉華果悉皆繁茂。”

【花藥欄】

《碧嚴·卅九則》。《鈔》：“花藥，芍藥也。”○《正宗贊》二（五十九丈）《應菴傳》。○《希叟[2]·瑞巖録·頌》：“《雲門花藥欄話》云：‘玉欄花藥鬪春工。’”忠曰：“希叟以花䒀[3]為花。”○《杜工部詩集》[4]（千家）七（五丈）《賓至詩》曰：“不嫌野外無供給，乘興還來看藥欄。”《千家注》：“《苕溪胡无傳》曰：李濟翁《資暇集》謂：‘園庭中葉欄。’欄即藥，藥即欄，猶圍援也。乃引漢宣帝詔曰：‘池籞未禦幸者，假與貧民。’誤以‘籞’為‘藥’，遂穿鑿為説，以解子美詩中云‘常苦沙崩損藥欄’及‘乘興還來看藥欄’之意。又從而信之，皆過矣。愚謂子美詩云‘藥欄’者，直花藥之欄檻耳。”○《資暇》（《郛》）十四。○《杜賓至詩·七律》上（廿二丈）載。○李濟翁《資暇録》（五丈）曰：“今‘園廷中藥欄’，欄即藥，藥即欄，猶言圍援，非花藥之欄也。有不悟者，以為藤架蔬圃，堪作切對，是不知其由，乖之矣。按：漢宣帝

---

① 普賢行願品：《大方廣佛華嚴經入不思議解脱境界普賢行願品》之略名，即《四十華嚴經》之第四十卷。

② 希叟：即《希叟紹曇禪師廣録》，又作《希叟和尚廣録》，7卷，宋代僧希叟紹曇撰，侍者法澄等編。

③ 䒀：“藥”之異體。

④ 杜工部詩集：20卷，唐杜甫撰，清朱鶴齡輯注。

詔曰：‘池籞未禦幸者，假與貧民。’蘇林注云：‘以竹繩連綿為禁籞，使人不得往來爾。《漢書》闌入宮禁字，多作草下闌，則藥欄作藥蘭，尤分明易悟也。’一本無‘作藥蘭’三字。”○《焦氏筆乘》[①]四（十二丈）《辯杜詩誤》曰：“李正己曰，‘園庭中藥欄’，藥音義興篽同。藥即欄，欄即藥也。‘乘興還來看藥欄’與‘藥欄花徑衡門裏’，則誤為花藥之欄。”○與《資暇》同見。○《丹鉛総録》廿五（三丈）曰：“妄入宮曰闌，通作闌，又或作蘭。李正己曰。云云。或加木作欄。云云。若以藥欄為芍藥之欄，則今之花欄乃花藥之欄，可乎？”○張祜《杭州開元寺牡丹花》：“濃艶初開小藥欄，人人惆悵出長安。”此詩《東坡外記》四上（九丈）載。○忠曰：“是以藥為欄義而用。”○花藥爲花者。○《平泉草木記》[②]（四丈）曰：“花藥欄。”注：“花藥四時相續，常可留翫。”《郛》六十八。○《洛陽伽藍記》四（一丈）《冲覺寺記》曰：“樹響飛嚶，堦藂花藥。”

【樺來脣】

《古宿》廿六（三丈）《法華舉和尚録》：“上堂云：上三世諸佛口挂壁上，天下老和尚作麼生措手？你諸人到諸方作麼生舉？山僧恁麼道，也是久日樺來脣。喝一喝。”忠曰：“脣開而不得合也。”○《松源録》上（廿六丈）曰：“分明恁麼道，也是久日樺來脣。”○《虛堂・育王録》（十一丈）：“雪竇和尚至，上堂。曰：育王久日樺來脣，豈容緘默。”○《本草綱目》卅五下（卅七丈）曰：“樺木其皮厚而輕虛軟柔，皮匠家用襯韡裏，及為刀靶之類，謂之暖皮。”○《字彙》曰：“樺，胡卦切，音話，木名，皮可貼弓。”○《和名類聚》二十（廿七丈）曰：“《玉篇》云：樺木，皮名，可以爲炬者也。‘樺’注：户花胡，化二反。和名加波。又云加仁波。今櫻皮有之。”○龍溪《虛堂義事》[③]云：“來，語助。”忠曰：“此非可用語助慮，乃‘梾’也。”忠曰：“《字典》曰：梾，音来。《廣韻》：梾椋，木名。亦作來。《唐本草註》：葉似一楝，兩葉相

① 焦氏筆乘：8卷，明焦竑撰。

② 平泉草木記：又作《平泉山居草木記》，1卷，唐李德裕撰。

③ 虛堂義事：即《虛堂禪師語録義事》，又作《虛堂録鈔》《虛堂和尚語録鈔》，10卷，宋虛堂智愚原撰，妙源編，龍谿性潜校註。

當，子細如牛李子，生青熟黑。其本堅重，煑汁赤色。”○忠謂：“來汁赤色，以比脣赤乎？樺來脣者，蓋樺皮久歷日乾，則反曲如朱脣開，故云樺來脣乎？《大毘婆沙論》五十（四丈）曰：‘如於此地燒草樺皮，火纔滅已，其地便冷。’”

【荆棘林】

此語或用向上或用向下。○《廣燈》十四（十三丈）《宝應顒章》曰：“防禦使問：‘大善知識還還具見聞覺知否？’穴云：‘荊棘荒榛，棄來久矣。’”○《圓悟録》十（十二丈）曰：“一向行棒行喝，立照立用，存捲存舒，落在荊棘林中。”○已上向下知解用。○《雲門録》中（二丈）曰：“平地上死人無數，過得荊棘林是好手。”○《碧嚴》七（廿三丈）引雲門語畢云：“所以宗師家，以荊棘林驗人，何故若於常情句下，驗人不得？衲僧家須是句裏呈機，言中辨的。”○又同六（四丈）《評》云：“自古及今公案，万别千差，荊棘林相似。”○已上向上上機開用。○《普燈》廿一（六丈）《玉泉宗璉章》：“上堂曰：‘若也識得，荊棘林中撒手，是非海裏横身。’”

【摘楊花】

忠曰：“捨肝要而做無益事也。”○《聯燈》六（十三丈）《趙州章》曰：“有僧辞，師問：‘什麼處去？’云：‘諸方學佛法去。’師云：‘有佛處不得住無佛處，急走過三千里外，逢人不得錯舉。’僧云：‘恁麼則不去也。’師云：“摘楊花，摘楊花。”○《虛堂·報恩録》（十三丈）舉同此。○古來相傳為送行語，引折楊柳事。逸堂曰：“和諺左羅婆之義。”（止此）是亦準舊説，龍溪《虛堂鈔》[①] 亦同此說。《報恩》（四十六丈）。”○《普燈》二（廿二丈）《法昌倚遇章》曰：“上堂：春山青，春水緑，一覺南柯夢。初足携笻，縱步出松門。是處桃英香馥郁，因思昔日靈雲老。三十年來無處討。如今競愛摘楊花，紅香滿地無人掃。”○忠曰：“依此語觀之，不可作送行語，直是無益事也。言不知弄桃花香馥，而徒摘楊花，成得甚邊事，故知摘楊花，謂無益事也。蓋俗諺也。僧云不

① 虛堂鈔：即《虛堂禪師語録義事》，又作《虛堂録鈔》《虛堂和尚語録鈔》，10卷，宋虛堂智愚原撰，妙源編，龍谿性潜校註。

知去也，趙州意謂去也不去也，總是摘楊花也。”○又《趙州録》下（四丈）此因緣作“柳絮”。柳絮，余謂柳絮，柳絮與摘楊花義當不同。柳絮，飛走之物。蓋可走去之義乎？言不去也之處，亦可走過也，不可認著也。○《事苑》二無解。○方語，和辨：宇世多伊賀多惠宇世伊。忠曰：“此説杜撰。”○或説隋時民間之曲名。忠曰：“全杜撰。”○忠曰：“《晉詩紀》廿二（七丈之下）：‘有《月節折楊柳歌》，十三首，自正月到十二月，更有閏月歌，每篇有“折楊柳”三字。’”○《燕南紀談·後》上（廿七丈）。

器具

【無文印】

不立文字之印也。《大慧普説》二（三十丈）《告香普説》曰：“元初達摩將一個無文印子傳二祖，二祖不動一絲毫傳三祖。”○《中峯録》十四（五丈）《别傳覺心篇》云：“無文鉄印向空抛。”○《虛堂録·佛祖讃》（十二丈）《圓悟讃》曰：“説甚麼滅竈法無文印。”

【吹毛劍】

《碧嚴》十（廿九丈）《吹毛劍話評》云：“劍刃上吹毛試之，其毛自斷，乃利劍謂之吹毛也。”○《臨濟頌》：“吹毛用了急須磨。”○《杜工部集》（千家）三（四十三丈）《喜聞官軍军已臨賊境》曰：“鋒先衣染血，騎突劍吹毛。”○《説郛》百十五《甘澤謡》（九丈）《聶隱娘傳》云：“寶劍一口長一二尺許，鋒利，吹毛可斷。”

【破沙盆】

《雪峯録》上（廿五丈）曰：“破沙盆，應菴頷之。”○《增續傳燈》一（一丈）《密菴章》曰：“應菴問：‘如何是正法眼？’師遽答曰：‘破沙盆。’菴頷之。”

【生苕帚】

○《虛舟録·真讃》（三丈）曰：“生掃帚用得親。”○《断橋·祇園録》（三丈）：“生茗帚。”○《天柱集》（廿八丈）：“生掃帚。”○《枯崖漫録》下（四丈）《隆首座》：“號南山叟。云云。埽痴鈍塔。偈曰：‘生苕帚柄背時貨。’”云云。《義堂鈔》曰：“生，音錐，與禿義同。”《石門進虎子喫攧有省偈》曰：“赤脚過乾谿，草鞋絆樹生。仰身喫一攧，肚下污黄泥。”又《近有悼覩無見偈》：“七十三年老樹生，全身放下在天台。頂門有眼覩無見，斤斧如何斫得開。”是乃用生字，作干①聲，与齊灰二韻通。或曰：“生，力雞切，俗音搥，亦音錐，故生苕帚，或作錐苕帚。”○天嶺《燕南紀談·後集》上（十一丈）：“《赤脚過乾溪之頌為古田垕和尚頌傳大士》：‘空手執鋤頭。’又曰：《賛傳燈古鼎銘和尚》：‘因僧問：“祖意教意是同是别？”師曰：“破糞箕，生苕帚。”’又《断江賛寒山拾得》曰：‘國清寺裏個蓬頭，相喚相呼去看牛。禿帚生苕偏峭措，襤襂破衲轉風流。’云云。”○忠曰：“生字，字書不載。且可用義堂説，只《貫珠集》為音各，且《鈔》出。”《新編篇韻貫珠集》曰：“生出。”注云：“上各，下伯。各伯也。”○此書京都大慈仁寺沙門清泉眞空編。

【栗棘蓬】

《普燈》三（十丈）《楊岐會章》：“室中問僧：‘栗棘蓬你作麽生吞？金剛圈你作麽生跳？’”○《禅類》② 十七（四十八丈）《骨董類》。楊岐。○《大慧録》十丈（十四丈）《頌楊岐栗棘蓬金剛圈》。○蓬，又作蒲。《正續傳》七（四丈）曰：“復有楊栗棘蒲，白雲鐵酸餡。”

【金剛圈】

見“栗棘蓬”下。

【軒轅鏡】

《事苑》五（八丈）曰：“書傳無聞，蓋相承此説。”○忠撿《路史·後紀》五《黄帝紀》都無此事。

---

① 干：原文漫漶不清，此據輪廓和讀音擬。

② 禅類：即《禪林類聚》，20 卷，元代道泰、智境編。禅，同“禪”。

【秦時鏡】

《正宗贊》三（十四丈）《梁山傳》曰：“太陽呈偈曰：‘我昔初機學道迷。云云。蒙師點出秦時鏡，照見父母未生時。’”云云。〇忠曰：“假之言人人一面古鏡耳。”〇《西京雜記》[①]三（四丈）曰：“高祖初入咸陽宮，周行庫府，金玉珍寶，不可稱言。其尤驚異者，有青玉五枝燈。云云。有方鏡，廣四尺，高五尺九寸，表裏有明，人直來照之，影則倒見。以手捫心而來，則見腸胃五臟，歷然無硋。人有疾病在內，則掩心而照之，則知病之所在。又女子有邪心，則膽張心動。秦始皇常以照宮人，膽張心動者則殺之。”〇《事文[②]·續集》廿八（十二丈）。〇《正宗贊·梁山傳·冠注》曰：“載記：秦始皇即位三年，深夜巡宮中，有一靈神謂王曰：‘吾是鬼神也，莫要現形。’王曰：‘何所需來見？’曰：‘無所須。’乃出一鏡，與王去。宮中有聲曰：‘此鏡能知病耳。’王以鏡察病人，則六腑五臟皆爽矣。”

【護身符】

《傳燈》五（五十五丈）《光宅慧忠國師章》曰：“須要個護身符子作麼？”〇《宗門統要》三《耽源章》。〇《月令廣義·五月令》（十七丈[③]）：“護身符

吉[④]：凡大將逐年五月五日午時，以生砂、雄黄黄紙書符向日頂礼，用天罡祖炁，勿令雞犬婦人見之，符縫衣服內，照前後心佩帶，鎗箭不傷，至來年五日再換。”

【肘後符】

《虛堂録·偈頌》（五丈）《通禪客進納》：“衲僧肘後個靈符，誰管從前有與無。”云云。〇忠曰：“符者，道家符篆之類，如《抱朴子·登涉篇》（十二丈）等載，今以譬衲僧本具佛印也。”〇《從容録》三（五

① 西京雜記：原2卷，今本6卷，漢代劉歆著，東晉葛洪輯抄。

② 事文：即《事文類聚》，170卷，其中《前集》60卷，《後集》50卷，《續集》28卷，《別集》32卷，宋代祝穆撰。《新集》《外集》元富大用撰。《遺集》元祝淵撰。

③ 《虛堂録犂耕》作“十（十七丈）”。

④ 護身符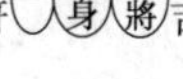

吉：圖片原是豎立，圈內文字為“護身刹將”。

十六丈)《第五十二則評》曰："叢林又有肘後符。《春秋後語》：'趙簡子告諸子曰：吾藏肘後實符於常山上，先得者賞。諸子馳山上，求無所得，唯襄子毋衈還曰：衈已得之符矣，他人皆不可分。簡子請奏之，毋衈曰：從常山上下臨，代可取也。簡子曰：毋衈賢矣。立為太子。'"○趙簡子説又見《史記》四十三《趙世家》（八丈)。○又《論衡》廿二（五丈)《紀妖篇》。並但言宝符。

【無底鉢】

《普燈》十七（十一丈)《冶父道川章》："上堂曰：'群陰剝盡一陽生，草木園林盡發萌。唯有衲僧無底鉢，依前盛飯又盛羹。'"○又《普燈》三十（十七丈)《冶父川禪師・參玄歌》中《無底鉢頌》曰："無底鉢手中擎，百千沙界裏頭盛。大庾嶺頭提不起，都緣著力太多生。"

【過頭杖】

《廣燈》廿四（十五丈)《石門惠徹章》曰："手把過頭杖，逢春點異華。"○又《宏智・小參》上（十二丈)："手把過頭杖。"同前。又下（十九丈）全同前。"○忠曰："杖長，杖頭過人頭上，故過頭杖。"○《續酉陽雜俎》四（廿丈）曰："士大夫喪妻往往杖竹甚長謂之過頭杖。"

【無耳履】

《江湖集》下卷《月庭偈》云："行脚蹈穿過頭杖。"

【盌脱丘】

○《普燈》四（廿三丈)："椀脱丘。"○《聯燈》十七（十丈)。○《堯山外紀》廿三（九丈）曰："則天革命，舉人不試皆與官，家至御史、評事、拾遺、補闕者，不可勝數。張鷟為謠曰：'補闕連車載，拾遺平斗量。杷推侍御史，椀脱校書郎。'"○《通鑑綱目》四十一（百廿一丈)："欋椎侍御史，盌脱校書郎。"○《大慧普説》四（卅四丈)："盌脱坵。"○《別峯雲録》[1]（三丈)。

① 別峯雲録：即《別峰雲和尚語》，1卷，宋別峰雲和尚撰。

【椀躂丘】

《傳燈》十四（十五丈）。《傳燈鈔》有一山説。○《會元》五（廿一丈）。○《續古宿・星懶菴録》（十六丈）。又《别峯珍録》。○又《星大慧録》（四丈）："盌躂坵。"

【椀脱籂】

《竺仙・浄妙録》（十一丈）。

【埦墶丘】

《破菴・秀峯録》（八丈）："當甚埦墶丘。"

【滴油箭】

《虚堂録・法语》（一丈）《示蓬萊宣長老語》曰："個些子過如滴油箭，稍自眼力不到，喪身失命無疑矣。"○《無準録》五（四丈）曰："一任傍人放滴油。"○《虚堂録舊解》云："滴油箭者，火急之義。射禽之弓，用滴油箭名穿弩不用镞只，尖竹作箭，锐如滴油也。"一山曰："滴油者，急也，箭急之用處，但是滴油之謂也。"又云："弩所發之箭謂之滴油箭，言其势快而不澁也。唐人見作文敏速曰滴油，亦一般也。"○忠曰："弩箭説是也。予於《治安樂石》得其據也。"○張寰家《治安樂石》曰："《弩制》一：蹺鐙弩：牙裹一尺八寸五分，葫蘆頭四寸，木檐長五尺八寸。一名馬黄，一名克敵，一名一滴油。張憲伏之於中林，而捉真珠郎；時俊用之於射狐関，而敗四太子。"又曰："《弩箭制》一：弩箭合用隨弦至檐，更放鏃，出檐一寸，不得太長。惟一滴油只依舊法。"忠曰："據此一滴油，弩所架箭為滴油箭也。"○《水滸傳》八十四回（五丈）曰："天山勇馬上慣使漆抹弩，一尺來長鉄翎箭，有名喚做一點油。"○《日工集》一（卌二丈）曰："《虚堂録》滴油箭，唐土戰時以油甕加大箭首點火射敵陣而破之，謂之滴油箭。"忠曰："直是杜撰。"

【斷頭舩】

《曹源録》（十六丈）："斷頭舩子疾如飛。"

【合同船】

《碧巖》二（廿三丈）《無縫塔耽源頌》云："無影樹下合同舩，琉璃殿上無知識。"〇《古鈔》二（五十六丈）曰："以圓木所作之舩也。"〇逸堂曰："奴津邊津保宇那物。"

【定盤星】

《續燈》十五（十八丈）曰："領取鉤頭意，莫認定盤星。"〇同十七（四丈）。又二十（十二丈）皆作"領取"。〇《開福寧語録》[1]（三十丈）曰："領取鈎頭意，莫認定盤星。"〇《普燈》十七（七丈）《南嚴勝禅師章》曰："上堂舉拂子示衆曰：'認取鈎頭意，莫認定盤星，會麽？'"〇《人天眼目》下（廿九丈）《開福寧答》。〇忠曰："鈎盤二物，並安所量物之器也。盤者，如皿以安所量物，以绪懸衡右邊也。鈎亦以絲懸衡，右邊亦以安所量物也。或用皿或用鈎隨所量物也。衡上镂星，自一分一錢次第向重數，此名定盤星也。蓋定於盤上物輕重之星也，故名定盤星也。又以法馬絲懸之衡上，随物輕重所[2]法馬或進或退，而及見衡正平，方定此物輕重，幾多少也。今定盤星比言句也。鈎頭意，比言句所詮之理也。言定磐星為知物輕重而設之，故以知物輕重為肝要也。言句本為明理而設之，故能明得理深淺而勿認言重句也。"

【繫驢橛】

《傳燈》十四（廿五丈）《舩子章》曰："一句合頭語，萬劫繫驢橛。"〇《临濟録》[3]（七丈）曰："菩提涅槃如繫驢橛。"〇忠曰："繫驢之橛也。令驢不得自在，以比泥滯菩提涅槃言句，機境不得自由者也。"〇《碧嚴·第一则·聖諦第一義》下語曰："是甚繫驢橛？"〇《夾山鈔》曰："如繫絆驢马于橛子，驢性愚，欲脱橛，左繞繩盡，則又右繞如此，

---

① 開福寧語録：又作《開福道寧禪師語録》《潭州開福禪寺第十九代寧和尚語録》《潭州開福報慈禪寺道寧師語録》《開福寧和尚語録》，2卷。宋代僧開福道寧撰，月菴善果編。

② 所：原文漫漶不清。

③ 临濟録：全名《鎮州臨濟慧照禪師語録》，又作《臨濟義玄禪師語録》，1卷，唐代三聖慧然編集。

終不得脱，以比學者缠绕理路，不得脱洒[1]也。”〇忠曰：“此解繫橛之驢也。甚非。”〇古德解曰：“繫马底橛子是鄙少不足取之物也。”〇忠曰：“此解只取鄙少義，未是。”〇《虚堂》四《立僧普说》（十四丈）曰：“一句合頭語，萬劫繫驢橛。”

【撈波子】

《聮燈》廿一（十九丈）《嚴頭全豁章》曰：“有僧辭，師問：‘甚麼處去?’云：‘入嶺禮拜雪峰去。’師云：‘雪峯若問巖頭如何，但向他道，近日在湖邊住，只將三文，買個撈波子，撈蝦摝蜆，且恁麼過時。’”〇《聮燈》廿一（三十五丈）：“悟明曰：余乾道初，客建康蔣山，邂逅泉州一老僧，有《巖頭録》，因閲之。見其問僧：‘甚處去?’僧云：‘入嶺禮拜雪峯去。’巖頭云：‘雪峯若問你巖頭如何，但向他道：“巖頭近日在湖邊住，只將三文買個撈波子，撈蝦摝蜆，且恁麼過時。”’因問老僧：‘余閲《巖頭録》，他本盡作老婆，此云撈波，何也?’渠笑云：‘老婆，誤也。巖頭、雪峯皆鄉人，吾鄉以撈蝦竹具曰撈波也。鄉人至今如是呼之，後人訛聽作老婆字，教人一向作禪會。《巖頭録》他本作買個妻子，《雪峯録》作買個老婆，後來真浄舉了，云：“我只將一文錢，娶個黑妻子。”所謂字經三寫，烏焉成馬，於宗門雖無利害，不可不知。雪峯空禪師頌有云：“三文撈波年代深，化成老婆黑而醜。”蓋方語有所不知，不足怪也。如福州諺曰：打野堆者，成堆打鬬也。今《明招録》中作打野榸。後來圓悟《碧巖集》中解云：“野榸，乃山上燒不過底火柴頭。”可與老婆一狀領過也。’”〇訛作“黑老婆”者。〇《禪林類聚 · 遊山部》舉嚴頭語作“買黑老婆”。〇《應菴[2] · 歸宗録》（五丈）曰：“三文錢娶個黑老婆，頭不梳面不洗，知他是凡是聖。”〇又别有“黑老婆”。〇周祈《名義考》[3] 八（十丈）曰：“元日剪烏金紙，翩翩若飛翔之狀，簪之謂之黑老婆。”

---

① 洒：“灑”之異體。《集韻 · 去聲 · 寘韻》云：“灑，汛也。或作洒。”

② 應菴：即《應菴曇華禪師語録》，又作《應菴和尚語録》，10卷，宋代應菴曇華撰，守詮等編。

③ 名義考：12卷，明周祈撰。

【草索子】

《虛堂・興聖録》（四丈）："上堂，喝一喝者草索子，諸方共用底。"○忠曰："用草搓底绳子。貶語。"

【鐵蒺蔾】

《碧嚴・四十四則》下語云："一個鐵蒺藜。"又云："鉄橛。鐵蒺藜。確確。"○《臨濟録》[1]（十四丈）曰："蒺藜菱刺，枯骨上覓什麼汁？"○《七書講義》[2]四十一（三十二丈）《唐太宗李衛公問對》宗曰："太宗曰：'鐵蒺藜、行馬，太公所制，是乎？'靖曰：'有之，然拒敵而已。'云云。講義云：太公《軍用》曰：'敗步騎，要窮寇，遮走北。狹路微徑，張鐵蒺藜，芒高四尺，廣八寸，長六尺以上，千二百具。'此鐵蒺藜之制也。"云云。○《爾雅翼》[3]七（三丈）曰："茨，蒺藜也。布地蔓生，細葉，子有三角，狀如菱而小，刺人，生道上，長安最饒，人行著木屐。云云。今軍旅亦以鉄作茨，以布敵路，謂之鐵蒺藜。或云：鐵蒺藜菱角等，起于隋煬帝，征遼爲之，然《六韜》中已有此物，《晁錯傳》謂之渠答。諸葛亮卒於五丈原，魏人追之，長史楊儀多布鐵蒺藜，則其來已久。"○《本草綱目》十六（八十七丈）《蒺藜》："弘景曰：'多生道上及牆上，葉布地，子有刺，狀如菱而小，長安最饒。人行多著木履。今軍家乃鑄鐵做之，以布敵路，名鐵蒺藜。'"○《正字通・申・上》（八十四丈）曰："蒺，千悉切，音疾。蒺藜，《易・困》：'六三，困于石。'據于《本草・蒺藜》曰："蒺藜有二，道旁布地，開小黄花，子三角，四刺，實有仁者，名杜蒺藜，俗呼刺蒺藜。"○《普燈鈔》第四卷。○《事物紀原》九（四十六丈）。○《剪燈新話》注。

【衣線下】

《傳燈》十五（廿四丈）《洞山价章》曰："師問：'僧世間何物最

---

① 臨濟録：全名《鎮州臨濟慧照禪師語録》，又作《臨濟義玄禪師語録》，1卷，唐代三聖慧然編集。

② 七書講義：又亦稱《施氏七書講義》《武經七書講義》，42卷，宋施子美撰。

③ 爾雅翼：32卷，宋羅願撰。

苦？’僧曰：‘地獄最苦。’師曰：‘不然。’曰：‘師意如何？’師曰：‘在此衣線下，不明大事，是名最苦。’”〇《僧宝傳》一（三丈）《曹山傳》曰：“示衆曰：‘僧家在此等衣線下，理須會通向上事。’”

【和坐子】

〇《圓悟心要》上（四十六丈）曰：“但向伊道和坐子敗缺。”又（六十四丈）曰：“若纔舉著，便和坐子承當得。”〇《石溪録・秉拂》（四丈右）曰：“靈利底善別端倪，和座子不消輕輕一踏踏翻。”又小參（七丈）曰：“和座托開。”〇《通載》二十（五丈）曰：“圓悟示衆曰：“和座子掇却許多建立。”〇《圓悟心要》下（四五十丈）曰：“殊不知全坐子但是識心。”〇《癡絶録》上《天童録》（八丈）。〇《清拙禪居録[1]・小參》（四丈）。〇《正續傳》四（四丈）。

【和座盤】

〇《雪嚴録》下（五十丈右）：“和座盤一時翻却。”又（四十七丈）。〇《中峯録》十一上（十四丈）《山房夜話》曰：“無量劫來，生死根塵，今日要與和盤翻轉。又要你與所翻之力，頓忘功用，豈小根淺器者所能擬哉？”〇《鉄鞭韶録》（四丈）：“直拔地和座盤掇出脱體。”

【紫羅帳】

《傳燈》十二（廿四丈）《興化獎章》曰：“我未曾向紫羅帳裏撒真珠，與汝諸人虛空裏亂喝作什麼？”〇《碧嚴》一（三十七丈）《評》舉興化語。逸堂曰：“向上尊賞。”

金寶

【大光錢】

《碧嚴》一（廿八丈）《第七則・頌・評》曰：“端師翁有頌云：

① 清拙禪居録：即《清拙和尚禪居集》，略稱《禪居集》，2卷，宋末元初渡日禪僧清拙正澄撰，永遐編。

‘一文大光錢，買得個油糍，喫向肚裏了，當下不聞飢。’” ○《無準録》五（八丈）《入已還閉頌》曰：“南方經歷幾雲烟，收得珍奇貨滿舡。子細思量無別事，一時翻作大光錢。” ○《大慧普説》三（卅七丈）曰：“《端師子頌》曰：‘何山長老修長懺，壇下闍黎却説禪。兩處都緣無別事，都盧只為大光錢。’”

【省數錢】

虎丘夏下禪也。○《虚堂・瑞嚴録》（二丈）《小参》曰：“拈柱杖云：若是我虎丘直下，如積世富兒一錢不亂使。” ○又同九《徑山後録》（八丈）：“運菴忌日拈香曰：‘不使松源省數錢，慣用衲僧鎖口訣。’” ○《容齋三筆》[①] 四（七丈）曰：“用錢為幣，本皆足陌。梁武帝時，以鐵錢之故，商賈浸以姦詐自破，嶺以東，八十為百，名曰‘東錢’；江、郢以上，七十為百，名曰‘西錢’；京師以九十為百，名曰‘長錢’。大同元年，詔通用足陌，詔下而人不從，錢陌益少，至于末年，遂以三十五為百。唐之盛際，純用足錢。天祐中，以兵亂窘乏，始令以八十五為百。後唐天成，又減其五。漢乾祐中，王章為三司使，復減三。皇朝因漢制，其輸官者，亦用八十，或八十五。然諸州私用，猶有隨俗至于四十八錢。太平興國二年，始詔民間緡錢，定以七十七為百。自是以來，天下承用，公私出納皆然，故名省錢。”

【足陌錢】

大慧下禪也。○《虚堂録・十跋》（四丈）《霜林録跋》曰：“大慧下尊宿，尚多足陌。虎丘下子孫，尚多省數。足陌使之有限，省數用之無窮。” ○《夢溪筆談》四（五丈）曰：“今之數錢百錢謂之陌者，借陌字用之，其實只是百字，如什與伍耳。” ○《容齋三筆》四（七丈）曰：“用錢為幣，本皆足陌。梁武帝時，以鐵錢之故，商賈浸以姦詐自破，嶺以東，八十為百，名曰‘東錢’；江、郢以上，七十為百，名曰‘西錢’；京師以九十為百，名曰‘長錢’。大同元年，詔通用足陌，詔下而人不從，錢陌益少。”云云。○按《南史》非大同元年詔。○《南史》七（九丈）《梁本紀・大同十一年紀》曰：“七月丙寅，詔曰：‘朝四而暮三，衆

---

① 容齋三筆：16 卷，248 則，南宋洪邁撰史料筆記。

狙皆喜，名實未虧，而喜怒為用。頃聞外閒多用九陌錢，陌減則物貴，陌足則物賤，非物有貴賤，是心有顛倒。至於遠方，日更滋甚。自今可通用足陌錢。’”

【隨年錢】

《聯燈》廿九（廿四丈）《亡名尊宿章》曰：“昔有施主入寺。行衆僧隨年錢，知事云：‘聖僧前著一分。’施主云：‘聖僧年多少？’僧無對。”〇《虛堂録》六《代别》（十五丈）。〇忠曰：“隨年錢者，蓋隨其人年數多少施與錢也。”

食餌

【木扎羹】

《增續傳燈》一（十丈）《肯堂充章》曰：“聞東林（卍菴）謂衆曰：‘我此間别無玄妙，祇有木扎羹，鐵釘飯，任你皷嚼。’師竊喜之。”〇《會元》二十（九十一丈）《肯堂》。木扎《酉陽雜俎》九（四丈）曰：“韋行規。云云。覓物紛紛墜其前，韋視之，乃木扎也。云云。返前店見老人方箍桶。”〇《俱舍麟記》[1] 八（十四丈）曰：“江南謂破削木片爲柿（音肺），閞中謂之札。”〇《玄應音義》十六（十七丈）曰：“木札，側黠反，木皮也。律文有作肺，敷廢反。《説文》：削，樸也。樸，札也。謂削木柿也。二形通用。又作攢，非也。”〇又同廿三（十八丈）曰：“札，側黠切。《三蒼》：柿，札也。今江南謂斫削木片為柿，関中謂之札，或曰柿札。柿音敷閉切。”

【鐵酸豏】

《僧宝正續傳》七四丈曰：“楊岐栗棘蒲，白雲鐵酸餡。”〇《聯燈十六（六丈）《五祖演章》曰：“某甲游方十有餘年，海上參尋，見數人尊宿，自為了當，及到浮山會裏，直是開口不得。後到白雲門下，咬破一個鐵酸豏，直得百味具足。”〇《歐陽文忠公全集》百廿七《歸田録》（七

① 俱舍麟記：即《俱舍論頌疏記》（麟記），12 卷，唐代僧遁麟撰。

丈）曰："京師食店賣酸鎌者，皆大出牌牓於通衢，而俚俗昧於字法，轉酸從食，鎌從舀。有滑稽子謂人曰：'彼家所賣餕餡（音俊叨），不知為何物也。'"○餡當作餡。《字彙》："餡，他刀切，餌也。餡，乎鑑切，餅中肉餡也。"○《武林舊事[1]·南宋市肆記·蒸作從食部》曰："酸餡。"《續百川學海》八。○《碧巖》一（廿五丈）《第七則》下語曰："鐵餕餡。"○《虛堂·與聖録》（五丈）曰："金剛圈栗刺蓬鐵𩝐。"𩝐《字彙》曰："𩝐，下斬切。咸上聲，餅中豆也。見趙叔向《肯綮録》。"

【唵黑豆】

《傳燈》十二（七丈）《臨濟章》曰："師上黃蘗山，見和尚看經。師曰：'我將謂是個人，元來是唵黑豆老和尚。'"○本録作"揞黑豆"。《聯燈》作"淹"。《虛堂·寶林録》（二十丈）作"淹"。揞《正字通·卯·中》（五十五丈）曰："揞，烏感切，菴上聲。《廣韻》：手覆也。又《陷韻》：烏陷切。吳人云抛也。"唵《韻會·感韻》（四十五丈）曰："唵，鄔感切，進物也，以手掬物進於口貌。"○忠曰："傳作唵為正。《百喻經》：有人偷米唵之。（止此）之唵也。今黑豆比文字，搖口看讀以為噉黑豆也。故云唵黑豆。"淹《正字通·巳·上》（四十九丈）曰："淹，衣尖切，音閹，漬也，久留也。"

【愚癡齋】

《傳燈》十五（廿三丈）《洞山价章》曰："唐咸通十年三月。云云。儼然坐化。時大衆號慟，移晷，師忽開目而起曰：'云云。於悲何有？'乃召主事僧，令辦愚痴齋一普，蓋責其戀情也。"○《六學僧傳》[2] 七（廿三丈）《唐良价傳》曰："謂其齋爲愚癡齋，蓋以其無般若氣分也。"

禽畜

【師子吼】

《傳燈》五（卅六丈）《光宅惠志国師章》曰："所以道：説法有所

① 武林舊事：10卷，宋周密撰。

② 六學僧傳：全名《新修科分六學僧傳》，30卷，元代曇噩撰。

得，斯則野干鳴；説法無所得，是名師子吼。”○《南本涅槃經》廿五（五丈）曰：“是菩薩已於過去諸佛深種善根，福德成就，是故今於我前欲師子吼。善男子！如師子王，自知身力，牙齒鋒芒，四足據地，安住嚴穴，振尾出聲，若有能具如是諸相，當知是則能師子吼。真師子王，晨朝出穴，頻申欠呿，四向顧望，發聲震吼，為十一事。何等十一？一為欲壞實非師子詐作師子故。”云云。《廣説》。《思益経》四《師子吼品》（二丈）曰：“若行者説法無所貪著，是名師子吼。若行者貪著所見而有所説，是野干鳴，不名師子吼，起諸邪見故。”云云。○《註心賦》二（五丈）曰：“安詳作象王之行，决定成師之吼。”注：“師子吼有四義：一百獸腦裂，喻菩薩説法百法俱破。二香象降伏，喻菩薩説法天魔降伏。三飛鳥墮落，喻外道邪見墮落。四水族潛藏，喻煩惱潛藏。”

【野干鳴】

見“師子吼”下。

【水牯牛】

【死猫頭】

忠曰：“猫頭稱蠻，即罵人詞。”○《溪蠻叢笑》（五丈）曰：“黄猫頭，蠻類，不巾，髮拳曲，照日金色，故名。”

【咬猪狗】

《雲門録》上（十丈）曰：“若未有個入頭處，過著本色咬豬狗手脚，不惜性命，入泥入水相為，有可咬嚼，眨上眉毛，高挂鉢囊，十年二十年辦取徹頭，莫愁不成辦。”《傳燈》十九（十七丈）少異。”○《聯燈》廿一（十五丈）《嚴頭章》曰：“却物為上，逐物為下。瞥起微情，早落地上，若咬猪狗眼赫赤。若有人問：‘如何是禪？’向伊道：合取屎孔著。”○《正法眼藏》一上（三丈）舉之作“齩豬狗”《松源録》（四十八丈）《密菴先師賛》曰：“咬猪狗之手。討甚巴鼻。奮劈胸之拳。瞎却頂門。”○《希叟録·痴練賛》曰：“掃狐兔露蒼鷹牙爪，咬猪狗添老虎精神。”○《正宗賛》一（三十一丈）《德山賛》予考。看《雲門録》等皆為“咬猪之狗”，但《希叟録》為“虎咬豬咬狗”之義。○又五言

“咬猪狗手段”。

【野狐精】

《碧嚴》十（六丈）《九十三則》曰：“僧問大光慶道：‘因齋慶讚，意旨如何？’大光作舞，僧便禮拜。大光云：‘見甚麽道理，便與麽？’僧亦作舞。大光云：‘者野狐精。’”〇《聯燈》八（廿一丈）《常侍王公敬章》曰：“米胡來。云云。王拈起一隻筯。米云：‘這野狐精。’”〇《虚堂録·代别》（十七丈）曰：“别臨際起云：‘不審處云野狐精，便起去。’”和辨波計波計志伊。

【胡孫子】

心猿也。〇《虚堂録》四《告香普説》（八丈）曰：“學道人若不得一番胡孫子死，如何辨得邪正？若不得一番胡孫子活，如何脱得生死？”〇《心地觀經》[1] 八（三丈）曰：“心如猿猴，遊五欲樹，不暫住故。”〇《本草綱目》五十一下（卅四丈）時珍曰：“猴形似胡人，故曰胡孫。”

【烏龜子】

《聯燈》廿八（廿七丈）《興陽剖禪師章》曰：“須弥[2]脚下烏龜子，莫待重遭點額回。”〇《廣燈》廿五（三丈）《興陽章》作：“須弥座下烏龜足，莫待重遭點額痕。”〇《洞上古轍》下（卅四丈）《梅峯·冠注》曰：“烏龜子，倭俗。此謂海若，其言無稽。釋門佛座下安獸形。《史記》所謂支床龜之類，又《徐氏筆精》八云：‘龍生九子，所載不同。’狻猊好坐佛座之獸，霸下好重碑下之獸。”忠曰：“此解欠分曉。”〇《萬寶全書》[3] 卅四（一丈）《解烏龜》。忠曰：“此娼家之夫曰烏龜，不涉今義。”〇《燕南紀談·后》上（四十丈）：“烏鬼子也，謂崑崙奴。”

【鼈鼻蚰】

《碧嚴》三（三丈）《第廿二則》曰：“雪峯示衆云：‘南山有一條鼈

---

① 心地觀經：即《大乘本生心地觀經》，又作《本生心地觀經》，8 卷，唐代般若譯。

② 弥：“彌”之異體。《隸辨·平聲·支韻》引《張納碑》作“弥”。

③ 萬寶全書：1 卷，明末清初煙水山人編。

鼻虵，汝等諸人切須好看。’”云云。《鈔》三（八丈）曰：“虵鼻如鼈也。”又《正宗賛》一（十一丈）。○忠曰：“毒虵反鼻者。”○《太平廣記》四百五十六（二丈）曰：“山南五溪黔中，皆有毒虵，烏而反鼻，蟠草中。其牙倒勾，去人數步，直來，疾如激箭。螫人立死，中手即斷手，中足即斷足，不然則全身腫爛，百無一活，謂蝮虵也。”出《朝野僉載》。○《本草綱目》四十三（二四丈）曰：“褰鼻蛇也。諸蛇鼻向下，獨此鼻向上，背有方勝花文。”忠曰：“蓋鼈鼻也。”

【太末蟲】

《百丈録》[1]（十六丈）曰：“喻如太末蟲，處處能泊，唯不能泊於火燄[2]之上，衆生亦爾。處處能緣，唯不能緣於般若之上。”○《註心賦》二（廿六丈）注曰：“《般若经》云：‘如蚨蛛蟲，处处能泊，而不能泊火焰之上，如意根遍缘一切境，而不能缘般若，以心智路絶故。’”○《古尊宿》卅八（十一丈）《洞山初禅師録》曰：“譬如太末蟲，處處泊得，不能泊於火焰之上。”○《聯燈》廿六（十三丈）《洞山初章》同。○《大惠書》上（十一丈）。太末《酉陽雜俎》十七（七丈）曰：“蠅，巨者，首如火。或曰大麻蠅，茅根所化也。”忠曰：“大麻，聲轉爲太末也。”蚨蛛二字《字彙》《篇海》《正字通》不載。《續字彙》：蚨，他蓋切，音泰。《集韻》：蚨，阿蟲名。（止此）亦不載。

① 百丈録：即《百丈禪師語録》，散見于《景德傳燈録》《五燈會元》《古尊宿語録》諸書。編于宋初、後由明代東安靜山居士解寧重刻的《四家語録》，其中收有《洪州百丈山大智禪師語録》《百丈懷海禪師廣録》2卷。

② 燄：“焰”之異體。《正字通·火部》“焰”下云：“伊甸切，音豔。火光騰起者，本作燄。”

《葛藤語箋》第八卷

四言（乾）[①]

宗乘

【本命元辰】

《大惠書》（十五丈）《江給事書》曰：“不得受人差排，自家理會本命元辰，教去處分明。”〇《大惠武庫》（十五丈）曰：“參禪學道秖要知本命元辰下落處。”〇《傳燈》十（五丈）《長沙景岑章》曰：“有客来竭師。召曰：‘尚書。’其人應諾。師曰：‘不是尚書本命。’對曰：‘不可離却，即今秖對，别有第二主人。’師曰：‘唤尚書作至尊得麼？’彼云：‘恁麼總不秖對時，莫是弟子主人否？’師曰：‘非但秖對，與不秖對時，無始刼來是個生死根本。’”〇《古尊宿》卅八（四丈）《洞山初録》曰：“驀劄地踏著正脉，省前所行履處，方始羞見本命元辰。”〇忠曰：“本命，自生歳也。三辰者，生年所司星辰也。以喻自己本分矣。”〇《居家必用·丙集》（廿九丈）曰：“本命者，即上官者，所生甲子也。”〇《白氏文集》卅一（二丈）：“《元日對酒詩》曰：‘夢得君知否？俱過本命年。’自註：余與蘊州劉郎中同壬子歳，今年六十二。”〇《北史·列傳》七十七（廿四丈）《蕭吉傳》曰：“辛酉之日即至尊本命。”

【本分草料】

《大惠書》（四丈）《曾侍郎書》曰：“乍聞知識，向聰明意識思量計較外，示以本分草料，多是當面蹉過。”〇《碧嚴》四（廿七丈）《卅九則·頌·評》曰：“雪竇下本分草料，便道莫顢頇。”〇忠曰：“右皆言言句。”

---

① 原文無“乾”，此據無著道忠的目次補上。

○《碧嚴》(廿二丈)《第十八則》:“下語曰:‘何不與他本分草料。’”○又同九(廿三丈)《八十九則》:“下語曰:‘當時好與本分草料。’”又云:“何不用本分草料?”○《虚堂·宝林録》(四十九丈)《天童敀和尚因緣》曰:“師云:‘者僧喚既近前,何不便與本分草料,只因下刃不嚴,返被暗窺墻壁。’”○忠曰:“右皆言棒喝。”○忠曰:“本分者,本來當己之分量也。草料者,馬所啖物料。其一日所啖豆麥等,當己定分,是馬之本分草料也。禪録凡稱與棒言與本分草料(如上所引),又有稱言句(又如上引),蓋棒喝或言句,學人本分有可喫此之道理,而師家敢與之以棒喝言句,故云本分草料,以比馬之本分草料也。”○《楞伽椿庭和尚》曰:“草者,稻稾也。料,禄料也。曰豆麥也。中華之法,三品巳上,許騎馬民每年斬稾長一二寸,以貢於官,充餧馬料官,即以此頒於三品巳上者。其餧馬法,以水澆稾煮熟豆麥等雜和之,令喫之。是即馬本分合喫之食物也。此謂本分草料也。”見《〈碧嚴〉不二鈔》二(六十一丈)、九(廿七丈)。本分 《困學紀聞》十九(七丈)曰:“俗語皆有所本。本分。出《荀子》:‘見端不如見本分’。”○《唐書·列傳》九十二(二丈)《裴延齡傳》曰:“陛下本分錢,用之亡窮。”云云。草料 《經國大典註解·後集》下(五十二丈)曰:“草料,馬芻也。料,米在斗也。”○《説郛》十九《雲麓漫録》(七丈)曰:“本朝有糧料院,按《韻略》:‘料字平聲,解雲量也。’乃是量度每月合支糧食之處,作側聲呼非是。蓋俚俗以馬食為馬料,誤矣。”○《釋常談》[①]上(十一丈)曰:“馬料謂之芻栗。後漢第五倫[②]為會晢嵇太守,艄[③]自斬芻爤粟以飼馬。”○《事物紀原》一(四十三丈)曰:“《唐書·食貨志》曰:“正[④]觀中,始稅草以給諸閑,則稅草起自唐太宗也。”○《百丈清規》下一(七丈《兩序章》:“物料調和處,解官府料物。”

【海印三昧】

《楞嚴經》四上(廿三丈)曰:“如我按指海印發光。”○竺仙《宗

---

① 釋常談:3卷,北宋佚名作,作者不詳。

② 第五倫:字伯魚,東漢京兆長陵(今陝西咸陽東北)人。先世爲戰國田氏,遷移西漢園陵,以遷移次第爲氏。

③ 艄:“躬”之異體。《干禄字書·平聲》收“躬艄”二字注云:“並正。”

④ 正:應為“贞”,宋避廟諱作“正”。

門千字文》[1]（十七丈）曰："教中以大母指點中指中節謂之海印三昧。"

【覿體全眞】

《雲門録》中（廿一丈）曰："舉應化非眞佛亦非説法者。師云：'應化之身説即是法身説，亦喚作覿體全眞。'"

【節角聱訛】

《碧嚴》一（廿九丈）《翠嚴眉毛話·評》曰："看他屋裏人，自然知他行履處，千變萬化，節角聱訛，著著有出身之路。"○又同六（二丈）《雪峯是什麽話·評》曰："一問一答，一擒一縱，直至如今，天下人成節角聱訛，分疎不下。"○《不二鈔》《古鈔》等欠解。○《韓文》五（十五丈）《石鼓歌》曰："剜苔剔蘚露節角。"○此歌"節角"謂石鼓節角，非肝要義。

師接[2]

【入鄽垂手】

《古尊宿》廿四（十七丈）《神鼎諲録·偈頌部》曰："《頌上玉泉和尚》：'一種輪回又一迴，入廛垂手化羣迷。'云云。"○《虚堂·浄慈入寺語》（四丈[3]）曰："春入湖山。云云。透聲透色，絶類離倫，不妨垂手入鄽。"○《保寧勇録》（廿七丈）曰："問：'向上之機即不問，入廛垂手意如何？'答：'兩脚踏地。'"云云。○《諸祖偈頌》下之下（廿三丈）《廓菴十牛圖第十題》曰："入鄽垂手。"○忠曰："不守向上垂手為人也。"○《碧嚴》五（七丈）。○《圓悟録》一（十四丈）。

【廛中佛事】

《虚堂·報恩録》（二丈）曰："今日事不獲巳，抑下威光，普請諸人，同證廛中佛事。"○忠曰："報恩寺在市廛中故云爾。"

---

① 宗門千字文：1卷，元梵僊竺仙撰。

② 師接：原作"垂接"，"垂"字有塗改，本頁冠首中間有二小字"師接"。

③ "四丈"原在"曰"字之後。

【入泥入水】

《大惠書》（五丈）《曾侍郎書》曰："此是第一等入泥入水老婆説話。"〇忠曰："泥水者，污穢之處，比方便言句，接人不坐本分向上地。"〇又《大惠普説》上（四十三丈）曰："喚作入泥入水。"〇《續燈》三（廿五丈）《資聖盛勤章》曰："問：'如何是為人一句？'師云：'入泥入水。'"〇《人天眼目》一（廿一丈）《松源十智問答》："七同得失。"下语曰："入泥入水。"

【蓋天蓋地】

《聯燈》廿一（廿三丈）《雪峯存章》曰："師同嚴頭到二鼇山店。云云。嚴頭云：'他后他後若欲播揚大教，須一一從自己胸襟流出，將來與我蓋天蓋地去。'師於言下大悟。"〇《碧嚴》一（十八丈）《评》同。

【一機一境】

《碧嚴》一（九丈）《垂示》曰："一機一境，一言一句，且圖有個入處。"〇又同二（一丈）《垂示》曰："一句一言，驚群動衆；一機一境，打锁敲枷。"〇又同六（十八丈）《垂示》曰："若向個裹露得一機，看得一境，坐断要津，不通凡圣，未为分外。"〇《古钞》一（廿七丈）曰："一機，对學者语言三昧也。一境，拈槌豎拂也。"〇又同二（一丈）曰："一機，扬眉瞬目也。一境，拈槌豎拂也。畢竟绿水青山也。"〇又同六（四十七丈）曰："先师时，僧问：'一機一境是同是别？'师云：'懸羊頭卖狗肉。'"

【縱横十字】

《古尊宿》四十二（十一丈）《真净録》曰："快然大道，秖在目前，縱横十字，擬即留連。"〇《僧宝傳》二（一卷十丈）《云门偃傳》曰："三乘十二分教，横説竪説，天下老和尚，縱横十字説與我拈针鋒許説底道理來看。"

學修

【豁然大悟】

《佛説羅摩伽經》一（十八丈）曰："善財童子得此法門已，身心歡喜，豁然大悟，成就一切諸大法門。"

【聖胎長養】

《仁王般若經·教化品》曰："習種性十心。云云。已超過二乘一切善地，一切諸佛菩薩長養十心為聖胎也。"《梵網經補忘鈔》四（廿五丈）曰："聖胎者，无漏種子也。此位殊修十波羅蜜長養法爾，無漏種也。"

【把本修行】

《虛堂·瑞嚴録》（七丈）曰："從來把本修行，不敢棄嫌因果。"○《大慧年譜》（十七丈）曰："自惟曰。云云。蹉跎歲月，不若弘一經一論。把本修行，庶他生後世，不失為佛法中人也。遂贖《清涼華嚴疏鈔》一部，賫之天寧。"《增續傳燈》四《断橋倫章》曰："吾口訥耳聵，不若把本修行，日以誦經為業。忽閲《楞伽》。於雲居見山堂至，蚊虫螻蟻無有言説而能辨事，頓然有省。"○《中峯録》十一中（廿三丈）《山房夜話》曰："古人謂持戒學道是把本修行，或根性遲鈍，一生道眼不明，亦得戒力，擁護道念，令不忘失，則来生易於成辨也。"

【囮地一下】

又一言宗乘部"囮"處。忠曰："囮地一下，大事了畢時，言阿都聲也。"○《大慧書》（卅六丈）《答張提刑》曰："老居士所作所為，冥與道合，但未能得囮地一下耳。"○《普燈》五（廿六丈）《音釋》："户臥切。"見一言"囮"。○《正字通·子·下》（六十丈）曰："囮，舊註胡臥切，火去聲，進舩聲。一説梵言囮地一聲，囮同咄，皆俗增，六書無囮。"

【打破桼桶】

《大慧書》（廿丈）《富樞密書》曰："李參政頃在泉南，初相見時，見山僧力排默照邪禪瞎人眼，渠初不平，疑怒相半，驀聞山僧頌庭前柏樹子話，忽然打破漆桶，於一笑中千了百當。”〇《字彙》曰：“桼，戚悉切，音七，木有液黏黑可飾器物。《六書正譌》別作漆，乃水名。”〇忠曰：“从夾，又作漆，皆訛。”〇忠曰：“漆桶，無分曉，眼黑闇也。打破之言大悟也。”

【和座翻却】

《雪巖録》下（五十丈）《示演上人語》曰：“忽若崖崩石裂，謂之客塵驀歇，急須轉身。只守住，未免提起便有，放下便無。十二時中，依舊截作兩橛。生死與寤寐，不能歸一。要透遮重關子，須是和座翻却。”〇《普燈》三十（十八丈）《密菴謙示陳知丞》曰：“無我為易，無無為難。無無為易，亦無無無為難。亦無無無為易，亦無無無亦無為難。亦無無無亦無為易，和座子撞翻為難。故龐居士云：‘煉盡三山鐵，鎔銷五嶽銅，豈欺人哉？’”

【離法自浄】

《傳燈》十四（十丈）《藥山章》曰：“納戒于衡嶽希操律師。乃曰：‘大丈夫當離法自浄，豈能屑屑事細行於布巾耶？’即謁石頭密領玄旨。”〇《聯燈》十九（六丈）《會元》五（五丈）《藥山章》同。〇《編年通論》廿四（五丈）《唐仲藥山碑》作“離法自靜”。忠曰：“儒士昏于佛家名目。”〇《圜悟心要》上（四十丈）《示民知庫語》曰：“民禪錦官大慈，傳法昭律師之法孫，纔披削，即習家業，學《四分毗尼》。既而搯布巾，欲離法自浄，乃肩錫南游，訪西來宗旨。”〇《釋氏要覽》下（十五丈）曰：“《毘奈耶律》云：‘如世尊言，五法成就。五夏已滿，得離依止，遊行人間。五法者，一識犯，二識非犯，三識輕，四識重，五於《別解脱經》善知通塞，能持能誦。’”注：《別解脱經》即戒本也。〇《清訓拾要鈔》一（卅九丈）曰：“律制五年依止者，序解云：五年者，約教相論，若取自行，終須師誨。律云：五分法身成立，方離依止，佛亦有師，謂法也。問利根之人，未滿五夏，得離依止，思之。”〇《五分律》[①]十七（九丈）曰：“五法成就，得離依止。”〇持浄者令守持法益清浄也。

① 五分律：全稱《彌沙塞部和醯五分律》，略稱《彌沙塞部律》，30卷。

如《華嚴疏》五（四十七丈）。○《禅居附录》[1]（卅二丈）曰："遊方自净。"○《西山座右鈔》[2]（十二丈）。

【放身命處】

《四家録》一《馬祖録》（九丈）曰："百丈問：'如何是佛旨趣？'祖云：'正是汝放身命處。'"《傳燈》十一（七丈）《仰山慧寂章》曰："師謂第一座曰：'不思善不思惡，正恁麼時作麼生？'對曰：'正恁麼時，是某甲放身命處。'"《聯燈》十一（廿三丈）《汾陽昭章》曰："初謁首山。云云。師於言下大悟。云云。葉縣省作首座問師：'昭兄你適來見個甚麼道理，便恁麼道？'師云：'正是善昭放身捨命處。'"○《古尊宿》十（一丈）《汾陽録》同。○《宗鏡録》卅三（十四丈）曰："如世尊言，此大般涅槃，是十方諸佛放捨身命之處，安置諸子，悉入其中，我亦自住其中。"

【得人憎處】

《應菴録》[3]下《偈頌》（一丈）《莞山净明菴小參示衆偈》曰："三十三州七十僧，驢腮馬頷得人憎。諸方若具羅籠手，今日無因到净明。"○《虛堂·寶林録》曰："應菴師祖昔日謝事當山，寄夏净明示衆。"云云。舉此偈。○《正宗贊》二《應菴録》舉。○《無準録》四（二丈）《普説》曰："這裏須是覷透他古人一些子得人憎處始得。"○忠曰："凡得悟的人，自然有與諸人同氣處，故人見而憎嫌也。"又曰："一向把往處。"

【克由㕭耐】

《雪竇録》二（四丈）曰："問新到：'近離甚處？'僧退身立。師云：'克由叵耐，不言來處，將拄杖來。'僧云：'某甲近離奉川。'師云：'打野榸漢。何不早與麼道。'"○忠曰："事難堪也。"○《無準録》三

① 禅居附录：《清拙和尚語録》，2卷，宋末元初清拙正澄撰，永鎮编。卷次包括"小清規·禅居集"和"支那·附録"。《禅居集》為《清拙和尚禅居集》略称。

② 西山座右鈔：又作《座右鈔》，1卷，日本實道惠仁撰。

③ 應菴録：即《應菴曇華禪師語録》，又作《應菴和尚語録》，10卷，宋代應菴曇華撰，守詮等編。

(廿一丈)《示光首座語》曰:“光首座乳峯玉几至於茲山,首尾相從將十載許,中間有克由叵耐處固難備舉。”〇又同三(廿四丈)《示諶然道士語》曰:“然高士宿有靈骨,深疑此事。云云。眉毛厮結,孜孜不少怠。忽中夏錯認橘皮作火。克由叵耐。”〇忠曰:“皆言悟處其境界難堪也。”〇《雪嚴録》上(十三丈)《護聖寺入寺據室語》曰:“斷臂立雪,負石踏碓,取人心肝,克由叵耐。”〇忠曰:“苦勞難堪也。”〇《古尊宿》六十(十四丈)《睦州録》曰:“師見新到來參,云:‘尅尤叵耐。’僧罔測,一邊立。師云:‘什麼處得這一隊打野榸漢。出去。’”〇作“尅尤叵耐”。〇《書經》下(五十四丈)《畢命》曰:“我聞曰:‘世禄之家,鮮克由禮。’”

人倫

【通方作者】

《虚堂·宝林録》(四十一丈)《除夜小參》曰:“衆中有個通方作者,冷地一聲。”〇忠曰:“通達大方作家漢也。”

【央庠座主】

《大惠武庫》(卅五丈)曰:“保寧勇禪師初更衣依雪竇顯禪師問道,雪竇呵之曰:‘央庠座主。’勇不意。”〇忠曰:“勇本教者,雖更衣猶有故態,故罵為央庠座主。蓋教者儀貌散漫,不如禪者威儀脱灑也。”〇《正宗贊》一(卅一丈)《德山贊》曰:“想不是花錦地,戀繁華,央庠底座主。”〇《莊子》一(廿丈)《齊物論》云:“姚佚啓態。”林注:“姚央庠之貌。”〇忠檢韻書,未見“央庠”字義,蓋“鞅掌”字也。〇《韻會·養韻》(卅九丈)“掌”注曰:“《詩》:‘王事鞅掌。’《毛傳》:鞅掌,失容也。《箋》:鞅,猶荷也。掌,謂捧之也。負荷捧持以趨走,言促遽也。《正義》云:促遽亦是失容。”〇《卓氏藻林》三(十九丈)曰:“鞅掌,失容也。王事鞅掌,言事煩勞,不暇為容儀也。”〇《莊子》七(卅六丈)《庚桑楚》註曰:“鞅掌,猶支離也。”〇《雪嚴録》上(六十四丈)曰:“猥猥毸毸,殃殃祥祥。”〇忠曰:“亦是鞅掌音通須同義。”

【噇酒糟漢】

《碧嚴》二（一丈）《本則》曰：“黃蘗示衆云：‘汝等諸人盡是噇酒糟漢，恁麼行脚何處有今日？’”《評》（三丈）云：“唐時愛罵人作噇酒糟漢，人多喚作黃蘗罵人具眼者，自見他落處。”○《古宿》卅七（廿丈）《鼓山與聖國師録》曰：“不見古人道，総是一隊喫酒糟漢，把捧一時趂下。”○《僧祇律》廿九（七丈）罵尼犍子“噉酒糟驢”。又卅一下（七丈）：“優婆塞告外道弟子：‘汝師無慚無愧噉酒糟驢；’”又卅八（二丈）。○《圓悟録》六（十六丈）《真如録》舉，黃蘗示衆曰：“舉黃蘗和尚示衆云：‘汝等諸人，盡是不著便底，恁麼作略，何處有今日也？’”○《佛照奏對録》[①]（《古宿》四十八，十一丈）曰：“舉黃蘗和尚示衆云：汝等諸人盡是不著便底，恁麼行脚，何處有今日也？”云云。○蓋噇酒糟卑野語，不可施于帝者前，故改語而已。”

【伎死禪和】

《傳燈》八（廿四丈）《浮杯章》曰：“凌行婆云：‘伎死禪和，如麻似粟。’”《鈔》：“一山曰：‘言無伎倆禪和也。’又曰：‘不能通變之人，不識機要之人。’”○《大惠録》[②]十（十八丈）舉凌行婆因緣作“猗死禪和”。○《會元》三（六十四丈）作“伎死”。○《八方珠玉》上（四十二丈）凌行婆緣作“跂死”。○《普燈》廿九（廿一丈）《大慧學請益竹篦頌》曰：“可憐猗死禪和，猶自魂飛膽喪。”

【小根魔子】

《續古宿》四《笑菴悟録》（二丈）曰：“舉《德山入門便棒頌》云：‘倒嶽傾湫與麼來，小根魔子謾疑猜。’”云云。○《明極録·餧慧語要》下（十四丈）《示通禪人法語》曰：“佛説煩惱即菩提，汝今厭煩惱求菩提，打作兩橛了也。此是小根魔子底所見，非向上機要也。”

---

① 佛照奏對録：1 卷，宋佛照禪師撰。

② 大惠録：即《大慧普覺禪師語録》，又稱《大慧語録》《大慧録》，30 卷，宋代臨濟宗禪僧大慧宗杲述，弟子雪峰蘊聞輯録。

【白衣拜相】

《曹山録》（五丈）曰：“偈曰：‘白衣須拜相，此事不為奇。積代簪纓者，休言落魄時。’”○忠曰：“正中偏頌也。”○《古宿》卅一（二丈）《佛眼録》曰：“昔日洞山和尚與密師伯游山次，忽見白兔從草中突出，密云：‘大似白衣拜相。’山云：‘老老大大，作者個語話。’密云：‘兄又作麼生？’山云：‘積代簪纓，暫時落魄。’”○《聯燈》二十（廿九丈）《神山僧密章》曰：“忽見白鹿走過，師云：‘俊哉！’洞云：‘作麼生？’師云：‘大似白衣拜相。’”云云。○《松源録》下（卅一丈）《普説》曰：“久參兄弟，不能得透徹，病在於何？為你耳裹聽多，眼裹見多。頑了，返不如初機放孟八郎，一拶便透，如白衣拜相相似。”○《虛堂・顯孝録》四文曰：“拄丈子，不覺出來冷笑道：‘大丈夫漢，等是為人，何不教他脱籠頭卸角馱，如白衣拜相一般？’”○《潛確類書》[1] 五十（廿五丈）曰：“《通典》：‘進士科始隋大業，盛於貞觀、永徽之際；縉神雖位極人臣，不繇進士者，不以為美，其推重謂之白衣卿相之資也。’”○《事文[2]・前集》廿六（三丈）引通典。”○《説類》廿五（十八丈）《摭言》：“盧暉進士自号[3]白衣卿相。”云云。○《氏族排韻》[4] 七（四十丈）曰：“柳永，字耆卿，長於詞，自是白衣卿相。”○《後漢書・列傳》十七（九丈）《鄭均傳》曰：“帝東巡過任城，乃幸均舍，敕賜尚書禄以終其身，故時人号為白衣尚書。”○《避暑録話》[5] 下（五十九丈）引之。○《白孔六帖》[6] 七十二（廿丈）亦載之。

【如生冤家】

《虛堂録》四《普説》（廿一丈）《納牌》曰：“拈一個古人話頭，抛

① 潛確類書：即《潛確居類書》，120 卷，明代的陳仁錫。

② 事文：即《事文類聚》，170 卷，其中《前集》60 卷，《後集》50 卷，《續集》28 卷，《别集》32 卷，宋代祝穆撰。《新集》《外集》元富大用撰。《遺集》元祝淵撰。

③ 号：同“號”，《宋元以來俗字譜・虍部》“號”下録《列女傳》以下十部書均作“号”。

④ 氏族排韻：全名《排韻增廣事類氏族大全》，22 卷，編者不詳，書中所引事蹟，迄於南宋末年，當為元人所編。

⑤ 避暑録話：2 卷，宋葉夢得撰。署，原作“書”，行首補正為“署”。

⑥ 白孔六帖：白，指唐代白居易；孔，指宋代孔传。白居易撰《六帖》30 卷，孔传撰《后六帖》30 卷。合两书为一书及分成 100 卷，不知何人所為。

在面前，如生冤家，晝夜如坐芒刺，自有穿透底時節。”〇忠曰：“生者，不熟也，猶言新冤也。蓋舊冤其怨恨可薄，今新冤怨恨深矣。夫冤家之讐，不可不報，者個話頭不可不透徹也。”

【滅胡種族】

“胡種族”見三言人倫部。〇《古尊宿》卅七（四丈）《鼓山興聖録》曰：“古人道：‘西天一段事，総被今時人埋没，却覓個出頭處不得。’更有老宿道：‘大唐國内盡是一隊滅胡種賊。’即者便是。”又（五丈右）云：“莫滅胡種。”〇《雲門録》上（卌丈）曰：“這滅胡種，盡是野狐群隊，総在這裡作麼。”〇《虚堂録》四《普説》（九丈）《立僧普説》曰：“近年叢林凋弊，學者不本宗猷，浸淫外學，滋長無明，雖千百羣居，未聞有如爆龜紋，可以為末世滅胡種族。”〇忠曰：“滅胡種之族也。或謂滅胡之種族也。如《月江録》云滅胡種草。”〇《月江語録[1]·告香普説》（一丈）曰：“若是英靈上士，如金翅擘海，直取龍吞。千人萬人，羅籠不住。做個滅胡種草，豈不快哉！”〇忠曰：“此滅胡却為托上話，所謂嫌佛不做也。”《正宗賛·溈山賛》亦為托上。”〇《正宗賛》四《溈仰宗》（三丈）《溈山賛》曰：“蠱毒家滅胡種。”〇《廣燈》廿四（廿四丈）《法華章》曰：“至襄州石門徹禪師會下。云云。後徹禪師累發人取，令住石門，師堅辭之，乃寄《月頌》一首：‘云云。太虚留不住，豈受白雲漫。’徹上堂云：‘滅胡種。滅胡種。’”〇忠曰：“亦是托上語。”〇《古尊宿》卅八（一丈）《洞山初録》曰：“上堂。云云。盡是邪魔所作，謗大乘，滅胡種，與你天地懸殊。”〇忠曰：“又滅胡種族義。”〇《增壹阿含經》[2]四十七（十四丈）曰：“阿難，汝莫做滅族行。”（止此）言屬累法也。”

【老婆心切】

《臨濟録》（四十丈）《行録》曰：“黄檗見來。便問：‘這漢來來去去，有什麼了期。’師云：‘祇為老婆心切。’”〇忠曰：“老婆性丁寧慈

---

① 月江語録：即《月江正印禪師語録》，又作《月江和尚語録》《月江印禪師語録》，3 卷，元代臨濟宗僧月江正印撰，居簡等編。

② 增壹阿含經：即《增一阿含經》，51 卷（一作 50 卷），東晉僧伽提婆譯。

愛子孫，其心親切，故云深慈比老婆心。”〇《虛堂録》五《頌古》（七丈）：“老婆心切日忡忡。”〇《大慧書》（一丈）《曾侍即來書》曰：“圓悟老師。云云。老婆心切如此。”〇《無門關·第廿三則·不思善惡話評》曰：“六祖可謂是事出急家，老婆心切。”

【斬樓蘭首】

〇《前漢書》七十（一丈）一《傅介子傳》：“介子與士卒俱齎金幣，揚言以賜外國為名。至樓蘭。云云。王起隨介子入帳中，屏語。壯士二人從後刺之。”云云。〇又見《西京雜記》三（二丈）傅介子事。〇又《通鑑正編》五下（九十二丈）《傅介子》。樓蘭國名見二言名姓部。〇《李白詩集》五（十二丈）《塞下曲》曰：“願將腰下劍，直為斬樓蘭。”〇《堯山外紀》四十二（十二丈）《王嗣宗詩》曰：“却將舊斬樓蘭劍，買得黃牛教子孫。”

【羅睺羅兒】

《虛堂·顯孝録》（三丈）曰：“但願來年蚕麥熟，羅睺羅兒與一文。”〇《趙州録》下（《古宿》十四，廿七丈）《十二時歌》中曰：“晡時申，也有燒香禮拜人。云云。願我來年蠶麥熟，羅睺羅兒與一文。”〇忠曰：“羅睺羅兒，古今紛然，欠辨明。《傳燈》載《趙州歌》，而《傳燈鈔》無解。龍溪：為賤乞之稱。（止此）是依‘與一文’語做此臆説。”〇《古尊宿》廿一（十四丈）《五祖演録》。〇《續古宿》五《誰菴演録》（一丈）。〇又同六《竹菴珪録》（三丈）。〇《介石·臨平録》（二丈）皆有此語。〇忠按：“《續酉陽雜俎》五（九丈）曰：‘道政坊寶應寺有丰家舊鐵石，及齊公所丧一歲子，漆之如羅睺羅，每盆供日出之寺中。’”〇又《天中記》五（卅七丈）《七月七日部》曰：“七夕俗以蠟做嬰兒，浮水中，以為戲，為婦人生子之祥，謂之化生。本出於西域，謂之摩睺羅。《歲時紀事》：俗云摩喝樂。”〇《東京夢華録》[1] 八（四丈）曰：“七月七夕街内皆賣磨喝樂，乃小塑土偶耳。悉以雕木彩裝欄座，或用紅紗碧籠，或飾以金珠牙翠，有一對直數千者。禁中及貴家與士庶爲時物追陪。”〇《方輿勝覽》二（二丈）《平江府》曰：“七夕摩睺羅，《郡

① 東京夢華録：10卷，宋代孟元老撰。

志》：土人工於泥塑，所造摩睺羅，尤為精巧。”〇忠曰：“《天中記》所謂本出於西域，蓋西蕃邪僧來幽州，塑妖像名摩睺羅佛者乎？”〇鄭所南《大義略敘》云：“幽州建鎮國寺，有佛母殿，黄金鑄佛，裸形中立。云云。又塑一僧，青面，裸形，右手擎一裸血小兒，赤雙足，踏一裸形婦人，頸擐小兒枯髏數枚，名曰摩睺羅佛。云云。此妖僧乃西蕃人，傳西蕃外道邪法，韃主僭加之曰帝師。”〇忠曰：“羅睺羅，或作摩睺羅，俗諺通名可知。今言麵麥熟則非是七夕摩睺羅，蓋村裏土偶神亦稱摩睺羅，麵麥熟則將錢祭之，以當賽願也。今言麵麥熟者，謂學人道業成熟也，羅睺羅兒，虛堂自比，或比本分主人公。一文錢者，向上一著子。言但願諸人道業成熟時，爲我還向上一著子來也。”

【無常殺鬼】

《臨濟録》（五丈）《示衆》曰：“無常殺鬼一刹那間不揀貴賤老少。”〇《金光明經文句》[①] 八（卅八丈）《捨身品偈》曰：“無常大鬼奄便吞食。”〇《出耀經》[②] 二（六丈）曰：“有梵志兄弟四人，各得五通，自知命促近在不遠，却後七日皆當命終，思共議言：‘我等弟兄五通通遠，以己神力翻覆天地，現身極大手捫日月，移山住流無所不辨，寧當不能避此難也？’第一兄曰：‘吾入大海，上下平等正處中間，無常殺鬼安知我處？’第二弟言：‘吾入須彌山腹中間，還合其表使無際現，無常殺鬼焉知我處？’第三弟言：‘吾處虛空隱形無跡，無常殺鬼安知我處？’第四弟言：‘吾當隱大市之中，衆人猥閙各不相識，無常殺鬼趣得一人，何必取吾四人？’議訖。（乃至）各適所至，七日期滿各從其處而皆命終。（乃至）世尊説此偈：‘非空非海中，非入山石間，無有地方所，脱止不受死。’”〇《止觀》七之二（卅七丈）曰：“無常殺鬼，不擇豪賢，危脆不堅，難可恃怙。”〇《潙山警策》[③]（三經卅六丈）曰：“無常殺鬼，念念不停，命不可延，時不可待。”〇《法句經》[④]。〇《法苑珠林》[⑤] 百

① 金光明經文句：又作《金光明文句記》《光明文句記》，12 卷，宋代知禮撰述。

② 出耀經：即《出曜經》，又稱《出曜論》，30 卷（或 20 卷），尊者法造，姚秦竺佛念譯。

③ 潙山警策：全稱《為山大圓禪師警策》，1 卷，唐代潙山靈祐撰。

④ 法句經：2 卷，印度法救撰集，三國吳之維祇難等譯。一説支謙、竺將焔等譯。

⑤ 法苑珠林：又作《法苑珠林傳》《法苑珠林集》，100 卷（《嘉興藏》作 120 卷），唐總章元年（668）道世撰。

（十五丈）“殺鬼”。〇《往生要集》[1] 一（廿五丈）“説無常”。

【機關木人】

《證道歌》曰：“喚取機關木人問，求佛施功早晚成。”〇《事苑》七廿一文曰：“《大般若》四百五十六云：‘如巧工匠，或彼弟子有所為故，造諸機關，或女或男，或象馬等，此諸機關雖有所作，而於彼事無所分别。何以故？機關法爾，無分别故，甚深般若波羅蜜多亦復如是。有所為故，而成立之。既成立已，雖能成辨，所作所説，而於其中都無分别，法爾無分别故。’”〇《華嚴經》（大疏）十三下《問明品》曰：“如機關木人，能出種種聲，彼無我非我，業性亦如是。”〇又同卅六下（廿三丈）曰：“轉更增長機關苦事。”疏云：“言機關者，顯無我故，抽之則動，息手便無，若造業因。”〇《寶積經》五十七（十四丈）《世尊偈》曰：“從足至於頂，雜穢不堅牢，由此共成身，脆危如葦舍。無梢唯骨立，血肉遍塗治，同機關木人，亦如幻化像。”〇《涅槃經》十四（六丈）曰：“若人睡時，不能進止，俯仰視眴，不覺苦樂，不應有我。若以進止，俯仰視眴，知有我者，機關木人，亦應有我。”〇《慧苑華嚴音義》[2] 一（十六丈）曰：“機關木人，韓康伯注《易》曰：‘樞機，制動之主也。按機即樞機，用資轉動閑鍵，謂閑鍵義，在密能運，言木人无心，但以闇密繩楔而能運動，今喻業體都无作者，而能生起於果報。”〇《標指鈔》[3] 中五（四十二丈）。〇《法苑珠林》五十六（十五丈）《雜阿含經》云：“阿冤樓陁作機關木象。”

【黄口小兒】

〇《杜氏通典》：“隋令男女三歲以下爲黄，十歲以下爲小。”

---

① 往生要集：3卷，或以每卷各分本末，共計6卷，日本平安时代禪僧源信（惠心僧部）撰。

② 慧苑華嚴音義：又作《華嚴音義》《慧苑音義》2卷，唐代慧苑撰。

③ 標指鈔：即《天台四教集解標指鈔》，上中下3卷，宋順、諦観、從義編撰，日本伊藤次郎兵衛1675年刊行。

姓名

【侯白侯黑】

《傳燈》十五（九丈）《投子大同章》曰：“趙州問：‘死中得活時如何？’師曰：‘不許夜行，投明須到。’趙州曰：‘我早侯白，伊更侯黑。’”〇《雲門録》下（卅二丈）曰：“師問乾峯：‘請師答話。’峯云：‘到老僧也未。’師云：‘與麼則學人在遲也。’峯云：‘與麼那，與麼那。’師云：‘將謂猴白更有猴黑。’”〇《普燈》十九（十丈）《應菴拈》作侯。〇《太平廣記》二百五十三卷（七丈）曰：“陳朝嘗令人聘隋，不知其使機辨深淺，乃密令侯白變形貌，著故弊衣，爲賤人供承。客謂是微賤，甚輕之，乃傍臥放氣與之言，白心頗不平。問白曰：‘汝國馬價貴賤？’報云：‘馬有數等，貴賤不同。若從伎倆筋脚好，形容不惡，堪得乘騎者，直二十千已上。若形容粗壯，雖無伎倆，堪馱物，直四五千已上。若彌（十結反）尾燥蹄，絶無伎倆，傍臥放氣，一錢不直。’使者大驚，問其姓名，知是侯白，方始愧謝。”（出《啟顏綠》）又同二百四十八（一丈）曰：“隋侯白，州舉秀才，至京，機鋒辯捷時莫之比。”云云。〇《清異録》四（廿四丈）曰：“侯白，隋人，性輕，多戲言。嘗唾壁誤中神荼像，人因責之，應曰：‘侯白兩腳墮地，雙眼覷天，太平田地，步履安然。此皆符耳，安敢望侯白哉？’”〇《世説》十八（十四丈）曰：“侯白好俳謔，一日，楊素与牛弘退朝，白語之曰：‘日之夕矣。’素曰：‘以我爲牛羊下來耶。’”〇秦少游《淮海集》廿五《二侯説》曰：“閩有侯白，善陰中人以數，鄉里甚僧而畏之，莫敢與較。一日遇女侯黑於路，據井旁，佯若有所失。白怪而問焉。黑曰：‘不幸墮珥於井，其直百金，有能取之，當分半以謝，夫子獨無意乎？’白良久計曰：‘彼女子亡珥，得珥固可拾而勿與。’因許之，脱衣井傍，縋而下。黑度白已至水，則盡取其衣，丞去，莫知所塗。故今閩人呼相賣曰：‘我已侯白，伊更侯黑。’”〇《〈碧嚴〉不二鈔》五（三丈）引之。〇《事苑》一（十六丈）。〇《恕中録》一（十九丈）。〇《明極・定林録》（四丈）。〇《從容録》三（廿二丈）。

心肢

【金剛正眼】

〇《聯燈》廿七（十五丈）《智門祚章》曰："僧問：'金剛眼中著得個甚麽?'師云：'一把沙。'云：'爲甚麽如此?'師云：'非公境界。'"〇《正宗贊》四《雲門宗》（七丈）《智門傳》。〇忠曰："金剛者，密迹金剛力士。在寺門左右者，其緣在《宝積經》九《密迹金剛力士會》，其所努眼睛浄潔無翳也。"

【三頭六臂】

《傳燈》十二（十七丈）《汾州善昭章》曰："'如何是主中主?'師曰：'三頭六臂驚天地，忿怒哪吒撲帝鍾。'"〇《正宗贊》二（十六丈）《汾陽傳》。〇忠按："經論多言三頭八臂，未見六臂。"〇《法苑珠林》九（一丈）《阿修羅部·述意》曰："稜層可畏擁聳驚人，並出三頭重安八臂。"〇《虚堂·宝林録》（七丈）曰："任你三頭六臂，盡其來機也，無你湊泊處。"〇《羅湖野録》上（十一丈）曰："《仁廟閲投子語録》：至僧問：'如何是露地白牛?'投子連叱，由茲契悟，乃製《釋典頌》十四首。今只記其首篇，曰：'若問主人公，真寂合太空。三頭并六臂，臘月正春風。'"〇川老《金剛經頌》[①]。〇《水滸傳》廿九回（二丈）。〇《東雲頌古》（卅一丈）《雲門頌》曰："任是三頭并六臂，望風無豎降旗。"

【赤口毒舌】

《古尊宿》四十七（九丈）《臨濟三僧問答雲門頌》曰："五月五日午時書，赤口毒舌盡消除。"〇《舊渡鈔本》作"白舌"。〇雲間儲泳《袪疑説》[②]十九丈曰："赤口小煞耳，人或忤之，率多鬬訟。原其起法，以四位求之，常值于巳，以十二支求之，常值辰戌，蓋魁罡乃天之惡神，

① 金剛經頌：1卷，宋代冶父道川禪師撰。

② 袪疑説：1卷，宋储泳撰。

巳位屬蚰，有嚙人之毒也。”云云。《説郛》七十三。〇《萬宝全書》十九（廿六丈）曰：“赤口，忌會客、出行、蒙童投師、入學、分居。”〇五月五日符，見《月令廣義·五月令》（十七丈）。

【眨上眉毛】

《雲門録》上（十丈）曰：“遇著本色咬豬狗手脚，不惜性命，入泥入水相為，有可咬嚼，眨上眉毛，高掛鉢囊，十年二十年辨取徹頭，莫愁不成辨。”〇《傳燈》十九（十七丈）《雲門章》同。〇忠曰：“蓋仰觀其師家，無意於向他處之義乎。”

【捋下面皮】

《應菴·蔣山録》（六丈）：“上堂曰：蔣山今日捋下面皮，要與諸人相見去也。驀拈拄杖，卓一卓，云：‘驚群须是英霊漢，敵勝還他師子兒。’”〇忠曰：“面皮者，面具也，捋下面具，露眞面也。”

【鼻孔遼天】

《續燈》十（十二丈）《天鉢丈慧章》曰：“多時寒，近方暖，伶利衲僧高著眼，直得通身是眼，鼻孔遼天。”云云。〇《虛堂録》七《偈頌》（廿七丈）《立藏主之三衢頌》曰：“寸心如鐵鼻遼天。”〇忠曰：“遼，遠也。（《字彙》）點胸而鼻孔向遠天也。道人氣宇如王，故鼻孔向天也。”

【穿却鼻孔】

《普燈》十四（十二丈）《徹菴章》曰：“問：‘九旬禁足。云云。只如六根不具底人，還禁得也無？’曰：‘穿過鼻孔。’”〇忠曰：“比牛馬，謂使得汝令左右也。”〇安得長者言曰：“馬牛為人穿著鼻孔，要行則行，要止則止，不知世上一切差遣得我者，皆是穿我鼻孔者也。”

【腦後一槌】

〇《竹窓三筆》[①] 四十（七丈）曰：“國初尊宿言，公案有二等：如

① 竹窓三筆：1卷，明釋袾宏撰。

狗子佛性，萬法歸一之類，是一等；又有最後極則誵訛，謂之腦後一槌，極為難透。”

【連腮一掌】

《大光明藏》[①] 下（八丈）《臨濟傳論》曰：“肋下三拳，連腮一掌，以明有信。”○《虛堂・顯孝録》（三丈）曰：“長髭廊下見僧問訊。云云。師云：‘長髭垂釣，綆短不搆深泉。者僧放乖，好與連腮一掌。’”云云。忠曰：“掌頰及[②]腮，故云連腮。”

【不惜眉毛】

《碧嚴》三（廿丈）《廿七則・垂示》曰：“問一答十，舉一明三，見兔放鷹，因風吹火則且置，只如入虎穴時如何？”○《虛堂・育王録》三（廿丈）曰：“各各本有靈覺妙明真體。云云。老僧不惜眉毛，與汝諸人去此見障，擲下拄杖。”○忠曰：“謗法者，眉鬚墮落，今於離言正法，纔有言説，皆是謗法，可眉毛墮落，然有言説不惜眉毛也。蓋癩人眉墮，故謗法曰‘眉毛在麼’等也。”○《法華經科注》[③] 二上（五十丈）《譬喻品・偈》曰：“若得為人，聾盲瘖瘂，貧窮諸衰，以自莊嚴，水腫乾痟，疥癩癰疽，如是等病，以為衣服。（乃至）謗斯經故，獲罪如是。”○《法藏別傳》[④]（十一丈）曰：“法藏嘗於曹州講場，適辨教宗邪正，有道士大詬三寶。翌旦頮面欻見鬚眉隨手墮落。遍體瘡疱，遽來懺過。”

【眉鬚墮落】

義見“不惜眉毛”處。○《聯燈》十三（八丈）《浮山遠章》曰：“只如釋迦老子，四十九年出世，建立化門，種種因緣，種種譬喻，善巧方便即不無，亦未曾言著一字。你道言著一字，成謗他眉鬚墮落。”○《聯燈》十九（十三丈）《霞章》曰：“取木佛燒火向。云云。院主呵。云云。院主自後眉鬚墮落。”《堯山》四十（九十二丈）：“劉貢父得

---

① 大光明藏：全稱《傳燈大光明藏》，3卷，南宋寶曇輯。

② 及：原文漫漶不清，此據《虛堂録犂耕》補。

③ 法華經科注：8卷，元徐行善科注。

④ 法藏別傳：即《唐大薦福寺故寺主翻經大德法藏和尚傳》，1卷，新羅崔致遠撰。

惡疾，鬚眉墮落。”

【目機銖兩】

《雲門録》中（卅九丈）曰：“示衆云：‘大衆，函蓋乾坤，目機銖兩，不涉春緣，作麼生承當？”○《碧嚴》一（一丈）《垂示》曰：“舉一明三，目機銖兩。”○《普燈》廿四（十四丈）《東山雲頂章》曰：“一句函蓋乾坤，不離毛吞巨海；一句截断衆流，不離斬釘截鐵；一句隨波逐浪，不離目機銖兩。”云云。○《虛堂・徑山録》六丈曰：“向威音那畔，別立生涯於；空劫已前，突出自己，目機銖兩舉一明三。”○忠曰：“目機者，一見知物輕重，不假秤子，蓋謂靈利頓機。”銖兩《説苑》十八（八丈）曰：“十六黍為一豆，六豆為一銖，二十四銖為一兩。”○《後漢書・列傳》七十二下（四丈）《華佗傳》曰：“精於方藥，處齊不過數種，心識分銖，不假偁量。”

【皮下有血】

《聯燈》二十（十丈）《德山宣鑑章》曰：“身披瘡疣衣，學甚麼事？飽喫了飯，説真如涅槃，皮下還有血麼？”○《正法眼藏》一下（廿丈）引。○《古尊宿》廿五（六丈）《大愚芝録》曰：“盡乾坤大地微塵化為衲僧，各致一問，問問各別，却向伊道，你許多衲僧皮下還有血麼。”○《碧嚴》二（卅一丈）《翠微禪板話評》曰：“翠嚴芝和尚云：‘今時衲子皮下還有血麼？’”○《大惠・法語》上（廿丈）曰：“忽然撞著個皮下有血底，爛椎一頓，也怪他不得。”○《虛堂録・法語》（五丈）《示梓文語》曰：“儻皮下有血，言外知歸，亦不忝矣。”○《博山参禅警語》[1]上（十五丈）曰：“大凡穿鑿公案者，須皮下有血，識慚愧始得。”○忠曰：“舊説皮下無血，不識羞也。又死人也。死人不識羞。余又謂能識羞者，遇可羞事，則面發紅，是皮下有血也。不識羞者，雖遇可羞事，紅不發面，是皮下無血也。”

【口頭聲色】

《虛堂・瑞嚴録》（一丈）曰：“眨上眉毛，早已蹉過，説甚口頭聲

① 博山参禅警語：即《博山禅警語》，2卷，明代元來撰，成正集。

色。”○又同《霊隠立僧普説》（十二丈）曰：“只認得他人口頭聲色，你自己分上，並無悟入之期。”○《聯燈》二（卅二丈）《鵲巢道林章·吹布毛縁評》曰：“大溈秀云：‘可惜這僧，認地口頭聲色。’”云云。○《碧嚴》（十七丈）《九十四则》下语曰：“更説什麼口頭聲色。”○忠曰：“謂言句摸様也。”又二言意詮部。

【腦門著地】

《虚堂·興聖録》（四丈）曰：“迦葉當時性燥下得一椎，莫道文殊三處度夏，直饒黄面老子別有神通，也須腦門著地。”○《字彙》曰：“腦音惱，頂髓也。”○忠曰：“伏地不得舉首也。龍溪解云：禮敬歸伏也。忠曰：溪解非也。”《續燈》十（廿一丈）《資壽捷章》曰：“問：‘如何是大用句？’師曰：‘腦門著地。’”

【兩脚捎空】

《古尊宿》十二（十七丈）《南泉語要》曰：“莫道我是禪師，知解傍家舌上取辨，兩脚捎空，莫將為是共道不相應。”○《普燈》四（六丈）《黄龍宝覺祖心章》曰：“元符三年十一月十六中夜入滅，命門人黄公庭堅主後事。云云。得法上首新禪師。云云。新執炬，曰：‘不是餘殃累及我，彌天罪過不容誅。而今兩脚捎空去，不作牛兮便作驢。’”云云。○《會元》十七同。○《曹源録》（十五丈）《歳夜小参》曰：“那堪略無所證，一味虚頭，誣謗先賢，欺謾自己，等閑撈著，兩脚捎空。”○《字彙》曰：“捎音宵，掠也。”○忠曰：“到脚走去也。”《曹林録拾遺》（卅七）《送辯侍者頌》曰：“三千年激浪奔鯨，九萬里捎空俊鶻。”○又：大金脱空稱空，是。又別義。《宋史·列傳》百三十（十二丈）《宇文虛中傳》曰：“諸酋曰：‘樞密不捎空，我亦不捎空。’如中國人稱脱空。”

【眼似漆突】

《臨濟録》（廿五丈）曰：“被他問著佛法，便即杜口無詞，眼似漆突，口如扁擔。”○忠曰：“突，竈囱也。漆謂黑，所謂墨突不得黔。（止此）今比眼睛之定不動。”○《韻會·月韻》（四十八丈）曰：“突，陁骨切，竈突囱也。墨突不得黔。《漢書》：曲突徙薪。《集韻》：或作堗。”

○《通鑑綱目》五（百卅五丈）曰："竈，直突。突者，竈窻也。"

【眼目定動】

《臨濟録》（廿三丈）曰："學人若眼定動，即没交涉。"○《碧巖》一（二丈左）《第一則評》曰："眼目定動，不知落處，是何言説?"○《抄》[1]："木盃曰：'眼目定動，謂不曉其所言事。或眼目定而思量，或眼目動而忖度也。"○《續古宿》三《佛眼録》（一丈）曰："世尊拈花，迦葉微笑，親切親切，省要省要，眼目定動，料料掉掉。"○《八方珠玉》下（廿二丈）："佛果拈云：'這僧機關玲瓏，眼目定動，依稀越國，彷佛楊州。"○忠曰："此却言伶利也。"○《圓覚經》二（四十丈）《金刚藏章》曰："譬如動目能摇湛水。又如定眼由迴轉火。"《畧鈔》九（廿二丈）曰："永不移動方名爲定。又云水波火輪，但是眼之動定。"

【口如匾擔】

《臨済録》"眼似漆突"處引。○《碧嚴》二（廿二丈）《十八則》下語曰："口似匾擔。"○忠曰："擔荷物木，如云擔折知柴重。（止此）匾，《字彙》曰：不圓也。又器之薄者曰匾。（止此）凡荷重物則擔木兩端低垂，此謂匾擔也，今比欲言不得言之口狀，左右垂下也。"

【瞋斗呞地】

《聯燈》廿一（十六丈）《嚴頭章》曰："却似刺蝟子相似，未觸著時，自弄毛羽。可憐生，纔有人撥著，便嗔斗呞地，有甚麼近處。"○《正法眼藏》一上（四丈）舉之。○忠曰："活機用。"○《雪嚴録》上（十四丈）《小參》曰："可中一個半個，不受人瞞，纔聞舉著，剔起眉毛，嗔叫吼地。"云云。○作"吼"。○《傳燈》廿四（卅二丈）《涌泉究章》曰："問：'師子未出窟時如何?'師曰："抖呞地。"《鈔》[2]："一山曰：瞋怒貌。"○作"抖"。○《正字通・卯・下》（廿九丈）曰："斗，又斗峻厓壁峭絶也。别作阧。"又《戌・中》（二丈）曰："阧，舊注音斗，峻也。按古借用斗，俗作阧陡。"○《正字通・丑・上》廿四

---

① 抄：即《〈碧嚴録〉鈔》，《碧嚴録》注釋書，1卷，日本川僧慧済撰。

② 同上。

丈）曰："垢，許偶切，傧上聲。《説文》：厚怒聲。又宥韻，音姤，義同。"〇《虚堂録·真賛》（三丈）曰："斗斗呞呞，雷驅雷馳。"〇《介石録·小参》（六丈左）曰："撥著轉轆轆地，觸著嗔斗呞地，有甚近傍處？"

【灑灑落落】

〇《正字通·巳·上》（百三丈）曰："灑，又馬韻，沙上聲，俗謂灑落。"

【揚眉瞬目】

見器具部"拈槌豎拂"。

【閨閤中物】

《傳燈》十四（十四丈）《欒山章示李翺》曰："閨閤中物，捨不得，便為滲漏。"〇《禪林宝訓音義》上二（四丈）曰："閨閤中物，胸襟之識情。又私溺之物。"

聖賢

【千佛出世】

《聯燈》四《南泉章》曰："有一菴主，人謂之曰：'南泉近日出世，何不去礼拜？'主云：'非但南泉，直饒千佛出興亦不去。'"〇《大慧書》（六丈）《曾侍郎第二書》曰："有一種剃頭外道，自眼不明，只管教人死獦狚地休去歇去，若如此休歇，到千佛出世，也休歇不得。"〇又同（五十三丈）："千佛出世，不通懺悔。"〇過去莊嚴劫現在劫未來星宿劫各有千佛出世，如三千佛名經。〇《大悲經》[1] 三（四丈）曰："世尊告阿難：何故名為賢劫？阿難！此三千大千世界劫欲成時盡為一水。時浄居天以天眼觀見此世界唯一大水，見有千枚諸妙蓮華，一一蓮華各有千葉，金色、金光大明普照，香氣芬薰，甚可愛樂。彼浄居天因見此已，心生歡

① 大悲經：5卷，北齊那連提耶舍譯。

喜，踊躍無量，而讚歎言：‘奇哉奇哉！希有希有！如此劫中當有千佛出興於世。’以是因緣，遂名此劫號之為賢。阿難！我滅度後，此賢劫中當有九百九十六佛出興於世。拘留孫如來為首，我為第四，次後彌勒當補我處，乃至最後盧遮如來。如是次第汝應當知。”又《法苑珠林》三（二丈）。○餘經後佛号楼至，梵言楚夏耳。

【埸薩阿竭】

《碧嚴》《第一則頌》下語曰：“埸薩阿勞，《不二鈔》一中（卅五丈）曰：‘或作埸薩阿羅，其意但謂太煞老婆心也。’”○《事苑》一（十一丈）曰：“薩阿竭，此言如來。”○《普燈》廿七（五丈）《翠嚴真禪師野狐頌》曰：“百丈野狐，語至言麤。怛薩阿竭，吾有吾廬。”○《竺仙・浄妙録》（八丈）曰：“薩怛阿竭二千年。”薩怛恐字倒。○《大休・建長録》（廿千丈）：“薩怛阿竭二千餘年事。”○又同“怛薩舒光”。○《正法眼藏》一下（六丈）：“怛薩舒光”。○《道行般若》[1]二（一丈）：“怛薩阿竭。”《光讚般若》一（廿丈）二（一丈）、《修行本起經》上（二丈）、《文殊菩薩署經》[2]（一丈）皆作“怛薩阿竭”。《摩訶般若鈔經》一（二丈）。○《文殊問菩薩署經翻名》曰：“怛薩阿竭，即多陁伽陁，後秦翻為如來。”○《增一阿含》[3]三（十四丈）曰：“多薩阿竭阿羅訶威力所致。”又十七（三丈）：“多薩阿竭。”○又同十一（十三丈）曰：“過去諸多薩阿竭、阿羅訶、三耶三佛，皆由此二法而得成就。”○《玄應音義》三（十一丈）曰：“怛薩阿竭阿羅訶三耶三佛，《大品經》作多他阿伽度阿羅訶三藐三佛陀，同一名也，此則十號中三號也。但猶梵音輕重耳。多陀阿伽度，此云如來。阿羅訶此云應供。三藐三佛陀，此云正遍知也。”

【大人境界】

《聯燈》廿四（九丈）《雲門文偃章》曰：“首座云：‘只如堂頭道浮

---

① 道行般若：即《道行般若經》，10卷，又稱《道行般若波羅蜜經》《摩訶般若波羅蜜道行經》《般若道行品經》《摩訶般若波羅蜜經》，後漢支婁迦讖譯。

② 文殊菩薩署經：即《文殊師利問菩薩署經》，1卷，後漢月氏三藏支婁迦讖譯。

③ 增一阿含：51卷（一作50卷），東晉僧伽提婆譯。

逼逼地，又作麼生？’師云：‘頭上著枷，脚下著杻。’首座云：‘與麼則無佛法也。’師云：‘此是文殊普賢大人境界。’”〇《華嚴經》十四(八十丈)《賢首品》：“菩薩示行十種行，亦行一切大人法。”

【迷逢達摩】

《正宗贊》二（五十丈）《佛鑑贊》。忠曰：“智人逢達摩，卻生知見；迷人逢達摩，無計較分，直是鐵橛子。”〇《雪峯録》上（十五丈）曰：“‘我眼本正，因師故邪時如何？’師云：‘迷逢達摩。’進云：‘我眼何在？’師云：‘得不從師。’”〇《雲門録》中（四十九丈）曰：“示衆云：‘淺聞即深悟，深聞即不悟。’代云：‘迷逢達摩。’”〇《續燈》五《天衣懷章》曰：“上堂。云云。雖然如是，打破大散關幾個迷逢達摩。”〇《禪苑清規》[1]八（七丈）《一百二十問》曰：“至道無難否？似地擎山否？迷逢達摩否？”〇《傳燈》十六。〇《普燈》三（卅四丈）《大洪報恩章》曰：“直饒向一句下千眼頓開，端的有幾個是迷逢達摩。”云云。

性慧

【君子可八】

《雲門録》中（廿六丈）曰：“作麼生是入鄉隨俗底句？代云：君子可八。”〇《聯燈》十三（十五丈）《侍郎楊億章》曰：“先謁廣慧璉禪師，遂問：‘布鼓當軒擊，誰是知音者？’璉云：‘來風深辨。’公云：‘禪客相逢，只彈指也。’璉云：‘君子可八。’楊云：‘諾諾。’璉云：‘今日太賺侍郎。’”〇《會元》十二《楊億章》少異。〇《羅湖》（四十七丈）。〇《會元》十八（六十一丈）《慈航朴章》曰：“德山入門便棒，臨濟入門便喝。云云。遂喝一喝，卓柱杖一下，云：‘敢問諸人是生是殺？’良久云：‘君子可八。’”〇《南堂[2]·本覺録》（五十一丈）曰：“一喝分賓主，照用一時行。乃喝一喝云：‘是賓是主，是照是用？’又喝

---

① 禪苑清規：10卷，宋代禪僧長蘆宗賾集。

② 南堂：即《南堂了菴禪師語録》，又稱《南堂禪師語録》《了菴清欲禪師語録》，9卷，元代禪僧了菴清欲撰。

一喝，是非已去了。一喝没交涉，否極泰來，君子可八。”○《續古宿》四《别峯珍語》曰：“在首座寮，受鼓山請，拈帖云：‘青氊[①]本屬吾家，日用何曾欠闕。要識裏許清規，除是君子可八。’”○又同六《别峯雲語》（十丈）曰：“俱胝一指，臨濟四喝，遂以拂子劃云：‘即今一時，與諸人劃断了也。且道劃断後如何？’‘君子可八。’”○《北磵録[②]·佛祖賛》（五丈）《東山賛》曰：“棚八囉扎，君子可八，附子同鄉一樣辣。”云云。○《元亨釋書》[③]六（十五丈）《兀菴寧傳》曰：“在無錫徑山偃溪訪及寧撾鼓上堂。云云。只如國一禪師，經過梁溪，驀將泗州大聖鼻孔一捏，直得無處出氣，為復壓良為賤，為復神通游戲？良久云：君子可八。”○忠曾獲絶海津和尚親筆《禪林對機語》一册，其卷有《方語集》。其“君子可八”注云：“君子可知。又伶俐人也，曉得底便知，知底便知。”○又一本《方語集》曰：“《普燈鈔》：‘八字，朴借音也。君子可淳朴之義也。’”○忠又按《類書纂要》七《解忘八》曰：“言人入于花柳之業者，其心已忘卻孝弟忠信礼義廉耻之八字矣。”忠曰：“今君子反此，故八是孝弟忠信礼義廉耻，君子可于此，故云君子可八也。”○忠一時問齊雲師，雲云：‘君子可八者，君子可知之義也。中華福州鄉談，不知言不八。八即知義也。’予《帳中秘》下卷。”○《禪林方語》[④]四言云：“君子可八，曉得底便知。又理會不得。”

愚滯

【顢頇儱侗】

○竺仙《宗門千字文》[⑤]（十四丈）曰：“顢頇儱侗，自注曰：“顢頇即儱侗也。譬如有人面大而肥，眉目無窊窿之分，頸洪於腮，肩顱無圓臣之别。又如有人欲為樽罍桮棬之物，先成壞素之朴畧似而不

---

① 氊：“氈”之異體。字見《增廣字學舉隅》卷二《正譌》。

② 北磵録：即《北磵居簡禪師語録》，又稱《北磵和尚語録》《北磵語録》，1卷，宋北磵居簡撰，其法嗣物初大觀編，宋淳祐十二年（1252）序刊。

③ 元亨釋書：30卷，日本鎌倉時代禪僧虎關師錬撰。

④ 禪林方語：1卷，日本江户時代無著道忠撰。

⑤ 宗門千字文：1卷，元梵僊竺仙撰。

似，此喻宗師或有提唱之語，不分曉著明者也。嘗見他書有注此字者。‘顢頇’注曰：‘大面。’‘儱侗’注曰：‘未成器也。直也。’是則固是，此乃《廣韻》中注其誰曰非。若欲顯明用處之意，則亦有闕於方便善巧耳。”

【迷黎麻羅】

○《碧嚴》六（二丈）《五十一則·評》曰：“若忽眼目迷黎麻羅，到處逢問便問，逢答便答，殊不知鼻孔在别人手裏。”○《人天眼目》六（一丈）《宗門雜録》曰：“嚴頭三句。云云。若從來眼目彌梨麻囉，且莫亂呈懵袋。”○《鈔》曰：“彌黎麼羅，不明貌，眼昏貌。”○《偃溪[①]·靈隱録》（四丈）：“謝秉拂幹齋上堂。云云。一味法門平等，平如鏡面，險似懸崖，若是眼裡瞇瞝䁖瞟，看即有分。”○《字典》：“瞇，母婢切，音弭。眇目也。”○又曰：“瞝，音黎。視也。又黎去聲。義同。”又曰：“瞝，《字彙補》力其切，音棃。目䀀也。《篇海類編》[②]与瞝同。”又曰：“䀀，《字彙》：居小功，音絞。目重皮也。”○䁖字，《字典》不載。“䁖，謨加切，音麻。緩視貌。”○瞟，《字典》同矊。矊，類平聲，視貌。”○《破菴録》（卅六丈）《示誼禪人法語》曰：“眼裏耳裏眯哩麻囉。”○《曆朝捷録》[③]三（六丈右）：“‘眯目’旁注：‘物入目中也。’”○又見二言“麻迷迷麻”處。○《餘冬敘録》[④]四十六曰：（二丈）“《古樂府》：‘雄兔脚撲楸，雌兔眼迷離。’”○《劉氏鴻書》八十九（四丈）。《東坡詩集》十三（廿一丈）注。又廿三（五丈）注。《春渚紀聞》七（十五丈）皆同《餘冬》[⑤]。○忠曰：“迷離同迷黎。”

【潑郎潑賴】

《碧嚴》五（十九丈）《四十八則》下語曰：“一等是潑郎潑賴，就中奇特。”○《古尊宿》二十（廿八丈）《海會演和尚（法演）録》曰：“潑狼潑賴，若信不及，白雲為你道。”○《〈碧嚴〉不二鈔》五（三十

---

① 偃溪：即《偃溪廣聞禪師語録》，2卷，宋偃溪廣聞撰，侍者如珠、道隆等編。

② 篇海類編：20卷，明宋濂撰，屠隆訂正。

③ 曆朝捷録：4卷，明顧充撰。

④ 餘冬敘録：即《餘冬序録》，6卷，明代何孟春撰。

⑤ 餘冬：即《餘冬序録》，6卷，明代何孟春撰。

四丈）曰："棱伽曰：'潑郎潑頼，謂無風流藴藉，猶言破落户也。'"○潑頼，又見二言"愚滯"部。

【觸途成滯】

《傳燈》廿九（七丈）《誌公十四科頌·持犯不二頌》曰："智者造作皆空，聲聞觸途為滯。大士肉眼圓通，二乘天眼有翳。"○《聯燈》三十（四丈）《十四科》同。○《雲門録》中（九丈）曰："舉古人道：一處不通，兩處失功；兩處不通，觸途成滯。"○忠曰："觸處者，隨處之義也。"○《華嚴疏鈔》四十九（廿丈）曰："大經文理，觸途多妙。"○《永嘉集》[1]下（二丈）曰："觸途成觀。"○《釋氏資鑑》五（十五丈左）《隋文帝詔》曰："道法初興，觸途草創。"同六（十四丈）《唐太宗敕書》："縱情放逸，觸塗煩惱。"○《芝苑遺編》[2]上（卅二丈）曰："一家宗秉，觸途成滯。"

【鑚龜打瓦】

《普燈》三《天童澹交章》曰："十個指頭八個罅，由來多少分明，不用鑚龜打瓦。"○《大慧書》（七十九丈）《黄門司書》曰："若是聽響之流，一任他鑚龜打瓦。。"○《莊子》八（五十丈）《外物篇》曰："殺龜以卜吉。乃刳龜，七十鑚而無遺筴。"○《史記》百廿八（二丈）《龜策傳》曰："夫擿策定數，灼龜觀兆。"○《大惠書舊解》云："龜甲薄剥如紙，而火焚之，見其裂紋，占吉凶也。"○《潛確類書》[3]八十二（十六丈）曰："巫俗擊瓦，觀其文理分析，定吉凶，曰瓦卜。"○《廣燈録》[4]二十（十三丈）《守賢章》曰："問：'如何是祖師西來意？'師云：'鑚龜打瓦。'"○又《廣燈》廿二（十五丈）《廣濟同章》曰："'如何得一如去？'師云：'鑚龜打瓦。'"○《説郛》十三《學齋佔畢》（廿一丈）曰："今之瓦卜，蓋有取於周太卜之瓦兆。注云：瓦兆，帝堯之兆，其象似瓦原之釁罅，是用名之。"○《續説郛》十七《梦餘録》曰："古

---

① 永嘉集：又作《禪宗永嘉集》，2卷，唐僧元覺撰，慶州刺史魏靖輯，宋石壁僧行靖注。

② 芝苑遺編：又作《芝園遺編》，3卷，北宋僧元照撰，道詢編集。

③ 潛確類書：即《潛確居類書》，120卷，明陳仁錫撰。

④ 廣燈録：即《天聖廣燈録》，30卷，宋代鎮國軍節度使李遵勗編。

者乩卜之法，不獨蓍龜見于書傳者，尚有錢卜、紫姑卜、鳥卜、牛蹄卜、粟卜、羊卜、灼骨卜、瓦卜，雖不出于聖人要之，亦有可稱者焉。”〇元微之詩曰：“病賽烏稱鬼，巫占瓦代龜。”〇庾闡《蓍龜論》云云。此出《説郛》。①

① 此行字體漫漶不清。

《葛藤語箋》第九卷

四言（坤）[1]

動作

【相席打令】

《白雲·法華録》（三丈）："像席打令。"〇《碧巖》八（七丈）《本则》下语曰："相席打令。"〇相看也。忠曰："相佐乎？"〇《老李菴筆記》[2] 八（十六丈）曰："北方民家吉凶輒有相禮者，謂之白席。"〇《左傳》十三（十三丈）《成十四年傳》曰："衛候饗苦成叔，甯惠子相。"杜註："相佐禮。"〇《前漢書》廿七中（四丈）曰："衛定公享苦成叔，甯惠子相。"注："相，謂贊相其禮。"

【據款結案】

《碧巖》七（八丈）《斬猫[3]頌·評》云："慶藏主道：'如人結案相似，八棒是八棒，十三是十三，已斷了也。'"〇《大慧書》（十六丈）《富樞密書》曰："既荷至誠，不敢自外，據款結案，葛藤少許。"〇《正宗賛》一六（七丈）《祖賛》曰："死款難翻。"〇忠曰："款者，罪人白狀供通實誠也。"〇《韻會·旱韻》（四十九丈）曰："款，苦管切，今文言誠款也。"〇《品字箋》壬（百八丈）曰："款，表曲也，誠也。云云。又叩也，求通也。如納款、教關、款門、款塞之類。" 結案 《居家必用·辛集》曰："結案，《漢·益嘗傳》：'結竟其罪。'《鄧通傳》曰：'竟結其公案

① 原文無"乾"，此據無著道忠的目次補上。

② 老李菴筆記：李："學"之異體。《宋元以來俗字譜·十六畫》引《列女傳》《通俗小説》《古今雜劇》等"學"作"李"。《老學菴筆記》，10卷，南宋陸游撰。

③ 猫："貓"之異體。《字彙·犬部》："猫，同貓。"

也。’”○《虛堂録》六《代別》（廿六丈）曰：“若不再勘，難以結款。”

【看樓打樓】

《廣燈》廿二（四丈）《法雲智善章》曰：“問：‘客來如何祇對？’師云：‘看樓打樓。’”○《古宿》三十九（二丈）《智門祚録》曰：“問：‘古人拈起拄杖，意旨如何？’師云：‘看樓打樓。’”作樓《祖庭事苑》七（十五丈）曰：“玉漏，當作玉樓，謂樓犁也，耕人用樓所以布子種。禪録所謂‘看樓打樓’，正謂是也。《魏畧》曰：‘皇甫隂為燉①煌太守，民不曉耕種，因教民作樓犁，省力過半。’然樓乃陸種之具，南人多不識之詳出焉。音樓。”

【作樓至勢】

《聯燈》八（十二丈）《仰山章》曰：“師坐次，有一僧來作禮。云云。僧作圓相，以兩手托，如修羅擎日月勢。云：‘是甚麼字？’師作圓相，圍却卍字，僧作樓至勢。師云：‘如是如是，善自護持。’其僧作禮，騰空而去。”○忠曰：“按《大乘悲分陀利經》四《千童子受記品》曰：‘於賢劫中千四如來成佛。（乃至）青葉髻王如來般涅槃已。正法滅後，汝當成阿耨多羅三藐三菩提，號曰樓至如來。’”又《寶積經》九（一丈）《密迹金剛力士會·廣説》：“後世金剛誤為樓至，今言作樓至勢者，作金剛勢也。”忠《象器箋》詳攷，非茲可盡。

【作斫牌勢】

《玄沙廣録》中（十二丈）曰：“師問雪峯：‘某甲如今大用去，和尚作麼生？’峰遂將三個木毬一時抛出，師遂作斫牌勢祇對。”○斫牌義，予《〈正宗賛〉助桀》五《雪峯傳》列古解數説，未得的解。”○《碧嚴》五（十一丈）《第四十四則·評》：“舉：玄沙作斫牌勢。”

【斬為三段】

○《列子》下《湯問篇》曰：“來丹遂執劍從黑卵。時黑卵之醉偃於牖下，自頸至腰三斬之，黑卵不覺。”云云。

---

① 燉：原文作“㩜”，行首改注：“燉，古刊。”

【攙奪行市】

《聯燈》廿一（廿五丈）曰："雲峯悅，云：'王令稍嚴，不許攙行奪市。'"〇《碧巖》一（十六丈）《第五則·評》舉雲峰作"攙奪行市"。〇《虛堂·宝林録》（六丈）："開山忌日，上堂曰：'正法像法，知他是幾年，尚且拈弄不出，那堪忍俊不禁，出來攙行奪市。'"〇《品字箋》壬（八十四丈）曰："市列曰行。默啜詣嬀檀曰：'與我金銀器皆行濫。'"注："市列為行，言行作濫惡也。"〇《居家必用·辛集》曰："攙奪，謂攙先取其利也。"〇《事苑》七曰："攙，初銜切，旁掣也。"〇忠曰："攙奪行市者，商人爭先奪其利也。"

【忍俊不禁】

《聯燈》十四（五丈）大《寧寬章》曰："問：'飲光正見，為甚麼見拈花却微笑？'師云：'忍俊不禁。'"〇《普燈》三（十二丈）《大寧章》同。〇《虛堂·宝林録》（六丈）"攙奪行市"處引。〇逸堂："辨曰毛駄惠加奴留。"〇《碧巖》五（七丈）《四十三則·頌》曰："忍俊韓獹[①]空上階。"

【一逴逴得】

《大惠書》（卅三丈）《劉通判書》曰："眼辦手親者，一逴逴得。"〇《大惠書舊解》曰："怡雲曰：'淮閩俗話也。淮閩之問，路泥深滑，故行人踩跟則倒，即路人相呼曰一逴逴得了，蓋急拔脚也。'"〇《字典·酉·中》（六十八丈）曰："逴，與逴同他弔切，音糶，與趒同越也。"〇《韻會·嘯韻》（廿三丈）"趒"注曰："趒，他弔切，越也。《篠韻》：吐了切，躍也。"〇《十誦律》（廿三丈）一曰："過二趠。"〇又《升菴外集》十（九丈）曰："逴是巡警之義。"（止此）今不用此義。

【一道行遣】

《大惠書》（十六丈）《江給事書》曰："見與舟峯書尾杜撰解註，山僧讀之，不覺絶倒，可與説如來禪、祖師禪底，一狀領過，一道行遣

① 獹：原文作"驢"，行首改注"獹"。

也。”〇忠曰：“託語流罪事道者，如劍南道、嶺南道之類。唐太宗分天下為十道，玄宗又分位十五道等也。唐曰道，宋曰路（二十三路）。行遣亦是吏語也。”行遣《老學菴筆記》二（十丈）曰：“呂元直作相，治堂吏絕嚴，一日有忤意者，遂批其頰。吏官品已高，慚於同列，乃叩頭曰：‘故事，堂吏有罪，當送大理寺准法行遣，今乃如蒼頭受辱。’”云云。〇《雲臥》①上（卅七丈）曰：“寂音。云云。詣刑部陳詞曰。云云。遂將惠洪枉法行遣。”

【一鎚便成】

《碧嚴》五（十四丈）《四十六則·垂示》曰：“一槌便成，超凡越聖。”〇《註心賦》二曰：“如王索一鎚之器，言下全通。”註：“王索寶器，須是一鎚便成。第二第三鎚成，皆不中進。此喻一言之下，便契無生，不須再問，落於陰界。”〇《事苑》五（十五丈）曰：“鎚當作椎。雪峰問投子云：‘一椎便成時如何？’子云：‘不是性儍漢。’峯云：‘不假一椎時如何？’子云：‘不快漆桶。’”

【一狀領過】

見“一道行遣”處。〇《方語》曰：“衆人同罪。”〇忠曰：“衆人罪同，故不用各別狀，一紙狀之也。領者，罪人承伏，領其罪也。過者，助辭，如抹過、道過也。”〇《居家必用·辛集》（十九丈）曰：“狀，《演義》曰：‘貌也，以貌寫情於紙墨也。’”

【風塵草動】

《碧嚴》三（十三丈）《二十四則·評》曰：“風塵草動，動悉究端倪。”〇《鈔》曰：“《楞伽》云風起塵飛，草搖木動之謂也。言但有纖毫事，悉於其上究之。”〇《北磵録·偈頌》（三丈）《頑極頌》曰：“風塵草動百般疑。”〇《李白詩集》十一（七丈）《流夜郎贈辛判官詩》曰：“與君相謂長如此，寧知草動風塵起。”〇《四十華嚴經》②十二（九丈）

① 雲臥：即《雲臥紀談》，又作《感山雲臥紀譚》，2卷，宋代僧仲溫曉瑩著。

② 四十華嚴經：又作《四十華嚴》《貞元經》，《華嚴經》三種譯本之一，40卷，唐朝般若三藏貞元十二年（796）譯出。

曰："如摩伽國勝德犬王有六功德。一隨得而食，二少得知足，三趣安便睡，四草動易覺。（乃至）我王亦爾。（乃至）四正見在懷，動念便覺。"○又作"風驚草動"。○《保寧勇録》（廿七丈）曰："問：'師登寶座，四衆臨筵。的的西來，請垂舉唱。'云云。僧云：'施主霑恩，學人禮謝。'答：'風驚草動。'"○《虚堂録·法語》（一丈）曰："風驚草動，悉辨來機。"○《朱子語録》四（十二丈）曰："凡看山看水，風驚草動，此心便自走失。"○《誠齋·江湖集》五（四丈）《題浩齋詩》曰："作人誰無半點氣，草動風驚便心醉。"○又作"風吹草動"。○《餘冬序録》[①] 五十四（十丈）曰："《上蔡語録》：'吾平生未嘗干人，在書局亦不謁執政，或勸之。余對曰：'他安能陶鑄，我自有命在。若信不及，風吹草動，便生恐懼憂喜，枉做却閒工夫。"○《三國演義》十二（五丈）曰："一日之間數遍驚恐，但有風吹草動，老幼不安。"

【活鱍鱍地】

《臨濟録》（十一丈）曰："即今識取聽法底人，無形無相，無根無本，無住處，活鱍鱍地。"○《四家録》六（十八丈）《臨濟録》作"潑潑"。○《正字通·亥·中》曰："鱍，俗鱍字。《毛詩》作發。"又（六丈）"鮁"註曰："北末切，音撥，魚跳也。通作發。《詩·衛風》：'鱣鮪發發。'音撥。註：發發，盛貌。《説文》'鮁'引《詩》作'鮁'。長箋曰：'《韓詩》改作鱍，《石經》作撥。'"云云。○忠曰："活鱍鱍，以魚跳比活處。"○楊用修《丹鉛續録》七（五丈）曰："《中庸章句》引程子語云[②]：活鱍鱍地，僧家語録有云：'頂門之露堂堂，腳根之機活鱍鱍。'又云：'圓陀陀，活潑潑。'程子之言未必用僧語，蓋當時有此俗語，故偶同耳。有人問尹和靖曰：'伊川《語録》載人問鳶飛魚躍，答曰：會得時活潑潑地，會不得時只是弄精魂。不知當時曾有此語否？'先生曰：'便是學者不善紀録。伊川教人多以俗語引之，人便記了此兩句。焞嘗問："莫只是順理否？"伊川曰："到此，吾人只得點頭。"今不成書"先生教人點頭"？'嗚呼！和靖親炙伊川，其言若此，蓋恐俗語誤後人，可謂不阿所好矣。朱子乃以入《章句》，所見何其不同邪？愚嘗評之曰：

① 餘冬序録：6卷，明代何孟春撰。

② 云：原文作"去"，左旁丹筆改"云"字。

'《説文》之解字,《爾雅》之訓詁,上以解經,下以脩辭,豈不正大簡易哉?世之有《説文》《爾雅》,猶中原人之正音也。外此,則侏儒之夷言,商賈之市語矣。漢唐以下,解經率用《説文》《爾雅》,匪惟解經為然也。鳩摩羅什以漢語譯梵書,亦曰《説文》《爾雅》,可見二書可通行百世矣。至宋時,僧徒陋劣,乃作語録,始有喝捧咄咦之麤態,屎厥狗子之鄙談。今以宋僧語録上[1]比羅什之經論,不啻玉石。宋之儒者,亦學僧家作語録,正猶以俚音市語而變易乎正音。或一方之語,不可通於[2]他方;一時之言,不可施[3]于後世。如喫緊、活潑、便辟、近理,今[4]不可知為何物[5]語。欲求易曉,反為難知;本欲明經,適以晦道矣。甚者因陋就簡,以打乖筋斗入詩章,以開眉合眼入文字。'曰:'我所述程朱之説,道理之談,辭達而已,不求工也。'予笑之曰:'君以此為辭達,正所以為不達也。'" ○忠曰:"字滅彷彿者,朱書。此書又難覽,故詳鈔其中,可笑者比比。"

【阿轆轆地】

《碧嚴》六(九丈)《百丈野鴨子話·評》曰:"丈曰:'我適來哭,如今却笑,看他悟後阿轆轆地,羅籠不住。'"《古鈔》六(廿三丈)曰:"圓轉不滯也。"○《字彙》曰:"轆轤,井上汲水木。"○又作"屙漉漉",或作"屙轆轤"。此言詮部載。

歌曲

【埘八囉札】

《古尊宿》一(十丈)《五祖演録》中曰:"'若是白雲即不然。作麼生是聞聲悟道,見色明心?'遂舉手作打杖鼓勢。云:'埘八囉札。'"

---

① 上:原文為闕文符號"□",今據《四庫全書·丹鉛續録》補。

② 可通於:原文為朱筆書寫,即下文所説"字滅彷彿者,朱書。"

③ 可施:原文為朱筆書寫,即下文所説"字滅彷彿者,朱書。"

④ 便辟、近理,今:原文為闕文符號"□□□□□",今據《四庫全書·丹鉛續録》補。

⑤ 何物:原文為闕文符號"□□",今據《四庫全書·丹鉛續録》補。

〇忠曰："今刊本作珊，訛。紹興刊古作堋。" 〇《續古尊宿》[①] 五《五祖録》（七丈）作"棚八囉扎"。〇《希叟·瑞巖録》（六丈）《謝憩藏主相訪》："上堂。云云。橫按柱杖打拍云：'東山瓦鼓歌。' 卓柱杖云：'堋八剌札，不是知音向誰説？'" 〇又同《廣録瑞巖山開善録》（廿丈）曰："作長鼓勢云：'彭八剌摻，未在，未在。'" 〇又同《佛事》（九丈）《日東山入骨語》曰："臨濟清涼樹，東山瓦皷歌。就陰休歇小，接響聽聞多。死生根斷，棚八聲消。和骨和腔更換了，何妨輥入葛藤窠。" 〇忠曰："依右所引，可知歌唱聲也。" 〇《燕南紀談·後》上（卅一丈）曰："此歌舞時拍子辞也。復喇叭樂器也。" 〇《石溪·報恩録》拈東山語作"堋八囉札"。〇《北磵録·賛》（五丈）。〇《佛光真如録》（廿六丈）。

言詮

【語言三昧】

《碧嚴》九（十九丈）《玄沙三種病話》曰："患聾者，語言三昧，他又不聞。" 〇《虛堂·顯孝》同。〇《聯燈》廿三（三十丈）《玄沙章》同。《傳燈》十八（十一丈）《玄沙章》作："共他説話，耳又不聞。" 〇忠曰："三昧，此云正定，亦云正受。然今言语言者，於語言得妙趣也。" 〇《金剛經十七家注》[②] 二（十九丈）曰："梵語三昧，此云正定。（乃至）世人不知此理，乃謂三昧為妙趣之意。故以善於點茶者，謂得點茶三昧；得簡牘者，得簡牘三昧。此皆不知出處，妄為此説也。" 〇《大般若經》五十二（十六丈）曰："入一切施設語言三摩地，謂若住此三摩地時，悟入一切三摩地法。施設語言而無所恃。是故名為入一切施設語言三摩地。" 〇《書言故事》六（廿四丈）曰："得妙處曰得三昧。《國史補》曰：'長沙僧懷素，自言得草圣三昧。"

【末後一句】

忠曰："末後一句，極則一句也。非謂老和尚臨終一語。《楞嚴經》

① 續古尊宿：即《續古尊宿語要》，又稱《續開古尊宿語要》《續刊古尊宿語要》，6卷，宋代晦室師明編。

② 金剛經十七家注：即《十七家解注金剛經》，又名《金剛經集解》，4卷，宋代楊圭所編。

五：‘阿難請法。佛言：成就如來最後開示。長水云：最後開示，究竟説也。’（此止）末後一句，亦猶言最後開示也。”○《正訛集》（三丈）曰：“有人以臨終為末後一著，此訛也。後一著，本奕棋語。”云云。

【一道真言】

《大慧普説》二（四丈）《洛浦见夾山因緣》曰：“被夾山念一道真言一禁禁住，云：‘住！住！且莫草草忽忽！雲月是同，溪山各異。截斷天下人舌頭即不無，闍梨爭教無舌人解語？’浦低頭思量。”○又同《書説》上（四十九丈）又拈“洛浦因緣”曰：“洛浦却低頭思量，遮一道真言理會不得。”○《碧嚴》六（十七丈）《良禪客一鏃破三關・評》曰：“欽山打七棒，更隨後與他念一道呪云：‘且聽這漢疑三十年。’”

【言薦賞勞】

“賞勞”見二言“動作”部。○《傳燈》十三（十丈）《風穴章》曰：“問：‘九夏賞勞，請師言薦。’師曰：‘出岫拂開龍洞雨，汎波僧涌鉢囊華。’”○忠曰：“解夏時，師家辨驗學者見解，其有工夫之功者，則一言一句稱譽之，此云言薦賞勞。”○《正字通・申・上》（百十八丈）曰：“薦，又稱譽人。亦曰：薦，《史・伯夷傳》：七十子之徒，孔子獨薦顏淵。”○《虛堂・寶林録》（卅六丈）《解夏小參》曰：“西天此土，佛法平沈，末代比丘，全無慚愧，説甚正因二字，言薦賞勞。”○又同《浄慈後録》（六丈）《解夏小參》曰：“呼風嘯指，傍若無人。百數成群，不屬王化。及乎言薦賞勞，便如暗中取物。”云云。

【世諦流布】

《傳燈》七（十九丈）《歸宗智常章》曰：“江州刺史李渤問。云云。又問云：‘大藏教明得個什麼邊事？’師舉拳示之云：‘還會麼？’李云：‘不會。’師云：‘遮個措大，拳頭也不識。’李云：‘請師指示。’師云：‘遇人即途中授與，不遇即世諦流布。’”○《聯燈》四（廿七丈）《歸宗章》作“途中受用”。○《南本涅槃經》卅二（三十丈）《伽葉品》曰：“善男子！如來説法為衆生故，有七種語：一者因語，二者果語，三者因果語，四者喻語，五者不應説語，六者世流布語，七者如意語。云云。云何世流布語？如佛所説，男女、大小、去來、坐臥、車乘、房舍、瓶衣，衆生、常樂我浄，軍林、城邑、幻化、合散，是名世流布語。”云云。〇《碧嚴》一（廿八丈）《第八則・垂示》曰：“會則，途中受用，如龍得水，似虎靠山；不會，則世諦流布，羝羊觸藩，守株待兔。”

【屙漉漉地】

《廣燈》八（十五丈）《黄蘗斷際章》曰：“馬大師出八十四人善知識，問著個個屙漉漉地，秖有歸宗較些子。”〇《韻會・屋韻》（卅三丈）曰：“漉，盧谷切，滲也。一曰水下貌。徐曰：水下所謂滲漉也。”〇忠曰：“屙漉漉地者，説個道理，多言口裏津液滲漉也。”又見六言“口裏水漉漉地”。〇《聯燈》七（十七丈）《黄蘗章》作：“個個屙轆轆地。”〇《字彙》曰：“轆轤，井上汲水木。”〇忠曰：“取圓轉義，言屙出言語圓轉轆轆地也。”〇《正宗賛》一（九丈）《馬祖賛》作：“八十四人阿轆轆。”〇忠曰：“《正宗賛鈔》一（六十七丈）曰：“轆與碌通，碌碌義也。”忠曰：“此解非也。《正宗賛》當作屙轆轆耳。”又與動作部“阿轆轆地”義别。

數目

【過頭九百】

《密菴華藏録》（四丈）：“應菴忌日上堂曰：‘遮老和尚平生事，過頭底九百。’自云：‘著草鞋住院，何苦如蚖虵戀窟？’”〇忠曰：“《瑞溪梦語集》（一丈）：‘解過頭九百不得。’余謂過頭者，過，甚也；頭，助辭也；九百，省数钱也。谓把收也。《虚堂》曰：‘虎[①]丘下子孙尚多省数。’（止此）是也。”〇《廣燈》十九（十一丈）曰：“説則過頭千尺，行則全無分寸。”《大慧法語》中（二丈）曰：“切忌開大口，説過頭語。”《密菴・徑山録》（九丈）曰：“將常住物私置，草簿花破過頭。”皆過分義。《鏡堂圓覺録》（八丈）曰：“不是山僧偏九百。”《應菴・再歸宗録》曰：“有人問歸宗：‘虎丘大人相作麼生？’祗對他道：‘九九百百，半青半黄。’”《虚堂續輯》（十六丈）《冬夜小參》曰：“古人九九

① 原文作“虚”，行首改注“虎”。

百百，艱艱難難。”○皆言大把住也。○《梁書》三（十七丈）《武帝紀》曰：“外間多用九陌錢。”○《容齋三筆》四（七丈）曰：“梁武帝時。云云。京師以九十為百。”云云。○忠《盌雲霊雨·語解部》詳箋，非茲可盡。

【兩彩一賽】

《臨濟録》（四十二丈）《行録》曰：“溈山問仰山：‘黄檗入僧堂，意作麼生？’仰山云：‘兩彩一賽。’”○忠曰：“博陸戲曰彩戲。彩是骰子所點數目也。賽即骰子也。兩彩一賽者，兩個骰子彩數齊，則雖有兩彩同，但一賽者，依此義，則一彩兩賽，亦歸同義，謂雖有兩賽同，但一彩也。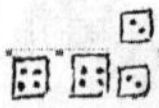兩彩一賽者，同時擲。一彩兩賽者，兩度擲。”○《莊子》三（四十二丈）《駢栂篇》曰：“博塞以遊。”希逸注：“投瓊曰博，不投瓊曰塞。瓊猶今骰子也。亦曰齒，亦曰目。塞與賽同。”○《字彙》曰：“骰，徒侯切，音頭。骰子，博陸采具。”○《潛確類書》八十二（五十八丈）“投子”注云：“投者，蓋取投擲之義，今作骰，非也。投瓊，即今之擲投子。”○《劉氏鴻書》[1] 八十一（十丈）曰：“明王與貴妃彩戰。”云云。○鉄崖《臨濟録撮要》[2] 五（卅丈）曰：“兩賽一賽，《傳燈》作一彩兩賽。引黄檗木菴説云：彩者，祭神牲盤彩幡等也。賽，報也，通作塞。《郊社志》：通塞，禱祈以一度彩兼雨度賽也。坐禪打睡，雖是二用，元是一般義也。”○忠曰：“言《傳燈》作‘一彩兩賽’妄也。《傳燈》十二（六丈）正作‘兩彩一賽’。又彩義無據，不足信也。”

【一彩兩賽】

《雲門録》下（十二丈）曰：“師見僧來，乃舉起拳作打勢，僧近前作受勢，師與一摑，無對。代云，便出去。”又云“一彩兩賽”。○《僧寶傳》廿八（二丈）《法昌遇傳》曰：“慈明指龍牙像曰：‘既是龍牙像，何乃在北禪？’遇曰：‘一彩兩賽。’”○《五燈嚴統》[3] 廿一（廿一丈）

① 劉氏鴻書：108卷，明劉仲達輯。

② 臨濟録撮要：又作《臨済録撮要鈔》《鎮州臨済慧照禅師語録撮要鈔》，5卷，日本江户時代鉄崖道空撰。

③ 五燈嚴統：25卷，另有目録2卷，明代費隱通容、百癡行元合撰。

《鉄牛持定章》曰："依雪嚴。云云。嚴敲桌子曰：'山河大地一塵無，這個是什麼？'師作掀倒勢。嚴笑曰：'一彩兩賽。'"

【三馬九亂】

《臥雲日件録》上（五十三丈）曰："樗菴曰：'《横川録》有三馬九亂之語，未審何義？'予亦不解。又（五十一丈）曰：'《薫石田録》有三烏九亂之語，何義？'予亦不解。"○《斷橋録·佛祖贊》（一丈）《達摩贊》曰："不知賺了多少衲僧，至今八錯七差，三馬九亂。"

【去死十分】

《虚堂録》四（一丈）《法语》曰："雖未展毒手，早是去死十分。"○龍溪解曰："《朝野僉議》曰：'乘船走馬去死一寸。'（止此）溪云：'一寸即十分，言其危也。'"○《碧嚴》三《第廿八則·下語》曰："去死十分。"解者曰："渡海舟語也。十分，一寸舟板。一寸下是海，没則死，故舟上人常去死十分也。"○忠曰："舟語未得本據，如《朝野僉議》説，但言去死之近也。"又《正續説郛》無《朝野僉議》，陳眉公普秘笈，有《朝野僉載》六卷。○《聯燈》八（六丈）《仰山章·拈語》："雪竇云：'仰山被潙山一問，直得草绳自縛，去死十分。'"○又同二十（廿九丈）。○《八方珠玉》下（六十九丈）作"去死一分"。

【析半裂三】

《虚堂·延福録》曰："析半裂三，捉襟見肘。"○忠曰："衣劈析分裂也。"○《事苑》一（十一丈）曰："折半烈三，注：當从木，作析。音錫，劈析也。烈，當作列，分解也。烈，火盛貌。非義。"○《字彙》曰："析，思積切，音昔，分也。"○忠按《正字通》"列"乃"裂"本字。又《字典·巳·中》"烈"注曰："又與裂通。《前漢·王莽傳》：'軍人分烈，莽身支節。'"折半列三《雲門録》中（四十八丈）曰："折半列三，針筒鼻孔在什麼處？"《事苑》正字誤。（《古宿》十，七十四丈同）。拆半裂三《石溪·虎丘録》（七丈）："上堂曰：平高就下，拆半裂三。雖是作家，亦未免拖泥帶水。"○《字彙》曰："拆，音策，開也。"○忠曰："若依《雲門録》，則折半筭法。宋謝察微《筭經》（三丈）《用字例義類》云：‘減去一半。’（止此）蓋‘列三’，亦可筭法。然依《虛堂》，前後作‘析半裂三’，則須依字作解而已。乃衣服破裂之形，第二義門，建立方便也。”〇《虛堂》五《頌古》（廿丈）亦作“析半裂三”。

【出一頭地】

《碧嚴》八（一丈）《評》曰：“不能出他一頭地。”〇《虛堂·徑山後録》（五十丈）曰：“僧云：‘秪如和尚崇建千僧堂，還与[①]賢于相去多少？’師云：‘高出他一頭地。’”忠曰：“皆超出義。”〇《北磵外集》（六丈）曰：“要出古人一頭地。”〇《邵氏聞見後録》[②]十四（三丈）曰：“歐楊公謂梅聖俞云：‘讀蘇軾之書，不覺汗出。快哉！老夫當避地，放他出一頭地也。’”〇《事文[③]·别》五（卅五丈）。〇《丹鉛総録》十二（十九丈）曰：“出人，如古言加人一等，後世言出人一頭地。”〇《大慧書》上（三十丈）曰：“讓渠出一頭始得。”〇《禪儀外文》二（四十七丈）物初撰《傴翁住太平疏》云：“尋常放一頭低。”〇《宋史·列傳》百廿九（五丈）《成閔傳》曰：“韓世忠指閔曰：‘使當時見此人，亦避一頭矣。’”〇忠曰：“依《大惠書》等，則‘地’助字，無深意。”

【七事隨身】

《圓悟録》十七（十六丈）《拈古》曰：“大似作家戰將，臨陣扣敵，七事俱全。”〇《碧嚴》三（十三丈）《第廿四則·頌》：“曾騎鐵馬入重城。下語曰：‘七事隨身。’”〇《聯燈》廿八（十九丈）《天衣懷章》曰：“横按柱杖云：‘雖無七事隨身，且有折弓鈍劍。’”〇《虛堂·徑山後録》（十四丈）曰：“直饒七事隨身，徑山道個未是。”〇《痴絶録》[④]下（三丈）《普説》曰：“七事隨身，戰必勝，攻必取。”〇忠曰：“七

① 与：“與”的俗字。

② 邵氏聞見後録：30卷，又稱《聞見後録》，宋代邵博撰。

③ 事文：即《事文類聚》，170卷，其中《前集》60卷，《後集》50卷，《續集》28卷，《别集》32卷，宋代祝穆撰。《新集》《外集》元富大用撰。《遺集》元祝淵撰。

④ 痴絶録：即《癡絶道沖禪師語録》，20卷，宋癡絶道沖撰，智沂等編，宋淳祐十一年（1251）年序刊。

事，禪録皆言武器，未註。”○《佛祖統紀》[1] 十一（十丈）曰：“法師仲元，号神智。師止携三衣、一鉢、香合、拂子、尼師壇、紙被、浴具，世稱為七事隨身。”

【四稜塌地】

《大慧書》（四十丈）《張提刑書》曰：“及至撞著個真實明眼漢，又却不識。縱然識得，又無決定信，不肯四楞塌地放下。”○《韻會·合韻》（十六丈）曰：“塌，託盍切，地下也。《增韻》：地，低也。又《本韻》：達合切。《集韻》本作墮。”○忠曰：“如敷坐具，四角帖帖著地也。譬於放下，從來自己聰明，都絶知解也。同‘四楞著地’。”○《傳燈》廿一（五丈）《羅漢琛章》曰：“問：‘如何是諸聖玄旨？’師曰：‘四楞塌地。’”○《痴絶·報恩録》（一丈）：“入寺佛殿語曰：‘孰名為佛？禮者是誰設？或未辨端倪，看四稜塌地，謾汝諸人去也。’便禮拜。”○《宏智·小參》上（三十一丈）曰：“自然堆堆地，四稜蹈地，在僧同僧，在俗同俗。”云云。○作“蹈地”。○《大休念録[2]·偈頌》上（十丈）《禪椅頌》曰：“放下四楞蹋實地，宴然不動等須彌。”○蹋著實地義。

天象[3]

【托上梵天】

《大慧普説》四（卅九丈）《瑯琊覺和尚與舉道者相見因緣》曰：“舉公道：‘杜撰長老，如麻似粟，這裏把瑯琊，托上梵天。’又曰：‘在浙江早聞你名，元來見解只如此，何得名播宇宙？’瑯琊作禮曰：‘其甲罪過，這個是文殊普賢大人境，非凡情可測。”○《聯燈》一（九丈）曰：“世尊因文殊至諸佛集處，值諸佛各還本處，唯有一女人近彼佛座，入於三昧。文殊白佛：‘何此女人，得近佛座，而我不得？’佛告文殊：‘汝但覺此女令從三昧起，汝自問之。’文殊遶女人三匝，鳴指三下，乃

① 佛祖統紀：略稱《統紀》，54卷，南宋志磐著。

② 大休念録：即《念大休禅師語録》，2卷，宋人日禪僧大休正念撰。

③ 天象：原作“天地”，“地”字有塗改，頁中冠首有“天象”二小字。

托至梵天，盡其神力而不能出。”云云。〇忠曰：“托上梵天，語本出自此。”〇《禪類聚》[1]九（四十三丈）《尼女部·女子出定》。〇《虚堂録·頌古·女子出定頌》（四丈）。予《犁耕》第十四詳引《要集經》[2]辨。

【按下雲頭】

或係師家或係學者。〇《圜悟心要》下（十三丈）《示李宜父語》曰：“從上來體裁步驟，且不是作聰明，立知見，論權實照用境界，抑不得已，遂按下雲頭，棒喝交馳。”〇《虚堂·興聖録》曰：“興聖恁麼告報，早是按下雲頭。”〇龍溪曰：“按亦下也。下於高貴而就第二義門之義。如《介石頌》云：‘遠公頭若暮雲低。’”〇忠曰：“《西遊記》往往用此語，謂如仙人乘雲高飛，欲下地時，按下雲頭也。譬宗門自向上轉下也。頭，雲首也。”〇《西遊記》一（廿一丈）曰：“悟空縱起觔抖雲徑回東勝，那里消一个時辰？云云。悟空按下雲頭，直到花果山。”又二（十二丈）曰：“觀音按下雲頭前來。”又二（十二丈）曰：“架雲頭。”又十三（廿七丈）：“住定雲頭。”〇《歸元直指》上六（十八丈）《毒峯善禪師三教一理述》曰：“從上聖人，興慈運悲，愍世流浪，不免捺下雲頭，於第二門淺近處，誘引諸子。”〇按《韻會·翰韻》（廿四丈）曰：“按，於旰切。《説文》：下也。《曷韻》：阿葛切，捺也。”〇忠曰：“二切皆義通。”〇《續燈》十八（五丈）《靈泉自齡章》曰：“問：‘佛未出世時如何？’師云：‘撥開天眼，按下雲頭。’”〇已下係學者。〇《白雲[3]·承天録》曰：“如今禪和子，一個個出來，氣宇如王。問著辯瀉懸河，有甚奈何處，忽若解按下雲頭，聽承天説些將有如無話，往往方知道，打皷弄琵琶，須逢兩會家。”云云。〇《圜悟心要》上（九丈）《示圜首座語》曰：“當稍按下雲頭，自警自策，庶幾方便門寬曠。”〇《圜悟録》（二十一丈）《舉民公充座元有偈》曰：“休誇四分罷楞嚴，按下雲頭徹底參。”云云。〇《普燈》十四（七丈）《華藏民章》作：“懶誇四分與楞嚴，按下雲頭子細參。”〇《月江録》下《普説》（七丈）曰：

① 禅類聚：即《禪林類聚》，20卷，元代道泰、智境編。

② 要集經：即《諸佛要集經》，2卷，西晉竺法護譯。

③ 白雲：即《白雲守端禪師廣録》，又作《白雲守端和尚廣録》，4卷，宋代僧白雲守端（1025—1072）撰，處凝等編。

“諸人既是按下雲頭，山僧與你通一線路。”〇又同《偈頌》（二丈）《句内明真頌》曰：“當陽突出渾侖句，按下雲頭子細參。”云云。

地載

【二鐵圍山】

《傳心法要》（三十一丈）曰：“若無一切見，佛有何處所？如文殊纔起佛見，便貶向二鐵圍山。’”〇《古尊宿》廿一（十四丈）《五祖演録》曰：“南泉云：‘文殊普賢昨夜三更起佛見、法見，各與二十棒，貶向二鐵圍山。”〇《碧巖》三《廿六則·評》全同，“山下”有“去”也。〇《傳燈》八（五丈）、《聯燈》四（八丈）無“二鐵圍山”語。〇《起世經》[1] 二（十六丈）曰：“須彌山王等外，別有一山，名為輪圓（前代舊譯云鐵圍山），高六百八十萬由旬，縱廣亦有六百八十萬由旬，彌密牢固，金剛所成，難可破壞。諸比丘！此輪圓外更有一重大輪圓[2]山，由旬高廣正等如前。其兩山間，極大黑闇，無有光明；日月如是，有大威神大力大德，不能照彼使見光明。諸比丘！彼兩山間，有八大地獄。”〇忠曰：“貶向二鐵圍者，貶向地獄也。”〇《要集經》：“文殊飢虚於法，天王佛移文殊立鐵圍山頂。”予《虚堂犁耕》第十四詳引。

【壁角落頭】

《大慧録》[3] 十二（十四丈）《自贊部·雪峯求贊》曰：“一任畫出這般不唧嚁底老凍齈，但將懸向壁角落頭，使來者瞻之仰之。”云云。〇《正字通·申·上》（六十八丈）“落”注曰：“《後漢·姜詩傳》：‘比落蒙其安全。’註：‘比，近也。落，藩也。’”又曰：“揚雄《羽獵賦》：‘虎落三嵕，以為司馬。’註：‘三嵕，山也。虎落以竹為藩落，圍此山而設外門曰司馬。’”

① 起世經：10卷，隋代闍那崛多譯。

② 圓：原作“圍”，行首改注“圓”。

③ 大慧録：即《大慧普覺禪師語録》，又稱《大慧語録》，30卷，宋代臨濟宗禪僧大慧宗杲述，弟子雪峰蘊聞輯録。

【破家散宅】

《聯燈》十二（十一丈）《神鼎諲章》曰："南泉道：'我十八上便解作活計。'趙州道：'我十八上便會破家散宅。'"○《趙州録》及《傳燈》《會元·趙州章》不載此語。《聯燈·神鼎章》初見。○《佛本行集經》四十九（十三丈）曰："諸善男子，於如來所行於梵行，於時多人，道説毀呰，各各唱言：'沙門瞿曇，當令我等無有子息，令我等輩，破家散宅，絶我後胤。'"○《虛堂·延福録》（七丈）曰："破家散宅，毀祖滅宗，不挂條絲，獨超象外。"○《續酉陽雜俎》七（四丈）《金剛經鳩異》曰："孫咸遂破家寫經，因請出家。"○忠曰："破家者，破盡家産也。"

【解脱涙[1]坑】

《雲門録》中（五十二丈）曰："師入堂齋次，指聖僧供鉢。問僧云：'爾若喫盡，又在解脱涙坑裏；爾若喫不盡，又不啣嚁，作麼生？'"○《大集經》[2]十八（十七丈）曰："善男子！譬如有人墮深坑，是人不能自利利他。聲聞緣覺亦復如是，墮解脱坑不能自利及以利他。"《瑜伽論》八十七（十八丈）曰："於涅槃起深坑想，無明怖畏斷無餘故，如超隍壍而不墮落，能到薩迦耶彼岸故。"

【墮坑落壍】

《趙州録》上（廿五丈）曰："問：'澄澄絶點時如何？'師云：'墮坑落壍。'"○《虛堂·宝林録》（十七丈）曰："肅宗皇帝問忠國師。云云。師云：'肅宗當時若向國師良久處下得一喝，免致耽源墮坑落壍。'"○《正宗贊》（二十三丈）《首山傳》。○《廣燈》十六（二丈）《首山章》曰："'靈山一會，何異今朝？'師云：'墮坑落壍。'"○《掌珠故事》八（五十二丈）曰："墮落坑壍（為人求薦，舉曰：此身墮落坑壍）。《塵史》：'《樗蒲經》曰：凡近関及後一子，謂之壍。近関及前一子，謂之坑（関，双陸盤中名也）。落坑壍非貴采不能出（兩馬成双把

---

① 涙："深"之異體。《類篇·水部》："深，古作涙。"

② 大集經：全稱《大方等大集經》，60卷，北涼曇無讖等譯。

門，則底上二馬难出，所謂落坑塹，故曰非貴采則不能出矣）。’鄭都官詩：‘能消永日是樗蒲，坑塹猶來似宧[①]途。’（言坑塹之処难遇也）蓋樗蒲所難者，在於過関，以前後為坑塹，畏墮落耳。”○《書言故事》四（卅三丈）同。○《字彙》曰：“壍，同塹。”○過關者，關對向之六地也。

【三叉路口】

《大慧武庫》（卅六丈）：“太陽平侍者，於三叉路口，遭大蟲食之。”○《虛堂·徑山後録》（卅六丈左）。○《字典》：“叉，兩枝也。”忠曰：“路有歧，如木兩枝分。”○《東坡詩集》廿五（四十八丈）：“溪邊古路三叉口。”

生植

【二株嫩桂】

《傳燈》三（二丈）《達摩章》曰：“《般若多羅偈》曰。云云。日下可憐双象馬，二株嫩桂久昌昌。”○《事苑》八（四丈）註曰：“九年面壁於少林，故曰二株嫩桂也。久九聲之近也。”○義堂《空華集》[②]十七（十一丈）《桂陰説》曰：“二株嫩桂久昌昌語，解之者曰：二株，林也；嫩者，少也；久者，九也。云云寓于崇山少林面壁嘿坐者，九白其識，果驗於兹矣。”

【黄楊木禪】

《大慧普説》下（六十七丈）曰：“老和尚（圜悟）只舉有句無句，如藤倚樹，纔開口便道：‘不是。如是半年間，只管參。’一日同諸官員在方丈藥石次，我只把箸在手，都忘了喫食。老和尚曰：‘這漢參得黄楊木禪，却倒縮去。’”○《酉陽雜俎》十八（五丈）曰：“黄楊木性難長。”云云。○《太平廣記》四百六全引《酉陽》語。○《韻府群玉》[③]

① 宧：“宦”之異體。《干禄字書·去聲》：“宧、宦，上俗下正。”

② 空華集：20卷，日本室町時代臨濟宗僧人義堂周信撰。

③ 韻府群玉：簡稱《韻府》，20卷，元代陰時夫撰。

六（十八丈）《陽韻》曰："園中草木春無數，只有黄楊厄閏年。（坡）俗説黄楊歲長一寸，閏退一寸。"

【殺瓜栖蘆】

忠曰："日中灌瓜、漁父栖蘆，皆謂愚漢也。"〇《聯燈》十三（六丈）《浮山遠章》曰："守株待兔，殺瓜棲蘆，淹却迅光，卒難緇素。"〇《破菴録》（卌三丈）曰："況復守株待兔、殺瓜栖蘆。"〇《大休・圓覔録》（九丈）曰："若是棲蘆煞瓜，聚沫困鱗，不入選佛場，亦無成佛分。"

【褪花杏子】

《東陽正燈》一（四丈）《南嶽録・贅語》曰："今時褪花杏子輩，苟聞大師風不敢發，愧報也乎！"

器具

【鎮海明珠】

《傳燈》九（廿二丈）《東邑懷政章》曰："仰山來參師，問：'汝何處人？'仰山曰：'廣南人。'師曰：'我聞廣南有鎮海明珠，是否？'仰山曰：'是。'師曰：'此珠何形狀？'仰山曰：'白月即現。'"云云。〇《大慧武庫》（十一丈）為"東寺和尚緣"。《傳燈・東寺如會章》不載此因緣。〇《聯燈》五（十六丈）《東寺如會章》載"鎮海明珠緣"。〇《廣燈》廿六（六丈）《龍潭從曉章》舉"鎮海明珠緣"為"東寺仰山問答"。〇《正宗賛》二（四十九丈）《佛監傳》為"東寺仰山緣"。〇忠按："數皆為東寺緣，恐《傳燈》謬矣。"〇《東坡全集》十七（十四丈）《峻靈王廟碑》曰："昌化縣西北二十里，有山秀峙，海上石峰，巉然若巨人冠帽。西南向而坐者，俚人謂之山胳膊。而偽漢之世，封其山神為鎮海廣德王。五代之末，南夷有知望氣者，曰：'是山有寶氣，上達于天。'艤舟其下，斲山發石以求之。夜半，大風，浪駕其舟空中，碎之石峰下，夷皆溺死。儋之父老，猶有及見敗舟山上者，今獨有矴石存焉耳。"〇忠曰："予讀此碑，初得鎮海明珠事證。"

【冬瓜印子】

《圓悟録》七（十六丈）曰：“僧問。云云。進云：‘這老和尚今日稍有些子相為？’師云：‘且莫冬瓜印子。’”○《碧巖》十（廿二丈）《九十八則・評》曰：“只管被諸方冬瓜印子印定了，便道我會佛法奇特，莫教人知。”○福本作“蘿蔔印”。○《大慧書》八（十四丈）《張舍人書》曰：“切忌被邪師順摩捋，將冬瓜印子印定，便謂我千了百當。”○忠曰：“惡知識胡亂印可也。横截冬瓜，塗墨印紙。与真印相似。而大非也。又截冬瓜造印，其脆讹可知。”

【探竿影草】

○《臨濟録》（卅七丈）《勘辨》曰：“有時一喝，如探竿影草。”○《正宗賛》二《冠注》（十丈）曰：“古語云：‘探竿在手，影草隨身。’（止此）明知二物。或曰：‘探竿，探水深淺之竿；影草，下水深處之索也。’又曰：‘探竿，索魚之竿；影草，驅魚之索也。’或曰：‘探竿影草，一物竿頭插草，以攪動水，則魚怖而聚一處。’”又曰：“作賊者，竿頭縛草内之屋裡伺驗人之睡否有無。”○又《人天眼目解》曰：“探竿者，編鵜羽探水中，則魚謂真鵜，怖聚一處，因下綱取之。影草者，溪草葉於水上，則魚聚其下，因下綱取之。是無意於浮草沈羽，但要集魚而已，此喝亦如是有意。勘辨前人無意于下喝。”

【閑家破具】

○《古尊宿》四十一（十三丈）《雲峯悦録・布袋頌》曰：“困來抱囊無語，傍觀盡生疑慮，未免開献諸人，是甚閑家破具？”

【敲枷打鎖】

○《正宗賛》二（六十丈）《密菴傑傳》曰：“舉婆燒菴話，拈云。云云。敲枷打鎖，即不無，若是佛法未夢見在。”○《密菴・乾明録》。○忠曰：“解開枷鎖時，敲之打之，而解去故云爾。”

【撓鉤搭索】

○《虚堂・報恩録》（九丈）曰：“僧云：‘趙州小參要答話，有問話者，置將一問來，又作麼生?’師云：‘撓鉤搭索。’”〇又《宝林録》(廿四丈)。〇忠曰：“設搭索鉤倒人也。”〇《雲門録》中（十丈）曰：“彈指謦欬，揚眉瞬目，拈槌豎拂，或即圓相，盡是撩鉤搭索。”〇作“撩鉤”。〇《水滸傳》卅四回（十丈）曰：“兩邊埋伏下五十個撓鉤手把秦明搭將起來。”又四十六回（十四丈)：“草裡舒出兩把撓鉤，正把時遷一撓鉤搭住，拖入草窩去了。”

【拈槌竪拂】

〇《楞伽經》二（卅二丈）《瞻視顯法泐注》曰：“良以諸佛設化不專聲教，香味觸法無非經教，皆可顯法入道，如禪家有拈槌竪拂，揚眉瞬目以接人者，蓋亦出此。”

衣帛

【羅紋結角】

《釋氏資鑑》七（廿丈）曰：“唐憲宗詔信州鵞湖禪師，入麟德殿賜坐。云云。湖有頌云：‘直下識玄旨，羅紋結角是。不識玄旨人，徒勞隨手示。鸕鷀鳥守空，池魚從脚底過，鸕鷀總不知。’帝大悦。”〇《文字禪》十五（六丈）《次張無盡韻頌》曰：“劈開結角羅紋處，攝入圓伊三點中。”〇《傳燈》三十（廿丈）《道吾樂道歌》曰：“秉性成无揩改，結角羅紋，不相凝滯。”〇《智證傳》[1]九（一丈）《明招偈》曰：“師子教兒迷子法，進前跳躑忽翻身，羅文結角交加處，鶻眼龍睛失却真。”〇《大慧普説》四（三十丈)：“若是結角羅紋之處，傳與人不得。”〇又同《普説》上（十三丈）曰：“若是全鋒敵勝，同死同生，正按旁提，横來竪去，蟠根錯節，結角羅紋，於諸人分上，正是小孩兒，則據家事，不勞拈出。”〇《續古宿》四《山堂洵録》曰：“直饒從上佛祖語句，羅紋結角，玉轉珠回。殺人刀，活人劍。騎虎頭，收虎尾。向上向下，這邊那邊。菩提涅槃，真如解脱。盡是撩鈎搭索，總不干諸人己事。”〇《應菴録·法語》（三十丈）曰：“學道人在乎猛利，一咬便斷。纔擬議，即鑽

---

① 智證傳：1卷，宋寂音尊者慧洪覺範撰，門人覺慈編。

頭入知見網中，起結角羅紋分別。欲洞明少室單傳，直指之要遠矣。”〇《中峯録》四上（十一丈）曰：“捱到結角羅紋處，驀忽打破漆桶，自然廣快平生。”〇《天如録》二曰：“將祖師一個公案猛提。云云，捱到結角羅紋處，行到水窮山盡時，囮地一聲，豁然開悟。”〇《麻衣相法》①二（十七丈）《玉掌記》云：“或文章玉樹。ϭ結角紋，日羅紋◎。”〇《貞和集》八（八丈）《箕山香印頌》曰：“覆去翻來只一鎚，羅紋結角火星飛。”

【鶻臭布衫】

〇《古尊宿》卌八（十九丈）《洞山初録》曰：“拈却炙脂帽子，脱却鶻臭布衫。”〇《聯燈》廿六（十丈）。〇《虛堂·寶林録》（四十四丈）曰：“僧問：‘有一人十二時中，不依倚一物時如何？’師云：‘鶻臭布衫須脱却。’”〔鳭臭〕《雲門録》下廿一丈曰：“師問僧（洞山守初）：‘近離甚處？’僧云：‘查渡。’云云。僧於言下大悟。遂云：‘某甲自今已後。云云。接待十方往來知識，與他出却釘，去却楔，除却膩脂帽子，脱却𦢊臭布衫，教伊灑灑地作個衲僧。豈不俊哉！’”〇《事苑》五（二丈）曰：“膩脂，當作炙脂。以帽似之。言不潔也。𦢊臭，當作鶻臭。以衫似鶻之腥也。𦢊，睞病。非義也。”〇《普燈》三十（十一丈）《龍牙言禪師送分衛歌》曰：“豁靈明，開正道。脱却多年𦢊臭破布衫。”〇《碧巖》二（七丈）《十二則·頌·評》曰：“洞山參雲門，拈却膩指帽子，脱鶻臭布衫。”〇《古鈔》二（十六丈）曰：“謂知見解會也。”

【貼肉汗衫】

《應菴録·小參》十一丈曰：“若向薦福門下，正是大病，謂之貼肉汗衫，謂之解脱深坑。”〇《白雲·海會録》（二丈）曰：“直要與天下有鼻孔衲僧，脱却著肉汗衫。”〇《雪巖録》下（五十二丈）：“縱使孤迴迴絶承當，赤漉漉没可把，正是貼肉汗衫急須脱下。”〇《正宗贊》四《溈仰宗》（十三丈）《芭蕉徹贊》曰：“貼肉衫汗透千重。”〇《廣燈》廿五（十五丈）《林雞徹章》曰：“問：‘如何是祖師西來意？’師云：‘著體汗

① 麻衣相法：7卷，明鮑栗之撰。

衫。’” 貼肉 忠曰：“貼著肉身也。貼肉衫者，日本所謂膚著也。著粘身體之衫子，故汗污也。比法執難脱也。”〇《三國演義》十七（七丈）曰：“曹真曰：‘此書安在？’其人於貼肉衣內，取出呈上。” 汗衫 《事林廣記·庚集》九《綺語門》（三丈）《服飾類》曰：“汗衫（注），中單。”〇《書言故事》十二（廿五丈）曰：“汗衫，漢高祖與項羽大戰，汗透中單，後改名汗衫。”〇《事文·續集》十九（二丈）曰：“《炙轂子》：燕朝兖冕，有白紗，中單有明衣，皆汗衫之象，以行祭接神。至漢與項羽交戰，汗透中單，改名汗衫，貴賤通服。”〇《臥雲日件録》上（廿四丈）曰：“佐汝霖《講録》解‘貼肉汗衫’曰：‘唐土官人食肉，以污肉之手，就汗衫拭之謂之貼肉也。’”〇忠曰：“此解不可信也。《應菴録》《雪巖録》貼汗衫，乃《白雲録》著肉汗衫也。著肉汗衫，乃《廣燈》著體汗衫也。故希叟《正宗贊》於《廣燈·芭蕉徹章》著體汗衫，變文作貼肉衫，非別物明矣。若貼肉之肉，謂魚鳥肉，則《廣燈》著體汗衫，又如何可解？大抵渡唐僧歸朝妄作訛説，對人言是唐土風俗、唐土説話，而愚弄無智不少，故余謂肉是人之肉身，直著膚肉之上，受汗污之衫也。”

【釣絲絞水】

〇《虚堂·報恩録》（一丈）曰：“僧云：‘興化道，我逢人則不出，出則為人，又作麼生？’師云：‘釣絲絞水。’”〇《説心鈔》曰：“無用處。”〇《廣燈》十八（九丈）《南源楚圓明慈章》曰：“問：‘行脚不逢人時如何？’師云：‘釣絲絞水。’”〇《會元》十二（七丈）。〇《普燈》廿一（九丈）《窮爺宗璉章》曰：“問：‘只如慈明道釣絲絞水，意作麼生？’曰：‘水浸鋼石卵。’”絞志保留①。《字彙》曰：“絞，糾也。”忠曰：“釣絲，常在水中，雖絞不乾，故無用處義。”〇《楞嚴經》四上（十丈）曰：“土勢劣、水抽為草木，是故林藪遇燒成土、因絞成水。”〇《十誦律》六十一（六丈）曰：“拂拭物浣已絞捩，絞捩已擘散。” 絞 矩比留②。逸堂訓云：“太煞不實頭義。”〇忠曰：“意謂水豈可以縛耶？縛之不實也。《字彙》曰：‘絞，縛也。’”〇《江湖紀聞·前集》二

① 志保留：和語。
② 矩比留：和語。

（四丈右）曰：“龍骨車絞水蔭注。”

食餌

【家常茶飯】

《虚堂・寶林録》（廿四丈）曰：“僧問趙州。云云。師云：‘你會他東壁挂葫蘆麼？’僧云：‘也是家常茶飯。’”○忠曰：“言領會了，亦尋常事。”○《暖姝由筆》（八丈）曰：“家常飯，今人常言常事之。《侯鯖録》云：‘范蕘夫丞相嘗教子弟云，文正公有言常調官好做，家常飯好喫。’”○又單言“家常”，見二言“食餌”。

【喹酒糟漢】

《碧巖》二（一丈）《第十一則》曰：“黄檗示衆云：‘汝等諸人盡是喹酒糟漢，恁麼行脚，何處有今日？’評曰：‘唐時愛罵人作喹酒糟漢。’”○《傳燈》九（十丈）、《廣燈》八（十七丈）、《聯燈》七（十六丈）《黄檗章》皆載。○《虚堂・寶林録》舉。○《〈碧巖〉舊解》①曰：“酒糟，謂佛祖言句，今日謂大悟時節。”○《聯燈》八（廿七丈）《烏石靈觀章》曰：“雪峯一日來敲門，師問：‘阿誰？’峯云：‘鳳凰兒。’師云：‘作甚麼？’云：‘啗老觀。’師開門搊住，云：‘道！道！’峯擬議，師便托開，掩却門。峰住後，示衆云：‘我當時若入得老觀，問儞這一隊喹酒糟漢，向甚麼處摸索？’”○《虚堂・寶林録》（卅四丈）舉。

【和麩糶麪】

《聯燈》十三（卅五丈）《楊岐章》曰：“景色乍晴，物情舒暢，舉步也；千身彌勒，動用也。隨處釋迦，文殊普賢，總在這裏。衆中有不受人瞞底，便道：雲蓋和麩糶麪。然雖如是，布袋裏盛錐子。”○《普燈》三（九丈）《楊岐章》。○宗師為人用賊手段也。○《字彙》曰：“麩，小麥屑皮也。”又曰：“麪，麥末。《東析麪賦》：‘重羅之麪，塵飛雪白。’《六書正譌》别作麵，非。”○《虚堂・育王録》（十六丈）曰：

① 《碧巖》舊解：日本早期的《碧巖録》注釋書。

“大歇老人，和麩糶麪，起中峯已墜之宗。”○《無準[1]·清涼録》（六丈）曰：“和麩糶麪，夾糠炊米。”

【三德六味】

○《雲門録》上（卌一丈）曰：“‘如何是隨意説？’師云：‘晨時有粥，齋時有飯。’‘如何是隨宜説？’師云：‘三德六味，施佛及僧。’”又曰：“問：‘不離三德六味，還有佛法也無？’師云：‘秖怕你不問。’進云：‘請師道。’師云：‘三德六味，施佛及僧。’”○《應菴·東林録》（二丈）拈之。○《松源録》下（廿一丈）《靈隱首座寮秉拂》曰：“僧問：‘人天眼目，堂中上座，四海叢林，還他一個。三德六味，拈放一邊。祖意西來，便請裂破。’答云：‘一字入公門，九牛拽不出。’”

禽畜

【金毛師子】

○《虚堂·徑山後録》（卌九丈）曰：“僧問。云云。師云：‘你得個什麼？’僧便喝。師云：‘金毛師子。’”○《佛報恩經》七（五丈）曰：“毘婆尸如來法滅，波羅奈仙聖山，有師子名堅誓，身毛金色。云云。王言：‘我聞畜獸，身毛金色，必是菩薩。’”云云。○《賢愚經》[2]十三（二丈）。○《珠林》[3]四十七（九丈）引《賢經》。○《正宗賛》四《溈仰宗》（十一丈）《芭蕉清賛》曰：“娘肚裏十月出生，幾曾吼作金師子。”

【羚羊掛角】

○《傳燈》十七（六丈）《雲居道膺章》曰：“師謂衆曰：‘如好獵狗，只解尋得有蹤跡底，忽遇羚羊掛角，莫道跡氣亦不識。’”○《正宗

① 無準：即《無準師範禪師語録》，又作《佛鑑禪師語録》《佛鑑録》《無準和尚語録》《無準禪師語録》，6卷，宋代僧無準師範撰，宗會、智折等編。

② 賢愚經：全稱《賢愚因緣經》，13卷，元魏慧覺等所譯。

③ 珠林：即《法苑珠林》，又作《法苑珠林傳》《法苑珠林集》，100卷（《嘉興藏》作120卷），唐總章元年（668）道世撰。

贊》三（六丈）《雲居宏覺傳》。○《聯燈》廿二（十七丈）《雲居章》。○《會元》十三（廿六丈）《道膺章》。○《埤雅》五（廿五丈）曰："羚羊，《釋獸》云麢（零）。羚羊羚羊，似羊而大，角有圓繞蹙文，夜則懸角木上以防患。語曰麢羊掛角，此之謂也。"

【狸奴白牯】

○《傳燈》十（廿四丈）《甘贄行者》曰："於南泉設粥，云：'請和尚念誦。'南泉云：'甘贄行者設粥，請大衆為狸奴白牯念摩訶般若波羅蜜。'甘乃禮拜，便出去。南泉却到廚内打破鍋子。"○《正宗贊》一（十四丈）《南泉傳》。○《虚堂・顯孝録》（四丈）曰："卓拄杖。伏惟。狸奴白牯，履茲而去，各各水草常甘，無致鞲長毛瘦。"○《大光明藏》上（七十八丈）《評》："如人之養狸[①]奴。"云云。○《爾雅翼》廿一（九丈）："貍者，狐之類，口鋭而尾大，狸口方而身文，黄黑彬彬，蓋次於豹。"○又曰："貓，小畜之猛者，性陰而畏寒。云云。其色有似貍者，通謂之貍。"

【理能伏豹】

○《會元》十一（卅一丈）《風穴延沼章》曰："年二十五，謁鏡清。清問：'近離甚處？'云云。師曰：'澤廣藏山，理能伏豹。'"《碧嚴》四（廿二丈）此縁同。○《正宗贊》二（十丈）《風穴傳》同。○《廣燈》十五（一丈）《風穴章》此因縁作"理能縛豹"。○《續燈》四（十四丈）《浮山圓鑒章》曰："澤廣藏山，理能伏豹。"○《合璧集》曰："豹欲食狸，狸即上樹。豹不能上，於樹下伺之。狸欲伏豹，下樹。豹欲食之，狸亦上樹。如是一日之中數十度，則豹遂休去。"《正宗賛冠注》引之。○《事苑》二（九丈）曰："理能伏豹，伏豹當作伏㑌，於教切，狠戾也，見《遠浮山録》。"○《大慧普説》四（四十九丈）曰："所謂理能伏㑌，纔到道理上，自然教你禮拜。"○忠曰："澤廣伏豹者，反謂澤不廣，不得藏山，非狸之獸，不能伏豹也。"

【死獦狚地】

○《大慧書・曾侍郎書》（六丈）曰："教人死獦狚地休去歇去。"

① 狸："貍"之異體。《干禄字書・平聲》："狸貍，上通下正。"

○《韻會・月韻（四十四丈）》曰："獦，古達切。獦狚，獸名。《集韻》或作猲。"○《韻會・翰韻》曰："狚，得案切。獦狚，獸名，似狼而赤。《山海經》云：'北號山有獸，如狼，赤眉鼠目，名曰獦狚。'"又《旱韻》："當旱切。"《曷韻》："當割切。俱義同。"○《正字通・巳・下》（廿一丈）曰："狚，《韻會》：獦狚，獸名。《山海經》作獦狙。郭璞曰：'獦狙狡獸，或狼其體。'據此説，狙狚音義别，然無確證，不足信。或傳寫狚為狙。"云云。○《山海經》四（十丈）曰："又東次四經之首曰北號之山。云云。有獸焉，其狀如狼，赤眉鼠目，其音如豚，名曰獦狙（葛苴二音），是食人。"○忠曰："死獦狚地，未得其義證。蓋此獸欺人，詐為死，令人近，遂博而食人。今喻偷心不死也。"

【野狐涎唾】

《大慧普説》二（四十四丈）曰："大丈夫参禪，豈肯就宗師口邊，喫野狐涎唾？"○此罵恶洞家密傳言句。○《中峯録》四上（六丈）《法語》曰："如今之禪學者流，多是商量個語話，皆不肯回頭扣己而參，所以古人目禪語為野狐涎唾，良有旨也。"○此罵恶知識法語為狐涎。○《虚堂録》四《法語》《示梓文禪人語》曰："大方老禿兵，又縱其波辯，雕割文彩，從而絡之，使新學比丘飲此狐涎，終身難脱，良可悲也。"

【兔角龜毛】

○《東雲頌古》（四十四丈）《大慧汾陽十智同真頌》曰："兔角龜毛眼裹栽，鐵山當面勢崔嵬。東西南北無門入，曠劫無明當下灰。"○《南本涅槃經》十二曰："如我衆生壽命。（乃至）乾闥婆城、龜毛兔角、旋火之輪、諸陰界入，是名世諦；苦集滅道名第一義諦。"又卅二（六丈）。○《北本涅槃經》[①] 卅九（一丈）曰："畢竟無故，名之為無，如亀毛兔角。"○《大集經》七（四丈右）。○《楞嚴經》一下（廿丈）。○《中論》[②] 二（一丈）。○《肇論》。○《成實論》[③] 三（四丈）曰：

① 北本涅槃經：即《大般涅槃經》，略稱《涅槃經》，40卷，北凉曇無讖譯。

② 中論：即《根本中頌》，又作《中觀論》《正觀論》，4卷。龍樹菩薩造，青目釋，姚秦鳩摩羅什譯。

③ 成實論：16卷（或20卷），又作《誠實論》，訶梨跋摩撰，鳩摩羅什於姚秦弘始間譯出。

“兔角龜毛，蚍足鹽香風色等，是名無（已上論文）。此取走兔水龜為喻。若飛兔陸龜，容有毛角。故大經云，如水龜毛，如走兔角。”○《止觀輔行》三之一（五十二丈）曰：“世間有四種無：一者，未生名無，如泥無瓶；二者，滅已名無，如瓶破已；三者，異相互無，如牛馬互無；四者，畢竟名無，如龜毛兔角。”○又兔角亀毛，有實有者。○《搜神記》六（二丈）曰：“商紂之時，大龜生毛，兔生角，兵甲將與之象也。”

《葛藤語箋》第十卷

五言

人倫

【威音王已前】

《六祖壇經》(四十丈)《永嘉玄覺章》曰:“玄策云:‘威音王巳前即得，威音王巳後無師自悟，盡是天然外道。’”○忠曰:“威音巳前者，是佛祖未出世事，絶修絶證，無佛，無衆生，無師家，無學者。”○《事苑》五曰:“威音王佛巳前，蓋明實際理地；威音巳後，即佛事門中。此借喻以顯道，庶知不從人得。後人謂音王實有此緣，蓋由看閲乘教之不審。各本師承，沿襲而為此言。”○威音王佛，《法華經》十二（一丈）説。

【無轉智大王】

○《應菴録・法語》(十七丈)《示嚴教授語》曰:“有一般底見處，泯默無聞，一味喳却常住飯了，祇管死葛但地守却被位，等個悟處，此便是滨[1]山大澤中，一間破屋下泥團，謂之無轉智大王，徒消信施耳。”○《虚堂・實林録》(五十四丈)《除夜小参》曰:“半夜三更，蒲團上竪起脊梁，誰管你漏箭推遷，更點遲速，猶被人喚作無轉智大王。”○《方語集》曰:“謂一向癡禪者。大王，調弄之語。”○忠曰:“《唯識樞要》上末（廿五丈）曰:‘梵王，世間皆計為父，猶彼所生，但知端坐，雖能生一切，都無動作，癡人喻彼。’”○無轉智大王，語本于此，而古今無辯者。○忠曰:“無轉智者，無圓轉通變之智慧也。大王，託梵

① 滨:“深”之異體。《類篇・水部》:“深，古作滨。”

王弄之也。言如此專一修禪，而世人猶嘲為朴愚。曰：是但知端坐之梵天大王而已。”

【東村王大翁】

○《古尊宿》廿一（廿丈）《五祖演録》中曰：“僧問：‘天下舌頭盡被白雲（法演）坐斷，秖如白雲舌頭，未審是什麽人坐斷？’師云：‘東村王大翁。’”○《續燈》二十（六丈）《五祖章》。○又王大叔。○《續古宿》四《佛心才録》（五丈）曰：“將謂是文殊大士，元來知是東村王大叔。”○又同三《白雲端録》（七丈）曰：“今年雨水非常足，管取秋來天下熟。牧童齊唱太平歌，笑殺東村王大叔。”○又王大姐。○《大慧武庫》（六丈）曰：“《湛堂準洗鉢頌》云：‘之乎者也，衲僧鼻孔，大頭向下，若也不會，問取東村王大姐。’”○《禪類》十八（十三丈左）舉。○又王大老。○《永明山居詩》[1]（廿一丈）《無見覩和》曰：“寄語東村王大老，今年貧勝去年貧。”○又王小大。○《中峯録》九（七丈）曰：“丈二眉毛頷下生，笑倒東村王小大。”與“坐”“過”同押。○又同九（八丈）：“三十年後忽展開，笑倒東村王大伯。”○又同十二中（十七丈）曰：“爭似無生國裡王太博，也不善也不惡，取性飽食高眠，任意逍遙快樂。”云云。

【蝦蟆衣下客】

○《聯燈》廿一（廿七丈）《雪峯章》曰：“識學依通，這般底，我喚作蝦蟆衣下客，亦喚作黑牛臥死水。”

【你看者瞎漢】

○《廣燈》十四（十五丈）《克賓章》曰：“問：‘狹路相逢時如何？’師云：‘老僧罪過。’便喝。師云：‘好喝。’僧又喝。師乃近前搊住云：‘你看者瞎漢猶作主在。’僧擬議，師便打。”○又同十五（十七丈）《穎橋安章》曰：“護國浄果大師。云云。僧云：‘某甲與和尚父子相見。’國云：‘你看者瞎漢，作者個見解。’便打趁出院。”○又同十四（八丈）《寶應護顒（南院）章》曰：“僧問：‘赤肉團上壁立千仞，豈不是和尚恁

① 永明山居詩：又作《慧日永明智覺壽禪師山居詩》，1卷，五代延壽撰。

麼道?’師云：‘是。’僧便掀禪牀。師云：‘你看者瞎漢亂做。’僧擬議，師便打。”忠曰：“你者，指一會衆。”

心肢

【身如椰子大】

《聯燈》廿六（十丈）《洞山守初章》曰：“師謁雲門。云云。師於言下大悟。遂云：‘某甲他時異日，向無人煙處。云云。’雲門云：‘儞身如椰子大，開得許大口。’”○《正宗賛》四（四丈左）《傳》舉。○《傳燈》七（十九丈）《歸宗智常章》曰：“江州刺史李渤問師。云云。師曰：‘摩頂至踵，如椰子大，萬卷書向何處著?’”○《本草綱目》卅一（廿丈）《椰子》：“二月開花。云云。仍連著實，一穗數枚，小者如括樓，大者如寒瓜，長七八寸，徑四五寸。”○《説郛》百四《南方草》六《狀》下（二丈）曰：“椰樹葉如拼櫚，高六七丈，無枝條，其實大如寒瓜，外有麄皮，次有殼圓而且堅。剖之有白膚，厚半寸，味似胡桃，而極肥美，有漿飲之得醉。”○《潛確》[1] 百三（十七丈）引之。○《文選》五（十七丈）《吳都賦・註》。○《皇朝類苑》六十（十二丈）曰：“椰子生安南及海外諸國，木如椶[2]櫚，大者高百餘尺，花白，如千葉芙蓉。一本，花不過數十房，實不過三五顆，其大如斗，至熟乾差小。外有黄毛軟皮，中有殼，正類檳榔。云云。殼肉類羅菔，皮味苦，肉極甘脆，蠻人甚珍之。中有汁，大者一二升，蠻人謂之椰子酒，飲之得醉。（酒水燕談）”○《菊坡叢話》八（十丈）《陸放翁贈徐相師詩》云：“使君豈必如椰大，丞相元來要瓠肥。”○或謂椰，和名奈幾，即羅漢樹也。可質。○又按“椰子”人倫名。《玄應經音義》廿四（十八丈）曰：“﨟子洲，又作揶，同以遮切。師子國南浮海數千里，洲人卑小，長餘三尺，人身鳥喙，唯食揶子，既无穀稼，所以不識於牛也。”

【六耳不同謀】

《傳燈》六（十一丈）《泐潭法會章》曰：“問馬祖：‘如何是西來祖

---

① 潛確：即《潛確居類書》，又作《潛確類書》，120卷，明陳仁錫撰。

② 椶：“棕”之異體。《正字通・木部》：“棕，同椶，俗省。”

師意？’祖曰：‘低聲近前來。’師便近前，祖打一摑云：‘六耳不同謀。’”○舊點六耳不同謀。忠曰：“此點成三人，心各别，其計謀不同之義。是失密談義。又失耳，字義非也。”○舊解云：“不可令三人聽。”忠曰：“此義密謀人之外，有聞者三人也。非也。又若云不可令三人聽，則豈可令二人聽耶？此義不消文字。”○忠今解曰：“六耳者，每人有兩耳，六耳即三人也，言密謀之事，不可三人而謀之，必漏泄事不成矣。謂己與可謀人，又外有一人也。但須己與可謀人兩人四耳密談矣。兩人外不可令别人聽其謀事也。特言耳者，密事可耳語故。”○《省心證要》[①]（十七丈）曰：“獨利則敗，衆謀則泄。”○《虚堂録》六《代别》（十八丈）。

愚滯

【和盲勃訴瞎】

○《大慧普説》四（卌一丈）曰：“‘十五日已後即不問，十五日已前請和尚道將一向來？’師云：‘和盲勃訴瞎。’”○《風穴語録》[②]（八丈）曰：“問：‘如何是互换之機？’師曰：‘和盲惣愬瞎。’”《古尊宿》七。《廣燈》十五（七丈）《風穴章》作“不訴”。○《事苑》六（七丈）《風穴衆吼集解》曰：“和盲悖訴：和盲當作如盲，悖訴當作悖摞，悖亂也。摞，暗取物也。悖摞亦方言，謂摸摖。見《遠浮山九帶》。”○忠撿《人天眼目·九帶》無悖摞語。○《正字通·卯·中》（五十九丈）曰：“摞，俗摖字。舊註：暗取物，與摸摖、摸攄[③]義同，改音素非。”○《古宿》二十（廿三丈）《五祖演録》曰：“我有一柄箒，掃盡雪山雪；我有一張口，臨事無可説；我有一雙眼，和盲悖訴瞎。”云云。○《松源録》下（四十七丈）《大巔贊》曰：“趯首座出院，勘三平中箭，放過韓文公，鈎頭通一線，謾道晝夜一百八，也是和盲悖訴瞎。”○《古林録》三《偈頌》（十九丈）《示永元維那偈》曰：“笑倒當來佛下生，正是和盲勃窣瞎。”○《正宗贊》二（十四丈）《首山贊》曰：

① 省心證要：即《省心録》，1卷，北宋林逋撰。

② 風穴語録：即《風穴禪師語録》，1卷，宋風穴延沼撰。

③ 攄：同“摵”。《集韻》：“摵，孫租切，音蘇。摸也。”

“和盲勃窣瞎，推靈山一會，落塹墮坑。”〇《普燈》十三（十八丈）《山堂洵章》曰：“盡力道不得底句，和盲勃塑瞎。”〇忠曰：“勃訴、勃塑，皆轉音。盡摸搽義也。和盲者，不轉己盲，而作明直盲眼，而摸搽物底之瞎人也。〇又《正宗賛》及《古林録》作‘勃窣’。《文選·子虚賦》：‘媻姗勃窣而上乎金隄[1]。’注：‘媻跚勃窣[2]，匍匐而上也。’（止此）此亦摸搽義，可通。謂匍匐行者，以兩手摸搽地也。《正宗賛·懶菴賛》云：‘盲人摸地。’（止此）是也。”和[3]盲勃訴瞎（注：〇忠曰：“‘勃訴’。云云。第四行‘金提’，恐‘堤’乎。”）

動作

【杓卜聽虚聲】

《廣燈》十五（一丈）《風穴章》曰：“初参鏡清。云云。師云：‘出没卷舒，與師同用。’清云：‘杓卜聽虚聲。’”〇《正宗賛·風穴傳》引。〇《普燈》六（十二丈）《景新章》曰：“問：‘我手何似佛手？’云云。云：‘黄龍正派流入永嘉也。’曰：‘勺卜聽虚聲。’”〇《事苑》六曰：“風俗抛杓以卜吉凶者，謂之杓卜。”〇《正宗賛慈氏鈔》詳引《鬼谷子》。〇《月令廣義》五（廿丈）《正月令》曰：“《鬼谷子·卜竈法》：‘元旦之夕汛埽爨室，置香燈于竈門，注水滿鐺，置杓于水，虔禮拜祝。撥杓使旋，隨柄所指之方，抱鏡出門，密聽人言，第一句即是卜者之兆。如有同卜者，以鏡遞執，即是彼兆。三人、五人皆傳鏡爲主，宜夜静卜之。’”〇《潛確類書》八十二（十六丈）：“《鬼谷子》云：‘夜静洒埽爨室，置香燈，祝手，潑鍋水置杓上自旋，隨柄所指。把鏡出門，密聽聞，第一句即是響卜，應後方言之。元旦占，一歲休咎。李廓王建皆有《鏡聽詞》。鏡聽，今之響卜也。”〇《大慧書鈔》[4] 四（四十一丈）：“日

---

① 隄：原文作“提”，行首注改。

② 窣：原文作“卒”，行首注改。

③ 和：從此字開始以下20余字，原文補註在“和盲勃訴瞎”結尾，與該詞條二三行間隔。“和盲勃訴瞎”寫作“和盲—瞎”字體稍大，余字小字半行。

④ 大慧書鈔：即《大慧普覚禅師書鈔》，2卷，日本室町末期大圭紹琢述。

本謂橋占之類也。”〇忠曰：“平家安德帝誕時，聽橋占。”〇《夢學全書》[①] 二（四丈）曰：“竈者，五祀之首也。吉凶之柄，悉歸所主。凡人有疑慮，候夜稍靜，洒[②]掃爨室，滌釜注水令滿，以木杓一個頓[③]灶上。燃燈二盞，一安灶腹，一安灶上，置鏡一面于灶門東邊，炷香叩齒，祝曰：‘維大明國（某）府（某）道（某）縣（某）都居住，奉神信士（某）人今於某年月日，敢爇明香昭告于司命竈君之神前。切惟福既有基，咎豈無免征事之先見？維神是司以今，（某）伏為（某）事。云云。衷心惶惶，罔知攸指，敬於靜夜，移薪息爨，滌釜注水，求趍響卜之途，恭竢指迷之柄，情之所屬，神寔鑒之；某不勝聽命之至。’禱畢，以手撥水令左旋，執杓祝之曰：‘四縱五横，天地分明。神杓所指，禍福攸分。’祝畢，以杓指水，任其自旋自定，隨杓所指，抱鏡而行，不得回頭顧視，密聽傍人言語，即是響蔔之事，應後方言之，若勺柄所指之處無路可達，則是有阻，宜再卜之。”〇右與《万宝全書》卅六大同，但文字有少異，故鈔録之。〇又《續説郛》十七《簷曝偶談（二丈）》。〇《從容録》三（四丈）考。〇《正宗賛不二鈔》二（十丈）。

【隨後寠藪也】

〇《碧嚴》六（十二丈）《五十五則・下語》曰：“隨後婁藪也。”〇《前漢書》六十五（二丈）《東方朔傳》：“廼覆樹上寄生，令朔射之。朔曰：‘是寠數也。’”注：“師古曰：‘寠數，戴器也。以盆盛物戴於頭者，則以寠數薦之，今賣白團餅人所用者是也。’評林云：‘宋祁曰：數音藪，景本作藪。’”〇又同六十六（九丈）《楊敞傳》曰：“真人所謂，鼠不容穴，銜寠數者也。”注：“師古曰：寠數，戴器也。寠音其羽反。數音山羽反。解在《東方朔傳》。”〇《續博物志》九（六丈）曰：“寠藪，王叡云：‘東方朔以為寄生，賣餅人結茅為經，以戴頭上，狀如環。’”〇《釋名》三（五丈）曰：“寠數，猶局縮。皆小意也。”〇又二言器具部。〇《方語集》：“隨後藪也。隨人語，一山云：‘不分別是

---

① 夢學全書：3卷，明刊書林楊玉林半留堂刊本，不著撰人。

② 洒：“灑”之異體。段注本《説文解字・水部》云：“洒，滌也。從水西聲。古文以為灑埽字。”《集韻・去聲・寘韻》云：“灑，汛也。或作洒。”《彙音寶鑑・瓜上上聲》云：“洒，同灑字。”

③ 頓：原文作“須”，據引書改。

非，隨人語也。’”○忠曰：“雖如是解得窶藪，而隨後二字解不得也。《碧言》又作婁，不作窶。予再按《碧嚴夾山鈔》六（三十一丈）引《方語》畢，復云：‘又山門二王千佛之末，蔞藪佛化身作外金剛，防惡魔，令千兄出世演法，此亦隨人後之義也。’（止此）予謂此義尤可取也。千佛因緣，本出《寶積經》第九：勇郡王千子各發願成無上道，最後一子成佛名樓由如來。樓由《悲華經》（第六）、《大乘分陀利經》（第四）並作樓至。蓋樓至、婁藪音稍近，轉訛作漏藪乎。然則隨九百十九佛之後，可解‘隨後’二字而已。可點隨後婁藪也。”○《圓悟擊節録》[1]下（廿三丈）：“隨䅋䅋作什麼？”訛作䅋。

【屋裡販揚州】

○《密菴録・頌贊》（二丈）曰：“僧問：‘屋裡販楊州時如何？’師以頌答之：‘屋裏販楊州，水深山更幽。終年無客到，明月自相投。’”○《禪儀外文》一《鉄牛住靈隱疏》曰：“屋裡販揚州。”○忠曰：“不遠求而坐致之謂也。”○《禪林類聚》七《對機門》（十五丈）《大顛三平因緣》：“佛燈珣拈。云云。檢點將來，大似屋裡販揚州。”○揚州揚可从手。見《資瑕録》（十六丈）。○又作楊義。《夢漢筆談》廿五（八丈）。○忠曾聞先師之説，販賣娼妓也。揚州繁華，多娼妓。餘國屋裡賣女色，名販揚州也。後覽《江湖紀聞・前集》（五卷九丈）曰：“有士人爭娼至訟，援筆供狀，乃四六剳云：云云。春風一曲，時遺司空之詩；夜月千燈，恣買揚州之市。云云。”（止此）可證先師之説，禪録用不遠求而坐致之義也。”

【五戒也不持】

偏取妄語罪也。○《傳燈》十二（十四丈）《睦州陳尊宿章》曰：“師問：‘僧近離什麼處？’曰：‘是妄語。’師云：‘這裏不著沙彌。’”○《聯燈》八（廿四丈）《陳尊宿章》同。○《聯燈》三（三十丈）《光宅慧忠章》曰：“師問座主。云云。師云：‘大師簾前賜紫，對御談玄，五戒也不持。’”○又同廿四（十三丈）《雲門章》曰：“師問僧：‘甚處

① 圓悟擊節録：又作《擊節録》《佛果擊節録》《圜悟擊節録》，2卷，宋代雪竇重顯拈古，圜悟克勤擊節。

來？'云：'禮塔來。'師云：'謔我。'云：'某甲實礼塔來。'師云：'五戒也不持。'"○《十門辯惑論》[1] 下（十三丈）曰："經云：持戒比丘，不應於佛生有為，想若言有為，即是妄語。"

言詞

【料掉没交涉】

○《傳燈》十八（十散丈）《玄沙章》曰："師問：'小塘長老昨日許多喧鬧向什麽處去也？'小塘提起衲衣角。師曰：'料掉勿交涉。'"《傳燈鈔》："一山曰：'料掉，極隔遠也。勿交涉，無相干也。'"○《碧嚴》十（廿二丈）《九十八则評》曰："這漢也煞道，只是落第七第八頭，料掉没交涉。"○《鈔》曰："一山曰：'遠而遠也。一義料量度量也。'"○《普燈》廿五（十九丈）："湛堂示衆。云云。又莫是但向料掉没交涉處道一句便得麽？"○《石溪・報恩録》曰："無背面，有孔竅，轉相親，轉料掉。"○又同《佛祖讚》（四丈）《寒拾贊》曰："喚作普賢，遠料掉。"○《密菴録・徑山》（五丈）曰："料掉没交涉，古德解：料掉，迢迢義，太遠在也。"○《無文録》（二丈）曰："以手搖曳云料掉料掉。"○《空谷集》四（卅五丈）作"料調没交涉"。○《從容録》五（五十五丈）作"顙挑没交涉"。

【幸自可憐生】

○《傳燈》五（卅八丈）《光宅慧忠章》曰："耽源問：'百年後有人問極則事，作麽生？'師曰：'幸自可憐生，須要護身符子作麽？'"○又同十四（十八丈）《翠微無學章》曰："問：'丹霞如何是諸佛師？'丹霞咄曰：'幸自可憐生，須要執巾箒作麽？'師退三步，丹霞曰：'錯。'師却進前，丹霞曰：'錯。錯。'師翹一足，旋身一轉而出。丹霞曰：'得即得孤負他諸佛。'師由是領旨。"○忠曰："可憐可愛之義。生，助詞。"

① 十門辯惑論：3卷，唐朝復禮撰。

數目

【八棒對十三】

《碧嚴》二（十八丈）《第十六則・頌・下語》。○舊撰《古宿・葉縣録》（二丈）。○《廣燈》十三（四丈）："七棒對十三。"○三言數目部"十三棒"處。○忠曰："八棒，雖數少，其打強，故同十三之痛也。"○《禪家龜鑒》[①]（五十丈）列"八棒"名，非今所用。○《皇朝類苑》六十七（十丈）《李琸賦題》："云云。喫八棒十三之後，著甚麼來由？"

時年

【三生六十劫】

○《古尊宿》六（四丈）《睦州録》曰："'如何是差別異路難會底道理？'師云：'待你三生六十劫信去始得。'"○《廣燈》廿二（六丈）《崇勝光祚章》曰："問十地菩薩見性如隔羅穀，秖如初地菩薩又隔個什麼？'師云：'須彌山。'進云：'如何透得？'師云：'三生六十劫。'"○又同三十（五丈）。○《雪竇録》二（廿一丈）曰："僧問：'牛頭未見四祖時如何？'師云：'恰濕麼。'僧云：'見後如何？'師云：'三生六十劫。'"○《華嚴・五教章》（《古宿》）二下（一丈）曰："第四修行時分者，若依小乘自有三人。下根者，謂諸聲聞中，極疾三生，得阿羅漢果。謂於一生種解脱分，第二生隨順決擇分，第三生漏盡得果，極遲經六十劫。中根者，謂獨覺人極疾四生得果，極遲經百劫。上根者，謂佛定滿三僧祇劫。"《復古記》詳釋。○忠曰："禪録則但言久遠無了悟分也。"

【臘月三十日】

○《大慧書》（十丈）《曾侍郎書》曰："足見辯鉄石心。云云。但只如此，崖到臘月三十日，亦能與閻家老子厮抵。"○是比死期之至，生涯窮盡，如一歲之臘月三十日也。

---

① 禪家龜鑒：鑒：同"鑑"。《禪家龜鑑》，1卷，朝鮮李朝清虛休靜撰。

生植

【莨菪拾花針】

○《增續傳燈》一《肯堂彥充章》曰："三世諸佛無中説有，莨菪拾花針；六代祖師有裏尋無，猿猴探水月。""莨"注："來宕切，毒藥也。""菪"注"徒浪切。"《會元》二十（九十二丈）。○《正宗贊》二（七十五丈）《懶菴贊》曰："奪得錦標去，從分禪莨菪拾花針。"○忠曰："畢竟言，發狂也。食莨菪者，發狂妄見，眼花如針者也。"○《本草》十七上（廿六丈）曰："莨菪（音浪蕩），時珍曰：'莨菪，一作蒗蕩，其子服之，令人狂浪放宕，故名。'"又（廿七丈）曰："斆曰：'有大毒。誤服之，沖心，大煩悶，眼生暹火。'"又（廿七丈）曰："權曰：'不可生服，傷人見鬼，拾鍼狂乱。'"○《韻會·鹽韻》（四十二丈）曰："暹，思廉切，日光升也。"○《正宗贊鈔》[①]："一山曰：'莨菪生食，令人發狂，眼生花針，即以手拾之，其實無花針也。'"○《宗鏡録》八十六（十三丈）曰："如食蒗蕩，妄見針火，據彼妄情，意謂是實。不知妄見，謂有外火，據實唯是。意作火解，火則唯是，意言分別。"○《聯燈》二十（十丈）《德山章》曰："毒箭入心，花針亂眼。"

【久日樺來脣】

○《古尊宿録》廿六（三丈）《法華舉録》曰："三世諸佛，口挂壁上，天下老和尚作麼生措手？你諸人到諸方作麼生舉？山僧恁麼道，也是久日樺來脣。喝一喝。"（《傳》《聯》《普》不收）○《松源録》上（廿六丈）曰："分明恁麼道，也是久日樺來脣。"○《虛堂·育王録》曰："育王久日樺來脣，豈容緘默。"○《字彙》曰："樺，胡卦切，音話，木名，皮可貼弓。"○《和名類聚》二十（廿七丈）曰："《玉篇》云：樺（户花、胡化二反，和名加波，又云加仁波。今櫻皮有之。）木皮名，可以為炬者也。"○《本草》卅五下（卅七丈）曰："樺木其皮厚而輕虛軟柔，皮匠家用襯鞾裏，及為刀靶之類，謂之暖皮。"○龍溪曰："來，語

---

① 正宗贊鈔：4卷，日本江户時代無著道忠所撰《五家正宗贊》注釋書。

助。忠謂此非可用語助處。”〇忠曰：《康熙字典・辰・中》曰：“梾，音來。《廣韻》：梾椋，木名。亦作來。《唐本草註》：葉似柿，兩葉相當，子細圓如牛李子，生青熟黑。其本堅重，煑汁赤色。”〇忠謂：“來汁赤色，以比脣赤乎。樺來脣者，蓋樺皮久歷日乾，則反曲如朱脣開，故云樺來脣乎。”〇《無準録》三（三丈）《解夏小參》曰：“一夏九十日，與諸人同行同坐。云云，分明恁麼道，也是久日樺來脣。”〇《松源録》上（廿六丈）《薦福録》曰：“風不鳴條，雨不破塊。云云。不做佛法商量，不做世諦流布，分明恁麼道，也是久日樺來脣。”

【一華開五葉】

〇《傳燈》三《達摩章》曰：“偈曰：‘吾本來茲土，傳法救迷情。一華開五葉，結果自然成。’”〇《永平正法眼藏》五十六（六丈）曰：“一花開五葉，結果自然成。五葉者，梅花也，只一枝開五葉也。參究一枝，參究五葉來，則‘雪裡梅花’正傳、付囑、相見。然無眼輩云：五葉者，東地五代與初祖為一花，非古今前後，故云五葉。此般不足勘破也。”

器具

【金剛王寶劍】

〇《義楚六帖》[①] 廿三（八丈）曰：“劍號金剛。”注云：“《三昧定意經》云：‘持金剛劍入金剛山，不見其跡。”〇忠曰：“七十三套絲函《三昧弘道廣顯定意經》四卷。又六十七套彼函《成具光明定意經》一卷。又六十八套恃函《賢劫經》十卷，一名《賢劫定意經》。撿此三經，無六帖所引文。”

【秦時轅轢鑽】

《廣燈》廿二（九丈）《崇勝廣祚門智章》：“綱宗偈。云云。為報諸方拈提者，総是秦時鐸落錐。”〇《僧宝傳》二（一丈）《雲門傳》曰：“初至睦州，聞有老宿飽參，古寺掩門，織蒲屨養母。往謁之，方扣門，老宿揕

① 義楚六帖：《又名釋氏六帖》《釋氏纂要六帖》，24 卷，五代後周義楚撰。

之曰：‘道！道！’偃驚不暇答，乃推出曰：‘秦時𨍏轢鑽。’隨掩其扉，損偃右足。”〇《大休録》五《偈頌》（廿五丈）：“睦州喚僧，僧回首。州云：‘擔板漢。’頌曰：云云。直饒呼喚不回頭也，是秦州鐸鑠鑽。”

【神前酒臺盤】

〇《傳燈》十七（十七丈）《蜆子（嗣洞山价）章》曰：“暮即臥東山白馬廟紙錢中。云云。華嚴靜（又嗣洞山）把住問曰：‘如何是祖師西來意？’師遽答曰：‘神前酒臺盤。’靜奇之。”〇《山谷詩集》十九（十丈）曰：“連台盤拗倒。”註：“《唐書・五行志》：龍朔中，時人酒令曰：子母相去，離連臺拗倒。俗謂盃盤為子母，又名盤為臺。”〇忠曰：“臺盤蓋托盃之器也。”

禽畜

【西河弄獅子】

〇《廣燈》十六（十一丈）《汾州善昭章》曰：“上堂云：‘汾陽門下有西河師子，當門據坐，但有來者即便齩殺，有何方便入得汾陽門，見汾陽人？’”云云。〇《會元》十一（四十八丈）。〇《僧宝傳》廿一（五卷三丈）《慈明傳》曰：“神鼎諲禪師問曰：‘汾州有西河師子，是否？’公（慈明）指其後，絶叫曰：‘屋倒矣。’童子返走，諲回顧相矍鑠。”〇《虛堂・育王録》（廿丈）《除夜小参》曰：“向爆竹未鳴已前，與諸人開一條活路子，也教諸人知道來日定是大年朝，其或未然，西河弄獅子。”〇方語咬人太急。〇《一統志》廿一（廿二丈）：“山西汾州郡名有西河（魏名）。《建置沿革》曰：“秦漢皆為太原郡地，三國魏置西河郡，治茲氏縣，晉為西河國，後魏置汾州。”云云。〇唐南卓《羯鼓録》：“曲名有《西河師子》《三臺》《舞石州》。（止此）忠曰：“此一個曲名也，余謂西河師子語，本託舞曲名言之乎。”〇龍溪解《虛堂》言：“蓋西河人好刻木造獅子，而戲弄之也。日本亦有此戲。”〇忠云直是杜撰。〇《正宗賛》二《汾陽傳》。〇《説纂①・巳集》十四（八丈）：“曲名有

① 説纂：又作《唐説纂》《大唐説纂》，4卷，唐李繁撰。

《西河獅子》。”

【陝府灌鐵牛】

○《聯燈》十一（廿七丈）《汾陽善昭章》曰：“‘如何是學人轉身處?’師云：‘陝府灌鐵牛。’”○《正宗賛》二《汾陽傳》。○忠曰：“陝從二入，或作陜。非也。又禪録陝府之陝濁聲讀。”○《河南名勝志》九（廿五丈）《河南府陜州》曰：“黄河西北自霊寶縣界流入。”云云。《志》云：“又有鉄牛在河中，頭跨河南，尾在河北，世傳禹鑄以鎮河患。唐賈至嘗作《鐵牛頌》，即此物。”○《説郛》廿三《陸長源辨疑志》曰：“陝州城南有鐵牛，出土數尺，大如五六斗。鐵上有兩穴，世人稱是鐵牛鼻。又河址道觀中有一條出，云是鐵牛尾。俗傳陝州北臨大河，無此牛，即城不復立。河東楊諫立碑以頌之。上元中，衛伯玉為陝州刺史，發卒掘土以觀鐵牛之勢，纔深二丈許，其鐵即絶，更無根系。遂却於舊處以土揜之。”○《堯山外紀》四十二（八丈）曰：“河中有張燕公鑄係橋鉄牛。”○《東坡詩集》廿一（卅四丈）《送陳侗知陝州詩》曰：“誰能如鉄牛，横身負黄河。”註：“陝州有鉄牛廟，今封為順齊王。”云云。灌忠曰：“鑄也，融鉄灌鑄牛也。”○《永覺晚録》[①]下（五丈）“陝府灌鐵牛”唐人冠注曰：“灌鑄也。引《文選・七命》。”○《文選》卅五（十七丈）《七命》曰：“乃錬乃鑠，萬辟千灌。”註：“善曰：‘灌，謂鑄之。’銑曰：‘錬鑠辟灌，并銷鑄鍛錬之名。’”

【咬豬狗手段】

○《人天眼目》六（一丈）《宗門雜録》曰：“嚴頭上堂云。云云。若論戰也，個個須是咬豬狗手段，若未透未明，亦須得七八分，方可入作。”○《傳燈》《聯燈・嚴頭章》不收。○《傳燈》十九（十七丈）《雲門文偃章》曰：“兄弟一等是蹋破草鞋，抛却師長父母行脚，直須著些子精彩始得，實若有個入頭處，遇著咬猪狗脚手，不惜性命，入泥入水相為，有可咬嚼，眨上眉毛，高掛鉢囊，拗折拄杖，十年二十年辨取徹頭，莫愁不成辨。”○又三言禽畜部“咬猪狗”處。○《保寧録》（卅五

---

① 永覺晚録：即《永覺禪師晚録》，又作《鼓山永覺禪師晚録》《鼓山晚録》，6卷，明釋元賢説，侍者道順録。

丈）曰："横身荷衆，不顧危亡。云云。雖然如是，猶未是咬猪狗底手脚。作麼生是咬猪狗底手脚？要會麼？殺人不眨眼，氣宇大於王。"○《圓悟録》十三（十八丈）曰："若是作家本分漢，遇著咬猪狗底手脚，放下複子靠將去。十年二十年管取打成一片。且作麼生得獨脱去？須是入流人，方知恁麼事。"

六言

學修

【護鵝雪守臘冰】

○《虚堂・延福録》（四丈）："解制上堂曰：'護鵝之戒如雪，守臘之行若冰。" 護鵝 鵝，吞珠比丘護鵝命因緣。出《大莊嚴論》十一（九丈）。《珠林》九十九（七丈）。《華嚴疏鈔》卅五上（五丈）。 守臘 《事苑》六曰："蠟人冰：蠟當作臘，謂年臘也。按《增輝記》：臘，接也。謂新故之交接。俗謂臘之明日為初歳也。蓋臘盡而歳來，故釋式以解制受臘之日謂之法歳是矣。天竺以臘人為驗者，且其人臘有長幼，又驗其行有染浄。言臘人冰者，是言其行之冰潔也。今衆中妄謂西天立制，唯觀蠟人之冰融，然後知其行之染浄。佛經無文，律範無制，未詳得是説於何邪？" ○《敕修清規》下二（一丈）《節臘章》曰："如言驗蠟人冰，以坐臘之人驗其行猶氷潔。或謂埋蠟人於地，以驗所修之成虧者，類淫巫俚語庸非相傳之訛耶。" ○《清拙録・小参》（十七丈）《結制小参》曰："天竺坐夏，比丘以蠟作人形，函置壇下。若一夏功行無缺，則蠟人冰凝。若功行有虧，則遇盛暑，蠟人皆消鎔矣。每至夏滿取以視驗。" ○忠曰："蠟人冰，雖是謬説，及見《清拙》語，方得詳知其狀矣。又予謂此謬説流傳已久矣，後賢方覺其無據，強改臘而作義，然於文字不穩帖耳。" ○《説郛・同話録》（宋曾三異撰）曰："僧家所謂伏蠟者，謂削髪之後，即受戒，若或断酒色等若干件，每歳禁足結夏，自四月十五日至七月十五日終。西方之教，結夏之時，隨其身之輕重，以蠟為其人。解夏之後，以蠟人為驗。輕重無差，即為驗定而無妄想。其有妄想者，氣血耗散，必輕於臘人矣。湯朝美作《本然僧塔銘》，寫作伏臘之臘，蓋未詳此也。”○忠曰：“曾三異衙己之謬説，却嘲湯朝美。又以輕重説改冰語益可笑。”

人倫

【文殊是七佛師】

忠曰：“經無七佛文，然禪録往往稱文殊七佛師者，百丈為本。”○《百丈録》（三丈）曰：“文殊是七佛祖，亦云是娑婆世界第一主首菩薩。”《古尊宿》二。○《菩薩處胎經》[1] 四（三十丈）《文殊身變化品》曰：“文殊師利即説頌曰：云云。計我成佛身，此剎為最小。座中有疑故，於胎現變化；我身如微塵，今在他國土。三十二相明，在在無不現；本為能仁師，今乃為弟子。佛道極曠廣大，清淨無增減；我欲現佛身，二尊不竝立。此界現受教，我剎見佛身。”七十三套。○《華嚴疏鈔》十二（卅三丈）曰：“《佛名經》説，過去無量恒河沙佛，皆是文殊教令發心。然猶帶數，故今顯實，實為一切佛母，不可窮其始末。”云云。○《事苑》二（廿四丈）引《處胎經》。○《古尊宿》廿五（十八丈）《大愚芝録》曰：“文殊是七佛之師，為什麼出女子定不得，罔明具什麼神力却出得？要會麼？僧投寺裹宿，賊入不良家。”○《正宗賛》二密菴傳曰：“文殊是七佛之師因甚出女子定不得。”○《虛堂·宝林録》（十丈）。○《敕修清規》下一（一丈）。○《法苑珠林》廿二（廿丈）《天人答道宣》曰：“文殊是諸佛之元帥，隨緣利見，應變不同。”

心肢

【口裡水漉漉地】

二義。一言不能言而口裡生水也。○《聯燈》廿一（十六丈）曰：“嚴頭示衆曰：‘我向前行脚時，參著一兩處尊宿，只教日夜管帶，坐得骨臀生胝，口裡水漉漉地，初向然燈佛肚裡，黑漆漆地，道：我坐禪守取，與麼時猶有欲在？’”○《大慧武庫》（卅五丈）曰：“大瘤過雪竇

① 菩薩處胎經：5卷，姚秦涼州沙門竺佛念譯。

山前云：‘這老漢口裡水漉漉地。’”○《應菴録·法語》曰：“把禪床上老漢與一拶，若見口裡水漉漉地腰包便行。”○《兀菴[①]·建長録》（十九丈）》曰：“引得這僧口裡水碌碌地。”作“碌”，蓋音通轉誤耳。○《中峯録》九（十丈）《自讃》曰：“無福口裡水漉漉。”○二謂専辯也。○《雪嚴録》上（七十六丈）曰：“我在江浙時，有一種住大院尊宿，口裡水漉漉地，築一肚皮殘羮餿飯，一味穿鑿古今。拈起拂子，東擊西敲，撒出一肚皮，野狐涎涕，直得遍地狼狼藉藉，臭不可聞。”○《東山空録》[②]（二丈）曰：“空上座纔入門來，早是口裏水漉漉地。後五日堪作甚麼？喝一喝。”○又四言言詮部。

【一手擡一手搦】

○《傳燈》十六（三丈）《嚴頭章》曰：“問：‘是凡是聖？’德山喝，師礼拜。云云。師曰：‘洞山老人不識好惡，錯下名言。我當時一手擡一手搦。’”○《事苑》二（十一丈）曰：“擡搦，上音臺，舉也；下尼角切，又昵格切，持也。”《碧嚴》九（十二丈）讀“提搦”。搦《字典》曰：“《説文》：搦，按也。《集韻》《韻會》昵角切，音蒻，義同。”又《字典》：“蒻，而灼切，音弱。”○《正字通·卯·中》（六十二丈）：“尼各切，音諾。”

動作

【颺在無事甲裡】

○《續燈》二十（廿丈）《雙峯齊章》曰：“横拈倒用，諸方虎步龍行，打狗撑門，雙峯掉在無事甲裡，因風吹火，别是一家。”云云。○《大慧武庫》（十八丈）曰：“晦堂和尚謂學者曰：‘你去廬山無事甲裏坐地去。’”○《慈受深[③]·焦山録》（十一丈）曰：“慈受有一寳，乾坤

① 兀菴：即《兀菴普寧禪師語録》，3卷。又作《宗覺禪師語録》《兀菴寧和尚語録》《兀菴和尚語録》《兀菴録》，宋净韶等編。

② 東山空録：即《東山空和尚語》，1卷，宋雪峯慧空撰。

③ 慈受深：即《慈受深和尚廣録》，又作《慈受懷深禪師廣録》，宋慈受懷深述，侍者普紹編。

之内無處尋，宇宙之間著不得。有時埋在糞掃堆頭，有時掉向無事甲裏。”〇《虛堂·與聖録》一曰：“拾得一物，颺在無事甲中多年矣。”〇《夢語集》[①]（五十一丈）《舉武庫語珍藏海》曰：“架棚以甲乙丙丁命之多，凡不常用物置第一甲棚，故稱第一棚，言無事甲也。瑞溪曰：‘此義可也。但坐地字未穩。棚上非人可坐，然譬説則無害。又《慈受深禪師録》[②]有“不向無事閣中限刀避箭”之語，甲作閣，即坐地字方穩矣。’”〇忠曰：“予藏《慈受録》[③]，但有《資福》《焦山》《慧林》三會録。按《南堂·題跋》猶有《靈巖》《蔣山》二録，瑞溪所援，豈在彼中乎？”〇《普燈》廿一（九丈）《大溈行章》曰：“饒你総不恁麼，落在無事閣裏。”作“閣”，亦是“閤”義。《正字通》“閤”與“閣”通。〇又同廿五（八丈）《仁山欽示衆》曰：“有宗一向滯著語言，有宗坐在無事閤裏。”〇《大慧書》（十八丈）曰：“不得颺在無事甲裏。”〇《枯崖漫録·陳叔震序》曰：“呈似偃溪被叱，擎下無事閤裡。”〇忠曰：“《普燈》及《慈受録》作‘無事閤’，仍知‘甲’本作‘閤’，音近假借而已。無事閤者，恬靜無用之室，猶如《中阿含經》説‘無事室’（第六，一丈）、‘無事處’（第八十五丈），方得有據矣。藏海胸臆之説不足信。用沉武庫云，坐地，則棚上非可坐處耶。”〇又按《前漢書》六十五（十丈）《東方朔傳》曰：“甲乙之帳。”注：“應劭曰：‘帳多，故以甲乙第之耳。’”（止此）蓋藏海之臆造影取之乎。”

【鈎在不疑之地】

〇《廣燈》十四（六丈）《濟上座章》曰：“朱行軍設齋。云云。‘行軍幸是會佛法底人，又惡發作什麼？’軍云：‘喚作惡發即不得。’師便喝。軍云：‘鈎在不疑之地。’師又喝。”〇《聯燈》十一（十五丈）《際上座章》同。作“際”。〇《碧巖》三（一丈）《二十一則·蓮畫荷葉則·下語》曰：“鈎在不疑之地。”〇《虛堂·育王録》（十六丈）《舉濟上座因緣》但作“有僧云”。〇忠曰：“朱行軍歎此僧，必定有眼腦。”

---

① 夢語集：又作《臥雲夢語集》，1卷，日本室町時代瑞溪周鳳撰。

② 慈受深禪師録：即《慈受深和尚廣録》，又作《慈受懷深禪師廣録》，宋慈受懷深述，侍者普紹編。

③ 慈受録：即《慈受深和尚廣録》，又作《慈受懷深禪師廣録》，宋慈受懷深述，侍者普紹編。

○《大光明藏》中（四十三丈）《金州操禪師傳論》曰：“鈎在不疑之地，此善鈎也。方錦鱗鼓浪而上隨吾餌中，而吾不動一波，不損一鱗，雍容得之。”

【打四門斗底陣】

○《無準録》二（卅二丈）：“謝兩班上堂曰：‘山僧今日打個四門斗底陣，以阿閦鞞佛、須彌相佛等恒河沙數諸佛，把定東門。（云云。乃至）以焰肩佛、最勝因佛等洹河沙數諸佛，把定北門。以釋迦佛、彌勒佛、盡此土現在諸佛等，以為中軍。又以文殊、普賢，（乃至）以為隊伍。”○忠曰：“盡四方圍敵之陣法也。”○《斷橋・國清録》（十丈）：“舉趙州與文遠論義鬬劣語，師拈云：趙州布偃月一字，文遠排斗底八門，及乎兩陣交鋒，到了則成兒戲。”云云。○《雲合奇蹤》[1] 十四（四丈）曰：“徐達説當用八方連環斗底，戰擒拏這廝。”○《水滸傳》七十六回（五丈）曰：“童貫中軍立起攢木將臺，令撥法官二員上去，左招右颭，一起一伏，擺作四門斗底陣。”云云。○《萬宝事山》[2] 十六（二丈）。

○右“四門斗底營”，倣唐李靖之制也。量中軍已至北面，大銅響一聲，中軍立定前左衝，與離隊相對立定，各隊皆立，放炮一個。中軍先入，立營中。各兵隊依圖次第下營畢，大鑼響三聲，各兵坐地結草鞋食飯。須臾笛兒響，各起立。喇叭響離字隊門一門以爲出兵之路，餘各口圍隊皆章擺問放起火，并定砲一箇。各兵不許喧嘩，金鼓齊鳴，樹中軍高照旗，笛兒響，各隊長赴中軍聽發放畢，各散原隊，喇叭響，依后畫次序，出排埋伏勢。其各隊加以□園者，取其靜定不移也；加以○圍者，取其變化不滯也。○《萬宝全書》七（六丈）：“四門斗裡拳。”○此拳法。

言詞

【咄咄咄力□希】

《雲門録》上（卅七丈）《偈頌》曰：“咄咄咄，力□希，禪子訝，

① 雲合奇蹤：又名《英烈傳》《皇明英烈傳》《皇明開運英武傳》，80卷，舊傳郭勳或徐渭撰。
② 萬宝事山：20卷，明錢縉撰。

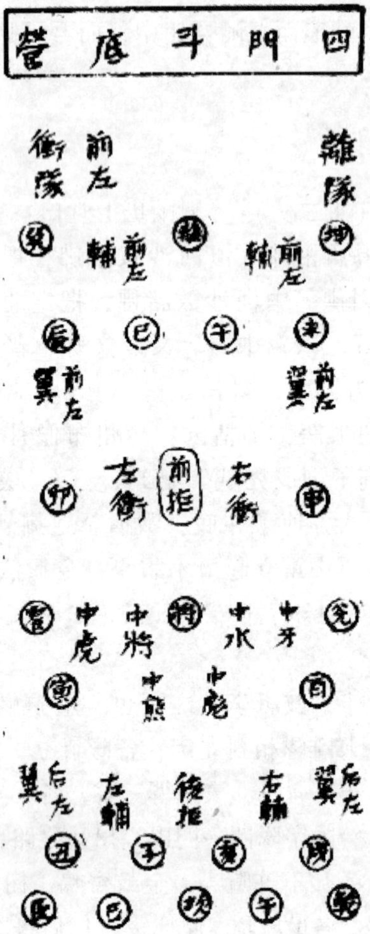

四門斗底大營

中眉垂。”〇《虛堂・宝林録》（五丈）曰：“力囮唏，咄咄咄。”〇忠曰：“囮，當作□。唏，又當作希。”〇《僧宝傳》一（十二丈）《雲門傳》載此偈作“力囮希”，“囮”當作“□”。〇忠曰：“力□，蓋囮析字也。和語慧伊聲也。”〇《字彙》曰：“囮，胡臥切。火，去聲。進舩聲。”〇《廬山優曇宝鑑》[①] 十（卌七丈）曰：“嗟乎！這一個囮字，瞞盡多少人，殊不知此字《玉篇》明載户臥反，阿字去聲，呼也。此個囮字，一切世人，

① 廬山優曇宝鑑：即《廬山蓮宗寶鑑》，又稱《廬山蓮宗寶鑑念佛正因》《念佛寶鑑》《蓮宗寶鑑》，10 卷，元代普度編。

口中未嘗不説，喻如失物人忽然尋覓，不覺發此一聲是囮字也。宗門多言此字者，蓋尋師訪道之人，參究三十年，忽然心花發現，會得此事，不覺囮地一聲，如失物得見，慶快平生，是其字義也。”○《事苑》二（廿三丈）曰：“囮，音韋。”○忠曰：“囮音訛章，有來由。雲門力□，此□音韋，而謬作力囮，而亦爲音韋，遂以囮字爲音韋也。”○《普燈》五（廿六丈）《音釋》曰：“囮，户臥切。叢林相傳作唯字，上聲呼。”○《燕南紀談》上（卅四丈）。○《明極語要》（三丈左）《上岑禪人警策》曰：“至當緊處，在囮地一聲時，此囮字乃佛祖廓悟本心之妙門，所以雲門道，咄咄咄，力□希，禪字訝，中眉垂。此是當緊切要處。”○忠以力□爲囮字析，可以明極語爲證。

數目

【離四句絶百非】

《碧巖》八（三丈）《七十三則》曰：“僧問：‘馬大師離四句絶百非，請師直指某甲西來意？’云云。評曰：‘離四句者，有無非，有非無，非非有，非非無。離此四句，絶其百非。”○忠曰：“非非有，非非無，即亦有亦無句也。”○《楞伽經》（泐注）二（十四丈）曰：“大慧白佛言：‘世尊！唯願為説離一異、俱不俱、有無非有非無、常無常，一切外道所不行，自覺聖智所行，離妄想自相共相，入於第一真實之義。諸地相續漸次上上增進清净之相，隨入如來地相，無開發本願。譬如衆色摩尼境界，無邊相行，自心現趣部分之相一切諸法。’”季潭註：“四句有三。初一異四句者，合云一異亦異亦不異，非異非不異，俱即亦異亦不異，不俱即非異非不異也。有無四句者，合云有無，亦有，亦無，非有非無也。常無常四句者，合云常無常，亦常，亦無常，非常非無常也。經文從略不具列也。”百非《行願品別行疏圭峯鈔》二（卅五丈）曰：“百非即非色非心，乃至内外大小等百者，通而言之非定，從一二數滿百也。”○《楞嚴釋要》[1] 三（廿三丈）曰：“《起信疏》中約一異有無四句，一一句各四，謂一非一亦一亦非一，非一非非一，異非亦異亦非異，非異非非異，

① 楞嚴釋要：即《首楞嚴經義疏釋要鈔》，6卷，宋釋懷遠撰。

餘二句倣此四四，成十六句，約三世成四十八文，約已起未起，各四十八，成九十六，更加根本四句，即一百也。”〇《起信論》上一（三十一丈）《筆削記》二（十四丈）。〇《大惠書》（三十九丈）。⊙《〈碧嚴〉不二鈔》八（七丈）。〇忠曰：“離四句絶百非者，畢竟不立眞妄一切見也。”

【百二十斤重擔】

《大慧書》（八十七丈）《答鼓山逮長老書》曰：“以平昔實證實悟底一著子，端居丈室，如擔百二十斤擔子，從獨木橋上過，脚蹉手跌，則和自家性命不可保，況復與人抽釘拔楔，救濟他人耶？”〇《史記》五十五（一丈）《留侯（張良）世家》曰：“東見倉海君，得力士，爲鉄椎重百二十斤。”〇《孔叢子》[1] 上（三十九丈）《小爾雅》曰：“四兩謂之斤，斤十謂之衡，衡有半謂之秤，秤二謂之鈞，鈞四謂之石。”〇忠按：“衡，十斤也。秤，十五斤也。鈞，三十斤也。石，百二十斤也。然則百二十斤，乃一石也。”〇《傳燈》九（十四丈）《長慶大安禪師章》曰：“如人負重擔，從獨木橋上過，亦不敎失脚。”〇忠曰：“與大惠所用意趣迥別。”〇《淮南子》三（十六丈）《天文訓》曰：“三十日爲一月，故三十斤爲一鈞。四時而爲一歲，故四鈞爲一石。”

地載

【西天那蘭陀寺】

《虚堂・徑山後録》（十四丈）《結夏小參》曰：“西天那蘭陀寺不曾禁足，法令森嚴，給孤園中不立期限，得道者多。”〇忠曰：“那蘭，當作迦蘭，如那爛陁寺。佛滅後八百八十年，帝日王建見《慈恩傳》三（十三丈）迦蘭陀竹園天竺伽藍中爲最始。按《釋迦譜》八（一丈）先記迦蘭陀長者，造竹園精舍，施佛事，次記須達長者，造祇洹精舍事。予《虚堂録犂耕》廿六詳載。”〇《大休・壽福録》（廿五丈）曰：“盡大地是沙門一隻眼，盡大地是自己光明，只如西天阿蘭陁寺，今日自恣有幾人

① 孔叢子：7卷（或3卷），舊題陳勝博士孔鮒撰。

得道？”云云。○又同《圓覺録》（七丈）曰：“盡大地是沙門一隻眼，盡大地是自己光明，試問西天竺阿蘭陁寺僧在東邊是否？”○忠曰：“亦是以迦蘭訛作阿蘭。”

【銅公塘鐵奉化】

《無凖録》五（四丈）《頌古部·清稅孤貧乞師賑濟頌》曰：“銅公塘鐵奉化，得人憎，得人怕，不是明州人，定說藕州話。”○《日工集》四（九丈）曰：“東陵和尚嘗說奉化縣人堅如鐵，公塘坊人稍堅如銅，故俗有‘銅公塘鐵奉化’之稱。”

【黑山下鬼窟裡】

《敕修清規》下一（四十二丈）《坐禪儀》曰：“法雲圓通禪師呵人閉目坐禪，謂黑山鬼窟，有深旨矣。”○《大惠書》（十九丈）《富樞密書》曰：“切不可一向沈空趣寂，古人喚作黑山下鬼家活計。”○忠曰：“黑山緊那羅住處，今稱鬼窟不多違。又鐵圍兩山間，黑闇處鬼住，亦可稱黑山鬼窟。蓋比邪禪著小禪味爲窟宅矣。”○《經律異相》[1] 四十六（六丈）曰：“緊那羅住須彌山北，過小鐵圍，有大黑山，亦信在十宝山問，無有佛法日月星辰。”○《法苑珠林》九（十二丈）曰：“如《五道苦經》說，此之餓鬼，正住彼鐵圍兩山中問，故說偈言：‘鐵圍兩山間不覩日月光。餓鬼聚其中，償其宿罪故。’”

① 經律異相：50卷，南朝梁代寶唱撰。

七言[①]

人倫

【我從來疑著者漢】

忠曰："此語自有二義，一肯人，一不肯人。其肯義謂我初疑此人好惡，及見此作畧言語，方知其爲好也。其不肯義，謂我初疑此人好惡，及見作畧語言，方知其爲惡。"〇《臨濟録》（卅五丈）曰："師聞第二代德山垂示云：'道得也三十棒。'云云。師令樂普去問。云云。師云：'我從來疑著者漢。'"〇《傳燈》十五（五丈）《德山鑒章》載之。"註："東禪齊云：只如臨濟道，我從來疑這漢，是肯底語，不肯語，爲當别有道理？試断看。"〇《古尊宿》一（九丈）《百丈録》曰："因僧問西嘗（智歳）：'有問有答即且置，無問無答時如何？'堂曰：'怕爛却那。'師聞舉，乃曰：'從來疑這個老兄。'曰：'請和尚道。'師曰：'一合相不可得。'"〇《聯燈》五（六丈）《西堂智藏章》載之。〇《廣燈》十二（四丈）《三圣然章》曰："師在仰山會裡，舉有僧問茱萸和尚：'如何是沙門行？'云云。後到洞山，云云。萸去佛行。佛行僧歸，舉似洞山。洞山云：'我從來疑者漢。'"〇《古尊宿》十二（二丈）《南泉語要》曰："有一菴主人謂之曰：'南泉近日出世，何不去礼拜？'云云。師聞，令趙州往勘之州，纔見菴主，便作礼。主不顧。云云。州云：'草賊大敗。'拽下簾子便行，舉似師云：'我從來疑著這漢。'"〇《正宗贊》一（十二丈）《南泉傳》。〇《聯燈》四（十四丈）《南泉章》載之。〇《聯燈》五（三十一丈）《浮杯章》曰："凌行婆問：'盡力道不得底句，分付阿

---

① 原文無"七言"二字，此據無著道忠的目次補上。

誰？’師云：‘浮杯無剩語。’婆云：‘未到浮杯，不妨疑著。’”云云。

【月明照見夜行人】

《碧嚴》四（十八丈）《三十七則》：“三界無法下語。”○《〈碧嚴〉古鈔》四（四十四丈）曰：“大應云：此句與‘直透萬重關，不住青霄裡’同。夜行人，賊也。好賊透關不滯。一師云：正見人能見邪？賊又透開不滯，亦正見，故同意乎。”○《聯燈》十二（廿丈）《慈明圓章》曰：“楊内翰云：‘億有一轉語寄上座，往唐明處，還得麼？’師云：‘明月照見夜行人。’”云云。○《續古宿》一《慈明録》（十一丈）同。○《續古宿》五《退菴先録》（五丈）曰：“少林三拜得吾髓，鷲嶺拈花一笑新。莫謂藏身無影迹，月明照見夜行人。”

時年

【歌羅館裏米彊年】

《大惠録》十一（六丈）《示了然居士偈》曰：“自言已到無參處，哥羅管你米彊年。”作“管你”。○忠曾問齊雲，雲云：“余曾以此問高泉，泉云：‘歌羅是還未㖿之義。福州鄉談，米強年者，猶言驢年也。歌羅管你米彊年者，謂還未管你驢年也。’”○《燕南紀談》中（八丈）。○《西嚴惠和尚[①]·天童録》（十二丈）《除夜小參》曰：“歌羅管裡米強年。”○忠曰：“已作管裡，彼還未説，難信也。”○天童在浙江，檢《一統志》，浙江無可據。○福州鄉談。檢《一統志》，福建福州無可據。○忠曰：“或謂歌羅，館處名。此處米價常賤矣，無有米貴年，故言事素無云‘歌羅館裏米強年’也。若如此義尢[②]穩帖，但難其本據矣。”○《廣輿記》[③]二十（十一丈）《古蹟》有“歌羅城”。○《丹鉛総録》二（十八丈）：“施州歌羅寨。”○《困學紀聞》二十（二丈）曰：“管内謂所領

① 西嚴惠和尚：即《西嚴了慧禪師語録》，2 卷，宋西嚴了慧禪師述，門人侍者修義、景元、宗清、繼㷆、宗應編。

② 尢：“尤”之異體。字見《正字通·九部》。

③ 廣輿記：24 卷，明代陸應陽著。

節鎭也。”〇《錦字箋》[1] 三（五十七丈）《方輿部·廣西》曰：“歌羅城，梧州城西。隋李賢築以屯師。”

堂舍

【八十翁翁入場屋】

《聯燈》廿二（十五丈）《雲居膺章》曰：“八十翁翁入場屋，眞誠不是小兒戲。一言若差，鄉關萬里。”〇《傳燈》十七（七丈）《雲居膺章》作：“八十老人出場屋，不是小兒戲。一言參差，千里萬里，難爲收攝。”〇《大惠書》（六十一丈）《王教授書》曰：“八十翁翁（至）兒戲。”〇《東雲頌古》（二十丈）《大慧頌》曰：“八十（至）小兒嬉場屋。” 場屋 忠曰：“及第試場言場屋也。”舊解或説爲舞戲也，故言舞臺爲場屋矣。予謂何不見雲居云，“一言參差，千里萬里”之語？此言及第策文事而已。言老老大大臨試場作策文，須言言有理，稱老人所作也，豈容易類乳臭兒文章而可也耶？猶如梁顥八十二歲及第成名也。（見《堯山外紀》四十三，六丈）”〇《通鑑全書》[2] 二百四十八（廿四丈）《唐武宗紀》曰：“李景莊老於場屋第被黜。”胡三省註：“唐人謂貢院爲場屋，至今猶然。”〇《宋史·列傳七十八》（四丈）《歐陽修傳》。又同百四十八（十九丈）《劉儀鳳傳》並有“場屋”字。〇《聞見前録》[3] 九（一丈）《何氏語林》六（廿一丈）引之。〇《堯山外紀》四十三（十丈）。又四十五（七丈）。又八十八（五丈）。又九十五（十丈）。皆有“場屋”字。〇《群談採餘》八《兄弟類》（五丈）。〇又前二言“場屋”處。

---

① 錦字箋：4 卷，清黄澐纂。

② 通鑑全書：即《御批通鑒綱目全書》，190 卷，清宋犖等編。

③ 聞見前録：即《邵氏聞見前録》，又名《邵氏聞見録》《河南邵氏聞見録》，為别于邵博所撰《邵氏聞見後録》，后人加一“前”字，20 卷，北宋邵伯溫撰。

禽畜

【龍袖拂開全體現】

《聯燈》十一（廿四丈）《汾陽善昭章》曰："初謁首山，問：'馬祖陞堂，百丈卷席，意旨如何？'山云：'龍袖拂開全體見。'師云：'師意如何？'山云：'象王行處絶狐蹤。'師於言下大悟。"云云。○《正宗贊》二（十五丈）《汾陽傳》載之。古解曰："天子衣繡，故名衮龍衣。《詩·豳風》：'衮衣繡裳。'朱註：'天子之龍，一升一降。上公但有降龍，以龍首卷然。故謂之衮也。'東陽曰：'唐代宗賜龍袖於國一，後爲帽也。'（此事在《無準録》五（四丈）《西巖録[①]·偈頌》言此）"忠曰："此等未得解全句意。"○忠按："《廣燈》十五（八丈）《風穴章》曰：'問：九夏賞勞，請師言薦。師云：出袖拂開龍洞雨，泛盃波涌鉢囊華。'（止此）首山其法子蓋點化此語來，由此則龍袖非謂天子衮龍袖，即龍拂開雲，如人之揮袖拂開也。龍拂開雲霧，龍之全體露現也。"○《代醉》三十六（七丈）："龍袖嬌民。"○龍洞。《四川名勝志》廿四（廿九丈）。《方輿勝臨覽》四十九（四丈）。《一統志》四十六（六丈）。

【掛角羚羊不見蹤】

《普燈》廿九（廿九丈）《偈頌部·簡臺機送僧造普同塔頌》曰："珊珊玉骨本玲瓏，挂角羚羊不見蹤。"○《正宗贊》一（廿二丈）《黃檗断際傳》曰："有六人新到，五人作礼，中有一人提起坐具作一圓相。師曰：'我聞有一隻獵犬甚惡。'僧曰：'尋羚羊聲來。'師曰：'羚羊無聲到你尋。'"云云。羚羊 和名也麻比都之，又加毛之之。○《本草》五十一上（廿五丈）《麢[②]羊·釋名》曰："羚羊，俗麢羊（音鈴）。王安石《字説》云：'鹿則比類而環角，外向以自防；麢則獨棲，懸角木上以

① 西巖録：即《西巖了慧禪師語録》，2卷，宋西巖了慧禪師述，門人侍者修義、景元、宗清、繼㷙、宗應編。

② 麢："羚"之異體字。《集韻·平聲·青韻》"羚""麢"同列，互為或體。

遠害，可謂靈也，故字從鹿從靈省文，後人作羚。'" 又《藏器》曰："羚羊有神，夜宿防患，以角掛樹不著地。"

【回途石馬出紗籠】

《傳燈》廿九（廿四丈）《同安察十玄談祖意偈》曰："透綱金鱗猶滯水，回塗石馬出紗籠。" ○《諸祖偈頌》上上（十四）載。○《人天眼目》三（廿丈）《明安三句·體明無盡句》云："手指空時天地轉，回途石馬出紗籠。" ○《洞上古轍》上（四十四丈）《十玄談梅峯冠注》曰："或曰渡宋古尊宿相傳云，有處於路傍置石馬，分四方之岐，覆以紗籠。日在中，則馬影不出；日西，則出在東。午時過者不見之，晚歸人必見之，故云回途。未知典據何在。石馬，歐陽《黄牛廟詩》：'大川雖有神，淫祀亦其俗。石馬繫祀門山，山鴉噪叢木。' 本朝之俗，所謂駒狗居神祠佛寺門頭者也，今一句藏身露影之謂乎。" ○忠曰："唐土路旁置石馬，影出紗籠之説，在《人天眼目鈔》四（十一丈）。" ○《會元》十四（二十丈）《大陽警玄章》曰："'如何是體明無盡句？' 師曰：'手指空時天地轉，回途石馬出紗籠。'" ○《人天眼目》所載也。《傳燈》《僧宝傳》《大陽傳》不収。○《正宗贊》三（十六丈）《大陽玄傳》載。迴途 《虚堂集》六（十三丈）本則曰："僧問：'石門徹禪師雲光作牛，意旨如何？' 門云：'陋巷不騎金色馬，廻途却著破襴衫。'" ○《宏智·小参》下（廿八丈）曰："還從實際，建立化門，撒手廻途，通身無滯。" ○《清拙録》小佛事（十一丈）《獨照和尚入塔語》曰："去來如幻，生死如電，陋巷不騎金色馬，去來生死，打成一片，廻途却著舊襴衫。" ○忠曰："回途石馬出紗籠，正是却來底語。石馬出紗籠，家常機語，然強作路旁石馬，日西則影出紗籠之説，有甚巴鼻矣？" 又曰："石馬是空劫主也，出出世出。紗籠，所謂金鎖綱鞔鞔（《金鎖玄路偈句古轍》上，卅三丈）也。"

【赤眼撞著火柴頭】

《無準録》二（三丈）曰："焦塼打著連底凍，赤眼撞著火柴頭。" ○《松源録》上（五十八丈）同之。○《增續傳燈》三（七丈）《石田薰章》同之。○《希叟廣録·小参》（十五丈）曰："楊岐聽喃喃幽鳥，深村荒草，把手共行。赤眼撞著火柴頭。" ○《虚堂·浄慈後録》

(十五丈)："壽崇節上堂。僧問：'城東聖母，與佛同生，不願見佛時如何?'云：'赤眼撞著火柴頭。'"○忠曰："舊解《正宗贊》者，以赤眼爲進火柴鉄叉，妄説無據。或爲病目，然句義不成。"○《宗鏡録》五十（十七丈）曰："喻如赤眼人把火，（止此）雖持火，病目自不照見物也。或説依此乎。"○忠解曰："赤眼，謂龜也。陶潛《搜神後記》三（三丈）曰：'昔有一人，與奴同時得腹瘕病，治不能愈。奴既死，乃剖腹視之，得一白鱉，赤眼甚鮮明。'"○鱉，俗鼈字。《鼈玉篇》：龜屬。(《字典》)○又《普燈》十六（十四丈）《竹菴珪遺偈》曰："前三十一，中九下七，老人言盡處，龜哥眼睛赤。"○又《普燈》廿七（三丈）《法昌遇廬陵米價頌》曰："烏龜三眼赤，祥麟一角尖。"○《希叟・法華録》（二丈）曰："赤眼烏龜吞大蟲。"○忠曰："《諸祖偈頌》下下（十三丈）《慈受示衆箴規頌》曰：'烏龜忽爾艾燒頭，千古令人笑不休。'(止此) 今赤眼撞著火柴頭，與亀頭炷艾義同，縮却首也。"○《聯燈》廿八（十七丈）《雲居舜章》："示衆云：出格之談，烏龜向火。"○《會元》十六（三十六丈）《佛日文祖章》曰："'秖如大洋海底，行船須彌山上。走馬又作麼生?'師曰：'烏龜向火。'"○《正宗贊》一（三十七丈）《雪峯贊》曰："赤眼撞著火柴頭，與嚴頭同行只消一個。"

【地獄門前鬼脱卯】

《虚堂・宝林録》（二十五丈）曰："'豬肉案頭，事作麼生?'師云：'地獄門前鬼脱卯。'"○逸堂曰："盤山之悟處。"○忠曰："鬼者，人死成鬼者，已赴地獄門前，而其名籍不題，已名逃去矣。是同脱畫卯事，故云脱卯。盤山悟處，打失知解，不知所在也。"○忠曰："凡仕官者，每日卯時入官衙，書己名伺候，此云畫卯，或云點卯、應卯也。酉時亦畫，若不畫則爲脱卯，故凡事差錯失點檢諺言脱卯也。如《水滸傳》卅九（廿二丈）：'吳峯究言差錯脱卯也。'"○《水滸傳》廿四（五丈）曰："武松逕去縣裡畫了卯，伺候了一早晨，回到家裡。"又二十六（七丈）。又五十一（三丈）曰："每日縣中書畫卯酉。"又五十六（九丈）曰："我却是官身，倘或點名不到官司，必然見責。"又同（十四丈）。○《月令廣義》廿四（十丈）曰："朝政百官以卯時聽政，每日參會之期，凡吏役祇候，皆曰點卯，又曰應卯。"○《隋史遺文》三（五十七丈）曰："掌六十員將官官啣花名卯簿。"○《水滸傳》卅九（廿二丈）曰："吳用道：'是我一時只顧其前，不顧其後，書中有個老大脱卯。'云云吳學究疊兩個指頭，説出這個差錯脱卯處。"○《虛堂・宝林録》（四十六丈）曰："脱身鬼子。"是乃鬼脱卯也。

八言[1]

數目

【上下三指彼此七馬】

○予《正宗赞助桀》十六《雪竇傳》辨。

食餌

【法輪未轉食輪先轉】

《聯燈》十四（七丈）《雲峯悅章》曰：“初造大愚（守芝）聞示衆云。云云。師大駭。云云。芝問：‘來何所求？’師云：‘求心法。’芝云：‘法輪未轉食輪先轉，后生趁色力健，何不爲衆乞食？我忍飢不暇，何暇爲你説禪乎？”云云。○《會元》十二（四丈）《雲峯章》同。○《圓悟心要》上（三十一丈）《示民禪人語》曰：“先圣一麻一麥，古德攻苦食淡。云云。及至道不及古，便有法輪未轉食輪先轉之議。”○《僧祇律》卅五（十六丈）曰：“應言有二種輪：法輪、食輪。得食輪已，乃轉法輪。”○《行事鈔》下三（四卷十四丈）《道俗化方篇》曰：“如世尊説二輪之中，得食輪已，乃轉法輪。”

《葛藤語箋》総十一卷
元文四年己未九月五日脱稾
八十七翁無著道忠識

---

① 原文無“八言”二字，此據無著道忠的目次補上。

《葛藤語箋》引書目録

引書不包括叢書名之内的書名、集子里的書名、單行本書名下的題名、卷目章節名等。同一書名不同稱呼、不同寫法列在一起，用逗號分開。書名按首字音序排列。

阿含經
八方珠玉，八方珠王，八方珠玉集，珠玉，拈八方珠玉
白孔六帖
白蓮集
白眉故事
白氏文集
白玉蟾
白雲，白雲禅録，白雲録
百丈録
百丈清規，百丈清規
宝藏論
宝訓音義，禪林宝訓音義
宝雨經
保寧録，保寧勇録
寶積經
抱朴子
北本涅槃經
北礀録，北礀
北礀外集
北礀文集
北礀詩集
北夢瑣言
北齊書
北史
本草，本草綱目
碧，碧嚴，碧嚴録，碧巖録，碧巗，碧巗録
《碧》古鈔，《碧嚴》古鈔，《碧巖》古鈔，古鈔
《碧嚴》古解
《碧嚴》舊解
碧嚴不二鈔，不二鈔，鈔不二
避暑録話
編年通論
標指鈔
別峯珍録
別峯雲録
泊宅編
博山参禅警語，博山禪警語
補僧宝傳，補僧寶傳
不二解
曹山録
曹源録
冊府
敇修清規鈔
禅居附录
禅林宝訓
禪家龜鑒
禅類，禪類，禪類聚，禪林類聚
禪林宝訓，禪林寶訓
禪林方語
禪門寶訓張浄惠合注
禪蒙求
禪儀外文
禪苑清規
抄，鈔
朝野僉載
成實論
程大昌演繁露
誠齋
誠齋雜記
痴絶，痴絶録，癡絶録
敇修清規
敇修清規鈔

敇修清規日用軌範
敇修清規
崇寧清規序
仇池筆記
出耀經
楚辞
川老金剛經頌
傳燈
傳燈鈔
傳心法要
春秋胡氏傳
春渚紀聞
輟耕録
慈恩傳
慈受録
此菴靜録
從容録
叢林盛事
大般若經
大寶箴
大悲經
大藏一覽
大川報恩録
大燈録
大顛心經注
大方等念佛三昧經
大光明藏，光明藏
大惠書，大慧書
大惠録，大慧録
大惠普説，大惠普説，大慧普説，大慧普説
大惠書舊解
大惠武庫，大慧武庫
大慧法語
大慧年譜
大慧書鈔
大集經
大覺坐禪論
大涅槃經
大毘婆沙論
大品
大休，大休録，大休念録
大学
大應，大應録
代醉，代醉編，瑯邪代醉，瑯琊代醉
丹鉛総録，丹鉛總録，丹鉛
道行般若
道吾録
鄧析子
地理通釋
東京夢華録
東坡全集
東坡詩集
東坡問答録
東坡雜纂
東齊記事
東山空録
東山外集
東山外集抄
東雲頌古
東齋纪事
洞上古轍
杜工部集
杜工部詩集
杜律
杜少陵集
杜詩
杜詩千家
杜詩文類註
杜氏通典
断橋，斷橋，斷橋録
遯齋閒覽
耳談
爾雅
爾雅翼
法藏别傳
法華經
法華經科注
法句經
法華文句
法苑珠林，珠林
翻譯集
方輿勝覽
方語
方語集
霏雪録
汾陽録，汾陽無得禪師録
封氏聞見記
風穴語録
佛報恩經
佛本行集經
佛地論
佛光真如録
佛心才録
佛照奏對録
佛祖通載，通載
佛祖統紀，統紀
涪翁雜説
福建名勝志
甘澤謡
告龍圖徐禧
公羊傳
古钞，古鈔

古杭雜記	洪武正韻補箋	普賢行願品
古林，古林錄	後漢書	經國大典註解
古林拾遺，古林拾遺錄	後山詩話	經律異相
古詩紀	後周書	鏡堂，鏡堂圓覺錄
古文後集	湖海新聞	净心誠觀法
古文前集	虎丘錄	舊鈔
古宿	華嚴	舊渡鈔本
古宿錄	華嚴經	舊唐書
古巖壁錄	華嚴疏鈔	居家必用
古尊宿，古尊宿錄	淮海挐音	菊坡，菊坡叢話
谷響集	淮南子	橘洲文集
鼓山大案遺語	皇朝類苑	俱舍麟記
鼓山錄	黃石子	俱舍頌疏
故事掌珠，掌珠故事	揮塵錄	開福寧語錄
廣百川學海	揮塵後錄	康熙字典，字典
廣燈，廣燈錄	會元	空谷集
廣雅	慧苑華嚴音義	空華集
廣輿記	或菴體錄	孔叢子
歸元直指，歸園直指，歸源直指	濟北集	孔氏雜説
	夾山鈔	枯崖漫錄
癸辛雜識	剪燈新話，翦燈新話	困學紀聞，困學紀聞
国史補，國史補	簡齋詩，簡齋詩集	懶菴錄
國語	江湖集	老學菴筆記，老學菴筆記，老學菴記
寒山詩	江湖集續翠鈔	
韓文	江湖紀聞	老子，老子經
翰府名談	焦氏筆乘，焦氏筆乘	類書纂要，類書纂要
行事鈔，南山行事鈔	焦氏續筆乘	楞伽椿庭和尚
合璧集	教坊記	楞伽經
和爾雅	劫外錄	楞伽經義疏
和名類聚	介石，介石錄	楞嚴，楞嚴經
河南名勝志	今五代史	楞嚴經瓃疏
鶴林玉露	金剛經刊定記	楞嚴釋要
橫川錄	金剛經十七家注	冷齋夜話
宏智	金光明經文句	李白詩集
洪武正韻	錦字箋	曆朝捷錄

聯燈，聮燈，聯燈，
聯珠詩格
梁書
兩晉演義
列子
林間，林間録
临濟録，臨濟録，臨濟颂
劉氏鴻書
柳河東集
柳文
六度集經
六門集心經
六學僧傳
六祖壇經，壇經
龍舒浄土文
廬山優曇宝鑑
論衡
論語
論語大全
羅湖
羅湖野録
駱丞集
洛陽伽藍記
呂氏春秋
律體
麻衣相法
毛詩注疏
夢溪筆談
夢學全書
夢語集
密菴，密菴録
名義考，名義攷
明極，明極録，明極建
長録
明極語要
冥報記
鳴道集説
摩訶般若鈔經，般若鈔經
木菴録
睦州録
南本涅槃經
南海寄歸傳
南山行事鈔
南史
南堂，南堂録，南堂欲，
南堂欲録
涅槃經
暖姝由筆
歐陽文忠公集，歐陽文忠
公全集
龐居士録
毘柰耶雜事
毘婆沙論
埤雅
篇海
品字箋
品字箋假
平泉草木記
破菴，破菴録，破菴録
菩薩處胎經
普燈
普賢行願品
普菴録
七書講義
起世經
起信筆削記
起信論
千百年眼
前漢，前漢書，漢書
潜確類書
潛確，潛確類書
清訓拾要鈔
清異録
清拙，清拙録
清拙禪居集
清拙雜著
求法高僧傳
祛疑説
却掃编
羣談採餘，群談採餘
群碎録
人天宝鑑
人天眼目
日本大明月菴録
日本洞家通幻靈録
日工集
容齋二筆
容齋三筆
容齋四筆
容齋隨筆
容齋續筆
容齋一筆
如浄録，如浄録
入楞伽經
三才圖會
三國演義
三體詩（備参）絶句
三隱詩集
僧宝傳，僧寶傳
僧祇律
山房雜録
山谷詩集
山谷外集
山谷文集
山海經

山堂肆考
山堂洵録
山菴雜録
善見律
尚書
尚書注疏
邵氏聞見後録
邵氏聞見前録，聞見前録
舍利弗阿毘曇
神鼎示衆偈
神僧傳
升菴外集
省心證要
詩經
詩林廣記
詩人玉屑
十八史畧
十門辯惑論
十誦律
石門録
石室聖福録
石溪，石溪録
史記
史鑑故事
史觽
氏族排韻
世説
世説新語補
事林廣記
事文，事文類聚
事物初畧
事物紀原
事言要言
事苑，祖庭事苑
釋常談
釋名
釋氏鑑
釋氏要覽
釋氏資鑑
首楞嚴三昧經
首山録
書經
書經大全
書史會要
書言故事
鼠璞
恕中録
水滸傳
说文
説郛，説郛，郛
説類
説心鈔
説纂
四河入海
四家録
四教標指鈔
四十華嚴經
松源録
宋高僧傳，宋僧傳
宋祁筆記
宋史
宋楊伯嵒臆乘
頌古聯珠
搜神記
俗呼小録
俗事考
隋史遺文
太平廣記
太玄經
太子須太拏經
唐高僧傳
唐話纂要
唐詩鼓吹
唐書
桃隱偈頌
天廚禁臠
天經或問
天如録
天中記
天柱集
鉄鞭韶録
鉄崖臨濟録撮要
通鑒
通鑒綱目，通鑑綱目
通鑑彙編
通鑑全書
通鑑正編
統要，宗門統要
統要續集
投子同録
退菴録，退罨録
退菴奇録
萬宝全書，萬寶全書
萬宝事山
萬松請益録
王維集
往生要集
潙山警策，溈山警策
維摩經
維園鉛摘
委巷叢談
魏書
文公家礼
文海披沙
文殊師利問菩提經

文殊問菩薩署經翻名
文献通考
文心雕龍
文選
文字禪
臥雲日件録
無門關
無門録
無明録，無明性禪師尊祖録
無文録
無文印
無文印語録
無怨公案
無準録，無準
五百問經
五燈嚴統
五分律
五雜組
五祖演録
武林舊事
兀菴
物不遷論
物祖膭語
西京雜記
西山座右鈔
西溪叢語
西巖惠和尚，西巖録，西巘
西遊記
西域記
希叟，希叟廣録，希叟録
溪蠻叢笑
賢愚經
湘山野録
小補韻會
小学紺珠
小學
小學句讀
心地觀經
虚堂頌古折衷鈔
虚堂
虚堂録
虚堂録舊解
虚堂録龍溪解
虚堂義事，虚堂鈔
虚舟録
徐氏筆精
續博物志
續燈
續公論
續古宿，續古宿録，續古尊宿，續宿
續釋常談
續説郛，續郛
續西陽雜俎
續原教論
玄沙廣録，玄沙録
玄應經音，玄應經音義，玄應音義
丱餘集
雪竇録，雪竇明覺録
雪峯録
雪堂行録，雪堂拾遺録
雪嚴録，雪巖録
尋到源頭
詢蒭録
雅笑編
言行録
偃溪、偃溪録
燕居筆記
燕南、燕南紀談，燕南記談
楊升菴集
堯山，堯山堂外紀，堯山外紀，蕘山外紀
要集經
要覽
野客叢書
業識團
業疏
一統志
醫方大成論
夷堅志
易學啓蒙要解冠注
義楚六帖
義堂鈔
臆乘
藝林伐山
藝文類聚
瑩山清規
應諾録
應菴，應菴録
永嘉集
永覺晚録
永明山居詩
永平眼藏，永平正法眼藏
遊仙窟
酉陽雜俎
瑜伽論
愚菴及録
漁隱叢話
餘冬
餘冬序録，餘冬敘録
雨航雜録

玉露	貞和集	中巖萬壽錄
玉篇	真臘風土記	周禮
元亨釋書	正百川	周易，易經，易
元叟端錄，元叟錄	正訛集	周易集解略例
圓悟錄，圓悟録	正法眼藏	朱子語錄
圓竟經畧鈔，圓覺經畧鈔	正説郛	諸祖偈頌
圓覺經	正修論	竹窓三筆
圓悟擊節錄	正字通	竹窓隨筆
圓悟心要	正宗記	竺仙，竺仙錄
源流至論續集	正宗賛，正宗贊	竺仙來來集
月江錄，月江語錄，月江	正宗賛不二鈔	竺原錄，竺原元錄
月令廣義	正宗賛鈔	證道歌注
月菴光錄	正宗賛慈氏鈔	註心賦
雲峰悦翠巖錄	正宗賛舊解	莊子
雲合奇縱	芝苑遺編	卓氏藻林
雲門錄	止觀	資暇，資暇錄
雲臥，雲臥紀談	止觀輔行	緇門警訓
韻府，韻府群玉	紙衣膳散語	自鏡錄
韻會	智度論	字海
增續傳燈	智門祚錄	字彙
增一阿含，增壹阿含經	智者別傳曇照注	宗鏡錄
戰國策	智證傳	祖庭錄
掌珠故事	中峯錄	祖英集
趙州錄	中峯雜錄	醉菩提
肇論	中論	左傳
貞觀政要	中山詩話

《葛藤語箋》詞目音序索引

J

後　　記

《葛藤語箋》，正文10卷，目錄1卷。日本元文4年（1739）9月5日脫稿，延享元年（1744）5月序成，是無著道忠晚年集大成的禪語考釋著作。

我接觸《葛藤語箋》比較晚，2007年在上海師範大學讀博士時，才從導師袁賓先生處，複印了一套日本禪文化研究所贈送的《禪語辭書類聚》叢書，其中就有一本就是《葛藤語箋》。可以說，當時是如獲至寶，愛不釋手，許多在《漢語大詞典》或《禪宗詞典》都查不到的詞條或義項，在《葛藤語箋》里都能找到考釋或線索。反復閱讀或查閱，受益匪淺。短短幾年時間裡，筆者成功申報了浙江省社科規劃基金"《祖堂集》語言問題研究""日本江户时代汉语禅录词语释义研究"、教育部人文社科基金項目"無著道忠禪語考釋集錄與研究"、國家哲學社會科學基金項目"唐宋禅录方俗语词江户时代日人释义研究"等多項與《葛藤語箋》相關的基金項目，出版了《〈祖堂集〉語言問題研究》《無著道忠禪語考釋集錄與研究》等多部與之相關的論著，撰寫了《〈禪錄詞語釋義商補〉商補》《唐宋禪錄疑難語詞考釋四則》《〈祖堂集〉語法問題考辨數則》《漢譯佛典中兩個地獄名釋義辨正》《"獦獠"的詞義及其宗教學意義》《近代漢語幾個語法問題考辨》《〈祖堂集〉疑難語詞考辨》《釋"利婁"》《〈葛藤語箋〉的版本與體例》《無著道忠及〈葛藤語箋〉》多篇論文，分別在《中國語文》《語言研究》《語言科學》《漢語史學報》《漢語史研究集刊》《語言學論叢》《東亞文獻研究》等學術期刊上發表。

《葛藤語箋》是一個大寶藏，還可以出許多金礦。當然，我們也希望更多的人參與到對《葛藤語箋》和無著道忠的研究中去，所以花了六七年的時間，將《葛藤語箋》做了點校和注釋，希望能給後來的研究者帶來一些方便。在此，特別感謝給予我指導與幫助的袁賓老師、方一新老師和梁曉虹老師！特別感謝我的研究團隊的各位同仁！特別感謝為我做了不少的文本輸入工作的我的研究生和本科學生！

麗水學院　王閏吉

2017年7月